EL CUENTO

EL CUENTO

Second
Edition

John A. Crow

University of California, Los Angeles

Edward Dudley

State University of New York at Buffalo

Holt, Rinehart and Winston

New York   Chicago   San Francisco   Philadelphia
Montreal   Toronto   London   Sydney
Tokyo   Mexico City   Rio de Janeiro   Madrid

Library of Congress Cataloging in Publication Data

Crow, John Armstrong.
  El cuento.

  Bibliography: p.
  1. Spanish language—Readers. 2. Short stories,
Spanish. 3. Short stories, Spanish American.
I. Dudley, Edward J. II. Title.
PC4117.C829 1984   468.6′421   83–1644

ISBN 0-03-063393-1

CBS COLLEGE PUBLISHING
Holt, Rinehart and Winston
The Dryden Press
Saunders College Publishing

PREFACE

This second edition of *El Cuento* takes account of the accumulated experience of the many instructors who have worked with the first edition. In addition, new authors have been included in order to present writing that has appeared in recent years. Thus there are five new stories that represent the work of four writers: Julio Cortázar, Gabriel García Márquez, Ana María Matute, and Juan Rulfo. These new stories illustrate different modes of current literary expression: intensely personal visions of experience, bitter comment on social and political conditions, and fantastic extensions of reality. At the same time the total number of stories has been reduced to thirty-five (the stories removed were found to be less useful in the classroom).

The collection remains faithful to its original intent: to provide the widest possible range of forms and styles within the short story genre. Stories from both Spain and Spanish America, ranging in time from the late nineteenth century to the present, give students an exemplary spectrum of modern Spanish usage. Perhaps because of the immense complexity of the Hispanic world, the short story above all other genres provides the most accessible and coherent view of the many realities contained in that world. For the English-speaking student these stories permit immediate participation in the ways of feeling and thinking that characterize one of the world's most vital and stimulating cultures.

This collection is extensive enough so that the instructor can select or omit according to the purposes and needs of the specific course. Though a wide range of literary and thematic material has been included, we have made a particular effort to find stories that will function effectively as a focus for discussion in the language-learning classroom. As in the first edition, the stories are presented in order of linguistic and/or literary difficulty. Some reordering of the stories carried over from the first edition reflects classroom experience; the new stories have been inserted with the order of difficulty in mind.

As in the first edition, vocabulary entries give priority to the particular meaning of the word or phrase as it is found in the texts of the collection. Thus the English equivalents reflect the usage of these authors. If, however, an English equivalent seems to be too restrictive, a second entry is added to give the student a more complete idea of the possible meanings in a given word. In this way the emphasis remains on the experience of the living language as used by writers and not on dictionary-perfect definitions. Students can therefore expand their vocabulary in a manner more closely paralleling the vocabulary acquistion process that occurs in a first language.

The biographical introductions and the exercises have been moved in this edition to accompany each story itself. More important for the instructor is the fact that the amount of exercise material has been more than doubled. Each story is now accompanied by four ample sets of activities and drills, thus enhancing and intensifying the student's experience of the story. Since the exercises are both varied and complementary, the instructor has the option of using all of the drills or selecting certain ones, depending on the amount of class time devoted to a single story.

The exercises were developed with various purposes in mind. First of all, they seek to stimulate the student to think about the story in Spanish by utilizing the linguistic resources of the story itself. The basic goal is to expand the student's linguistic competence in Spanish. In order to achieve that goal the student must also move toward understanding the story by considering the ideas or problems it presents. Therefore the student is directed by the questions to examine how the author has used certain linguistic forms. When feasible these linguistic items have been singled out for discussion because they are devices used by the author to develop the meaning of the story. In the same way, the vocabulary review items were selected in order to illustrate how common idioms are utilized in actual communication. Throughout, the exercises lead students to know the story in order to achieve their own level of communicative competence. Students should realize, however, that the impossible is not being asked; the responses sought are well within achievable limits.

Because of the nature of the vocabulary review items, there is some deliberate and some inevitable repetition of items from story to story. The obvious reason is that each of these is commonly used by various writers for various purposes. The repetition not only will help simplify the student's task; it also will strengthen control of the idioms, which may have more than one meaning. In other instances the drill will help clarify correct usage, particularly with constructions that do not have literal English equivalents. Students should also be made aware that anyone, even in the native language, has both an active and passive vocabulary. We all use a restricted range of everyday words and phrases in our speech, while at the same time we easily recognize a much larger number of words in our reading. The exercises concentrate on a core of everyday terms that the student should aim to incorporate into actual conversation.

In all cases the questions and narration exercises are intended to stimulate class discussion rather than elicit "right" answers. The goal is to formulate a response directly in Spanish without an intervening thought pattern in English. Similarly, the intent of the drill is to present a topic that can best be resolved through discussion. The exercise that calls for recapitulation of the story from another point of view can incorporate discussion material previously brought up in class. A written composition would also be a suitable assignment for this drill.

The biographical sketches are intended to be introductory material. Each sets forth the salient facts about the life of the writer and briefly places the writer's work in the context of Spanish and Spanish-American literature. A brief but up-to-date bibliography is included for students who wish to begin study of a particular writer or the short story in the Hispanic world. All quotations are taken from the sources listed in the bibliography.

● ● ●

We are grateful to the following reviewers of the manuscript of this edition, who made constructive suggestions: Jack V. Brown, Brigham Young University; Sergio D. Elizondo, New Mexico State University; John C. Miller, New York University; Ernest E. Norden, Baylor University.

We received invaluable assistance from Slobodanka Zdujic in the preparation of the drills and vocabulary of the first edition. For this revision, Fernando Unzueta provided crucial editorial assistance. Pamela Forcey of Holt, Rinehart and Winston, the project editor, and Susan Cohan, the copy editor, worked tirelessly and intelligently to eradicate errors of all sorts. Our gratitude for the help of these people in no way relieves us of the burden of responsibility for the usefulness and accuracy of the material throughout the book.

J.A.C.
E.D.

ÍNDICE

EL CUENTO

Horacio Quiroga
(1878–1937)

Silvina y Montt

Horacio Quiroga, el más grande cuentista hispanoamericano, nació en el Salto, Uruguay. Inició su vida literaria escribiendo poesías, y en 1899 fundó una revista literaria, la *Revista del Salto*. Estudió en la Universidad de Montevideo, y en la misma ciudad organizó un salón literario, el «Consistorio del Gay Saber». Hubo concursos con otra organización rival de jóvenes literatos, la «Torre de los Panoramas», encabezada por el poeta Julio Herrera y Reissig. En 1900 Quiroga hizo un viaje a París, pero volvió de Europa completamente desilusionado. No tuvo ni el más leve deseo de volver a Francia.

Después de la muerte de su más íntimo amigo (Quiroga mismo lo mató con un revólver que creyó «descargado»), se trasladó a Buenos Aires, y en esta ciudad publicó casi toda su obra literaria. Vivió por algunos años en Misiones, en el norte argentino, donde llegó a conocer la psicología y el ambiente de la selva tropical que aparece con tanta frecuencia en sus relatos. También conocía profundamente la vida urbana, y demostraba grandes inclinaciones hacia la interpretación alegórica de la vida. Quiroga ha publicado media docena de tomos de cuentos que figuran entre los mejores de la lengua: *Cuentos de amor, de locura y de muerte* (1917), *Cuentos de la selva* (1918), *El salvaje* (1920), *El desierto* (1924) y *Más allá* (1935).

Quiroga fue el cuentista neto de su generación. En sus relatos no hay ni una sola palabra de más. Profundiza en lo más hondo de la psicología de sus personajes con pocas frases. Demuestra una verdadera obsesión por la psicología anormal. Desarrolla sus cuentos con una maestría que sugiere la trayectoria de una flecha dando en el corazón del blanco. Él mismo ha escrito en su *Decálogo del perfecto cuentista*: «No empieces a escribir sin saber desde la primera palabra a dónde vas. En un cuento bien logrado las tres primeras líneas tienen casi la importancia de las tres últimas. . . . No escribas bajo el imperio de la emoción. Déjala morir y evócala luego. Si eres capaz entonces de revivirla tal cual fue, has llegado en arte a la mitad del camino».

Para Quiroga el cuento era un género esencial y eterno. Lo amó con pasión, y estudió su técnica con lealtad y tenacidad ejemplares. Aspiró a la perfección y la alcanzó muchas veces, poniéndose en el altísimo nivel a que no han llegado más de diez en el mundo literario occidental, así de Europa como de América.

SILVINA Y MONTT *1*

El error de Montt, hombre ya de cuarenta años, consistió en figurarse que, por haber tenido en las rodillas a una bella criatura de ocho, podía, al encontrarla dos lustros después, perder en honor de ella uno solo de los suyos.[1]

5   Cuarenta años bien cumplidos. Con un cuerpo joven y vigoroso, pero el cabello raleado y la piel curtida por el sol del Norte. Ella, en cambio, la pequeña Silvina, que por diván prefiriera las rodillas de su gran amigo Montt, tenía ahora diez y ocho años. Y Montt, después de una vida entera pasada sin verla, se hallaba otra vez ante ella, en la
10 misma suntuosa sala que le era familiar y que le recordaba su juventud.

    Lejos, en la eternidad todo aquello. . . De nuevo la sala conocidísima. Pero ahora estaba cortado por sus muchos años de campo y su traje rural, oprimiendo apenas con sus manos, endurecidas de callos,
15 aquellas dos francas y bellísimas manos que se tendían a él.

    —¿Cómo la encuentra, Montt? —le preguntaba la madre—. ¿Sospecharía volver a ver así a su amiguita?

    —¡Por Dios, mamá! No estoy tan cambiada —se rio Silvina. Y volviéndose a Montt:

20   —¿Verdad?

    Montt sonrió a su vez, negando con la cabeza. «Atrozmente cambiada . . . para mí», se dijo, mirando sobre el brazo del sofá su mano quebrada y con altas venas, que ya no podía más extender del todo por el abuso de las herramientas.

25   Y mientras hablaba con aquella hermosa criatura cuyas piernas, cruzadas bajo una falda corta, mareaban al hombre que volvía del desierto, Montt evocó las incesantes *matinées* y noches de fiesta en aquella misma casa, cuando Silvina evolucionaba en el *buffet* para subir hasta las rodillas de Montt, con un *marrón glacé* que mordía
30 lentamente, sin apartar sus ojos de él.

    Nunca, sin duda, fuera un hombre objeto de tal predilección de parte de una criatura. Si en la casa era bien sabido que, a la par de las hermanas mayores, Montt distinguía a la pequeña Silvina, para ésta, en cambio, de todos los fracs circunstantes no había sino las
35 solapas del de Montt. De modo que cuando Montt no bailaba, se lo hallaba con seguridad entretenido con Silvina.

    —¡Pero Montt! —deteníanse sus amigas al pasar—. ¿No le da vergüenza abandonarnos así por Silvina? ¿Qué va a ser de usted cuando ella sea grande?

---

[1] al encontrarla . . . los suyos *on meeting her ten years later, he could lose in her honor at least five years of his own age.*

2

—Lo que seré más tarde, lo ignoro —respondía tranquilo Montt—. Pero por ahora somos muy felices.

«El amigo de Silvina»: tal era el nombre que en la casa se prodigaba habitualmente a Montt. La madre, aparte del real afecto que sentía por él, hallábase halagada de que un muchacho de las dotes intelectuales de Montt se entretuviera con su hija menor, que en resumidas cuentas tenía apenas ocho años. Y Montt, por su lado, se sentía ganado por el afecto de la criatura que alzaba a él y fijaba en los suyos, sin pestañear, sus inmensos ojos verdes.

Su amistad fue muy breve, sin embargo, pues Montt sólo estaba de paso en aquella ciudad del noroeste, que le servía de estación entre Buenos Aires y una propiedad en país salvaje, que iba a trabajar.

—Cada vez que pase para Buenos Aires, Montt —decíale la madre, conmovida—, no deje de venir a vernos. Ya sabe que en esta casa lo queremos como a un amigo de muchos años, y que tendremos una verdadera alegría al volverlo a ver. Y por lo menos —agregó riendo— venga por Silvina.

Montt, pues, cansado de una vida urbana para la cual no había sido hecho, había trabajado nueve o diez años con un amor y fidelidad tales a su rudo quehacer, que, al cabo de ese tiempo, del muchacho de antes no quedaba sino un hombre de gesto grave, negligente de ropa y la frente quebrada por largos pliegues.

Ese era Montt. Y allá había vuelto, robado por el hermano de Silvina al mismo tren que lo llevaba a Buenos Aires.

Silvina. . . ¡Sí, se acordaba de ella! Pero lo que el muchacho de treinta años vio como bellísima promesa, era ahora una divina criatura de diez y ocho años —o de ocho siempre, si bien se mira— para el hombre quemado al aire libre, que ya había traspasado los cuarenta.

—Sabemos que pasó por aquí dos o tres veces —reprochábale la madre— sin que se haya acordado de nosotros. Ha sido muy ingrato, Montt, sabiendo cuánto lo queremos.

—Es cierto —respondía Montt—, y no me lo perdono. . . Pero estaba tan ocupado. . .

—Una vez lo vimos en Buenos Aires —dijo Silvina—, y usted también nos vio. Iba muy bien acompañado.

Montt recordó entonces que había saludado un día a la madre y a Silvina en momentos en que cruzaba la calle con su novia.

—En efecto —repuso—, no iba solo. . .

—¿Su novia, Montt? —inquirió, afectuosa, la madre.

—Sí, señora.

Pasó un momento.

—¿Se casó? —le preguntó Silvina, mirándolo.

—No —repuso Montt brevemente. Y por un largo instante los pliegues de su frente se acentuaron.

Mas las horas pasaban, y Montt sentía que del fondo del jardín,

85 de toda la casa remontaba hasta su alma, hasta su misma frente quebrantada por las fatigas, un hálito de primavera. ¿Podría un hombre que había vivido lo que él, volver por una sola noche a ser el mismo para aquella adorable criatura de medias traslúcidas que lo observaba con imperturbable interés?

90 —¿Helados, Montt? ¿No se atreve? —insistía la madre—. ¿Nada? Entonces una copita de licor. ¡Silvina! Incomódate, por favor.

Antes de que Montt pudiera rehusar, Silvina salía. Y la madre:

—¿Tampoco, Montt? Es que usted no sabe una cosa: Silvina es quien lo ha hecho. ¿Se atreve a negarse ahora?

95 —Aun así. . . —sonrió Montt, con una sonrisa cuyo frío él solo sintió en su alma.

«Aunque sea una broma . . . es demasiado dolorosa para mí . . .» —pensó.

Pero no se reían de él. Y la primavera tornaba a embriagarlo con 100 sus efluvios, cuando la madre se volvió a él:

—Lo que es una lástima, Montt, es que haya perdido tanto tiempo en el campo. No ha hecho fortuna, nos dijo, ¿verdad? Y haber trabajado como usted lo ha hecho, en vano. . .

Pero Silvina, que desde largo rato atrás estaba muda:

105 —¿Cómo dices eso, mamá? —saltó, con las mejillas coloreadas y la voz jadeante—. ¿Qué importa que Montt haya ganado o no dinero? ¿Qué necesidad tiene Montt de tener éxito en el campo? El verdadero trabajo de Montt es otro, por suerte. . . ¡No ha dejado nunca de ganar lo que él debe!. . . ¡Y yo me honro sobremanera de ser la amiga de un 110 hombre de su valor intelectual!. . ., del amigo que aprecio más entre todos!

—¡Pero, mi hija! ¡No lo quiero comer a Montt! ¡Dios me libre! ¿Acaso no sé como tú lo que él vale? ¿A qué sales con esto? Quería decir solamente que era una lástima que no hubiera seguido viviendo 115 en Buenos Aires. . .

—¿Y para qué? ¿Acaso su obra no es mucho más fuerte por esto mismo?

Y volviéndo a Montt, tranquila, aunque encendida siempre:

—¡Perdóneme, Montt! No sabe lo que he rabiado con los mu- 120 chachos cada vez que decían que usted había hecho mal yéndose a trabajar como un peón al campo. . . ¡Porque ninguno de ellos es capaz de hacer lo mismo! Y aunque llegaran a ir. . . ¡no serían nunca sino peones!

—¡No tanto, mi hija! No seas así. . . Usted no se imagina, Montt, 125 lo que nos hace pasar esta criatura con su cabeza loca. Cuando quiere algo, sale siempre con la suya, tarde o temprano.

Montt oía apenas, pues las horas pasaban velozmente y su ensueño iba a concluir. De pronto sonó próxima, en la calle desierta, la bocina de un auto. Silvina saltó del asiento y corrió al visillo del bal- 130 cón, mientras la madre sonreía plácidamente a Montt:

—Es su pretendiente de ahora ... X. X. Parece muy entusiasmada ... aunque con una cabeza como la suya...

Silvina regresaba ya, con las mejillas de nuevo coloreadas.

—¿Era él? —le preguntó la madre.

—Creo que sí —repuso brevemente la joven—. Apenas tuve tiempo 135
de levantar el visillo.

Montt se mantuvo un momento mudo, esforzándose, con los
dientes muy apretados, en impedir que en su frente aparecieran los
largos pliegues de las malas horas.

—¿Cosa formal? —se volvió al fin a Silvina con una sonrisa. 140

—¡Psh!... —se arrellanó ella, cruzándose de piernas—. Uno de
tantos...

La madre miró a Montt como diciéndole: «Ya ve usted...»

Montt se levantó, por fin, cuando Silvina se quejaba de la falta
de libros y revistas en las casas locales. 145

—Si usted lo desea —se ofreció él—, puedo mandarle desde Buenos Aires ilustraciones europeas...

—¿Usted escribe en ésas?

—No.

—Entonces, mándeme las de acá. 150

Montt salió por fin, llevando hasta el tren, a resguardo del contacto de boleteros y guardas, la sensación del largo apretón con que
Silvina, muy seria, le había tendido su antebrazo desnudo.

En el camarote ordenó sus efectos y abrió la ventanilla sin darse
cuenta de lo que hacía. Frente al lavabo, levantó la cabeza al espejo y 155
se miró fijamente: Sí, la piel quebrada y la frente demasiado descubierta, cruzada por hondos pliegues; la prolongación de los ojos que-
mada por el sol, en largas patas de gallo que corrían hasta las sienes;
la calma particular en la expresión de quien vivió ya su vida, y cuanto
indica sin perdón al hombre de cuarenta años, que debe volver la 160
cabeza ante los sueños de una irretornable juventud.

«Desmasiado temprano ... y demasiado tarde...» —se dijo, ex-
presando así, respecto de Silvina, la fórmula de las grandes amarguras
del corazón.

En este estado de espíritu, Montt pasó el primer mes en Buenos 165
Aires. Debía olvidarlo todo. ¿No había sentido la bocina del automóvil?
¿Y no se había visto a sí mismo en el espejo del tren? ¿Qué miserable
ilusión podía alimentar? ¡Diez y ocho años apenas, ella! Un capullo de
vida, para él que la había gastado en cuarenta años de lucha. Allí
estaban sus quebradas manos de peón... ¡No, no! 170

Pero al cabo de un mes remitió al interior un grueso rollo de
revistas, con una carta que afirmaba de nuevo el respetuoso afecto de
«un viejo amigo y un amigo viejo».

Montt esperó en vano acuse de recibo. Y para confirmarse en su
renuncia total a su sueño de una noche de verano, efectuó dos nuevos 175
envíos, sin carta estas veces.

Al fin obtuvo respuesta, bajo sobre cuya letra se había evidentemente querido disfrazar.

Había sido una ingrata sorpresa —le decían— recibir una carta
180 escrita a máquina, como un papel comercial. Y variadas quejas respecto de la frialdad que esto suponía, etcétera, etc. Luego, que ella no aceptaba las últimas líneas: «viejo amigo» sí, y Montt lo sabía bien; pero no la segunda parte. Y finalmente, que le escribía apurada y en ese papel (el papel era de contrabando en una casa opulenta), por las
185 razones que Montt «debía comprender».

Montt sólo comprendió que se sentía loco de dicha como un adolescente. ¡Silvina! ¡Ay, pues, un resto de justicia en las leyes del corazón! ¿Pero qué había hecho él, pobre diablo sin juventud ni fortuna, para merecer esa inconmensurable dicha? ¡Criatura adorada! ¡Sí,
190 comprendía la carta escrita a hurtadillas, la oposición de la madre, su propia locura, todo, todo!

Contestó en seguida una larga carta de expresiones contenidas aún por el temor de que llegara a manos ajenas, pero transparentes para Silvina. Y reanudó con brío juvenil su labor intelectual. Cuanto
195 de nueva fe puede poner un hombre maduro que aporta a su tarea las grandes fuerzas de su pasado, lo quemó Montt ante el altar de su pequeña diosa.

Pasó un mes, y no llegaba carta. Montt tornó a escribir, en vano. Y pasó un nuevo mes y otro, y otro.
200 Como un hombre herido que va retirando lentamente la mano de encima de la mesa hasta que pende inmóvil, Montt cesó de trabajar. Escribió finalmente al interior, pidiendo disimuladamente informes, los que llegaron a su entera satisfacción. Se le comunicaba que la niña aludida había contraído compromiso hacía cuatro meses con el
205 Dr. X. X.

—He aquí, pues, lo que yo *debía haber comprendido* —se dijo Montt.

Cuesta arrancar del corazón de un hombre maduro la ilusión de un tiernísimo amor. Montt la arrancó, sin embargo, aunque con ella
210 se iba su propia vida en girones. Trabajo, gloria... ¡Bah! Se sentía viejo, realmente viejo... Fatigado para siempre. Lucha contra la injusticia, intelectualidad, arte... ¡Oh, no! Estaba cansado, muy cansado... Y quería volver al campo, definitivamente y para siempre. Y con mujer, desde luego... El campo es muy duro cuando no se tiene
215 al lado a una mujer robusta que cuide la casa... Una mujer madura, como le correspondía a él, y más bien fea, porque es más fácil de hallar. Trabajadora, y viva sobre todo, para no dejarse robar en las compras. Sobre todo, nada joven. ¡Oh, esto sobre todo! ¿Qué más podía él pretender? La primera buena mujer de conventillo lo sacaría del
220 paso... ¿Qué más?

En breves días de fiebre halló Montt lo que deseaba, y se casó con los ojos cerrados. Y sólo al día siguiente, como un sonámbulo que vuelve en sí, pensó en lo que había hecho.

Allí al lado estaba su mujer, su esposa para siempre. No podía decir —ni lo recordaba— quién era ni qué era. Pero al dejar caer la cabeza entre las manos, como si una honda náusea, se hubiera desparramado sobre su vida, comprendió en toda su extensión lo que había hecho de sí mismo.

En estos momentos le llegaba una carta. Era de Silvina, y decía lo siguiente:

«Montt: Soy libre. Anoche he roto con mi novio. No me atrevo a contarle lo que me ha costado dar este paso. Mamá no me lo perdonará nunca, yo creo. ¡Pobre mamá! Pero yo no podía, Montt, quebrantar de este modo mi corazón y mi vida entera. Yo he hecho lo que nadie podría creer para convencerme a mí misma de que sólo sentía amistad por usted, de que eso no era otra cosa que un recuerdo de cuando era chica. ¡Imposible! Desesperada por la lucha en casa, acepté a X. X. ¡Pero no, no podía! Ahora que soy libre, puedo, por fin, decirle claramente lo que usted adivinó, y que me ha hecho llorar hasta rabiar por no habérselo sabido expresar antes.

«¿Se acuerda de la noche que vino a casa? Hoy hace seis meses y catorce dias. Miles de veces me he acordado del . . . automóvil. ¿Recuerda? ¡Qué mal hice, Montt! Pero yo no quería todavía confesármelo a mí misma. Él me distinguía mucho (X. X.), y, lo confieso sinceramente: me gustaba. ¿Por qué? Pasé mucho tiempo sin darme cuenta . . . hasta que usted vino de nuevo a casa. Entre todos los muchachos que me agradaron, siempre hallé en ellos alguna cosa que recordaba a usted: o la voz, o el modo de mirar, ¡qué sé yo! Cuando lo vi de nuevo comprendí claramente. Pero aquella noche yo estaba muy nerviosa. . . Y no quería que usted se envalentonara demasiado.

«¡Oh, Montt, perdóneme! Cuando yo volvía del balcón (el automóvil), y lo vi mudo, sin mirarme más, tuve impulsos locos de arrodillarme a su lado y besarle sus pobres manos, y acariciarle la cabeza para que no arrugara más la frente. Y otras cosas más, Montt; como su ropa. ¿Cómo no comprendió usted, amigo de mi vida, que, aunque volviera de trabajar como un hombre en el campo, no podía ser para mí otro que 'el amigo de Silvina', siempre el mismo para ella?

«Esto mismo me lo he venido preguntando desde hace seis meses: ¿cómo no comprendió él, que es tan inteligente y que comprende a maravilla a sus personajes? Pero tal vez soy injusta, porque yo misma, que veía claro en mí, me esforcé en no hacérselo ver a usted. ¡Qué criatura soy, Montt, y cuánto va a tener que sufrir por mí . . . algún día!

«¡Oh, amigo! ¡Qué gozo podérselo escribir libre de trabas, dueña de hacer de mi vida lo que el destino me tenía guardado desde chica! Estoy tan convencida de esto, Montt, que en estos seis meses no he

hecho otra cosa (fuera de la pobre mamá) que pensar en 'ese día'. ¿No
es cierto, Montt, usted que ha visto tan claro en los otros corazones,
que en el suyo usted vio también aquella noche una 'esperanza' para
270 su pequeña Silvina? ¡Sí, estoy segura!

«Cuando le escribí mi carta (¡qué fastidio tener que escribirle en
ese papel que me compró la sirvienta!); cuando le escribí estaba realmente resentida con usted. ¡Escribirme en esa horrible máquina, como
si quisiera hacerme ver que para usted era un asuntito comercial;
275 mandarme las ilustraciones, salir del paso, y ¡tras! Ya estaba cumplido
con la frívola Silvina. ¡Qué maldad! Pero Silvina no es frívola, aunque
lo diga mamá (mamá dice 'apasionada'), y le perdona todo.... Y que
tiene otra vez el deseo de pasarle despacito la mano por la frente para
que no aparezcan esas arrugas feas.

280 «Montt: Yo sabía que aquella persona que iba con usted era su
novia. ¡Y sabía que no se había casado, y sabía todo lo que usted solo
había hecho en el campo, y había leído todo, todo lo que usted había
escrito!

«¿Ve ahora si deberá tener cuidado con su Silvina?

285 «¡Pero no, amigo de toda mi vida! Para usted siempre la misma
que quería estar a su lado cuando tenía ocho años... ¡Todo lo que
puede valer algo en Silvina, su alma, su cuerpo, su vida entera (¡más
no tengo!) es para usted, amigo!

«Cuando pienso en que puedo llegar a tener la felicidad de vivir
290 al lado suyo, alegrándolo con mis locuras cuando esté triste, animán-
dolo para que trabaje, pero allí en Buenos Aires, donde está en adelante su verdadero campo de lucha... ¡Oh, Montt! ¡Pensar que todo
esto es posible para la pobre Silvina! ... ¡Hacerme la chiquita al lado
de un hombrón como usted, que ya ha sufrido mucho y es tan inteli-
295 gente y tan bueno! Nunca, nunca más volvería una arruga fea.

«¿Se acuerda, Montt, de la noche que le descosí, distraída, la
boutonnière del frac? ¡Cómo quedó la pobre solapa! Ahora quisiera
tener la cabeza reclinada allí mucho tiempo... ¡Siempre, Montt!

«Ya no sé más qué decirle... Sino que he sido muy clara, tan
300 clara que me avergonzaría, de no ser usted quien es... Allí solo y
pensando quién sabe en qué cosas de Silvina, recibirá esta carta que
le lleva todo el afecto de

Silvina

«Amor mío: te ama ... y te espera

305 S».

EJERCICIOS

Discusión

1. ¿Quién tiene más culpa de la tragedia: Montt? Silvina? la madre de Silvina? ¿Por qué?
2. ¿Qué clase de vida llevarán dentro de cinco años: Silvina? Montt?
3. ¿Habrían sido felices Silvina y Montt si se hubieran casado? ¿Por qué?
4. ¿Cuál es la diferencia ideal entre las edades del marido y su mujer en:
   a. la América Latina?   b. los Estados Unidos? ¿Por qué?
5. ¿Por qué es la bocina del automóvil el punto donde cambia el cuento?
6. Vuelva usted a contar el cuento desde el punto de vista de:
   a. Silvina,   b. la esposa de Montt,   c. X. X.

Comente en sus propias palabras.
1. Los primeros encuentros de Silvina y Montt
2. La vida de Montt durante su ausencia
3. El último encuentro de Silvina y Montt
4. El viaje de regreso a Buenos Aires
5. Los paquetes de revistas
6. El casamiento de Montt
7. El verdadero trabajo de Montt
8. El novio de Silvina
9. Horacio Quiroga

Explique el sentido de las siguientes oraciones según su contexto en el cuento.
1. De nuevo la sala conocidísima.
2. No deje de venir a vernos, le decía la madre.
3. ¡Sí, se acordaba de ella!
4. Abrió la ventanilla del camarote sin darse cuenta de lo que hacía.
5. La carta de Silvina escrita a hurtadillas.
6. Sólo al día siguiente, como un sonámbulo que vuelve en sí, pensó en lo que había hecho.
7. La carta de Silvina decía lo siguiente.
8. ¿Se acuerda de la noche que vino a casa?
9. Tuve impulsos locos de arrodillarme a su lado.
10. ¿Ve ahora si deberá tener cuidado con su Silvina?

Vocabulario

Construya una oración original con cada uno de los siguientes verbos o modismos, de acuerdo con el tratamiento que se les da en el texto. Según sea necesario, úsense como modelos las oraciones del texto en que aparecen.

1. tenderse a uno (15)*
2. a su vez (21)
3. en resumidas cuentas (45–46)
4. estar de paso (49–50)
5. volver a (55)
6. salir con la suya (126)
7. a hurtadillas (190)
8. volver en sí (223)

---

* The number in parentheses is the line number. Thus, the expression *tenderse a uno* will be found in line 15.

Pío Baroja y Nessi
(1872–1956)

Águeda

Pío Baroja y Nessi nació en la provincia vascongada de Guipúzcoa, ciudad de San Sebastián (España). Estudió medicina, y por algunos años ejerció la carrera de médico, pero allá por el año de 1900 abandonó esta vida y se dedicó exclusivamente al periodismo y a la literatura. Ha escrito más de cincuenta novelas y dos tomos de cuentos. El novelista Ernest Hemingway admiraba mucho la obra literaria de Baroja, y llamó al autor «maestro». Varias de sus novelas han sido traducidas al inglés con bastante éxito: *El mayorazgo de Labraz, La busca, Mala hierba, Aurora roja, César o nada, El árbol de la ciencia,* etcétera.

Baroja es un escritor vigoroso y original, «de estilo seco, claro y cortado, enérgico, a veces colorista». El mismo confiesa haber utilizado como modelos a Dickens, Poe, Balzac, Stendhal, Dostoiewski y Turguenef. Es amargo, humorista y tiene poca fe en la humanidad. «Cree que la acción es todo en la vida y un principio voluntarista informa toda su obra, donde se ve siempre la afirmación de la energía humana, puramente natural. Es agnóstico, fanático, aficionado a la paradoja y panteísta». En la parte descriptiva de sus obras poetiza y conmueve, pero sus personajes novelescos muchas veces carecen de sentimiento, y generalmente Baroja escribe en un estilo descuidado y alborotado. Sus novelas son principalmente «novelas de ideas».

Baroja y Azorín se hicieron muy buenos amigos, aunque representan tendencias opuestas en la literatura del siglo XX. «Baroja, burgués y abúlico como persona, es como escritor revolucionario y cantor de la voluntad. . . . Su importancia consiste en ser acaso el único gran novelista español del siglo XX. En él continúa el realismo de los novelistas anteriores, muy modificado por el fondo lírico, personal, de su sensibilidad. En medio centenar de volúmenes ha reflejado la fisonomía moral de la España contemporánea como Galdós—a quien Baroja debe mucho, aunque él lo haya negado con insistencia—reflejó la fisonomía de la España de su tiempo».

El mismo Pío Baroja ha expresado su credo social y literario en su autobiografía, *Juventud, egolatría.* Se le ve como un hombre amargado de la vida: «En mis libros», escribe, «como en casi todos los libros modernos, se nota un vaho de rencor contra la vida y contra la sociedad. La moral de nuestra sociedad me ha perturbado y desequilibrado. Por eso la odio cordialmente y la devuelvo en cuanto puedo todo el veneno de que dispongo. Ahora, que a veces me gusta dar a ese veneno una envoltura artística».

ÁGUEDA

Sentada junto a los cristales, con la almohadilla de hacer encaje apoyada en una madera del balcón, hacía saltar los pedacillos de boj entre sus dedos. Los hilos se entrecruzaban con fantásticos arabescos sobre el cartón rojo cuajado de alfileres, y la danza rápida de los trocitos de madera entre sus manos producía un ruido de huesos claro y vibrante.

Cuando se cansaba de hacer encaje cogía un bastidor grande, cubierto con papeles blancos, y se ponía a bordar con la cabeza inclinada sobre la tela.

Era una muchacha rubia, angulosa. Tenía uno de los hombros más alto que el otro; sus cabellos eran de un tono bermejo; las facciones desdibujadas y sin forma.

El cuarto en donde estaba era grande y algo obscuro. Se respiraba allí dentro un aire de vetustez. Los cortinones amarilleaban, las pinturas de las puertas y el balcón se habían desconchado y la alfombra estaba raída y sin brillo.

Frente al balcón se veía un solar, y hacia la derecha de ésta una plaza de un barrio solitario y poco transitado del centro de Madrid.

El solar era grande, rectangular; dos de sus lados los constituían las paredes de unas casas vecinas, de esas modernas, sórdidas, miserables, que parecen viejas a los pocos meses de construídas.

Los otros lados los formaban una empalizada de tablas, a las cuales el calor y la lluvia iban carcomiendo poco a poco.

La plaza era grande e irregular; en un lado tenía la tapia de un convento con su iglesia; en otro una antigua casa solariega con las ventanas siempre cerradas herméticamente, el tercero lo constituía la empalizada del solar.

En invierno el solar se entristecía; pero llegaba la primavera y los hierbajos daban flores y los gorriones hacían sus nidos entre las vigas y los escombros, y las mariposas blancas y amarillas, paseaban por el aire limpio y vibrante, las ansias de sus primeros y últimos amores. . .

La muchacha rubia se llamaba Águeda y tenía otras dos hermanas.

Su padre era un hombre apocado, sin energía; un coleccionador de bagatelas, fotografías de actrices y estampas de cajas de fósforos. Tenía una mediana renta y un buen sueldo.

La madre era la dueña absoluta de la casa, y con ella compartía su dominio Luisa, la hermana mayor.

De los tres dominados de la familia, Matilde, la otra hermana, protestaba; el padre se refugiaba en sus colecciones, y Águeda sufría y se resignaba. No entraba ésta nunca en las combinaciones de sus

12

dos mayores hermanas que con su madre iban, en cambio, a todas partes.

Águeda tenía esa timidez que dan los defectos físicos, cuando el alma no está llena de rebeldías. Se había acostumbrado a decir que no a todo lo que transcendiera a diversión.

—¿Quieres venir al teatro?— le decían con cariño, pero deseando que dijera que no.

Y ella, que lo comprendía, contestaba sonriendo:

—Otra noche.

En visita era una de elogios para ella, que la turbaban. Su madre y sus hermanas a coro aseguraban que era una joya, un encanto, y le hacían enseñar sus bordados y tocar el piano, y ella sonreía; pero después, sola en su cuarto, lloraba. . .

La familia tenía muchas relaciones, y se pasaban los días, la madre y las dos hijas mayores, haciendo visitas, mientras la pequeña disponía lo que había que hacer en la casa.

Entre los amigos de la familia había un abogado joven, de algún talento. Era un hombre de inteligencia sólida y de una ambición desmesurada. Más amable o menos superficial que los otros, gustaba hablar con Águeda, que cuando le daban confianza se mostraba tal como era, llena de ingenuidad y de gracia.

El abogado no advertía que la muchacha ponía toda su alma cuando le escuchaba; para él era un entretenimiento hablar con ella. Al cabo de algún tiempo comenzaron a extrañarse; Águeda estaba muy alegre, solía cantar por las mañanas y se adornaba con más coquetería.

Una noche el abogado le preguntó a Águeda sonriendo, si le gustaría que él formase parte de su familia; Águeda, al oírlo, se turbó; la luz de la sala dio vueltas ante sus ojos y se dividió en mil y mil luces. . .

—He pedido a sus papás la mano de Luisa— concluyó el abogado.

Águeda se puso muy pálida y no contestó.

Se encerró en su cuarto y pasó la noche llorando.

Al día siguiente, Luisa, su hermana, le contó lo que le había pasado, cómo habían ocultado su novio y ella sus amores, hasta que él consiguió un puesto que ambicionaba.

La boda sería en otoño; había que empezar a preparar los ajuares. La ropa blanca se enviaría a que la bordase una bordadora; pero quería que los almohadones y la colcha para la cama del matrimonio se los bordase su hermanita Águeda.

Ésta no se opuso y comenzó con tristeza su trabajo.

Mientras junto al balcón hacía saltar los pedacillos de boj entre sus dedos, cada pensamiento suyo era un dolor. Veía en el porvenir su vida, una vida triste y monótona. Ella también soñaba en el amor y en la maternidad, y si no lloraba en aquellos momentos al ver la indiferencia de los demás, era para que sus lágrimas no dejasen huellas en el bordado.

A veces una esperanza loca le hacía creer que allá, en aquella plaza triste, estaba el hombre a quien esperaba; un hombre fuerte para respetarle, bueno para amarle; un hombre que venía a buscarla, por-
90 que adivinaba los tesoros de ternura que guardaba en su alma; un hombre que iba a contarle en voz baja y suave los misterios inefables del amor.

Y por la plaza triste pasaban a ciertas horas, como seres cansados por la pesadumbre de la vida, algunos hombres cabizbajos que salían
95 del almacén o del escritorio, pálidos, enclenques, envilecidos como animales domesticados, y el hombre fuerte para respetarle, bueno para quererle, no venía, por más que el corazón de Águeda le llamaba a gritos.

Y en el solar, lleno de flores silvestres, las abejas y los moscones
100 revoloteaban sobre los escombros y las mariposas blancas y amarillas paseaban por el aire limpio y vibrante, las ansias de sus primeros y últimos amores. . .

EJERCICIOS

Discusión

1. Describa usted la vida que Águeda llevará en quince años.
2. ¿Por qué alaban a Águeda la madre y las hermanas?
3. En este cuento el autor usa el tiempo imperfecto menos en un episodio. Explique por qué usa el pretérito en este episodio.
4. Compare a Águeda con los hombres que pasan por la plaza; con las mariposas.
5. ¿Sería feliz Águeda con el hombre de sus sueños? ¿Por qué sí o por qué no?
6. Vuelva usted a contar el cuento desde el punto de vista de:
   a. Luisa,   **b.** el abogado,   **c.** Matilde.

Comente en sus propias palabras.
1. El trabajo de Águeda
2. La casa donde vivía la familia
3. El padre de la familia
4. La madre de Águeda
5. Las hermanas de Águeda
6. El aspecto físico de Águeda
7. El carácter de Águeda
8. El abogado joven que visitaba la casa
9. La boda del abogado y Luisa
10. La esperanza loca de Águeda
11. Pío Baroja

Explique el sentido de las siguientes oraciones según su contexto en el cuento.
1. Las hermanas mayores y la madre iban a todas partes.
2. Cuando se cansaba de hacer encaje se ponía a bordar.
3. Se había acostumbrado a decir que no.
4. Águeda sonreía; pero después, sola en su cuarto, lloraba.
5. Águeda ponía toda su alma cuando escuchaba al abogado.
6. Águeda se puso muy pálida y no contestó al abogado.
7. Veía en el porvenir una vida triste y monótona.
8. Águeda no se opuso y comenzó con tristeza su trabajo.
9. A veces una esperanza loca le hacía creer que en aquella plaza triste estaba el hombre a quien esperaba.
10. El hombre fuerte y bueno no venía, por más que el corazón de Águeda le llamaba.

Vocabulario

Construya una oración original con cada uno de los siguientes verbos o modismos, de acuerdo con el tratamiento que se les da en el texto. Según sea necesario, úsense como modelos las oraciones del texto en que aparecen.

1. cansarse de (6)
2. ponerse a (7)
3. poco transitado (17)
4. poco a poco (22)
5. decir que no (48)
6. haber que (57)
7. ponerse (71)
8. oponerse (80)

Hernando Téllez
(1908–1966)

Espuma y nada más

Hernando Téllez, nacido en Bogotá (Colombia), es el maestro del cuento corto (*the short-short-story*) en Hispanoamérica. Sus relatos abarcan las anchas realidades psicológicas de la vida latinoamericana. Téllez nunca se larga en descripiciones costumbristas. En cambio, con pocas palabras, las absolutamente imprescindibles, revela el corazón de sus personajes en un momento de crisis. Sus relatos presentan una variedad extraordinaria de tipos e ideas; el autor mismo es cruel, irónico, humorístico, trágico o sobrio según las necesidades literarias. Lo que le interesa profundamente es capturar la esencia de un carácter con una sola experiencia.

Téllez es un escritor de considerable erudición. Colaboró con Germán Arciniegas en la redacción de la revista *Universidad,* y después fue colaborador de *El Tiempo* de Bogotá. Escribió también para *La Tarde* y *El Liberal,* y pasó tres años como cónsul colombiano en Marsella, Francia. Fue elegido al Senado de su país donde sirvió cuatro años con distinción.

Téllez no se distinguió como cuentista hasta muy tarde en su vida periodística. Tenía ya más de cuarenta años cuando apareció su colección de cuentos, *Cenizas para el viento y otras historias* (1950), con la que ganó una popularidad inmediata. Antes se había establecido como ensayista de importancia, habiendo publicado ensayos sobre temas estéticos, sociológicos y literarios. En todas sus obras posee un estilo «de gran limpidez, fluido y concentrado a la vez». Sus cuentos se desarrollan con «un laconismo punzante», y su prosa «da la idea de una gran contención espiritual». Tiene un profundo sentido social, ama la justicia con toda el alma y desprecia la explotación de los pobres campesinos de su país. Sus cuentos están llenos de violencias y de un complicado erotismo que no admite restricciones.

ESPUMA Y NADA MÁS   *3*

No saludó al entrar. Yo estaba repasando sobre una badana la mejor de mis navajas. Y cuando lo reconocí me puse a temblar. Pero él no se dio cuenta. Para disimular continué repasando la hoja. La probé luego sobre la yema del dedo gordo y volví a mirarla contra la luz. En
5 ese instante se quitaba el cinturón ribeteado de balas de donde pendía la funda de la pistola. Lo colgó de uno de los clavos del ropero y encima colocó el kepis. Volvió completamente el cuerpo para hablarme y, deshaciendo el nudo de la corbata, me dijo: «Hace un calor de todos los demonios. Aféiteme». Y se sentó en la silla. Le calculé cuatro días de
10 barba. Los cuatro días de la última excursión en busca de los nuestros. El rostro aparecía quemado, curtido por el sol. Me puse a preparar minuciosamente el jabón. Corté unas rebanadas de la pasta, dejándolas caer en el recipiente, mezclé un poco de agua tibia y con la brocha empecé a revolver. Pronto subió la espuma. «Los muchachos de la
15 tropa deben tener tanta barba como yo». Seguí batiendo la espuma. «Pero nos fue bien, ¿sabe? Pescamos a los principales. Unos vienen muertos y otros todavía viven. Pero pronto estarán todos muertos». «¿Cuántos cogieron?» pregunté. «Catorce. Tuvimos que internarnos bastante para dar con ellos. Pero ya la están pagando. Y no se salvará
20 ni uno, ni uno». Se echó para atrás en la silla al verme con la brocha en la mano, rebosante de espuma. Faltaba ponerle la sábana. Ciertamente yo estaba aturdido. Extraje del cajón una sábana y la anudé al cuello de mi cliente. Él no cesaba de hablar. Suponía que yo era uno de los partidarios del orden. «El pueblo habrá escarmentado con lo
25 del otro día», dijo. «Sí», repuse mientras concluía de hacer el nudo sobre la oscura nuca, olorosa a sudor. «¿Estuvo bueno, verdad?» «Muy bueno», contesté mientras regresaba a la brocha. El hombre cerró los ojos con un gesto de fatiga y esperó así la fresca caricia del jabón. Jamás lo había tenido tan cerca de mí. El día en que ordenó que el
30 pueblo desfilara por el patio de la Escuela para ver a los cuatro rebeldes allí colgados, me crucé con él un instante. Pero el espectáculo de los cuerpos mutilados me impedía fijarme en el rostro del hombre que lo dirigía todo y que ahora iba a tomar en mis manos. No era un rostro desagradable, ciertamente. Y la barba, envejeciéndolo un poco,
35 no le caía mal. Se llamaba Torres. El capitán Torres. Un hombre con imaginación, porque ¿a quién se le había ocurrido antes colgar a los rebeldes desnudos y luego ensayar sobre determinados sitios del cuerpo una mutilación a bala? Empecé a extender la primera capa de jabón. Él seguía con los ojos cerrados. «De buena gana me iría a dor-
40 mir un poco», dijo, «pero esta tarde hay mucho que hacer». Retiré la brocha y pregunté con aire falsamente desinteresado: «¿Fusila-

18

miento?» «Algo por el estilo, pero más lento», respondió. «¿Todos?»
«No. Unos cuantos apenas». Reanudé de nuevo la tarea de enjabonarle
la barba. Otra vez me temblaban las manos. El hombre no podía darse
cuenta de ello y ésa era mi ventaja. Pero yo hubiera querido que él no 45
viniera. Probablemente muchos de los nuestros lo habrían visto entrar. Y el enemigo en la casa impone condiciones. Yo tendría que afeitar esa barba como cualquiera otra, con cuidado, con esmero, como
la de un buen parroquiano, cuidando de que ni por un solo poro fuese
a brotar una gota de sangre. Cuidando de que en los pequeños remo- 50
linos no se desviara la hoja. Cuidando de que la piel quedara limpia,
templada, pulida, y de que al pasar el dorso de mi mano por ella,
sintiera la superficie sin un pelo. Sí. Yo era un revolucionario clandestino, pero era también un barbero de conciencia, orgulloso de la
pulcritud en su oficio. Y esa barba de cuatro días se prestaba para una 55
buena faena.

Tomé la navaja, levanté en ángulo oblicuo las dos cachas,[1] dejé
libre la hoja y empecé la tarea, de una de las patillas hacia abajo. La
hoja respondía a la perfección. El pelo se presentaba indócil y duro,
no muy crecido, pero compacto. La piel iba apareciendo poco a poco. 60
Sonaba la hoja con su ruido característico, y sobre ella crecían los
grumos de jabón mezclados con trocitos de pelo. Hice una pausa para
limpiarla, tomé la badana de nuevo y me puse a asentar el acero,
porque yo soy un barbero que hace bien sus cosas. El hombre que
había mantenido los ojos cerrados, los abrió, sacó una de las manos 65
por encima de la sábana, se palpó la zona del rostro que empezaba a
quedar libre de jabón, y me dijo: «Venga usted a las seis, esta tarde,
a la Escuela». «¿Lo mismo del otro día?» le pregunté horrorizado.
«Puede que resulte mejor», respondió. «¿Qué piensa usted hacer?»
«No sé todavía. Pero nos divertiremos». Otra vez se echó hacia atrás 70
y cerró los ojos. Yo me acerqué con la navaja en alto. «¿Piensa casti-
garlos a todos?» aventuré tímidamente. «A todos». El jabón se secaba
sobre la cara. Debía apresurarme. Por el espejo, miré hacia la calle.
Lo mismo de siempre: la tienda de víveres y en ella dos o tres com-
pradores. Luego miré el reloj: las dos y veinte de la tarde. La navaja 75
seguía descendiendo. Ahora de la otra patilla hacia abajo. Una barba
azul, cerrada. Debía dejársela crecer como algunos poetas o como algunos sacerdotes. Le quedaría bien. Muchos no lo reconocerían. Y
mejor para él, pensé, mientras trataba de pulir suavemente todo el
sector del cuello. Porque allí sí que debía manejar con habilidad la 80
hoja, pues el pelo, aunque en agraz, se enredaba en pequeños remoli-
nos. Una barba crespa. Los poros podían abrirse, diminutos, y soltar
su perla de sangre. Un buen barbero como yo finca su orgullo en que

---

[1] las dos cachas *the razor handle.*

eso no ocurra a ningún cliente. Y éste era un cliente de calidad. ¿A
85 cuántos de los nuestros había ordenado matar? ¿A cuántos de los nuestros había ordenado que los mutilaran? . . . Mejor no pensarlo. Torres no sabía que yo era su enemigo. No lo sabía él ni lo sabían los demás. Se trataba de un secreto entre muy pocos, precisamente para que yo pudiese informar a los revolucionarios de lo que Torres estaba ha-
90 ciendo en el pueblo y de lo que proyectaba hacer cada vez que emprendía una excursión para cazar revolucionarios. Iba a ser, pues, muy difícil explicar que yo lo tuve entre mis manos y lo dejé ir tranquilamente, vivo y afeitado.

    La barba le había desaparecido casi completamente. Parecía más
95 joven, con menos años de los que llevaba a cuestas cuando entró. Yo supongo que eso ocurre siempre con los hombres que entran y salen de las peluquerías. Bajo el golpe de mi navaja Torres rejuvenecía, sí, porque yo soy un buen barbero, el mejor de este pueblo, lo digo sin vanidad. Un poco más de jabón, aquí, bajo la barbilla, sobre la man-
100 zana, sobre esta gran vena. ¡Qué calor! Torres debe estar sudando como yo. Pero él no tiene miedo. Es un hombre sereno que ni siquiera piensa en lo que ha de hacer esta tarde con los prisioneros. En cambio yo, con esta navaja entre las manos, puliendo y puliendo esta piel, evitando que brote sangre de estos poros, cuidando todo golpe, no
105 puedo pensar serenamente. Maldita la hora en que vino, porque yo soy un revolucionario pero no soy un asesino. Y tan fácil como resultaría matarlo. Y lo merece. ¿Lo merece? No, ¡qué diablos! Nadie merece que los demás hagan el sacrificio de convertirse en asesinos. ¿Qué se gana con ello? Pues nada. Vienen otros y otros y los primeros matan
110 a los segundos y éstos a los terceros y siguen y siguen hasta que todo es un mar de sangre. Yo podría cortar este cuello, así, ¡zas!, ¡zas! No le daría tiempo de quejarse y como tiene los ojos cerrados no vería ni el brillo de la navaja ni el brillo de mis ojos. Pero estoy temblando como un verdadero asesino. De ese cuello brotaría un chorro de sangre
115 sobre la sábana, sobre la silla, sobre mis manos, sobre el suelo. Tendría que cerrar la puerta. Y la sangre seguiría corriendo por el piso, tibia, imborrable, incontenible, hasta la calle, como un pequeño arroyo escarlata. Estoy seguro de que un golpe fuerte, una honda incisión, le evitaría todo dolor. No sufriría. ¿Y qué hacer con el cuerpo? ¿Dónde
120 ocultarlo? Yo tendría que huir, dejar estas cosas, refugiarme lejos, bien lejos. Pero me perseguirían hasta dar conmigo. «El asesino del capitán Torres. Lo degolló mientras le afeitaba la barba. Una cobardía». Y por otro lado: «El vengador de los nuestros. Un nombre para recordar (aquí mi nombre). Era el barbero del pueblo. Nadie sabía que
125 él defendía nuestra causa . . .» ¿Y qué? ¿Asesino o héroe? Del filo de esta navaja depende mi destino. Puedo inclinar un poco más la mano, apoyar un poco más la hoja, y hundirla. La piel cederá como la seda, como el caucho, como la badana. No hay nada más tierno que la piel

del hombre y la sangre siempre está ahí, lista a brotar. Una navaja como ésta no traiciona. Es la mejor de mis navajas. Pero yo no quiero ser un asesino, no señor. Usted vino para que yo lo afeitara. Y yo cumplo honradamente con mi trabajo... No quiero mancharme de sangre. De espuma y nada más. Usted es un verdugo y yo no soy más que un barbero. Y cada cual en su puesto. Eso es. Cada cual en su puesto.

La barba había quedado limpia, pulida y templada. El hombre se incorporó para mirarse en el espejo. Se pasó las manos por la piel y la sintió fresca y nuevecita.

«Gracias», dijo. Se dirigió al ropero en busca del cinturón, de la pistola y del kepis. Yo debía estar muy pálido y sentía la camisa empapada. Torres concluyó de ajustar la hebilla, rectificó la posición de la pistola en la funda y, luego de alisarse maquinalmente los cabellos, se puso el kepis. Del bolsillo del pantalón extrajo unas monedas para pagarme el importe del servicio. Y empezó a caminar hacia la puerta. En el umbral se detuvo un segundo y volviéndose me dijo:

«Me habían dicho que usted me mataría. Vine para comprobarlo. Pero matar no es fácil. Yo sé por qué se lo digo». Y siguió calle abajo.

EJERCICIOS

Discusión

1. En este cuento se emplea mucho el tiempo pretérito. ¿Por qué?
2. Explique por qué se emplea el imperfecto en las siguientes líneas: 59, 60, 61, 72, 73, 87–91.
3. Explique por qué «Barbero y nada más» podría ser un título adecuado para este cuento. ¿Por qué es «Espuma y nada más» un título más adecuado?
4. ¿Cómo es el capitán Torres? ¿Es solamente un hombre cruel?
5. ¿Cómo es el barbero? ¿Es un hombre sin sueños de gloria?
6. ¿Cuál de los dos es más admirable? ¿Por qué?
7. Vuelva usted a contar el cuento desde el punto de vista de: **a.** el capitán Torres, **b.** la mujer de Torres, **c.** la mujer del barbero.

Comente en sus propias palabras.
1. El carácter del barbero
2. El carácter del capitán Torres
3. La guerra civil
4. Los prisioneros
5. La barba del capitán
6. La navaja
7. La muerte imaginada del capitán
8. Hernando Téllez

Explique el sentido de las siguientes oraciones según su contexto en el cuento.
1. Yo me puse a temblar, pero él no se dio cuenta.
2. Lo colgó de uno de los clavos del ropero.
3. Hace un calor de todos los demonios.
4. Ya la están pagando.
5. La barba no le caía mal.
6. La piel iba apareciendo poco a poco.
7. Otra vez se echó hacia atrás.
8. Yo me acerqué con la navaja en alto.
9. Se trataba de un secreto entre muy pocos.
10. Él no tiene miedo. En cambio yo. . .
11. ¿Qué hacer con el cuerpo?
12. Me habían dicho que usted me mataría.

22

Vocabulario

Construya una oración original con cada uno de los siguientes verbos o modismos, de acuerdo con el tratamiento que se les da en el texto. Según sea necesario, úsense como modelos las oraciones del texto en que aparecen.

1. caerle mal (bien) a alguien (35)
2. ocurrírsele a alguien (36)
3. haber mucho que hacer (40)
4. algo por el estilo (42)
5. quedarle bien (mal) a alguien (78)
6. tratarse de (88)
7. resultar (106)
8. calle abajo (arriba) (147)

Gregorio López y Fuentes
(1897–1967)

Una carta a Dios

Gregorio López y Fuentes nació en la región de la Huasteca veracruzana de México. Su padre era un agricultor de medianos recursos que tenía una pequeña tienda de abarrotes donde el hijo se familiarizó con los tipos campesinos que después pintaba en sus novelas y cuentos. Su padre le mandó a la escuela normal de maestros en la capital federal, pero el cuartelazo de Victoriano Huerta, que echó abajo al gobierno, puso fin a sus estudios. Empezó a escribir para los periódicos de la capital, y desde entonces se ha dedicado a la vocación de escritor.

López y Fuentes ha producido toda una serie de novelas sobre varios aspectos de la vida mexicana. Entre éstas, dos de las mejores son *Tierra* (1932), la historia novelizada de la vida y muerte de Emiliano Zapata, y *El indio* (1935), que «podría considerarse como una discreta síntesis de la historia mexicana vista a través de las vicisitudes de una ranchería india». *El indio* ganó el premio nacional de literatura y fue traducida al inglés por Anita Brenner con ilustraciones de Diego Rivera. Ninguno de los personajes de esta novela tiene nombre propio; todos son tipos generales. El autor no se interesa por el individuo, sino por la tribu, la masa.

En su colección de cuentos que apareció en 1940 con el título *Cuentos campesinos de México*, López y Fuentes recuerda episodios y gente de su juventud. Demuestra un gran interés en el folklore, las costumbres y la psicología de los tipos rústicos que pinta. Sus cuentos, como sus novelas, alientan el México real e histórico de la actualidad. «No es un México perfecto ni un México ideal; es simplemente un México verídico; el México que las jóvenes generaciones del siglo presente forjan en el clima apasionado de su tiempo. La literatura mexicana contemporánea, por su continente y su contenido, no es sino una fiel expresión de este México convulsionado por sus inaplazables afanes, y por ese noble anhelo de hallarse a sí mismo. No hay que olvidar, en último análisis, que el escritor se nutre de la época en que vive».

UNA CARTA A DIOS   4

La casa —única en todo el valle— estaba subida en uno de esos cerros
truncados que, a manera de pirámides rudimentarias, dejaron algunas
tribus al continuar sus peregrinaciones. Desde allá se veían las vegas,
el río, los rastrojos y, lindando con el corral, la milpa, ya a punto de
jilotear. Entre las matas del maíz, el frijol con su florecilla morada, 5
promesa inequívoca de una buena cosecha.

Lo único que estaba haciendo falta a la tierra era una lluvia,
cuando menos un fuerte aguacero, de esos que forman charcos entre
los surcos. Dudar de que llovería hubiera sido lo mismo que dejar de
creer en la experiencia de quienes, por tradición, enseñaron a sembrar 10
en determinado día del año.

Durante la mañana, Lencho —conocedor del campo, apegado a
las viejas costumbres y creyente a puño cerrado— no había hecho más
que examinar el cielo por el rumbo del noreste.

—Ahora sí que se viene el agua, vieja.   15

Y la vieja, que preparaba la comida, le respondió:

—Dios lo quiera.

Los muchachos más grandes limpiaban de hierba la siembra,
mientras que los más pequeños correteaban cerca de la casa, hasta
que la mujer les gritó a todos: 20

—Vengan que les voy a dar en la boca. . . .

Fue en el curso de la comida cuando, como lo había asegurado
Lencho, comenzaron a caer gruesas gotas de lluvia. Por el noreste se
veían avanzar grandes montañas de nubes. El aire olía a jarro nuevo.

—Hagan de cuenta, muchachos —exclamaba el hombre mientras 25
sentía la fruición de mojarse con el pretexto de recoger algunos enseres olvidados sobre una cerca de piedra—, que no son gotas de agua
las que están cayendo: son monedas nuevas: las gotas grandes son de
a diez y las gotas chicas son de a cinco. . .[1]

Y dejaba pasear sus ojos satisfechos por la milpa a punto de 30
jilotear, adornada con las hileras frondosas del frijol, y entonces toda
ella cubierta por la transparente cortina de la lluvia. Pero, de pronto,
comenzó a soplar un fuerte viento y con las gotas de agua comenzaron
a caer granizos tan grandes como bellotas. Esos sí que parecían monedas de plata nueva. Los muchachos, exponiéndose a la lluvia, co- 35
rreteaban y recogían las perlas heladas de mayor tamaño.

—Esto sí que está muy malo —exclamaba mortificado el hombre—
ojalá que pase pronto. . . .

---

[1] las gotas grandes . . . a cinco *The large drops are ten-centavo coins and the
small drops five-centavo coins.*

25

No pasó pronto. Durante una hora, el granizo apedreó la casa, la
40 huerta, el monte, la milpa y todo el valle. El campo estaba tan blanco
que parecía una salina. Los árboles, deshojados. El maíz, hecho pedazos. El frijol, sin una flor. Lencho, con el alma llena de tribulaciones.
Pasada la tormenta, en medio de los surcos, decía a sus hijos:

—Más hubiera dejado una nube de langostas. . . . El granizo no
45 ha dejado nada: ni una sola mata de maíz dará una mazorca, ni una
mata de frijol dará una vaina. . . .

La noche fue de lamentaciones:

—¡Todo nuestro trabajo, perdido!

—¡Y ni a quién acudir!

50 —Este año pasaremos hambre. . . .

Pero muy en el fondo espiritual de cuantos convivían bajo aquella
casa solitaria en mitad del valle, había una esperanza: la ayuda de
Dios.

—No te mortifiques tanto, aunque el mal es muy grande. ¡Re-
55 cuerda que nadie se muere de hambre!

—Eso dicen: nadie se muere de hambre. . . .

Y mientras llegaba el amanecer, Lencho pensó mucho en lo que
había visto en la iglesia del pueblo los domingos: un triángulo y dentro
del triángulo un ojo, un ojo que parecía muy grande, un ojo que, según
60 le habían explicado, lo mira todo, hasta lo que está en el fondo de las
conciencias.

Lencho era hombre rudo y él mismo solía decir que el campo
embrutece, pero no lo era tanto que no supiera escribir. Ya con la luz
del día y aprovechando la circunstancia de que era domingo, después
65 de haberse afirmado en su idea de que sí hay quien vele por todos, se
puso a escribir una carta que él mismo llevaría al pueblo para echarla
al correo.

Era nada menos que una carta a Dios.

«Dios —escribió—, si no me ayudas pasaré hambre con todos los
70 míos, durante este año: necesito cien pesos para volver a sembrar y
vivir mientras viene la otra cosecha, pues el granizo. . . ».

Rotuló el sobre «A Dios», metió el pliego y, aun preocupado, se
dirigió al pueblo. Ya en la oficina de correos, le puso un timbre a la
carta y echó ésta en el buzón.

75 Un empleado, que era cartero y todo en la oficina de correos, llegó
riendo con toda la boca ante su jefe: le mostraba nada menos que la
carta dirigida a Dios. Nunca en su existencia de repartidor había conocido ese domicilio. El jefe de la oficina —gordo y bonachón— también se puso a reír, pero bien pronto se le plegó el entrecejo y, mientras
80 daba golpecitos en su mesa con la carta, comentaba:

—¡La fe! ¡Quién tuviera la fe de quien escribió esta carta! ¡Creer
como él cree! ¡Esperar con la confianza con que él sabe esperar! ¡Sostener correspondencia con Dios!

Y, para no defraudar aquel tesoro de fe, descubierto a través de una carta que no podía ser entregada, el jefe postal concibió una idea: contestar la carta. Pero una vez abierta, se vio que contestar necesitaba algo más que buena voluntad, tinta y papel. No por ello se dio por vencido: exigió a su empleado una dádiva, él puso parte de su sueldo y a varias personas les pidió su óbolo «para una obra piadosa».

Fue imposible para él reunir los cien pesos solicitados por Lencho, y se conformó con enviar al campesino cuando menos lo que había reunido: algo más que la mitad. Puso los billetes en un sobre dirigido a Lencho y con ellos un pliego que no tenía más que una palabra, a manera de firma: DIOS

Al siguiente domingo Lencho llegó a preguntar, más temprano que de costumbre, si había alguna carta para él. Fue el mismo repartidor quien le hizo entrega de la carta, mientras que el jefe, con la alegría de quien ha hecho una buena acción, espiaba a través de un vidrio raspado, desde su despacho.

Lencho no mostró la menor sorpresa al ver los billetes —tanta era su seguridad—, pero hizo un gesto de cólera al contar el dinero. . . ¡Dios no podía haberse equivocado, ni negar lo que se le había pedido!

Inmediatamente, Lencho se acercó a la ventanilla para pedir papel y tinta. En la mesa destinada al público, se puso a escribir, arrugando mucho la frente a causa del esfuerzo que hacía para dar forma legible a sus ideas. Al terminar, fue a pedir un timbre el cual mojó con la lengua y luego aseguró de un puñetazo.

En cuanto la carta cayó al buzón, el jefe de correos fue a recogerla. Decía:

«Dios: Del dinero que te pedí, sólo llegaron a mis manos sesenta pesos. Mándame el resto, que me hace mucha falta; pero no me lo mandes por conducto de la oficina de correos, porque los empleados son muy ladrones. —*Lencho*».

EJERCICIOS

Discusión

1. ¿Cómo es Lencho?
   a. ¿Qué clase de vida lleva?   b. ¿Cómo es su fe?
2. Describa la tempestad y sus efectos. ¿Cómo reacciona Lencho?
3. ¿Cómo es el jefe de correos?
   a. ¿Cómo es su fe?   b. ¿Por qué ayuda a Lencho?
4. ¿Cómo se relaciona este cuento al servicio postal de México?
5. Vuelva usted a contar el cuento desde el punto de vista de:
   a. Lencho,   b. el jefe de correos.

Comente en sus propias palabras.
1. El valle donde vive la familia de Lencho
2. La milpa de Lencho
3. La familia de Lencho
4. La lluvia
5. La carta a Dios
6. En la casa de correos
7. La contestación de Lencho
8. López y Fuentes

Explique el sentido de las siguientes oraciones según su contexto en el cuento.
1. Lo único que hacía falta a la tierra. . .
2. Las gotas de agua que están cayendo son monedas nuevas.
3. De pronto comenzó a soplar un fuerte viento.
4. ¡Ojalá que esto pase pronto!
5. Nadie se muere de hambre.
6. Dios, si no me ayudas pasaré hambre con todos los míos.
7. ¡Dios no podía haberse equivocado!
8. El resto me hace mucha falta.
9. No me lo mandes por correo.

Vocabulario

Construya una oración original con cada uno de los siguientes verbos o modismos, de acuerdo con el tratamiento que se les da en el texto. Según sea necesario, úsense como modelos las oraciones del texto en que aparecen.

1. a punto de (4)
2. hacer falta (7)
3. cuando menos (8)
4. ojalá (38)
5. echar (al correo) (66–67)
6. plegársele el entrecejo (79)
7. darse por vencido (87–88)
8. en cuanto (108)

Héctor Velarde
(1898-   )

«*IN CORIUM*»

Héctor Velarde nació en Lima, hijo de un distinguido diplomático peruano. El muchacho acompañaba al padre en sus viajes a los países extranjeros, y asistió a la escuela en Brazil, Suiza, Francia. Aprendió el francés tan bien que pudo publicar un libro de poesías en este idioma. Estudió arquitectura, llegó a distinguirse en este campo y ha ganado buena vida diseñando edificios. Ha publicado algunos libros sobre la arquitectura. «Mi actividad», escribe Velarde, «no son las letras, sino los ladrillos, pues gano mi vida como arquitecto y los libros los pongo a pesar mío cada tres años, más o menos, como pone sus huevos una lenta y metódica gallina».

El punto más fuerte de Héctor Velarde es su habilidad extraordinaria para manejar la sutil ironía y el humor penetrante. Es uno de los pocos escritores contemporáneos de la literatura hispanoamericana cuya obra es fundamentalmente humorística. Velarde toma la vida como un espectáculo, y es crítico sano y simpático de nuestra época. El progreso y los placeres materiales le agradan poco. «La gente», dice, «se satisface con la radio y el automóvil. En burro, antes, se llegaba a cosas sublimes».

Paul J. Cooke ha editado un precioso libro de Velarde, *Oh, los gringos*, en el que el humorista peruano presenta sus opiniones sobre este país. «Los Estados Unidos están en una edad que corresponde, poco más o menos, a los 15 años en el hombre. . . . Nosotros sabemos por simple comparación directa y recreativa que todos los americanos tienen alrededor de 15 años». En otra parte de la introducción de este libro Velarde escribe: «Escribo para divertir a los que me lean. El día que no pueda divertir a nadie ya no escribiré más. Será un día triste para mí».

«IN CORIUM» 5

El otro día, vagando por una de esas callejuelas olvidadas, torcidas y polvorientas de Chorrillos, me llamaron la atención una puerta cerrada y una placa de hierro aporcelanado que decía:

Sociedad Filosófica «IN CORIUM».

5   No pude resistir la curiosidad y toqué, toqué tímidamente primero, luego di un golpe fuerte. Iba a dar otro golpe cuando me abrieron.

¡Qué vi, Dios mío! En una salita conversaba, como si tal cosa, un grupo de personas desnudas.

10   —Entre —me dijeron—, desvístase, está usted en su casa...

—Pero, ¿usted no es de los nuestros? —me preguntó una señora con anteojos al ver mi asombro.

—Pero si toca como nosotros... —dijo un joven levantándose de su asiento.

15   Yo no sabía qué hacer; balbucié algunas palabras:

—Ustedes son nudistas, perdón; yo no soy nudista, me retiro...

—¡Un momento! —exclamó un anciano muy amable—, no se vaya, nosotros no somos nudistas, somos filósofos; «IN CORIUM» quiere decir en cueros, buscamos la verdad desnuda; no se asuste, le voy a

20 explicar. Siéntese, usted será de los nuestros.

Me iba a sentar cuando oí una voz del grupo que decía:

—¡No, así no, así no hay sinceridad posible; que se desvista!

Tuve que desvestirme.

—Ya está ese hombre decente —murmuró un chico que no dejaba

25 de observarme.

—Pues bien —principió a decirme el anciano—, y soy Pepeles, teósofo y jonio de Halicarnaso; poseo todas las tradiciones de la Atlántida; éstos son mis discípulos.

Y me presentó, una por una, a las personas del grupo. Eran casi

30 todas extranjeras.

Yo me sentía francamente molesto.

—Déjese de esos pudores elementales; el verdadero pudor está en el alma —me dijo una rubia protocolar y distinguida.

—Vamos al grano —prorrumpió el viejo—. Nosotros no somos

35 nudistas, ni como principio ni como fin. No se trata de baños de sol, exposiciones al aire libre, posturas atléticas, primitivismos antropológicos o negocio de fotografías, no. Nosotros estamos así porque amamos la verdad, la verdad solita. Nada más simple... Por ejemplo, usted con cuello y corbata es otro hombre. Un señor vestido de frac, con

40 pechera almidonada, es decir, cuando debe estar más importante, es justamente cuando menos lo está, pues en esas condiciones apenas

puede pensar, y dice tonterías. Observe usted cómo se idiotizan los
jóvenes por el solo hecho de ponerse un sweater de color o un pantalón
blanco que los haga muy ingleses. Un plastrón, unos guantes, un par
de escarpines, un tongo, en fin, una sola prenda de vestir basta para
que muchas personas se crean sinceramente lo que no son y se lo
hagan creer a los demás. Los ejemplos abundan... Un hombre desnudo miente poco, y con el tiempo no dice sino la verdad; no le queda
otra cosa. Sin ropa, la inclinación al bien es evidente; usted no puede
concebir que viva desnudo un caballero de industria, un intrigante, un
agente de armamentos o una mujer mal intencionada. Esto es lo más
elemental de nuestros principios, y si se lo digo ahora es para que sepa
usted que está entre gente honorable.

No me cabía la menor duda.

Pepeles siguió diciéndome:

—La desorientación, la inquietud, el caos, que vemos hoy en el
mundo, no son debidos sino a la acumulación de tres mil años de
convencionalismo y mentiras. La humanidad se ha saturado de ficciones, se está ahogando bajo una inmensa trapería de ideas y de téc-
nicas. Hay muy pocos que llegan a ver ingenuamente, alegremente,
generosamente, a los demás hombres, a las mujeres, a la naturaleza,
a Dios. Hay demasiada ropa, demasiada... Ese viejo cuco de Bernard
Shaw pensaba bien cuando escribía: «Dios trae al mundo a los hombres
desnudos, y se los lleva del mundo desnudos. Si en el mundo los
hombres se arrancan la ropa, no es culpa de Dios».

—Nosotros, querido amigo —exclamó Pepeles—, no nos arran-
camos nada, estamos como vinimos al mundo y listos para que Dios
nos lleve; ya no hay culpa. Estamos, pues, en lo justo, por lo menos
en lo que se refiere al cuerpo, que es el causante de casi todos los
tapujos serios y de las artimañas decorativas que ponen en movimiento la moda...

—¡Ah!, el ropaje —suspiró Pepeles—. Hasta la experiencia es un
ropaje. No hay nada más peligroso que un hombre bruto con experiencia.

Yo comencé a sentir frío.

—Nosotros no renunciamos a las grandes conquistas de la ciencia, a la belleza de todas las artes, al ingenio, al cigarrillo. No. Pero,
eso sí, no permitimos que nada de eso nos vele la luz, nos opaque la
verdad, nos impida ser amplios, generosos, tolerantes, alegres, sanos
y felices. Así quiere el Creador que seamos, y así somos.

Yo principié a tiritar.

Pepeles no terminaba.

—La desnudez del cuerpo y del alma resolvería hoy, y en forma
encantadora, el problema magno de la conservación del individuo y
de la especie. Los hombres desnudos ocupan menos lugar, comen

menos, son forzosamente metódicos y democráticos, se levantan con la luz, por la noche duermen (de otra manera les daría pulmonía), las grandes diferencias de fortuna y clases debidas al vestido desaparecerían, y con ellas las inquietudes actuales. Luego, las guerras se irían
90 suprimiendo poco a poco. Nadie ametralla a personas desnudas. A un hombre completamente desnudo se le respeta siempre. En cuanto a la conservación de la especie, ésta sería de primer orden. Los hombres y las mujeres, llenos de salud y de inocencia, darían generaciones magníficas. Nada de farsas, de dotes en ropaje de toda clase, de en-
95 gaños sobre la edad de los cónyuges, de coqueterías artificiosas, coloretes o tentaciones malsanas a fuerza de velos y de trapos.

—Aunque la mona se vista de seda, mona se queda —murmuré yo, tartamudeando de frío.

Pepeles no me hizo caso.
100 —El amor será platónico, único, espiritual... Debemos llegar a esto, a nuestro estado de felicidad primera, al momento en que nos pusieron en el Paraíso. Si llegamos a esto, Dios nos perdonará la primera desobedencia, causa de toda la ropa que se ha usado hasta hoy.

—¿Y qué debemos hacer para llegar a este estado? —le pregunté
105 a Pepeles, ya con escalofríos y con señales de fiebre.

—Algo muy fácil y que ya tengo estudiado. ¿Usted se ha fijado con qué naturalidad se pasea semidesnuda la juventud en las playas? Ése es el principio. Los jóvenes y la gente evolucionada sienten ya la necesidad de estar así, libres, al sol, alegres, sin ningún artificio, sin
110 ninguna malicia. ¿No le causan a usted cierta impresión de vetustez y asco esos señores todos vestidos, que miran socarronamente a las muchachas en las playas? Esos son ya unos pobres diablos; nadie les hace caso... Esto también es sintomático: Es, pues, el momento de seguir adelante. Creo que podría principiar así:
115   1.° —Hacer que la gente tome la costumbre de pasearse en traje de baño por las calles y en sus casas, cosa que ya se logra en algunos lugares de los Estados Unidos.

    2.° —Acostumbrar a los reacios con dos métodos: que se vayan desprendiendo poco a poco de sus ropas, prenda por prenda, hasta
120 llegar a la indiferencia; o, repetir la presencia en condiciones mínimas de una misma persona hasta que su estado parezca natural.

    3.° —Hacer ensayos generales por la noche y durante el día, con careta.

    4.° —Emprender estos métodos con las instituciones, diferen-
125 ciando a los funcionarios y profesionales con simples gorros de forma y de colores diferentes.

    5.° —Que las revistas bataclánicas sean a todo trapo, para que la desnudez adquiera toda su nobleza.

    6.° —Establecer finalmente la República de Platón.

—Pero, ¿por qué han escogido ustedes esta tierra de Lima para 130
realizar semejante empresa? —le pregunté a Pepeles, ya helado.

—Por el clima —me contestó—. En esta tierra podemos andar
desnudos todo el año. Si aquí la gente quisiera y comprendiera, nadie
tendría por qué arrancarle la ropa a nadie.

Di tres estornudos, me desperté, estaba completamente desta- 135
pado sobre la cama.

EJERCICIOS

Discusión

1. Explique las metas de la Sociedad Filosófica «IN CORIUM».
2. ¿Es verdad que un hombre desnudo no miente? ¿Por qué sí o por qué no?
3. ¿Qué problemas podrían impedir la realización de las metas de la Sociedad?
4. ¿En qué lugares de los Estados Unidos se pasea la gente en trajes de baño? ¿Qué fama tiene la gente de esos lugares?
5. Vuelva usted a contar el cuento desde el punto de vista de:
   a. Pepeles,   b. la señora de los anteojos.

Comente en sus propias palabras.
1. La Sociedad Filosófica «IN CORIUM»
2. El viejo Pepeles
3. Los resultados de la desnudez, según Pepeles
4. Bernard Shaw
5. El amor platónico
6. El uso de los trajes de baño
7. Lima

Explique el sentido de las siguientes oraciones según su contexto en el cuento.
1. No pude resistir la curiosidad y toqué.
2. Desvístase, está usted en su casa.
3. Déjese de esos pudores elementales.
4. No se trata de baños de sol; estamos así porque amamos la verdad.
5. Nadie ametralla a personas desnudas.
6. Aunque la mona se vista de seda, mona se queda.
7. En las playas nadie les hace caso a los señores todos vestidos.
8. La importancia de la costumbre de pasearse en traje de baño por las calles y en sus casas.
9. En esta tierra podemos andar desnudos todo el año.
10. Estaba completamente destapado sobre la cama.

Vocabulario

Construya una oración original con cada uno de los siguientes verbos o modismos, de acuerdo con el tratamiento que se les da en el texto.

Según sea necesario, úsense como modelos las oraciones del texto en que aparecen.
1. como si tal cosa (8)
2. no dejar de (24–25)
3. ir al grano (34)
4. al aire libre (36)
5. ponerse (43)
6. en cuanto a (91)
7. hacerle caso a alguien (99 & 112–13)
8. seguir adelante (114)

Emilia Pardo Bazán
(1852–1921)

El encaje roto

Emilia Pardo Bazán, condesa gallega y primera mujer en ocupar una cátedra en la Universidad de Madrid, fue también uno de los novelistas más distinguidos de España durante la última mitad del siglo XIX. Se inclinaba hacia el naturalismo, «de una modalidad especial adoptada a España». Expresó sus opiniones al respecto en *La cuestión palpitante*, 1883. El novelista francés Zola elogió el ensayo, pero Don Juan Valera, distinguido escritor español, lo combatió.

La Condesa de Pardo Bazán no acepta el determinismo científico de la escuela naturalista francesa; cree que el hombre individual tiene el poder de determinar su propio destino. Dice así: «Someter el pensamiento y la pasión a las mismas leyes que determinan la caída de la piedra; considerar exclusivamente las influencias físico-químicas, prescindiendo hasta de la espontaneidad individual, es lo que propone el naturalismo y lo que Zola llama en otro pasaje de sus obras *mostrar y poner de realce la bestia humana*». El naturalismo francés explicaba la vida solamente en términos «del instinto ciego y la concupiscencia desenfrenada», y negaba al hombre su dignidad y su alma. Pardo Bazán, como buena católica, no pudo aceptar esta definición. Creyó que un amplio realismo, con detalles naturalistas, abarcaba y expresaba mejor la realidad humana, porque «en el realismo cabe todo, menos las exageraciones y los desvaríos de dos escuelas extremas y, por precisa consecuencia, exclusivistas».

Pardo Bazán fue también uno de los cuentistas más distinguidos de su generación. Ha publicado unos 400 cuentos, algunos de los cuales son de los más bellísimos en su género. Domina perfectamente la técnica del cuento; sus narraciones son breves, intensas, dramáticas, convincentes.

EL ENCAJE ROTO

Convidada a la boda de Micaelita Aránguiz con Bernardo de Meneses, y no habiendo podido asistir, grande fue mi sorpresa cuando supe al día siguiente —la ceremonia debía verificarse a las diez de la noche, en casa de la novia— que ésta, al pie del mismo altar, al preguntarle el Obispo de San Juan de Acre si recibía a Bernardo por esposo, soltó 5 un *no* claro y enérgico; y como reiterada con extrañeza la pregunta se repitiese la negativa, el novio, después de arrostrar un cuarto de hora la situación más ridícula del mundo, tuvo que retirarse, deshaciéndose la reunión y el enlace a la vez.

No son inauditos casos tales, y solemos leerlos en los periódicos; 10 pero ocurren entre gente de clase humilde, de muy modesto estado, en esferas donde las conveniencias sociales no embarazan la manifestación franca y espontánea del sentimiento y de la voluntad.

Lo peculiar de la escena provocada por Micaelita, era el medio ambiente en que se desarrolló. Parecíame ver el cuadro, y no podía 15 consolarme de no haberlo contemplado por mis propios ojos. Figurábame el salón atestado, la escogida concurrencia, las señoras vestidas de seda y terciopelo, con collares de pedrería, al brazo la mantilla blanca para tocársela en el momento de la ceremonia; los hombres con resplandecientes placas o luciendo veneras de Ordenes militares 20 en el delantero del frac; la madre de la novia, ricamente prendida, atareada, solícita, de grupo en grupo, recibiendo felicitaciones; las hermanitas, conmovidas, muy monas, de rosa la mayor, de azul la menor, ostentando los brazaletes de turquesas, regalo del cuñado futuro; el Obispo que ha de bendecir la boda, alternando grave y afable- 25 mente, sonriendo, dignándose soltar chanzas urbanas o discretos elogios, mientras allá en el fondo se adivina el misterio del ortatorio revestido de flores, una inundación de rosas blancas, desde el suelo hasta la cupulilla, donde convergen radios de rosas y de lilas como la nieve, sobre rama verde, artísticamente dispuesta; y en el altar, la 30 efigie de la Virgen protectora de la aristocrática mansión, semioculta por una cortina de azahar, el contenido de un departamento lleno de azahar que envió de Valencia el riquísimo propietario Aránguiz, tío y padrino de la novia, que no vino en persona por viejo y achacoso — detalles que corren de boca en boca, calculándose la magnífica he- 35 rencia que corresponderá a Micaelita, una esperanza más de ventura para el matrimonio, el cual irá a Valencia a pasar su luna de miel—. En un grupo de hombres me representaba al novio, algo nervioso, ligeramente pálido, mordiéndose el bigote sin querer, inclinando la cabeza para contestar a las delicadas bromas y a las frases halagüeñas 40 que le dirigen.

Y por último, veía aparecer en el marco de la puerta que da a las habitaciones interiores una especie de aparición, la novia, cuyas facciones apenas se divisan bajo la nubecilla del tul, y que pasa haciendo
45 crujir la seda de su traje, mientras en su pelo brilla como sembrado de rocío la roca antigua del aderezo nupcial... Y ya la ceremonia se organiza, la pareja avanza conducida por los padrinos, la cándida figura se arrodilla al lado de la esbelta y airosa del novio... Apíñase en primer término la familia, buscan buen sitio para ver amigos y curio-
50 sos, y entre el silencio y la respetuosa atención de los circunstantes ... el Obispo formula una interrogación, a la cual responde un *no* seco como un disparo, rotundo como una bala. Y —siempre con la imaginación— notaba el movimiento del novio, que se revuelve herido; el ímpetu de la madre, que se lanza como para proteger y amparar a su
55 hija, la inistencia del Obispo, forma de su asombro, el estremecimiento del concurso, el ansia de la pregunta transmitida en un segundo: «¿Qué pasa? ¿Qué hay? ¿La novia se ha puesto mala? ¿Que dice *no*? Imposible... ¿Pero es seguro? ¡Qué episodio! ...»

Todo esto, dentro de la vida social, constituye un terrible drama.
60 Y en el caso de Micaelita, al par que drama, fue logogrifo. Nunca llegó a saberse de cierto la causa de la súbita negativa.

Micaelita se limitaba a decir que había cambiado de opinión y que era bien libre y dueña de volverse atrás, aunque fuese al pie del ara, mientras el sí no partiese de sus labios. Los íntimos de la casa se
65 devanaban los sesos, emitiendo suposiciones inverosímiles. Lo indudable era que todos vieron, hasta el momento fatal, a los novios satisfechos y amartelladísimos; y las amiguitas que entraron a admirar a la novia engalanada, minutos antes del escándalo, referían que estaba loca de contento, y tan ilusionada y satisfecha, que no se cambiaría
70 por nadie. Datos eran estos para obscurecer más el extraño enigma que por largo tiempo dio pábulo a la murmuración, irritada con el misterio y dispuesta a explicarlo desfavorablemente.

A los tres años, cuando ya casi nadie iba acordándose del sucedido de las bodas de Micaelita, me la encontré en un balneario de
75 moda, donde su madre tomaba las aguas. No hay cosa que facilite las relaciones como la vida de balneario, y la señorita de Aránguiz se hizo tan íntima mía, que una tarde, paseando hacia la iglesia, me reveló su secreto, afirmando que me permitía divulgarlo, en la seguridad de que explicación tan sencilla no sería creída por nadie.
80 —Fue la cosa más tonta. De puro tonta no quise decirla; la gente siempre atribuye los sucesos a causas profundas y trascendentales, sin reparar en que a veces nuestro destino lo fijan las niñerías, las *pequeñeces* más pequeñas... Pero son pequeñeces que significan algo, y para ciertas personas significan demasiado. Verá usted lo que pasó;
85 y no concibo que no se enterase nadie; porque el caso ocurrió allí

mismo, delante de todos, sólo que no se fijaron, porque fue, realmente, un decir Jesús.

Ya sabe usted que mi boda con Bernardo de Meneses parecía reunir todas las condiciones y garantías de felicidad. Además, confieso que mi novio me gustaba mucho, más que ningún hombre de los que conocía y conozco; creo que estaba enamorada de él. Lo único que sentía era no poder estudiar su carácter: algunas personas le juzgaban violento; pero yo le veía siempre cortés, deferente, blando como un guante, y recelaba que adoptase apariencias destinadas a engañarme y a encubrir una fiera y avinagrada condición. Maldecía yo mil veces la sujeción de la mujer soltera, para la cual es un imposible seguir los pasos de su novio, ahondar la realidad y obtener informes leales, sinceros hasta la crudeza —los únicos que me tranquilizarían. Intenté someter a varias pruebas a Bernardo, y salió bien de ellas; su conducta fue tan correcta, que llegué a creer que podía fiarle sin temor alguno mi porvenir y mi dicha.

Llegó el día de la boda. A pesar de la natural emoción, al vestirme el traje blanco reparé una vez más en el soberbio volante de encaje que lo adornaba, y era regalo de mi novio. Había pertenecido a su familia aquel viejo Alenzón auténtico, de una tercia de ancho —una maravilla— de un dibujo exquisito, perfectamente conservado, digno del escaparate de un museo. Bernardo me lo había regalado, encareciendo su valor, lo cual llegó a impacientarme, pues por mucho que el encaje valiese, mi futuro debía suponer que era poco para mí.

En aquel momento solemne, al verlo realzado por el denso raso del vestido, me pareció que la delicadísima labor significaba una promesa de ventura, y que su tejido tan frágil y a la vez tan resistente prendía en sutiles mallas dos corazones. Este sueño me fascinaba cuando eché a andar hacia el salón, en cuya puerta me esperaba mi novio. Al precipitarme para saludarle llena de alegría, por última vez antes de pertenecerle en alma y cuerpo, el encaje se enganchó en un hierro de la puerta, con tan mala suerte, que al quererme soltar oí el ruido peculiar del desgarrón, y pude ver que un girón del magnífico adorno colgaba sobre la falda. Sólo que también vi otra cosa: la cara de Bernardo, contraída y desfigurada por el enojo más vivo; sus pupilas chispeantes, su boca entreabierta ya para proferir la reconvención y la injuria... No llegó a tanto, porque se encontró rodeado de gente; pero en aquel instante fugaz se alzó un telón y detrás apareció desnuda un alma.

Debí de inmutarme; por fortuna, el tul de mi velo me cubría el rostro. En mi interior, algo crujía y se despedazaba, y el júbilo con que atravesé el umbral del salón se cambió en horror profundo. Bernardo se me aparecía siempre en aquella expresión de ira, dureza y menosprecio que acababa de sorprender en su rostro; esta convicción se apoderó de mí, y con ella vino otra: la de que no podía, la de que no quería entregarme a tal hombre, ni entonces, ni jamás... Y, sin embargo, fui acercándome al altar, me arrodillé, escuché las exhortaciones del Obispo... Pero cuando me preguntaron, la verdad me saltó a los labios, impetuosa, terrible...

135 Aquel *no* brotaba sin proponérmelo; me lo decía a mí propia... ¡para que lo oyesen todos!

—¿Y por qué no declaró usted el verdadero motivo, cuando tantos comentarios se hicieron?

—Lo repito: por su misma sencillez... No se hubiesen enterado.
140 Preferí dejar creer que había razones de esas que llaman serias...

EJERCICIOS

Discusión

1. ¿Por qué es tan importante el medio ambiente de este cuento?
   a. Describa la concurrencia de la boda.   **b.** ¿Podría pasar este cuento en los Estados Unidos hoy día? ¿Por qué?
2. ¿Está Micaelita justificada en rehusar casarse con Bernardo?
3. ¿Habrían sido felices Micaelita y Bernardo si se hubieran casado? Describa su vida después de cinco años de vida matrimonial.
4. ¿Con qué clase de hombre debe casarse Micaelita? ¿Con qué clase de mujer debe casarse Bernardo?
5. Vuelva usted a contar el cuento desde el punto de vista de:
   a. Bernardo,   **b.** el Obispo,   **c.** el futuro marido de Micaelita.

Comente en sus propias palabras.
1. La boda
2. Micaelita
3. Bernardo y su regalo
4. El encaje roto
5. La reacción de Bernardo
6. La reacción de Micaelita
7. La reacción de los huéspedes
8. El balneario
9. Pardo Bazán

Explique el sentido de las siguientes oraciones según su contexto en el cuento.
1. Supe al día siguiente que la novia, al pie del altar, soltó un *no* claro y enérgico.
2. ¿Qué pasa? ¿La novia se ha puesto mala?
3. Micaelita se limitaba a decir que había cambiado de opinión.
4. A los tres años me la encontré en un balneario.
5. El caso ocurrió allí mismo, delante de todos; sólo que no se fijaron, porque fue, realmente, un decir Jesús.
6. Creo que estaba enamorada de él.
7. Bernardo salió bien de todas las pruebas.
8. El encaje se enganchó en un hierro de la puerta.
9. Mi júbilo se cambió en horror.
10. La verdad me saltó a los labios.
11. Preferí dejar creer que había razones de esas que llaman serias.

Vocabulario

Construya una oración original con cada uno de los siguientes verbos o modismos, de acuerdo con el tratamiento que se les da en el texto. Según sea necesario, úsense como modelos las oraciones del texto en que aparecen.

1. verificarse (3)
2. a la vez (9)
3. figurarse (16–17)
4. cambiar de opinión (62)
5. devanarse los sesos (64–65)

6. hacerse (76)
7. rodear de (122)
8. deber (de) (125)

Alfonso Hernández-Catá
(1885–1940)

El maestro

Alfonso Hernández-Catá fue el mejor cuentista cubano de su época, y uno de los mejores de la literatura hispanoamericana de todas las épocas. «Residió la mayor parte de su vida en España, donde publicó casi toda su obra novelesca; pero como nunca se nacionalizó español —según hicieron otros novelistas cubanos, Insúa y Zamacois, entre ellos— corresponde su inclusión con los escritores de la hermosa Perla de las Antillas».

Cuando el muchacho tenía quince años de edad los padres le mandaron a una escuela militar en Toledo. Detestó la vida regimentada, y se escapó de allí para radicarse en Madrid donde ganaba la vida con grandes dificultades escribiendo para los periódicos y las revistas. Pérez Galdós vio uno de sus primeros cuentos y le ayudó en su carrera literaria.

Además de sus numerosos cuentos y novelas Hernández-Catá escribió ensayos y dramas; también desempeñó cargos importantes en el cuerpo diplomático cubano en varias capitales. Murió en Río de Janeiro en 1940 a consecuencia de un choque de aviones. Característico de su vida es este lema que tenía su ex libris: «Apasionadamente hacia la muerte».

La psicología anormal obsesiona a Hernández-Catá; el autor demuestra poco interés en el regionalismo o en el costumbrismo. Sus personajes, en su mayor parte, son patológicos; el autor usa la lanceta de las palabras para profundizar en sus más íntimos seres donde crece la mala hierba que ha causado sus anormalidades. El escritor se inclina hacia la violencia, el sufrimiento, la fantasía, la locura, los amores neuróticos; sus cuentos y novelas son todos intensos análisis del carácter humano. Entre sus mejores obras figuran: *Cuentos pasionales*, 1907; *Los siete pecados,*1920; *Piedras preciosas*, 1927. Eduardo Barrios escogió y editó una antología de *Sus mejores cuentos*, 1936.

EL MAESTRO 7

El director, antes de aceptar sus servicios, resumió el interrogatorio. Sin duda el traje deslucido, la camisa de un blanco amarillento y, sobre todo, la palidez enjuta de su cara, le debían inspirar recelo. El vicio y la miseria, ¿no dejan en los hombres huellas parecidas?

5   Las pupilas azules del director —un azul sin bondad, un azul como equivocado— añadían a las semiinterrogaciones una sombra capciosa.

—Nada de beber, por supuesto.

—Nada, señor.

10   —Y fumar, lo menos posible.

—Nada. No fumo.

—Mejor. Claro que esos que llaman pequeños vicios son válvulas de la naturaleza. Yo mismo, después de las comidas. . . . El caso es hacerlo con moderación. Al último profesor, precisamente, tuve que 15 expulsarle por el cigarrillo. No se extrañe: además del mal ejemplo dado a los muchachos, me quemaba las mesas. . . . De sus conocimientos no he querido hablarle: los supongo. . . . Lo que sí tendrá que hacer es cuidar un poco el indumento. Poco a poco el colegio sube de categoría. Aún tenemos, por lo de la subvención oficial a los zarrapastrosos 20 del barrio. Pero las familas ricas ya empiezan a otorgarnos su confianza. Quién sabe si hasta don Miguel el banquero mande su niño. ¿Comprende usted?

—Comprendo, sí. Apenas pueda me compraré otro traje y dos camisas.

25   —Pues, entonces, aceptado. Dijimos cuarenta y la comida de mediodía en vez de cincuenta. Los tiempos son malos.

. . . Sin beber ni fumar, aunque tome café, ya tiene. Desde el lunes.

Aceptó la merma. Al llegar contento a su casa, su mujer le dijo sonriéndole:

30   —Ojalá nos dure ese refugio y no haya nada que te lo haga dejar. ¡Ah, el día en que logres colocar uno de tus libros a un editor y se reconozca tu talento! . . .

Empezó sus lecciones con la semana, y antes del jueves el director estaba seguro de haber escogido el mejor aspirante al puesto. . . . Ex-35 plicaba a conciencia y sabía hacerse querer de los muchachos manteniéndolos en el difícil equilibrio situado entre la rigidez y el exceso de confianza. Por las tardes, en la última lección, su diestra solía vagabundear por los países sintéticos del globo terráqueo colocado sobre la mesa; y en tanto el primero de la clase dibujaba mapas sobre el 40 encerado, poníase a garrapear renglones cortos en hojas que guardaba después. El director dudó varios días si aquellos renglones serían versos o cuentas domésticas, y se decidió por lo último.

Pero el primero de la clase, en cambio, no dudó. Era uno de los «zarrapastrosos»: carita de anemia, frente bombeada sobre un mirar ancho y humilde, blusa oscura hasta los tobillos, y una voluntad de aprender impresionante, casi dramática. No era esa memoria fiel e inconsciente de las cabezas nuevas: era un inclinarse patético hacia el fondo de las cosas, un abrirse paso entre las dificultades de la letra para llegar al espíritu. Y todo ello animado de tiempo en tiempo por un resplandor adivinatorio.

—Lo que usted escribe, señor maestro, son versos, ¿verdad?

—¿Cómo lo sabes?

Porque.... Me lo he figurado así, de pronto. Cuando en la hoja del calendario de casa hay versos, yo los leo siempre. Y guardo un papel que mandaron de la tienda, envolviendo arroz, con unos versos preciosos, muy tristes. Papá dice que esos son tonterías. Pero mamá dice que los versos los hacen los poetas. Yo no sabía que se pudiera ser maestro y poeta.

—No se puede, no.

—Cuando tuve la fiebre, que estuve tan malo, soñé dos veces que hacía versos.

Así se estableció entre ellos el lazo de la simpatía.... Ni una palabra ajena a las lecciones se volvió a cruzar entre ellos; y sin embargo, ¡cuántos mensajes fueron y vinieron del uno al otro sin que los demás discípulos lo advirtiesen, en aquellas preguntas y respuestas sólo para ellos libre de sonsonete y tedio! A veces los lagos, los istmos, los océanos, los continentes, las estrellas, las nebulosas, adquirían para ambos una novedad rara, suavísima como un buen secreto; y hasta los mismos problemas de aritmética, al resolverse, les ofrecían una especie de prodigio gozoso.

En su casa, cuando tras la parca cena el niño ponía en la almohada la cabecita, cerraba los párpados avaramente para aprisionar entre ellos un sueño que lo llevase de prisa a la próxima mañana; y en su buhardilla, al acostarse ..., el maestro pensaba: «¡Ah, si ese muchacho cayera en buenas manos, si no lo debilitase la miseria y no lo reclamase un oficio en cuanto pueda ganar jornal!» ... Y para los dos el sábado era peor que el domingo, porque el domingo era la víspera del primer día de clase....

Pero el reloj de la felicidad anda de prisa, y en él las horas densas vienen a detener el ritmo de las horas ingrávidas. Empezó la hora densa con el minuto en que el director, todo oronda sonrisa, con un poco del oro de la cadena del reloj reflejando en el erróneo azul de sus ojos, entró en el aula trayendo de la mano al nuevo discípulo.

—¡De pie todos! Así. Hay que cuidar la cortesía colectiva.... Le presento a un nuevo alumno, señor profesor. Está un poco atrasado, a causa de que sus padres han viajado mucho y atendieron en primer lugar a robustecerlo: *Primo vívere,*[1] ya sabe usted. ... Es hijo de don

---

[1] Primo vívere *Life comes first*

Miguel de Siles, el ilustre financiero. Desde luego yo le daré cada dos
o tres días una clase especial para poder pasarlo cuanto antes a mi
90 grupo. He preferido traerlo aquí para hacerle la aclimatación más
fácil. Entre los mayores, de pronto, quizás se hubiera sentido extraño.
    El nuevo discípulo era recio y vestía con primor. Además no era
torpe. Un amor propio elástico lo ahincaba en el estudio. A diario venía
a traerlo y a buscarlo un criado, y por las tardes la cestita de su
95 merienda era cuerno de la abundancia y centro de una viva circunfe-
rencia de envidia y de gula. Él comía y daba después el resto. Pero
había en su generosidad, igual que en su aplicación, un sentimiento
para el maestro poco simpático. Era caritativo, no generoso; codicioso
de las buenas notas, no del saber lento, callado. El tesón marcaba el
100 vértice de su carácter y la retentiva el de su inteligencia. A pesar de
su afabilidad con sus compañeros, se notaba que pensaba en silencio:
«Si quisiera podía tratarlos de otro modo».
    Al final de la primera semana de estar en clase el nuevo discípulo,
el director llamó al maestro para decirle:
105   —Veo que el hijo de don Miguel avanza. Hay que ayudarle. Com-
prenda usted . . . Su padre no quiere ponerle un profesor particular
porque como él salió de familia humilde . . . Piensa que lo mejor que
se enseña en la escuela es el aprendizaje de la vida. . . . Manías. . . .
Usted procure, en lo posible, aislarle en clase y. . . .
110   —Aislarlo, no. En eso tiene razón su padre. Sería vejaminoso para
los demás, y una mala lección para él mismo. Yo le ayudo según usted
quiere; procuro enseñarlo a estudiar, que es lo que más necesita. Si
no fuera exclusivamente memorista avanzaría mejor.
    —Parece que hay en la clase otro que es su preferido.
115   —No. Otro que sobrepasa al hijo del señor banquero en entendimiento por lo menos lo que su padre en fortuna a mí. Más aún que
en el trato de los hombres, estimo que la justicia se hace precisa en el
de los niños, y tengo la conciencia tranquila: mis notas son justas,
justas en absoluto.
120   El azul engañador de las pupilas dictatoriales se nubló, y la boca
plegóse en un gesto ceniciento, de experiencia.
    —Déjese usted de sutilezas, amigo. Lo absoluto tiene poco que
ver con la vida humana. Esos tiquis miquis pedagógicos son buenos
para llenar páginas de libros, pero en lo práctico, en la clase . . . No
125 me niegue que los progresos del muchacho saltan a la vista. Si se
tratara de un zopenco, de un haragán . . . Ea, usted es demasiado inteligente para necesitar que prolonguemos esta conversación. Ábrame
la mano en las notas y empújeme al muchacho.
    Y comenzó la pugna, azuzada por la pasión de toda la clase. Ar-
130 bitrariamente, bajo la mirada inquieta del maestro, dos bandos se
formaron. Y el niño pobre, el casi amortajado en la blusa oscura, no
obtuvo siquiera el sufragio de sus hermanos en pobreza. Hasta allí el
reflejo de oro de la banca impurificaba las simpatías elementales. No

necesitaba el niño rico ni compartir sus sobras para atraerse parti- 135
darios. Su salud, el aire grave con que el criado de teatrales patillas
lo llevaba por la acera, le bastaban. «Mi padre me comprará una bicicleta el día que le quite a ése el primer puesto, y no la pierdo aunque
tenga que romperme los codos estudiando» —decía con fuerte ingenuidad. Ya estaba el segundo de la clase. A diario recitaba las lecciones 140
sin dejar coma. Y una especie de ansia de empujar, de quitar de en
medio al taponcito humano que apretando también en el estudio hasta
desmejorarse, se aferraba al lugar eminente, movía cada mañana y
cada tarde a casi todos los chicos a realizar actos de violencia espiritual.

Sin duda el maestro era justo. Su simpatía no destilaba jamás del 145
lápiz empleado para las calificaciones. Pero ni los niños, ni el director,
ni siquiera el banquero, que ya empezaba a irritarse, aspiraban a la
justicia. La presión de la pugna sobrepasaba ya los límites del colegio
y amenazaba extravasarse hasta las casas, hasta la ciudad entera. El
niño rico estudiaba y rabiaba; el otro estudiaba y languidecía. 150

Don Miguel, al terminar la cena, decía entre burlesco y colérico
a su heredero: «Parece ser que hay un Salomón perdulario que no te
deja echarle la zancadilla, ¿eh? Por supuesto que —esto dirigiéndose
a la esposa— el maestro es otro perdulario y ahí está el *quid*. Habrá
que decirle al director del colegio una palabrita». Y, paralelamente, 155
el padre del perdulario, cuando acaban de comer y veía al niño meterse
en un rincón con los libros, le gritaba: «¡Deja eso ya, que gastas velas
que da grima! ¡Bueno es lo bueno, pero no tanto!»

La palabrita al director fue dicha, y una vigilancia severa se organizó contra el maestro obstinado en no avenirse a razones. «Si hace 160
falta se le echa, ¡no faltaba más!» —ofrecieron los labios del director.
Pero el banquero, interesado ya en la aventura como si el crédito de
su banca fuese también en ella, afirmó que su interés era que el muchacho alcanzara el primer puesto con aquel maestro y no con otro.
El director apeló entonces a subterfugios. Antes de las vacaciones se 165
efectuaría un certamen, y de él saldrían las calificaciones finales. Él
mismo —los ojos azules, la cadena de oro sobre el vientre— daría a
los *centuriones* de cada grupo, la víspera, nota de los temas a desarrollar.

Oyéndolo, el maestro esbozó una sonrisa. El ejercicio desarrolla- 170
do así era arma de dos filas: si se prestaba a una preparación previa
al hijo del banquero, prestábase también a la polémica, en la cual el
conocimiento verdadero de las cosas triunfaría de la memoria fácilmente. Deseoso de no caer en partidarismo, el maestro advirtió a toda
la clase: 175

—El señor director me ha dicho que antes de fin de curso habrá
un certamen. La clase se dividirá en dos bandos, capitaneados
por . . . usted y por . . . usted. Supongo que aprovecharemos el tiempo
que falta.

180 	Y cuando en su fuero interno se felicitaba de que la simpatía no le hubiese detenido y dulcificado la mirada en el discípulo predilecto, el otro, con ingenuidad, amplió la noticia:

—Sí, señor, y habrá invitados. Van a venir papá y mamá. Y me han encargado un traje a Inglaterra para ese día. Y si me llevo el 185 primer puesto iré a patinar a Suiza en las vacaciones.

Durante los días restantes del curso la competencia siguió encarnizada. El segundo de la clase revelaba no sólo el esfuerzo sino la ayuda de alguien —acaso un profesor particular, tal vez el director mismo; —pero el primero no cedía. Para el uno los textos eran meta; 190 para el otro, ventanas hacia perspectivas confusas aún, pero menos oscuras y más anchurosas cada vez.

Llegó al fin el día de la fiesta. Mientras su mujer le prodigaba al traje que no había podido sustituir esos cuidados de amoníaco y cepillo que restituyen a la ropa gravemente enferma mejora efímera, el 195 maestro le dijo:

—Me hubiera gustado amanecer enfermo para no ir.

Su integridad le impedía emboscarse tras un pretexto para rehuir un deber. Pero llegó al colegio con el tiempo justo, y ocupó su puesto subalterno en el estrado.

200 	La vasta sala, llena a diario de murmullos alegres, parecía otra: guirnaldas y trofeos de papel señoreaban sobre los mapas mustios, y unos cuantos caballeros y damas le enajenaban todo aire infantil. Los mismos niños alineados en bancos paralelos, parecían menos niños con sus ropitas de día feriado. Desde sus puestos eminentes el ban- 205 quero y su mujer sonreían al joven gladiador intelectual que se aprestaba a luchar bajo su divisa. Su contrincante no llevaba la blusa oscura, sino un traje semejante al traído de Inglaterra, más basto y sin gracia.

La pugna inicióse dentro del marco de un silencio eléctrico. Al 210 requerimiento sonriente, ante la atención de toda la sala, el trajecito venido de Inglaterra se irguió, y dos labios recitaron con puntos y comas durante diez minutos. Crepitaron aplausos. Después, tras un «Ahora le toca a usted» de la cadena de oro y los ojos de usurpado azul, el trajecito de imitación se puso vertical, y palabras tímidas crea- 215 das de momento por la imaginación para vestir las nociones que penetraron desnudas, verdaderas, en la mente infantil, vibraron durante corto tiempo. Los mismos conceptos repetidos y dichos con acento tímido, inseguro, no podían interesar ya al auditorio. Al terminar el trajecito basto, sólo dos ojos estaban fijos en él, y sólo una cabeza 220 asentía.

Con las impugnaciones, la derrota aceleró su marcha —una ansia de acabar pronto, de escapar con su fracaso, dominó al vencido. Tartamudeaba, sudaba y miraba a la puerta. ¡Que lo dejasen a poner su blusa! Que se fuera el otro a Suiza en su bicicleta nueva, ¡mejor! ¿Por 225 qué aquella crueldad de prolongar el torneo, si no resistía ya? Era

inútil que lo exhortasen a fijarse, a recobrar la sangre fría. Dentro de
su cabeza reinaba la niebla, y un frío, como de hambre, en su corazón.
Ni siquiera escuchaba las preguntas que se sucedían sarcásticas, aco-
rralándolo. Ni siquiera le pareció ofensa la falsa condescendencia del
director cuando, sonriéndole, le dijo que lo suponía mejor preparado. 230
Y su estupor fue inmenso cuando detrás de la primera fila del estrado
vio alzarse los ojos que en vano quiso evitar, y oyó la voz del maestro,
siempre dulce para él, gritar en una explosión tremenda de rabia:

—¡Basta ya! ¡Ya tiene el triunfo él que no lo debe tener: el papagayo! ¡Dejen al pobre niño en paz, verdugos!. . . . ¡El señor director 235
ha preparado esta farsa para que el señor banquero y su esposa puedan babear de gusto! ¡La inteligencia de ese pobre niño era su único
bien en la tierra, y acaban ustedes de robársela luego de manchársela
de duda! ¡Pueden estar contentos! ¡Todo lo que haya usted robado en
su vida de banquero, es menor que lo que acaba de robarse aquí! ¡En 240
las escuelas como ésta es donde se incuban para el mañana venganzas
que parecerán después crímenes!

Y rompiendo por entre la sorpresa paralizada del salón, salió.

Ya había traspuesto la puerta cuando surgieron las primeras ex-
clamaciones: «¡Es un loco!», «¡Debe de haber bebido!», «¡Es un bolche- 245
vique!». . . A pesar de los esfuerzos del director, el reparto de premios
no logró ser alegre. Para los mismos niños el sabor de los dulces re-
partidos después no fue el mismo de otros dulces peores y más sabro-
sos comidos otras veces.

*   *   *   *

El maestro llegó a su casa, y su mujer advirtió en seguida en su 250
rostro ecos de la escena.

—Te ha pasado algo, no me lo niegues. ¿Qué ha sido?

—Me he ido del colegio. Ya estamos en la calle otra vez. . . Quizás
una intemperancia mía. Siempre seré un estúpido. . . ¡Pero, no! Le han
robado al mejor de mi clase el premio para dárselo a otro, al hijo de 255
un banquero, y. . . ¡Ah, si vieras la carita de anemia del pobre despojado!. . . Suponte que tú y yo hubiéramos tenido un hijo y que le hubieran hecho eso. . . ¡Ah, no! Me levanté y los llamé ladrones, in-
fames . . . No sé. No les llamé todo lo que se merecían . . . ¿Es que debí
callarme? Dime. 260

—No. ¡Has hecho bien! Siempre haces bien, y por eso nos va mal
en la vida. No importa. La miseria y nosotros somos amigos . . . Por
eso no nos trata demasiado mal . . . ¿Cómo me preguntas si debiste
callar? ¡Si fueras capaz de callarte cuando otros se callan, yo no te
querría tanto! 265

EJERCICIOS

Discusión

1. ¿Qué clase de vida llevará el alumno pobre? ¿El alumno rico?
2. ¿Cómo son los ojos azules del director?
   a. ¿Cuántas veces menciona Hernández-Catá estos ojos?
   b. ¿Qué semejanzas sugiere Hernández-Catá entre los ojos y el oro?
3. ¿Sería mejor si el cuento terminara con la escena en el aula? ¿Por qué sí o por qué no?
4. ¿Qué elementos temáticos se encuentran en la última escena con la esposa?
5. ¿Podría pasar este cuento en los Estados Unidos hoy día? ¿Hace cincuenta años?
6. ¿En qué sentido es este cuento un llamado a la justicia social?
7. ¿Qué advertencia hace el maestro en su discurso?
8. Vuelva usted a contar el cuento desde el punto de vista de:
   a. el director, b. el alumno rico, c. el alumno pobre.

Comente en sus propias palabras.
1. El director del colegio
2. El maestro
3. El colegio
4. El alumno pobre
5. El alumno rico
6. La pugna
7. La recitación del alumno rico
8. La recitación del alumno pobre
9. El resultado de las recitaciones
10. La reacción del maestro
11. Hernández-Catá

Explique el sentido de las siguientes oraciones según su contexto en el cuento.
1. Nada de beber, por supuesto; y fumar, lo menos posible.
2. Lo que sí tendrá que hacer es cuidar un poco el indumento.
3. ¡Ojalá nos dure ese refugio!
4. Yo no sabía que se pudiera ser maestro y poeta.
5. ¡De pie todos! Les presento a un nuevo alumno.
6. Si hace falta se le echa, ¡no faltaba más!
7. La pugna se inició dentro de un silencio eléctrico.
8. «Ahora le toca a usted», dijo el director al alumno pobre.
9. Que se fuera el otro a Suiza.

10. «¡Es un loco!», «¡Debe de haber bebido!»

11. Te ha pasado algo, no me lo niegues.

12. No les llamé todo lo que se merecían ... ¿Es que debí callarme?

Vocabulario

Construya una oración original con cada uno de los siguientes verbos o modismos, de acuerdo con el tratamiento que se les da en el texto. Según sea necesario, úsense como modelos las oraciones del texto en que aparecen.

1. extrañarse (de) (15)

2. abrirse paso (48)

3. cuanto antes (89)

4. tener (poco, mucho) que ver (122–23)

5. avenirse a razones (160)

6. acabar de (240)

7. merecer (259)

8. callar(se) (264)

Horacio Quiroga
*(1878–1937)**

EL SÍNCOPE BLANCO　　　　*8*

Yo estaba dispuesto a cualquier cosa; pero no a que me dieran cloroformo.

Soy de una familia en que las enfermedades del corazón se han sucedido de padre a hijo con lúgubre persistencia. Algunos han esca-
5 pado —cuentan en mi familia— y, según el cirujano que debía operarme, yo gozaba de ese privilegio. Lo cierto es que él y sus colegas me examinaron a conciencia, siendo su opinión unánime que mi corazón podía darse por bueno a carta cabal, tan bueno como mi hígado y mis riñones. No quedaba, en consecuencia, sino dejarme aplicar la
10 careta y confiar mis sagradas entrañas al bisturí.

Me di, pues, por vencido, y una tarde de otoño me hallé acostado con la nariz y los labios llenos de vaselina, aspirando ansiosamente cloroformo, como si el aire me faltara. Y es que realmente no había aire, y sí cloroformo, que entraba a chorros de insoportable dulzura:
15 chorros de dulce por la nariz, por la boca, por los oídos. La saliva, los pulmones, la extremidad de los dedos, todo era náuseas y dulce a chorros.

Comencé a perder la noción de las cosas, y lo último que vi fue, sobre un fondo negrísimo, fulgurantes cristales de nieve.

*　*　*　*

20 Estaba en el cielo. Si no lo era, se parecía a él muchísimo. Mi primera impresión al volver en mí fue de que yo había muerto.

—¡Esto es! —me dije —. Allá abajo, quién sabe ahora dónde y a qué distancia, he muerto de resultas de la operación. En una infinita y perdida sala de la Tierra, que es apenas una remota lucecilla en el
25 espacio, está mi cuerpo sin vida, mi cuerpo que ayer había escapado triunfante del examen de los médicos. Ahora ese cuerpo se queda allá; no tengo ya nada que ver con él. Estoy en el cielo, vivo, pues soy un alma viva.

Pero yo me veía, sin embargo, una figura humana, sobre un blanco
30 y bruñido piso. ¿Dónde estaba, pues? Observé entonces el lugar con atención. La vista no pasaba más allá de los cien metros, pues una densa bruma cerraba el horizonte. En el ámbito que abarcaban los ojos, la misma niebla, pero vaguísima, velaba las cosas. La luz cenital

---

*Véase la nota biográfica para «Silvina y Montt».

que había allí parecía de focos eléctricos, muy tamizada. Delante de
mí, a 30 o 40 metros, se alzaba un edificio blanco con aspecto de templo
griego. A mi izquierda, pero en la misma línea del anterior, y esfumado
en la neblina, se alzaba otro templo semejante.

¿Dónde estaba yo, en definitiva? A mi lado, y surgiendo de detrás,
pasaban seres, personas humanas como yo, que se encaminaban al
edificio de enfrente, donde entraban. Y otras personas salían, empren-
diendo el mismo camino de regreso. Más lejos, a la izquierda, idéntico
fenómeno se repetía, desde la bruma insondable hasta el templo esfumado. ¿Qué era eso? ¿Quiénes eran esas personas que no se conocían
unas a otras, ni se miraban siquiera, y que llevaban todas el mismo
rumbo de sonámbulos?

Cuando comenzaba a hallar todo aquello un poco fuera de lo
común, aún para el cielo, oí una voz que me decía:

—¿Qué hace usted aquí?

Me volví y vi a un hombre en uniforme de portero o de guardián,
con gorra y corto palo en la mano. Lo veía perfectamente en su figura
humana, pero no estoy seguro de que fuera del todo opaco.

—No sé —le respondí, perplejo yo mismo—. Me encuentro aquí
sin saber cómo . . .

—Pues bien, ése es su camino —dijo el guardián, señalándome el
edificio de enfrente—. Es allí donde debe usted ir. ¿Usted no ha sido
operado?

Instantáneamente, en una lejanía inmemorial de tiempo y espacio, me vi tendido en una mesa, en un remotísimo pasado . . .

—En efecto —murmuré nebuloso—. He sido, *fui* operado . . . Y
he muerto.

El guardián sacudió la cabeza.

—Todos dicen lo mismo . . . Nos dan ustedes más trabajo del que
se imaginan . . . ¿No ha tenido aún tiempo de leer la inscripción?

—¿Qué inscripción?

—En ese edificio —señaló el guardián con su palo corto.

Miré sorprendido hacia el templo griego, y con mayor sorpresa
aún leí en el frontispicio, en grandes caracteres de luz tamizada:

SÍNCOPE AZUL[1]

—Este es su domicilio, por ahora —agregó el guardián—. Todos
los que durante una operación con cloroformo caen en síncope, esperan allí. Vamos andando, porque usted hace rato que debía tener su
número de orden.

Turbado, me encaminé al edificio en cuestión. Y el guardián iba
conmigo.

---

[1] *Síncope* is a medical term meaning "a temporary cessation of respiration and
circulation." *Blue syncope* may be overcome by the body, but *white syncope*
is the final coma, which leads to death.

75 —Muy bien —le dije, por fin, al llegar—. Aquí debo entrar yo, que he caído en síncope . . . ¿Pero aquel otro edificio?

—¿Aquél? Es la misma cosa, casi . . . Lea el letrero . . . Nunca he visto uno de ustedes los cloroformizados, que lea los letreros. ¿Qué dice ése? Puede leerlo bien, sin embargo.

80 Y leí:

SÍNCOPE BLANCO

—Así es —confirmó el hombre—. Síncope blanco. Los que entran allí no salen más, porque han caído en síncope blanco. ¿Comprende, por fin?

85 Yo no comprendía del todo, por lo que el guardián perdió otro minuto en explicármelo, mientras señalaba uno y otro edificio con su corto palo.

Según él, los cloroformizados están expuestos a dos peligros, independientes del de un vaso cortado u otro detalle de la operación. En
90 uno de los casos, y al inspirar la primera bocanada de cloroformo, el paciente pierde súbitamente el sentido; una palidez mortal invade el semblante, y el enfermo, con sus labios de cera y el corazón paralizado, queda listo para el entierro.

Es el síncope blanco.

95 El otro peligro se manifiesta en el curso de la operación. El rostro del cloroformizado se congestiona de pronto; los labios, las encías y la lengua se amoratan, y si el organismo del individuo no es bastante fuerte para reaccionar contra la intoxicación, la muerte sobreviene.

Es el síncope azul.

100 Como se ve, la persona que cae en este último síncope, tiene la vida pendiente de un hilo sumamente fino. En verdad vive aún; pero anda tanteando ya con el pie el abismo de la Muerte.

—Usted está en este estado —concluyó el guardián—. Y allí debe ir usted. Si tiene suerte y los cirujanos logran revivirlo, volverá a salir
105 por la misma puerta que entró. Por el momento, espere allí. Los que entran allá, en cambio —señaló al otro edificio—, no salen más; pasan de largo la sala. Pero son raros los que caen en síncope blanco.

—Sin embargo —objeté— cada dos o tres minutos veo entrar uno.

—Porque son todos los cloroformizados en el mundo. ¿Cuántas
110 personas operadas cree usted que hay un momento dado? Usted no lo sabe, ni yo tampoco. Pero vea, en camoio, los que entran aquí.

En efecto, en el sendero nuestro, era un ir y venir sin tregua, una incesante columna, de hombres, mujeres y niños, entrando y saliendo en orden y sin prisa. La particularidad de aquella avenida de seres
115 fantasmas era la ignorancia total en que parecían estar unos de otros y del lugar en que actuaban. No se conocían, ni se miraban, ni se veían tal vez. Pasaban con su expresión habitual, acaso distraídos o pensando en algo, pero con preocupaciones de la vida normal —negocios

o detalles domésticos—, la expresión de las gentes que se encaminan
o salen de una estación.

Antes de entrar en mi sala eché una ojeada a los visitantes del
Síncope Blanco. Tampoco ellos parecían darse cuenta de lo que significaba el templo griego esfumado en la bruma. Iban a la muerte
vestidos de saco o en femeniles blusas de paseo, con triviales inquietudes de la vida que acababan de abandonar.

Y este mundanal aspecto de estación ferroviaria se hizo más sensible al entrar en el Síncope Azul. Mi guardián me abandonó en la
puerta, donde un nuevo guardián, más galoneado que el anterior, me
dio y cantó en voz alta mi número: ¡834!, mientras me ponía la palma
en el hombro para que entrara de una vez.

El interior era un solo *hall*, un largo salón con bancos en el centro
y a los costados. La luz cenital, muy tamizada, y aun la ligera bruma
del ambiente, reforzaban la impresión de sala de espera a altas horas
de la noche. Los bancos estaban ocupados ya por personas que entraban y se sentaban a esperar, resignadas a un trámite ineludible, como
si se tratara de un simple contratiempo inevitable al que se está acostumbrado. La mayoría ni siquiera se echaba contra el respaldo del
banco; esperaban pacientes, rumiando aún alguna preocupación trivial. Otros se recostaban y cerraban los ojos para matar el tiempo.
Algunos se acodaban sobre las rodillas y ponían la cara entre las
manos.

Nadie —y no salía yo de mi asombro— parecía estar enterado de
lo que significaba aquella espera. Nadie hablaba. En el *hall* no se oía
sino el claro paso de los visitantes y la voz de los guardianes cantando
el número de orden. Al oirlos, los dueños de los números se levantaban
y salían por la puerta de entrada. Pero no todos, porque en el otro
extremo del salón había otra puerta también grandemente abierta, con
un guardián que cantaba otros números.

Los dueños de estos números se levantaban con igual indiferencia
que los otros y se encaminaban a dicha puerta posterior.

Algunos, sobre todo las personas que esperaban con los ojos cerrados o estaban con la cara en las manos, se equivocaban en el primer
momento de puerta y se encaminaban a otra. Pero ante un nuevo canto
del número, notaban su error y se dirigían con alguna prisa a su puerta,
como quien ha sufrido un ligero error de oído. No siempre tampoco
se cantaba el número; si la persona estaba cerca o miraba distraída
en aquella dirección, el guardián la chistaba y le indicaba su destino
con el dedo.

¿La puerta del fondo era entonces?... Para mayor certidumbre
me encaminé hasta dicha puerta y abordé al guardián.

—Perdón —le dije. —¿Puede decirme qué significado concreto
tiene esta puerta?

El guardián, al parecer bastante fastidiado de sus propias fun-

ciones para tomar sobre sí las del público, me miró como miraría un
165 boletero de estación al sujeto que le preguntara si el lugar donde se
hallaba era la misma estación.

—Perdón —le dije de nuevo—. Yo tengo derecho a que los empleados me informen correctamente.

—Muy bien —repuso el hombre, tocándose la gorra y cuadrán-
170 dose—. ¿Qué desea saber?

—Lo que significa esta puerta.

—En seguida; por ahí salen los que han muerto.

—¿Los que mueren? . . .

—No; los que han muerto en el Síncope.
175 —¿En el Síncope Azul?

—Así parece.

No pregunté más, y me asomé a la puerta; más allá no se veía
nada, todo era tiniebla. Y se sentía una impresión muy desagradable
de frescura.
180 Volví sobre mis pasos y me senté a mi vez. A mi lado, una joven
de traje obscuro esperaba con los ojos cerrados y la cabeza recostada
en el respaldo del banco. La miré un largo rato y me acodé con la cara
entre las manos.

¡Perfectamente! Yo sabía que de un momento a otro los guardia-
185 nes debían cantar mi número; pero por encima de esto yo acababa de
mirar a la jovencita de falda corta y pies cruzados, que en una remota
sala de operaciones acababa de caer en síncope como yo. Y nunca, en
los breves días de mi vida anterior, había visto una belleza mayor que
la de aquel pálido y distraído encanto en el dintel de la muerte.
190 Levanté la cabeza y fijé otra vez la mirada en ella. Ella había
abierto los ojos y miraba a uno y otro guardián, como extrañada de
que no la llamaran de una vez. Cuando iba a cerrarlos de nuevo:

—¿Impaciente? —le dije.

Ella volvió a mí los ojos, me miró un breve momento y sonrió.
195 —Un poco.

Quiso adormecerse otra vez, pero yo le dije algo más. ¿Qué le
dije? ¿Qué sed de belleza y adoración había en mi alma, cuando en
aquellas circunstancias hallaba modo de henchirla de aquel amor terrenal?
200 No lo sé; pero sé que durante tres cuartos de hora —si es posible
contar con el tiempo mundano el éxtasis de nuestros propios fantasmas— su voz y la mía, sus ojos y los míos hablaron sin cesar.

Y sin poder cambiar una sola promesa, porque ni ella ni yo conocíamos nuestros mutuos nombres, ni sabíamos si reviviríamos, ni
205 en qué lugar de la Tierra habíamos caminado un día con firmes pies.

¿La volvería a ver? ¿Era nuestro viejo mundo bastante grande
para ocultar a mis ojos aquella bien amada criatura, que me entregaba
su corazón paralizado en el limbo del Síncope Azul? No. Yo volvería
a verla —porque no tenía la menor duda de que ella regresaba a la

vida—. Por esto cuando el guardián de entrada cantó el número y ella ₂₁₀
se encaminó a la puerta despidiéndose con una sonrisa, la seguí con
los ojos como a una prometida . . .

¿Pero qué pasa? ¿Por qué la detienen? Aparecen nuevos empleados en cabeza —jefes, seguramente— que observan el número de orden
de la joven. Al fin le dejan el paso libre, con un ademán que no alcanzo ₂₁₅
a comprender. Y oigo algo así como:

—Otro error . . . Habrá que vigilar a los guardianes de abajo . . .

¿Qué error? ¿Y quiénes son los guardianes de abajo? Vuelvo a
sentarme, indiferente al nocturno vaivén, cuando el guardián de la
puerta del fondo grita: ¡124! ₂₂₀

Mi vecino, un hombre de rostro enérgico y al parecer de negocios,
se levanta indiferente como si fuera a su despacho como todos los
días. Y en ese instante, al oir el cuatro final recién cantado, siento por
primera vez la probabilidad de que yo puedo ser llamado desde *la otra
puerta.* ₂₂₅

¿Es posible? Pero ella acaba de levantarse y la veo aún sonrién-
dome, con su vestido corto y sus medias traslúcidas. Y antes de un
segundo, menos quizá, puedo quedar separado de ella para siempre
jamás, en el más infinito jamás que establece una puerta abierta detrás
de la cual no hay más que tinieblas y una sensación de fresco muy ₂₃₀
desagradable. ¿Desde dónde se va a cantar mi número? ¿A qué puerta
debo volver los ojos? ¿Qué guardián aburrido de su oficio va a indi-
carme con la cabeza, el rastro aún tibio del vestido obscuro o la Gran
Sombra Tiritante?

*   *   *   *

—¡De buena hemos escapado! ₂₃₅

—Ya vuelve el mozo . . . ¡Diablo de corazón incomprensible que
tienen estos neurópatas!

Yo volvía en mí, todo zumbante aún del cloroformo. Abrí los ojos
y vi los fantasmas blancos que acababan de operarme.

Uno de ellos me palmeó el hombro, diciendo: ₂₄₀

—Otra vez trate de tener menos apuro en pasarse de largo, amigo.
En fin, dese por muy contento.

Pero yo no lo oía más, porque había vuelto a caer en sopor. Cuando
torné a despertar, me hallaba ya en la cama.

¿En la cama? . . . ¿En un sanatorio? . . . ¿En el mundo, no es ₂₄₅
esto? . . . Mas la luz, el olor a formol, los ruidos metálicos —la vida tal
cual— me dañaban los ojos y el alma. Lejos, quién sabe a qué remota
eternidad de tiempo y espacio, estaba el salón de espera y la jovencita
a mi lado que miraba a uno y otro guardián. Eso sólo había sido, era
y sería mi vida en adelante. ¿Dónde hallarla a ella? ¿Cómo buscarla ₂₅₀
entre el millar de sanatorios del mundo, entre los operados que en
todo instante están incubando tras la careta asfixiante el síncope del
cloroformo?

¡La hora! ¡Sí! Sólo ese dato preciso tenía, y podía bastarme. Debí
255 comenzar a buscarla en seguida, en el sanatorio mismo. ¿Quién
sabe?... Quise llamar a un médico, a mi médico de confianza, que
había asistido a la operación.

—Óigame, Fitzsimmons —murmuré—. Tengo un interés muy
grande en saber si, al mismo tiempo que a mí, se ha operado a otras
260 personas en este sanatorio.

—¿Aquí? ¿Le interesa mucho saber esto?

—Muchísimo. A la misma hora... O un momento antes, si acaso.

—Pero sí, me parece que sí... ¿Quiere saberlo con seguridad?

—Hágame el favor...

265 Al quedar solo cerré de nuevo los ojos, porque lo que yo quería
ver era muy distinto de los crudos reflejos de la cama laqué y de la
mesa giratoria, también laqué.

—Puedo satisfacerlo —me dijo Fitzsimmons, volviendo a entrar—. Se ha operado al mismo tiempo que a usted a tres personas: dos
270 hombres y una mujer. Los hombres...

—No, Fitzsimmons; la mujer sólo me interesa. ¿Usted la ha visto?

—Perfectamente. Pero —se detuvo mirándome a los ojos— ¿qué
diablo de pesadilla sigue usted rumiando con el cloroformo?

No es pesadilla... ¡Después le explicaré! Óigame: ¿la ha visto
275 bien cuando estaba vestida? ¿Puede describírmela en detalles?

Fitzsimmons la había visto bien, y no tuve la menor duda. Era
ella. ¡Ella! ¡A despecho de la vida y la muerte y la inmensidad de los
mundos, la jovencita estaba a mi lado! Viva, tangible, como lo estaba
en un pasado remoto, infinitamente anterior, en la luz tamizada de una
280 sala de espera ultraterrestre.

El médico vio mi cambio de expresión y se mordió los labios.

—¿Usted la conocía?

—¡Sí! Es decir... ¿Sigue bien?

Titubeó un instante. Luego:

285 —No sé si esa joven es la que usted cree. Pero la enferma que
han operado... ha muerto.

—¡Muerta!

—Sí... Hoy hemos tenido poca suerte en el sanatorio. Usted, que
casi se nos va; y esa chica, con un síncope...

290 —Azul... —murmuré.

—No, blanco.

—¿Blanco? —me volví aterrado—. ¡No, azul! ¡Estoy seguro!...
Pero mi médico:

—No sé de donde saca usted ahora sus diagnósticos... Síncope
295 blanco, le digo, de los más fulminantes que se pueda pedir. Y so-
siéguese ahora... deje sus sueños de cloroformo que a nada lo con-
ducirán.

Quedé otra vez solo. ¡Síncope blanco! Súbitamente se hizo la luz:
volví a ver a los jefes en la sala de espera, revisando el número de la

joven; y aprecié ahora en su total alcance las palabras que en aquel 300
momento no había comprendio: *ha habido un error*...

El error consistía en que la jovencita había muerto en la mesa de
operaciones del síncope blanco; que había entrado muerta en la sala
de espera, por el error de algún guardián; y que yo había estado haciendo el amor, cuarenta minutos, a una joven ya muerta, que por 305
error me sonreía y cruzaba aún los pies.

En el curso de mi vida yo he recorrido sin duda las mismas calles
que ella, tal vez con segundos de diferencia; hemos vivido posiblemente en la misma cuadra, y quizás en distintos pisos de la misma
casa. ¡Y nunca, nunca, nos hemos encontrado! Y lo que nos negó la 310
vida, tan fácil, nos lo concede al fin una estación ultraterrestre, donde
por un error he volcado todo el amor de mi vida oscilante sobre el
espectro en medias traslúcidas —de un cadáver.

Es o no cierto lo que me dice el médico; pero al cerrar los ojos
la veo siempre, despidiéndose con su sonrisa, dispuesta a esperarme. 315
Al salir de la sala ha tomado a la derecha, para entrar en el Síncope
Blanco. Jamás volverá a salir. Pero no importa; allí me espera, estoy
seguro.

Bien. Mas yo mismo, este cuarto de sanatorio, estos duros ángulos y esta cama laqué, ¿son cosa real? ¿He vuelto en realidad a la 320
vida, o mi despertar y la conversación con mi médico de blanco no
son sino nuevas formas de sueño sincopal? ¿No es posible un nuevo
error a mi respecto, consecutivo al que ha desviado hacia la derecha
a mi Novia-Muerta? ¿No estoy muerto yo mismo desde hace un buen
rato, esperando en el Síncope Azul el control que de nuevo efectúan 325
los jefes con mi número?

Ella salió y entró serena, calmada ya su impaciencia, en el edificio
blanco, ante el cual toda ilusión humana debe retroceder. Nunca más
será ella vista por nadie en la Tierra.

¿Pero yo? ¿Es real esta cama laqué, o sueño con ella definitiva- 330
mente instalado en la Gran Sombra, donde por fin los jefes me abren
paso irritados ante el nuevo error, señalándome el Síncope Blanco,
donde yo debía estar desde hace un largo rato?...

EJERCICIOS

Discusión

1. ¿Cuál es la diferencia entre el «síncope blanco» y el «síncope azul»?
2. Describa lo que está pasando dentro del edificio denominado «síncope azul».
3. ¿Cree el autor que existe el amor a primera vista? ¿Por qué cree que sí o por qué cree que no? ¿Qué cree usted?
4. ¿Cree usted que el protagonista y la joven se habrían casado si hubieran podido regresar a la tierra? ¿Hubieran sido felices?
5. Vuelva usted a contar el cuento desde el punto de vista de: **a.** la joven, **b.** los «guardianes de abajo», **c.** el doctor Fitzsimmons.

Comente en sus propias palabras.
1. La familia del joven operado
2. La operación
3. El síncope azul
4. La joven de falda corta y pies cruzados
5. El tiempo que pasan juntos los dos jóvenes
6. El síncope blanco
7. La despedida
8. Los pensamientos del joven
9. Horacio Quiroga

Explique el sentido de las siguientes oraciones según su contexto en el cuento.
1. Yo estaba dispuesto a cualquier cosa.
2. Me di, pues, por vencido.
3. No tengo nada que ver con el cuerpo.
4. Los que entran allá, en cambio, no salen más.
5. Acababa de mirar a la jovencita.
6. ¿La volvería a ver?
7. Ha habido un error.
8. Abrí los ojos y vi los fantasmas blancos que acababan de operarme.
9. Se ha operado al mismo tiempo a una mujer.
10. La veo siempre, despidiéndose con su sonrisa, dispuesta a esperarme.
11. ¿No estoy muerto yo mismo?

Vocabulario

Construya una oración original con cada uno de los siguientes verbos o modismos, de acuerdo con el tratamiento que se les da en el texto. Según sea necesario, úsense como modelos las oraciones del texto en que aparecen.

1. estar dispuesto a (1)
2. gozar de (6)
3. darse por bueno (malo) (8)
4. parecerse a (20)
5. lograr (104)
6. echar una ojeada a (121)
7. tomar (a) la derecha (316)
8. soñar con (330)

Ana María Matute
(1926–   )

Bernardino

Ana María Matute nació en la ciudad de Barcelona, la segunda de cinco hermanos. De salud delicada debido a una infección de riñón, era una niña frágil que a los cuatro años estuvo a punto de la muerte. Su padre era propietario, en sociedad con dos hermanos, de una industria de paraguas. Por necesidades del negocio la familia tenía que pasar seis meses de cada año en Barcelona y seis meses en Madrid. Como consecuencia de esto Matute se sentía extraña en ambos lugares. Esta sensación de sentirse extranjera, sola y aislada le acompañaría toda la vida.

Matute recordaba con nostalgia los veranos de su infancia en los campos de Castilla. Estos meses en un pueblo de la provincia de Logroño tenían para la niña un sabor mágico: «Los objetos, los animales, niebla, lluvia, cielo, esos cambios de temperatura que empujan a la melancolia, a la soledad». Asistía a la iglesia los domingos y jugaba con los niños del lugar. Un día llegaron a sus manos los cuentos de Hans Christian Andersen, en un tomo ilustrado. Este libro le fascinó y empezó a escribir. De repente estalló la guerra civil española, que fue un impacto decisivo para su vida de escritora. Recordaba los años de la guerra con incomprensión y horror. Después de la guerra leyó con entusiasmo a Sartre, a Camus, a Simone de Beauvoir, penetró en los oscuros mundos de William Faulkner y poco a poco fue conociendo la literatura avanzada de cada país.

En 1948, a la edad de 22 años, apareció su primera novela, *Los Abel*; siguió con *Fiesta el Noroeste*, que ganó el Premio Café Gijón en 1952. *Pequeño teatro*, 1954, ganó el Premio Planeta; *Los hijos muertos* el Premio Nacional de Literatura en 1959; y en el mismo año *Primera memoria* fue honrada con el Premio Nadal. En 1970 apareció una colección de sus mejores cuentos titulada *Algunos muchachos y otros cuentos*, de la que hemos escogido las dos selecciones que aparecen en este libro de texto.

Los niños de Ana María Matute nunca crecen; jamás llegarán a hombres. Es el suyo un universo completo que se basta a sí mismo: contrafigura del universo de los mayores. Ciertos constantes —fantasía, inseguridad, amor, odio, violencia, soledad— caracterizan los cuentos de Matute, y revelan en pocas páginas el traumático mundo interior de los niños.

BERNARDINO

9

Siempre oímos decir en casa, al abuelo y a todas las personas mayores, que Bernardino era un niño mimado.

Bernardino vivía con sus hermanas mayores, Engracia, Felicidad y Herminia, en «Los Lúpulos», una casa grande, rodeada de tierras de labranza y de un hermoso jardín, con árboles viejos agrupados for- 5 mando un diminuto bosque, en la parte lindante con el río. La finca se hallaba en las afueras del pueblo, y, como nuestra casa, cerca de los grandes bosques comunales.

Alguna vez, el abuelo nos llevaba a «Los Lúpulos», en la pequeña tartana, y, aunque el camino era bonito por la carretera antigua, entre 10 castaños y álamos, bordeando el río, las tardes en aquella casa no nos atraían. Las hermanas de Bernardino eran unas mujeres altas, fuertes y muy morenas. Vestían a la moda antigua —habíamos visto mujeres vestidas como ellas en el álbum de fotografías del abuelo— y se peina- ban con moños levantados, como roscas de azúcar, en lo alto de la 15 cabeza. Nos parecía extraño que un niño de nuestra edad tuviera her- manas que parecían tías, por lo menos. El abuelo nos dijo:

—Es que la madre de Bernardino no es la misma madre de sus hermanas. Él nació del segundo matrimonio de su padre, muchos años después. 20

Esto nos armó aún más confusión. Bernardino, para nosotros, seguía siendo un ser extraño, distinto. Las tardes que nos llevaban a «Los Lúpulos» nos vestían incómodamente, casi como en la ciudad, y debíamos jugar a juegos necios y pesados, que no nos divertían en absoluto. Se nos prohibía bajar al río, descalzarnos y subir a los ár- 25 boles. Todo esto parecía tener una sola explicación para nosotros:

—Bernardino es un niño mimado —nos decíamos. Y no comen- tábamos nada más.

Bernardino era muy delgado, con la cabeza redonda y rubia. Iba peinado con un flequillo ralo, sobre sus ojos de color pardo, fijos y 30 huecos, como si fueran de cristal. A pesar de vivir en el campo, estaba pálido, y también vestía de un modo un tanto insólito. Era muy ca- llado, y casi siempre tenía un aire entre asombrado y receloso, que resultaba molesto. Acabábamos jugando por nuestra cuenta y prescin- diendo de él, a pesar de comprender que eso era bastante incorrecto. 35 Si alguna vez nos lo reprochó el abuelo, mi hermano mayor decía:

—Ese chico mimado. . . No se puede contar con él.

From *Algunos muchachos y otros cuentos* (Barcelona: Salvat Editores, 1970). Reprinted by permission of Agencia Literaria Carmen Balcells, Barcelona.

Verdaderamente no creo que entonces supiéramos bien lo que quería decir estar mimado. En todo caso, no nos atraía, pensando en
40 la vida que llevaba Bernardino. Jamás salía de «Los Lúpulos» como no fuera acompañado por sus hermanas. Acudía a la misa o paseaba con ellas por el campo, siempre muy seriecito y apacible.

Los chicos del pueblo y los de las minas lo tenían atravesado. Un día, Mariano Alborada, el hijo de un capataz, que pescaba con nosotros
45 en el río a las horas de la siesta, nos dijo:

—A ese Bernardino le vamos a armar una.

—¿Qué cosa? —dijo mi hermano, que era él que mejor entendía el lenguaje de los chicos del pueblo.

—Ya veremos —dijo Mariano, sonriendo despacito—. Algo bueno
50 se nos presentará un día, digo yo. Se la vamos a armar. Están ya en eso Lucas Amador, Gracianín y el Buque... ¿Queréis vosotros?

Mi hermano se puso colorado hasta las orejas.

—No sé —dijo—. ¿Qué va a ser?

—Lo que se presente —contestó Mariano, mientras sacudía el
55 agua de sus alpargatas, golpeándolas contra la roca—. Se presentará, ya veréis.

Sí: se presentó. Claro que a nosotros nos cogió desprevenidos, y la verdad es que fuimos bastante cobardes cuando llegó la ocasión. Nosotros no odiamos a Bernardino, pero no queríamos perder la amis-
60 tad con los de la aldea, entre otras cosas porque hubieran hecho llegar a oídos del abuelo andanzas que no deseábamos que conociera. Por otra parte, las escapadas con los de la aldea eran una de las cosas más atractivas de la vida en las montañas.

Bernardino tenía un perro que se llamaba «Chu». El perro debía
65 de querer mucho a Bernardino, porque siempre le seguía saltando y moviendo su rabito blanco. El nombre de «Chu» venía probablemente de Chucho, pues el abuelo decía que era un perro sin raza y que maldita la gracia que tenía. Sin embargo, nosotros le encontrábamos mil, por lo inteligente y simpático que era. Seguía nuestros juegos con
70 mucho tacto y se hacía querer en seguida.

—Ese Bernardino es un pez —decía mi hermano—. No le da a «Chu» ni una palmada en la cabeza. ¡No sé como «Chu» le quiere tanto! Ojalá que «Chu» fuera mío...

A «Chu» le adorábamos todos, y confieso que alguna vez, con mala
75 intención, al salir de «Los Lúpulos» intentamos atraerlo con pedazos de pastel o terrones de azúcar, por ver si se venía con nosotros. Pero no: en el último momento «Chu» nos dejaba con un palmo de narices, y se volvía saltando hacia su inexpresivo amito, que le esperaba quieto, mirándonos con sus redondos ojos de vidrio amarillo.
80 —Ese pavo... —decía mi hermano pequeño—. Vaya un pavo ese...

Y, la verdad, a qué negarlo, nos roía la envidia.

Una tarde en que mi abuelo nos llevó a «Los Lúpulos» encontramos a Bernardino raramente inquieto.

—No encuentro a «Chu» —nos dijo—. Se ha perdido, o alguien me lo ha quitado. En toda la mañana y en toda la tarde que no lo encuentro. . .

—¿Lo saben tus hermanas? —le preguntamos.

—No —dijo Bernardino—. No quiero que se enteren. . .

Al decir esto último se puso algo colorado. Mi hermano pareció sentirlo mucho más que él.

—Vamos a buscarlo —le dijo—. Vente con nosotros, y ya verás como lo encontraremos.

—¿A dónde? —dijo Bernardino—. Ya he recorrido toda la finca. . .

—Pues afuera —contestó mi hermano—. Vente por el otro lado del muro y bajaremos al río. . . Luego, podemos ir hacia el bosque. . . En fin, buscarlo. ¡En alguna parte estará!

Bernardino dudó un momento. Le estaba terminantemente prohibido atravesar el muro que cercaba «Los Lúpulos», y nunca lo hacía. Sin embargo, movió afirmativamente la cabeza.

Nos escapamos por el lado de la chopera, donde el muro era más bajo. A Bernardino le costó saltarlo, y tuvimos que ayudarle, lo que me pareció que le humillaba un poco, porque era muy orgulloso.

Recorrimos el borde del terraplén y luego bajamos al río. Todo el rato íbamos llamando a «Chu», y Bernardino nos seguía, silbando de cuando en cuando. Pero no lo encontramos.

Íbamas ya a regresar, desolados y silenciosos, cuando nos llamó una voz, desde el caminillo del bosque:

—¡Eh, tropa!. . .

Levantamos la cabeza y vimos a Mariano Alborada. Detrás de él estaban Buque y Gracianín. Todos llevaban juncos en la mano y sonreían de aquel modo suyo, tan especial. Ellos sólo sonreían cuando pensaban algo malo.

Mi hermano dijo:

—¿Habéis visto a «Chu»?

—Mariano asintió con la cabeza:

—Sí, lo hemos visto. ¿Queréis venir?

Bernardino avanzó, esta vez delante de nosotros. Era extraño: de pronto parecía haber perdido su timidez.

—¿Dónde está «Chu»? —dijo. Su voz sonó clara y firme.

Mariano y los otros echaron a correr, con un trotecillo menudo, por el camino. Nosotros le seguimos, también corriendo. Primero que ninguno iba Bernardino.

Efectivamente: ellos tenían a «Chu». Ya a la entrada del bosque vimos el humo de una fogata, y el corazón nos empezó a latir muy fuerte.

Habían atado a «Chu» por las patas traseras y le habían arrollado

una cuerda al cuello, con un nudo corredizo. Un escalofrío nos recorrió: ya sabíamos lo que hacían los de la aldea con los perros sarnosos
130 y vagabundos. Bernardino se paró en seco, y «Chu» empezó a aullar,
tristemente. Pero sus aullidos no llegaban a «Los Lúpulos». Habían
elegido un buen lugar.

—Ahí tienes a «Chu», Bernardino —dijo Mariano—. Le vamos a
dar *de veras.*

135 Bernardino seguía quieto, como de piedra. Mi hermano, entonces,
avanzó hacia Mariano.

—¡Suelta al perro! —le dijo—. ¡Lo sueltas o. . .!

—Tú, quieto —dijo Mariano, con el junco levantado como un látigo—. A vosotros no os da vela nadie en esto. . .[1] ¡Como digáis una
140 palabra voy a contarle a vuestro abuelo lo del huerto de Manuel el
Negro!

Mi hermano retrocedió, encarnado. También yo noté un gran sofoco, pero me mordí los labios. Mi hermano pequeño empezó a roerse
las uñas.

145 —Si nos das algo que nos guste —dijo Mariano— te devolvemos
a «Chu».

—¿Qué queréis? —dijo Bernardino. Estaba plantado delante, con
la cabeza levantada, como sin miedo. Le miramos extrañados. No había temor en su voz.

150 Mariano y Buque se miraron con malicia.

—Dineros —dijo Buque.

Bernardino contestó:

—No tengo dinero.

Mariano cuchicheó con sus amigos, y se volvió a él:

155 —Bueno, por cosa que lo valga. . .

Bernardino estuvo un momento pensativo. Luego se desabrochó
la blusa y se desprendió la medalla de oro. Se la dio.

De momento, Mariano y los otros se quedaron como sorprendidos. Le quitaron la medalla y la examinaron.

160 —¡Esto no! —dijo Mariano—. Luego nos la encuentran y. . . ¡Eres
tú un mal bicho! ¿Sabes? ¡Un mal bicho!

De pronto, les vimos furiosos. Sí; se pusieron furiosos y seguían
cuchicheando. Yo veía la vena que se le hinchaba en la frente a Mariano Alborada, como cuando su padre le apaleaba por algo.

165 —No queremos tus dineros —dijo Mariano—. Guárdate tu dinero
y todo lo tuyo. . . ¡Ni eres hombre ni *ná!*

Bernardino seguía quieto. Mariano le tiró la medalla a la cara.

---

[1] A vosotros . . . esto *This doesn't have anything to do with you. (Stay out of
this.)*

Le miraba con ojos fijos y brillantes, llenos de cólera. Al fin, dijo:

—Si te dejas dar *de veras* tú, en vez del chucho. . .

Todos miramos a Bernardino, asustados. 170

—No. . . —dijo mi hermano.

Pero Mariano gritó:

—¡Vosotros a callar, o lo vais a sentir. . . ! ¿Qué os va en esto? ¿Qué os va. . .?

Fuimos cobardes y nos apiñamos los tres juntos a un roble. Sentí 175 un sudor frío en las palmas de las manos. Pero Bernardino no cambió de cara. («Ese pez. . .», que decía mi hermano.) Contestó:

—Está bien. Dadme *de veras*.

Mariano le miró de reojo, y por un momento nos pareció asustado. Pero en seguida dijo: 180

—¡Hala, Buque. . . !

Se le tiraron encima y le quitaron la blusa. La carne de Bernardino era pálida, amarillenta, y se le marcaban mucho las costillas. Se dejó hacer, quieto y flemático. Buque le sujetó las manos a la espalda, y Mariano dijo: 185

—Empieza tú, Gracianín. . .

Gracianín tiró el junco al suelo y echó a correr, lo que enfureció más a Mariano. Rabioso, levantó el junco y dio *de veras* a Bernardino, hasta que se cansó.

A cada golpe mis hermanos y yo sentimos una vergüenza mayor. 190 Oíamos los aullidos de «Chu» y veíamos sus ojos, redondos como ciruelas, llenos de un fuego dulce y dolorido que nos hacía mucho daño. Bernardino, en cambio, cosa extraña, parecía no sentir el menor dolor. Seguía quieto, zarandeado solamente por los golpes, con su media sonrisa fija y bien educada en la cara. También sus ojos seguían im- 195 pávidos, indiferentes. («Ese pez», «Ese pavo», sonaba en mis oídos.)

Cuando brotó la primera gota de sangre Mariano se quedó con el mimbre levantado. Luego vimos que se ponía muy pálido. Buque soltó las manos de Bernardino, que no le ofrecía ninguna resistencia, y se lanzó cuesta abajo, como un rayo. 200

Mariano miró de frente a Bernardino.

—Puerco —le dijo—. Puerco.

Tiró el junco con rabia y se alejó, más aprisa de lo que hubiera deseado.

Bernardino se acercó a «Chu». A pesar de las marcas del junco, 205 que se inflamaban en su espalda, sus brazos y su pecho, parecía inmune, tranquilo, y altivo, como siempre. Lentamente desató a «Chu», que se lanzó a lamerle la cara, con aullidos que partían el alma. Luego, Bernardino nos miró. No olvidaré nunca la transparencia hueca fija en sus ojos de color de miel. Se alejó despacio por el caminillo, seguido 210 de los saltos y los aullidos entusiastas de «Chu». Ni siquiera recogió su medalla. Se iba sosegado y tranquilo, como siempre.

Sólo cuando desapareció nos atrevimos a decir algo. Mi hermano recogió la medalla del suelo, que brillaba contra la tierra.

215 —Vamos a devolvérsela —dijo.

Y aunque deseábamos retardar el momento de verle de nuevo, volvimos a «Los Lúpulos».

Estábamos ya llegando al muro, cuando un ruido nos paró en seco. Mi hermano mayor avanzó hacia los mimbres verdes del río. Le

220 seguimos, procurando no hacer ruido.

Echado boca abajo, medio oculto entre los mimbres, Bernardino lloraba desesperadamente, abrazado a su perro.

EJERCICIOS

Discusión

1. Describa la vida de Bernardino.
2. ¿Cómo reacciona el narrador hacia Bernardino?
3. ¿Cómo eran los niños del pueblo? ¿Qué relación tienen el narrador y sus hermanos con ellos?
4. ¿Quién es «Chu?» ¿Qué importancia tiene para su amito? ¿Cómo sabemos esto?
5. Vuelva a contar el cuento desde el punto de vista de:
   a. Bernardino, **b.** Mariano, **c.** «Chu».

Comente en sus propias palabras.
1. El contraste entre el carácter de Bernardino y el carácter de «Chu»
2. El carácter del narrador
3. La timidez de Bernardino
4. La vida de los perros vagabundos en la aldea
5. La medalla de oro
6. «Ese pez», «Ese pavo»
7. Los ojos de «Chu»
8. El temperamento del abuelo

Explique el sentido de las siguientes oraciones según su contexto en el cuento.
1. Un niño mimado.
2. Vestían a la moda antigua.
3. Esto nos armó aún más confusión.
4. A pesar de comprender que eso era bastante incorrecto.
5. A ese Bernardino le vamos a armar una.
6. Nos cogió desprevenidos.
7. Andanzas que no deseábamos que conociera.
8. Se hacía querer en seguida.
9. Nos roía la envidia.
10. Alguien me lo ha quitado.
11. ¡En alguna parte estará!
12. ¿Qué os va en esto?

Vocabulario

Construya una oración original con cada uno de los siguientes verbos o modismos, de acuerdo con el tratamiento que se les da en el texto. Según sea necesario, úsense como modelos las oraciones del texto en que aparecen.
1. Oír decir (1)
2. Por nuestra cuenta (34)
3. Contar con (37)
4. Ojalá que (73)
5. Ponerse colorado (52 & 90)
6. ¿A qué negarlo? (82)
7. Echar a correr (121 & 187)
8. Mirar de reojo (179)

Baldomero Lillo
(1867–1923)

«Inamible»

Baldomero Lillo fue el gran cuentista chileno de la primera década del siglo XX. El padre de Baldomero había trabajado como minero en California, y había entretenido al hijo narrando sus aventuras en esta parte del mundo. Baldomero mismo consiguió empleo con una compañía minera chilena, y llegó a ser administrador de la tienda minera. Observaba con compasión la vida dura de los pobres mineros chilenos, y odiaba el sistema económico que había producido tal explotación, pero más tarde, al escribir de estas cosas, Baldomero Lillo nunca predica ni moraliza directamente; sólo revela la enfermedad del organismo social.

En 1898 Lillo se radicó en Santiago donde su hermano Samuel ya tenía cierta reputación como escritor y profesor de derecho. La atmósfera literaria e intelectual de la capital chilena inspiró al joven, y se puso a escribir. En 1904 apareció su primera colección de cuentos, *Sub terra*, y en 1907 dio a la luz una segunda colección con el título *Sub sole*.

Baldomero Lillo «es realista, pero lo domina constantemente la imaginación. En algunos cuentos no logra ser verosímil, pero es grande la impresión que causa. . . . Sus tipos son simples, pero siempre se salvan. No es minucioso. A veces ni siquiera describe físicamente a sus hombres. Una inconsciente sabiduría le permite vitalizar sus creaciones de un trazo. Los detalles casi no hacen falta en sus cuentos porque el tiempo corre veloz. La acción de sus seres es culminante desde el comienzo. El drama lo suple todo».

El cuento «Inamible» es uno de los poquísimos cuentos humorísticos del autor. Aunque queda un poco aparte de la producción característica del autor es indudablemente uno de los mejores cuentos de su género en la literatura chilena.

«INAMIBLE»

10

Ruperto Tapia, alias «El Guarén», guardián tercero de la policía comunal, de servicio esa mañana en la población, iba y venía por el
centro de la bocacalle con el cuerpo erguido y el ademán grave y solemne del funcionario que está penetrado de la importancia del cargo
que desempeña.   5

De treinta y cinco años, regular estatura, grueso, fornido, el
guardián Tapia goza de gran prestigio entre sus camaradas. Se le con-
sidera un pozo de ciencia, pues tiene en la punta de la lengua todas
las ordenanzas y reglamentos policiales, y aun los artículos perti-
nentes del Código Penal le son familiares. Contribuye a robustecer esta   10
fama de sabiduría su voz grave y campanuda, la entonación dogmática
y sentenciosa de sus discursos y la estudiada circunspección y seriedad de todos sus actos. Pero de todas sus cualidades, la más original
y característica es el desparpajo pasmoso con que inventa un término
cuando el verdadero no acude con la debida oportunidad a sus labios.   15
Y tan eufónico y pintoresco le resultan estos vocablos, con que enri-
quece el idioma, que no es fácil arrancarles de la memoria cuando se
les ha oído siquiera una vez.

Mientras camina haciendo resonar sus zapatos claveteados sobre
las piedras de la calzada, en el moreno y curtido rostro de «El Guarén»   20
se ve una sombra de descontento. Le ha tocado un sector en que el
tránsito de vehículos y peatones es casi nulo. Las calles plantadas de
árboles, al pie de los cuales se desliza el agua de las acequias, estaban
solitarias y va a ser dificilísimo sorprender una infracción, por pequeña que sea. Esto le desazona, pues está empeñado en ponerse en   25
evidencia delante de los jefes como un funcionario celoso en el cumplimiento de sus deberes para lograr esas jinetas de cabo que hace
tiempo ambiciona. De pronto, agudos chillidos y risas que estallan
resonantes a su espalda lo hacen volverse con presteza. A media cuadra
escasa una muchacha de 16 a 17 años corre por la acera perseguida   30
de cerca por un mocetón que lleva en la diestra algo semejante a un
latiguillo. «El Guarén» conoce a la pareja. Ella es sirvienta en la casa
de la esquina y él es Martín, el carretelero, que regresa de las afueras
de la población, donde fue en la mañana a llevar sus caballos para
darles un poco de descanso en el potrero. La muchacha, dando gritos   35
y risotadas, llega a la casa donde vive y se entra en ella corriendo. Su
perseguidor se detiene un momento delante de la puerta y luego avanza
hacia el guardián y le dice sonriente:

—¡Cómo gritaba la picarona, y eso que no alcancé a pasarle por
el cogote el bichito éste!   40

Y levantando la mano en alto mostró una pequeña culebra que
tenía asida por la cola, y agregó:

—Está muerta, la pillé al pie del cerro cuando fui a dejar los caballos. Si quieres te la dejo para que te diviertas asustando a las
45 prójimas que pasean por aquí.

Pero «El Guarén», en vez de coger el reptil que su interlocutor le alargaba, dejó caer su manaza sobre el hombro del carretelero y le intimó:

—Vais a acompañarme al cuartel.

50 —¡Yo al cuartel! ¿Cómo? ¿Por qué? ¿Me lleváis preso, entonces? —profirió rojo de indignación y sorpresa el alegre bromista de un minuto antes.

Y el aprehensor, con el tono y ademán solemnes que adoptaba en las grandes circunstancias, le dijo, señalándole el cadáver de la cule-
55 bra que él conservaba en la diestra:

—Te llevo porque andas con animales (aquí se detuvo, hesitó un instante y luego con gran énfasis prosiguió). Porque andas con animales *inamibles* en la vía pública.

Y a pesar de las protestas y súplicas del mozo, quien se había
60 librado del cuerpo del delito, tirándolo al agua de la acequia, el representante de la autoridad se mantuvo inflexible en su determinación.

A la llegada al cuartel, el oficial de guardia, que dormitaba delante de la mesa, los recibió de malísimo humor. En la noche había asistido a una comida dada por un amigo para celebrar el bautizo de
65 una criatura y la falta de sueño y el efecto que aún persistía del alcohol ingerido durante el curso de la fiesta, mantenía embotado su cerebro y embrolladas todas sus ideas. Su cabeza, según el concepto vulgar, era una olla de grillos.

Después de bostezar y revolverse en el asiento, enderezó el busto
70 y lanzando furiosas miradas a los inoportunos cogió la pluma y se dispuso a redactar la anotación correspondiente en el libro de novedades. Luego de estampar los datos concernientes al estado, edad y profesión del detenido, se detuvo e interrogó:

—¿Por qué le arrestó, guardián?

75 Y el interpelado, con la precisión y prontitud del que está seguro de lo que dice, contestó:

—Por andar con animales inamibles en la vía pública, mi inspector.

Se inclinó sobre el libro, pero volvió a alzar la pluma para pre-
80 guntar a Tapia lo que aquella palabra, que oía por primera vez, significaba, cuando una reflexión lo detuvo: si el vocablo estaba bien empleado, su ignorancia iba a restarle prestigio ante un subalterno, a quien ya una vez había corregido un error de lenguaje, teniendo más tarde la desagradable sorpresa al comprobar que el equivocado era él.
85 No, a toda costa había que evitar la repetición de un hecho vergonzoso, pues el principio básico de la disciplina se derrumbaría si el inferior tuviese razón contra el superior. Además, como se trataba de un carretelero, la palabra aquella se refería, sin duda, a los caballos del

vehículo que su conductor tal vez hacía trabajar en malas condiciones, quien sabe si enfermos o lastimados. Esta interpretación del asunto le pareció satisfactoria y tranquilizado ya se dirigió al reo: 90

—¿Es efectivo eso? ¿Qué dices tú?

—Sí, señor; pero yo no sabía que estaba prohibido.

Esta respuesta, que parecía confirmar la idea de que la palabra estaba bien empleada, terminó con la vacilación del oficial que, con-cluyendo de escribir, ordenó en seguida al guardián: 95

—Páselo al calabozo.

Momentos más tarde, reo, aprehensor y oficial se hallaban de-lante del prefecto de policía. Este funcionario, que acababa de recibir una llamada por teléfono de la gobernación, estaba impaciente por marcharse. 100

—¿Está hecho el parte? —preguntó.

—Sí, señor —dijo el oficial, y alargó a su superior jerárquico la hoja de papel que tenía en la diestra.

El jefe la leyó en voz alta, y al tropezar con un término desco-nocido se detuvo para interrogar. 105

—¿Qué significa esto? —Pero no formuló la pregunta. El temor de aparecer delante de sus subalternos ignorando, le selló los labios. Ante todo había que mirar por el prestigio de la jerarquía. Luego la reflexión de que el parte estaba escrito de puño y letra del oficial de guardia, que no era un novato, sino un hombre entendido en el oficio, lo tranquilizó. Bien seguro estaría de la propiedad del empleo de la palabreja, cuando la estampó ahí con tanta seguridad. Este último argumento le pareció concluyente, y dejando para más tarde la con-sulta del diccionario para aclarar el asunto, se encaró con el reo y lo interrogó: 115

—Y tú, ¿qué dices? ¿Es verdad lo que te imputan?

—Sí, señor Prefecto, es cierto, no lo niego. Pero yo no sabía que estaba prohibido.

El jefe se encogió de hombros, y poniendo su firma en el parte, lo entregó al oficial, ordenando: 120

—Que lo conduzcan al juzgado.

En la sala del juzgado, el juez, un jovencillo imberbe que, por enfermedad del titular, ejercía el cargo en calidad de suplente, después de leer el parte en voz alta, tras un breve instante de meditación, interrogó al reo: 125

—¿Es verdad lo que aquí se dice? ¿Qué tienes que alegar en tu defensa?

La respuesta del detenido fue igual a las anteriores:

—Sí, US.;[1] es la verdad, pero yo ignoraba que estaba prohibido. 130

El magistrado hizo un gesto que parecía significar: «Sí, conozco

---

[1] US.= usía *Your Honor*

la cantinela; todos dicen lo mismo». Y, tomando la pluma, escribió dos renglones al pie del parte policial, que en seguida devolvió al guardián, mientras decía, fijando en el reo una severa mirada:

135   —Veinte días de prisión, conmutables en veinte pesos de multa.

En el cuartel el oficial de guardia hacía anotaciones en una libreta, cuando «El Guarén» entró en la sala y, acercándose a la mesa, dijo:

    —El reo pasó a la cárcel, mi inspector.

140   —¿Lo condenó el juez?

    —Sí; a veinte días de prisión, conmutables en veinte pesos de multa; pero como a la carretela se le quebró un resorte y hace varios días que no puede trabajar en ella, no le va a ser posible pagar la multa. Esta mañana fue a dejar los caballos al potrero.

145   El estupor y la sorpresa se pintaron en el rostro del oficial.

    —Pero si no andaba con la carretela, ¿cómo pudo, entonces, infringir el reglamento de tránsito?

    —El tránsito no ha tenido nada que ver con el asunto, mi inspector.

150   —No es posible, guardián; usted habló de animales. . .

    —Sí, pero de animales *inamibles*, mi inspector, y usted sabe que animales *inamibles* son sólo tres: el sapo, la culebra y la lagartija. Martín trajo del cerro una culebra y con ella andaba asustando a la gente en la vía pública. Mi deber era arrestarlo, y lo arresté. Eran tales

155 la estupefacción y el aturdimiento del oficial que, sin darse cuenta de lo que decía, balbuceó:

    —*Inamibles, ¿por qué son inamibles?*

El rostro astuto y socarrón de «El Guarén» expresó la mayor extrañeza. Cada vez que inventaba un vocablo, no se consideraba su

160 creador, sino que estimaba de buena fe que esa palabra había existido siempre en el idioma; y si los demás la desconocían, era por pura ignorancia. De aquí la orgullosa suficiencia y el aire de superioridad con que respondió:

    —El sapo, la culebra y la lagartija asustan, dejan sin ánimo a las

165 personas cuando se las ve de repente. Por eso se llaman *inamibles*, mi inspector.

Cuando el oficial quedó solo, se desplomó sobre el asiento y alzó las manos con desesperación. Estaba aterrado. Buena la había hecho, aceptando sin examen aquel maldito vocablo, y su consternación subía

170 de punto al evidenciar el fatal encadenamiento que su error había traído consigo. Bien advirtió que su jefe, el Prefecto, estuvo a punto de interrogarlo sobre aquel término; pero no lo hizo, confiando, seguramente, en la competencia del redactor del parte. ¡Dios misericordioso! ¡Qué catástrofe cuando se descubriera el pastel! Y tal vez ya

175 estaría descubierto. Porque en el juzgado, al juez y al secretario debía haberles llamado la atención aquel vocablo que ningún diccionario ostentaba en sus páginas. Pero esto no era nada en comparación de lo

que sucedería si el editor del periódico local, «El Dardo», que siempre estaba atacando a las autoridades, se enterase del hecho. ¡Qué escándalo! ¡Ya le parecía oir el burlesco comentario que haría caer sobre la autoridad policial una montaña de ridículo!

Se había alzado del asiento y se paseaba nervioso por la sala, tratando de encontrar un medio de borrar la torpeza cometida, de la cual se consideraba el único culpable. De pronto se acercó a la mesa, entintó la pluma y en la página abierta del libro de novedades, en la última anotación y encima de la palabra que tan trastornado lo traía, dejó caer una gran mancha de tinta. La extendió con cuidado, y luego contempló su obra con aire satisfecho. Bajo el enorme borrón era imposible ahora descubrir el maldito término, pero esto no era bastante; había que hacer lo mismo con el parte policial. Felizmente, la suerte érale favorable, pues el escribiente de la Alcaldía era primo suyo y, como el Alcaide estaba enfermo, se hallaba a la sazón solo en la oficina. Sin perder un momento, se trasladó a la cárcel, que estaba a un paso del cuartel, y lo primero que vio encima de la mesa en sujetapapeles, fue el malhadado parte. Aprovechando la momentánea ausencia de su pariente, que había salido para dar algunas órdenes al personal de guardia, hizo desaparecer bajo una mancha de tinta el término que tan despreocupadamente había puesto en circulación. Un suspiro de alivio salió de su pecho. Estaba conjurado el peligro, el documento era en adelante inofensivo y ninguna mala consecuencia podía derivarse de él.

Mientras iba de vuelta al cuartel, el recuerdo del carretelero lo asaltó y una sombra de disgusto veló su rostro. De pronto se detuvo y murmuró entre dientes:

—Eso es lo que hay que hacer, y todo queda así arreglado.

Entre tanto, el Prefecto no había olvidado la extraña palabra estampada en un documento que llevaba su firma y que había aceptado, porque las graves preocupaciones que en ese momento lo embargaban relegaron a segundo término un asunto que consideró en sí mínimo e insignificante. Pero más tarde, un vago temor se apoderó de su ánimo, temor que aumentó considerablemente al ver que el diccionario no registraba la palabra sospechosa.

Sin perder tiempo, se dirigió donde el oficial de guardia, resuelto a poner en claro aquel asunto. Pero al llegar a la puerta por el pasadizo interior de comunicación, vio entrar a la sala a «El Guarén», que venía de la cárcel a dar cuenta de la comisión que se le había encomendado. Sin perder una sílaba, oyó la conversación del guardián y del oficial, y el asombro y la cólera lo dejaron mudo e inmóvil, clavado en el pavimento.

Cuando el oficial hubo salido, entró y se dirigió a la mesa para examinar el Libro de Novedades. La mancha de tinta que había hecho desaparecer el odioso vocablo tuvo la rara virtud de calmar la exita-

ción que lo poseía. Comprendió en el acto que su subordinado debía estar en ese momento en la cárcel, repitiendo la misma operación en
225 el maldito papel que en mala hora había firmado. Y como la cuestión era gravísima y exigía una solución inmediata, se propuso comprobar personalmente si el borrón salvador había ya apartado de su cabeza aquella espada de Dámocles que la amenazaba.

Al salir de la oficina del Alcaide el rostro del Prefecto estaba
230 tranquilo y sonriente. Ya no había nada que temer; la mala racha había pasado. Al cruzar el vestíbulo divisó tras la verja de hierro un grupo de penados.

Su semblante cambió de expresión y se tornó grave y meditabundo. Todavía queda algo que arreglar en ese desagradable negocio,
235 pensó. Y tal vez el remedio no estaba distante, porque murmuró a media voz:

—Eso es lo que hay que hacer; así queda todo solucionado.

Al llegar a la casa, el juez, que había abandonado el juzgado ese día un poco más temprano que de costumbre, encontró a «El Guarén»
240 delante de la puerta, cuadrado militarmente. Habíanlo designado para el primer turno de punto fijo en la casa del magistrado. Este, al verle, recordó el extraño vocablo del parte policial, cuyo significado era para él un enigma indescifrable. En el diccionario no existía y por más que registraba su memoria no hallaba en ella rastro de un término seme-
245 jante.

Como la curiosidad lo consumía, decidió interrogar diplomáticamente al guardián para inquirir de un modo indirecto algún indicio sobre el asunto. Contestó el saludo del guardián, y le dijo afable y sonriente:
250 —Lo felicito por su celo en perseguir a los que maltratan a los animales. Hay gentes muy salvajes. Me refiero al carretelero que arrestó usted esta mañana, por andar, sin duda, con los caballos heridos o extenuados.

A medida que el magistrado pronunciaba estas palabras, el rostro
255 de «El Guarén» iba cambiando de expresión. La sonrisa servil y gesto respetuoso desaparecieron y fueron reemplazados por un airecillo impertinente y despectivo. Luego, con un tono irónico bien marcado, hizo una relación exacta de los hechos, repitiendo lo que ya había dicho en el cuartel, al oficial de guardia.
260 El juez oyó todo aquello manteniendo a duras penas su seriedad, y al entrar a la casa iba a dar rienda suelta a la risa que le retozaba en el cuerpo, cuando el recuerdo del carretelero, a quien había enviado a la cárcel por un delito imaginario, calmó súbitamente su alegría. Sentado en su escritorio, meditó largo rato profundamente, y de
265 pronto, como si hubiese hallado la solución de un arduo problema, profirió con voz queda:

—Sí, no hay duda, es lo mejor, lo más práctico que se puede hacer en este caso.

En la mañana del día siguiente de su arresto, el carretelero fue conducido a presencia del Alcaide de la cárcel, y este funcionario le 270 mostró tres cartas, en cuyos sobres, escritos a máquina, se leía:

«Señor Alcaide de la Cárcel de... —Para entregar a Martín Escobar. (Éste era el nombre del detenido)».

Rotos los sobres, encontró que cada uno contenía un billete de veinte pesos. Ningún escrito acompañaba el misterioso envío. El 275 Alcaide señaló al detenido el dinero, y le dijo sonriente:

—Tome, amigo, esto es suyo, le pertenece.

El reo cogió dos billetes y dejó el tercero sobre la mesa, profiriendo:

—Ese es para pagar la multa, señor Alcaide. 280

Un instante después, Martín el carretelero se encontraba en la calle, y decía, mientras contemplaba amorosamente los dos billetes:

—Cuando se me acaben, voy al cerro, pillo un animal *inamible*, me tropiezo con «El Guarén» y ¡zas! al otro día en el bolsillo tres papelitos iguales a éstos. 285

EJERCICIOS

Discusión

1. ¿Por qué se creía que «El Guarén» era un «pozo de ciencia»? ¿Qué habilidad tiene él con las palabras?
2. ¿Qué hizo Martín con la culebra?
3. ¿Qué significado le da «El Guarén» a la palabra «inamible»? Y ¿qué significado le da el juez?
4. ¿Qué defectos humanos nos muestra este cuento?
5. Vuelva usted a contar el cuento desde el punto de vista de: **a.** el oficial de guardia, **b.** el juez, **c.** Martín, **d.** «El Guarén».

Comente en sus propias palabras.
1. Ruperto Tapia, «El Guarén»
2. El carretelero, Martín
3. Animales inamibles
4. El juzgado
5. *El Dardo*
6. El juez
7. Los tres sobres
8. El plan de Martín
9. Baldomero Lillo

Explique el sentido de las siguientes oraciones según su contexto en el cuento.
1. Contribuye a robustecer esta fama de sabiduría su voz grave y campanuda.
2. Le ha tocado un sector en que el tránsito es casi nulo.
3. Si quieres te la dejo para que te diviertas.
4. Porque andas con animales *inamibles* en la vía pública.
5. Sí, señor; pero yo no sabía que estaba prohibido.
6. El jefe se encogió de hombros y puso su firma.
7. Buena la había hecho, pensó el oficial.
8. Por más que registraba su memoria el juez no hallaba en ella rastro del término.
9. «No hay duda, es lo mejor, lo más práctico que se puede hacer en este caso», pensó el juez.
10. Cuando se me acaben, voy al cerro, pillo un animal *inamible*. . .

Vocabulario

Construya una oración original con cada uno de los siguientes verbos o modismos, de acuerdo con el tratamiento que se les da en el texto. Según sea necesario, úsense como modelos las oraciones del texto en que aparecen.

1. desempeñar (5)
2. tocar(le) a uno (21)
3. estallar (28)
4. alcanzar a (39)
5. disponerse a (70–71)
6. comprobar (84)
7. a duras penas (260)
8. acabársele (283)

Horacio Quiroga

*(1878–1937)**

LA MUERTE DE ISOLDA *11*

Concluía el primer acto de *Tristán e Isolda*. Cansado de la agitación
de ese día, me quedé en mi butaca, muy contento con la falta de vecinos. Volví la cabeza a la sala, y detuve en seguida los ojos en un
palco bajo.

Evidentemente, un matrimonio. Él, un marido cualquiera, y tal   5
vez por su mercantil vulgaridad y la diferencia de años con su mujer,
menos que cualquiera. Ella, joven, pálida, con una de esas profundas
bellezas que más que en el rostro, —aun bien hermoso, —están en la
perfecta solidaridad de mirada, boca, cuello, modo de entrecerrar los
ojos. Era, sobre todo, una belleza para hombres, sin ser en lo más   10
mínimo provocativa; y esto es precisamente lo que no entenderán
nunca las mujeres.

La miré largo rato a ojos descubiertos porque la veía muy bien,
y porque cuando el hombre está así en tensión de aspirar fijamente
un cuerpo hermoso, no recurre al arbitrio femenino de los anteojos.   15

Comenzó el segundo acto. Volví aún la cabeza al palco y nuestras
miradas se cruzaron. Yo, que había apreciado ya el encanto de aquella
mirada vagando por uno y otro lado de la sala, viví en un segundo, al
sentirla directamente apoyada en mí, el más adorable sueño de amor
que haya tenido nunca.   20

Fue aquello muy rápido: los ojos huyeron, pero dos o tres veces,
en mi largo minuto de insistencia, tornaron fugazmente a mí.

Fue asimismo, con la súbita dicha de haberme soñado un instante
su marido, el más rápido desencanto de un idilio. Sus ojos volvieron
otra vez, pero en ese instante sentí que mi vecino de la izquierda mi-   25
raba hacia allá, y después de un momento de inmovilidad de ambas
partes, se saludaron.

Así, pues, yo no tenía el más remoto derecho a considerarme un
hombre feliz, y observé a mi compañero. Era un hombre de más de
treinta y cinco años, barba rubia y ojos azules de mirada clara y un   30
poco dura, que expresaba inequívoca voluntad.

—Se conocen —me dije— y no poco.

En efecto, después de la mitad del acto, mi vecino, que no había
vuelto a apartar los ojos de la escena, los fijó en el palco. Ella, la cabeza
un poco echada atrás, y en la penumbra, lo miraba también. Me pa-   35
reció más pálida aun. Se miraron fijamente, insistentemente, aislados

---

*Véase la nota biográfica para «Silvina y Montt».

del mundo en aquella recta paralela de alma a alma que los mantenía inmóviles.

40 Durante el tercero, mi vecino no volvió un instante la cabeza. Pero antes de concluir aquél, salió por el pasillo lateral. Miré al palco, y ella también se había retirado.

—Final de idilio —me dije melancólicamente.

Él no volvió más y el palco quedó vacío.

*   *   *   *

—Sí, se repiten —sacudió largamente la cabeza—. Todas las si-
45 tuaciones dramáticas pueden repetirse, aun las más inverosímiles se repiten. Es menester vivir, y usted es un muchacho... Y las de su *Tristán* también, lo que no obsta para que haya allí el más sostenido alarido de pasión que haya gritado alma humana.... Yo quiero tanto como usted a esa obra, y acaso más... No me refiero, querrá creer, al
50 drama de Tristán, y con él las treinta y dos situaciones del dogma, fuera de las cuales todas son repeticiones. No; la escena que vuelve como una pesadilla, los personajes que sufren la alucinación de una dicha muerta, es otra cosa... Usted asistió al preludio de una de esas repeticiones... Sí, ya sé que se acuerda... No nos conocíamos con
55 usted entonces.... ¡Y precisamente a usted debía de hablarle de esto! Pero juzga mal lo que vio y creyó un acto mío feliz... ¡Feliz!... Óigame. El buque parte dentro de un momento, y esta vez no vuelvo más... Le cuento esto a usted, como si se lo pudiera escribir, por dos razones: Primero, porque usted tiene un parecido pasmoso con lo que
60 yo era entonces —en lo bueno únicamente, por suerte. Y segundo, porque usted, mi joven amigo, es perfectamente incapaz de preten-derla, después de lo que va a oír. Óigame:

La conocí hace diez años, y durante los seis meses que fui su novio, hice cuanto estuvo en mí para que fuera mía. La quería mucho,
65 y ella, inmensamente a mí. Por esto se dio un día, y desde ese instante, privado de tensión, mi amor se enfrió.

Nuestro ambiente social era distinto, y mientras ella se embria-gaba con la dicha de mi nombre —se me consideraba buen mozo en-tonces— yo vivía en una esfera de mundo donde me era inevitable
70 flirtear con muchachas de apellido, fortuna, y a veces muy lindas.

Una de ellas llevó conmigo el flirteo bajo parasoles de garden-party a un extremo tal, que me exasperé y la pretendí seriamente. Pero si mi persona era interesante para esos juegos, mi fortuna no alcan-zaba a prometerle el tren necesario, y me lo dio a entender claramente.
75 Tenía razón, perfecta razón. En consecuencia flirteé con una amiga suya, mucho más fea, pero infinitamente menos hábil para estas torturas del *tête-a-tête* a diez centímetros, cuya gracia exclusiva con-siste en enloquecer a su flirt, manteniéndose uno dueño de sí. Y esta vez no fui yo quien se exasperó.

Seguro, pues, del triunfo, pensé entonces en el modo de romper 80
con Inés. Continuaba viéndola, y aunque no podía ella engañarse sobre
el amortiguamiento de mi pasión, su amor era demasiado grande para
no iluminar los ojos de dicha cada vez que me veía entrar.

La madre nos dejaba solos; y aunque hubiera sabido lo que pasaba, habría cerrado los ojos para no perder la más vaga posibilidad de 85
subir con su hija a una esfera mucho más alta.

Una noche fui allá dispuesto a romper, con visible malhumor, por
lo mismo. Inés corrió a abrazarme, pero se detuvo, bruscamente pálida.

—¿Qué tienes? —me dijo. 90

—Nada —le respondí con sonrisa forzada, acariciándole la frente.
Dejó hacer, sin prestar atención a mi mano y mirándome insistentemente. Al fin apartó los ojos contraídos y entramos.

La madre vino, pero sintiendo cielo de tormenta, estuvo sólo un
momento y desapareció. 95

Romper, es palabra corta y fácil; pero comenzarlo. . . .

Nos habíamos sentado y no hablábamos. Inés se inclinó, me
apartó la mano de la cara y me clavó los ojos, dolorosos de angustioso
examen.

—¡Es evidente! . . . —murmuró. 100

—¿Qué? —le pregunté fríamente.

La tranquilidad de mi mirada le hizo más daño que mi voz, y su
rostro se demudó:

—¡Que ya no me quieres! —articuló en una desesperada y lenta
oscilación de cabeza. 105

—Esta es la quincuagésima vez que dices lo mismo —respondí.

No podía darse respuesta más dura; pero yo tenía ya el comienzo.

Inés me miró un rato casi como a un extraño, y apartando bruscamente mi mano y el cigarro, su voz se rompió:

—¡Esteban! 110

—¿Qué? —torné a repetir.

Esta vez bastaba. Dejó lentamente mi mano y se reclinó atrás en
el sofá, manteniendo fijo en la lámpara su rostro lívido. Pero un momento después su cara caía de costado bajo el brazo crispado al respaldo. 115

Pasó un rato aún. La injusticia de mi actitud —no veía más que
injusticia— acrecentaba el profundo disgusto de mí mismo. Por eso
cuando oí, o más bien sentí, que las lágrimas salían al fin, me levanté
con un violento chasquido de lengua.

—Yo creía que no íbamos a tener más escenas —le dije paseán- 120
dome.

No me respondió, y agregué:

—Pero que sea ésta la última.

Sentí que las lágrimas se detenían, y bajo ellas me respondió un
momento después: 125

—Como quieras.

Pero en seguida cayó sollozando sobre el sofá:

—¡Pero qué te he hecho! ¡Qué te he hecho!

—¡Nada! —le respondí. —Pero yo tampoco te he hecho nada a
130 tí. . . Creo que estamos en el mismo caso ¡Estoy harto de estas cosas!

Mi voz era seguramente mucho más dura que mis palabras. Inés
se incorporó, y sosteniéndose en el brazo del sofá, repitió, helada:

—Como quieras.

Era una despedida. Yo iba a romper, y se me adelantaron. El
135 amor propio, el vil amor propio tocado a vivo, me hizo responder:

—Perfectamente. . . Me voy. Que seas más feliz . . . otra vez.

No comprendió, y me miró con extrañeza. Había cometido la primera infamia; y como en esos casos, sentí el vértigo de enlodarme más
aún.

140 —¡Es claro! —apoyé brutalmente— porque de mí no has tenido
queja. . . . ¿No?

Es decir: te hice el honor de ser tu amante, y debes estarme agra-
decida.

Comprendió más mi sonrisa que las palabras, y salí a buscar mi
145 sombrero en el corredor, mientras que con un ¡ah! su cuerpo y su
alma de desplomaban en la sala.

Entonces, en ese instante en que cruzó la galería, sentí intensamente cuánto la quería y lo que acababa de hacer. Aspiración de lujo,
matrimonio encumbrado, todo me resaltó como una llaga en mi propia
150 alma. Y yo, que me ofrecía en subasta a las mundanas feas con fortuna,
que me ponía en venta, acababa de cometer el acto más ultrajante,
con la muyer que nos ha querido demasiado. . . Flaqueza en el Monte
de los Olivos, o momento vil en un hombre que no lo es, llevan al
mismo fin: ansia de sacrificio, de reconquista más alta del propio valer.
155 Y luego, la inmensa sed de ternura, de borrar beso tras beso las lágrimas de la mujer adorada, cuya primera sonrisa tras la herida que
le hemos causado, es la más bella luz que pueda inundar un corazón
de hombre.

¡Y concluído! No me era posible ante mí mismo volver a tomar
160 lo que acababa de ultrajar de ese modo: ya no era digno de ella, ni la
merecía más. Había enlodado en un segundo el amor más puro que
hombre alguno haya sentido sobre sí, y acababa de perder con Inés la
irreencontrable felicidad de poseer a quien nos ama entrañablemente.

Desesperado, humillado, crucé por delante de la puerta, y la vi
165 echada en el sofá, sollozando el alma entera sobre sus brazos. ¡Inés!
¡Perdida ya! Sentí más honda mi miseria ante su cuerpo, todo amor,
sacudido por los sollozos de su dicha muerta. Sin darme cuenta casi,
me detuve.

—¡Inés! —llamé.

170 Mi voz no era ya la de antes. Y ella debió notarlo bien, porque su

alma sintió, en aumento de sollozos, el desesperado llamado que le hacía mi amor, ¡esta vez sí, inmenso amor!

—No, no . . . —me respondió. —¡Es demasiado tarde!

$$* \quad * \quad * \quad *$$

Padilla se detuvo. Pocas veces he visto amargura más seca y tranquila que la de sus ojos cuando concluyó. Por mi parte, no podía apar- 175 tar de los míos aquella adorable cabeza de palco, sollozando sobre el sofá. . . .

—Me creerá —reanudó Padilla— si le digo que en mis muchos insomnios de soltero descontento de sí mismo, la tuve así ante mí . . . Salí de Buenos Aires sin ver casi a nadie, y menos a mi flirt de gran 180 fortuna. . . . Volví a los ocho años, y entonces supe que se había casado, a los seis meses de haberme ido yo. Torné a alejarme, y hace un mes regresé, bien tranquilizado ya, y en paz.

No había vuelto a verla. Era para mí como un primer amor, con todo el encanto dignificante que un idilio virginal tiene para el hombre 185 hecho, que después amó cien veces . . . Si usted es querido alguna vez como yo lo fui, y ultraja como yo lo hice, comprenderá toda la pureza viril que hay en mi recuerdo.

Hasta que una noche tropecé con ella. Sí, esa misma noche en el teatro . . . Comprendí, al ver a su marido de opulenta fortuna, que se 190 había precipitado en el matrimonio como yo al Ucayalí . . . Pero al verla otra vez, a veinte metros de mí, mirándome, sentí que en mi alma, dormida en paz, surgía sangrando la desolación de haberla perdido, como si no hubiera pasado un solo día de esos diez años. ¡Inés! Su hermosura, su mirada, única entre todas las mujeres, habían sido mías, 195 bien mías, porque me habían sido entregadas con adoración —también apreciará esto usted algún día.

Hice lo humanamente posible para olvidar, me rompí las muelas tratando de concentrar todo mi pensamiento en la escena. Pero la prodigiosa partitura de Wágner, ese grito de pasión enfermante, en- 200 cendió en llama viva lo que quería olvidar. En el segundo o tercer acto no pude más y volví la cabeza. Ella también sufría la sugestión de Wágner, y me miraba. ¡Inés, mi vida! Durante medio minuto, su boca, sus manos, estuvieron bajo mi boca, y durante ese tiempo ella concentró en su palidez la sensación de esa dicha muerta hacía diez años. ¡Y 205 Tristán siempre, sus alaridos de pasión sobrehumana, sobre nuestra felicidad yerta!

Salí entonces, atravesé las butacas como un sonámbulo, y avancé por el pasillo aproximándome a ella sin verla, sin que me viera, como si durante diez años no hubiera sido yo un miserable . . . 210

Y como diez años atrás, sufrí la alucinación de que llevaba mi sombrero en la mano e iba a pasar delante de ella.

Pasé, la puerta del palco estaba abierta, y me detuve enloquecido. Como diez años antes sobre el sofá, ella, Inés, tendida en el diván del
215 antepalco sollozaba la pasión del Wágner y su dicha deshecha.

¡Inés! . . . Sentí que el destino me colocaba en un momento decisivo. ¡Diez años! . . . ¿Pero habían pasado? ¡No, no, Inés mía!

Y como entonces, al ver su cuerpo todo amor, sacudido por los sollozos, la llamé:
220 —¡Inés!

Y como diez años antes, los sollozos redoblaron, y como entonces me respondió bajo sus brazos:

—No, no . . . ¡Es demasiado tarde! . . .

EJERCICIOS

Discusión

1. Describa a Inés y su marido.
2. ¿Quiénes eran Tristán e Isolda? ¿Qué semejanza existe entre la historia de Tristán e Isolda y la de Inés y Esteban? ¿Qué diferencias?
3. Si Esteban e Inés se hubieran casado, ¿habrían sido felices? ¿Qué es lo que indica que se habrían cansado el uno del otro?
4. Compare el tema de este cuento con el de «Silvina y Montt».
5. Vuelva usted a contar el cuento desde el punto de vista de:
   a. Inés,   **b.** su marido,   **c.** su madre.

Comente en sus propias palabras.
1. La música de Wágner
2. El palco bajo
3. El vecino de la izquierda en el teatro
4. Padilla
5. Inés
6. El modo de romper con Inés
7. Las lágrimas de Inés
8. Las reacciones de Padilla
9. La respuesta de Inés
10. Diez años más tarde

Explique el sentido de las siguientes oraciones según su contexto en el cuento.
1. Me quedé en mi butaca, muy contento con la falta de vecinos.
2. Era, sobre todo, una belleza para hombres.
3. Volví la cabeza al palco y nuestras miradas se cruzaron.
4. En ese instante sentí que mi vecino de la izquierda miraba hacia allá.
5. Juzga mal lo que vio y creyó un acto mío feliz.
6. Hice cuanto estuvo en mí para que fuera mía.
7. Pensé entonces en el modo de romper con Inés.
8. Por eso cuando oí, o más bien sentí, que las lágrimas salían al fin, me levanté con un violento chasquido de la lengua.
9. Sentí intensamente cuánto la quería y lo que acababa de hacer.
10. No, no . . . —me respondió. —¡Es demasiado tarde!
11. Como diez años antes sobre el sofá, ella, Inés, tendida en el diván del antepalco, sollozaba.
12. Y como diez años antes, . . . me respondió bajo sus brazos . . .

Vocabulario

Construya una oración original con cada uno de los siguientes verbos o modismos, de acuerdo con el tratamiento que se les da en el texto. Según sea necesario, úsense como modelos las oraciones del texto en que aparecen.

1. referirse a (49)
2. como si (58)
3. tener razón (75)
4. en seguida (127)
5. tocar a vivo (135)
6. es decir (142)
7. tropezar con (189)
8. no poder más (202)

Ana María Matute
(1926–   )

EL ÁRBOL DE ORO   *12*

Asistí durante un otoño a la escuela de la señorita Leocadia, en la
aldea, porque mi salud no andaba bien y el abuelo retrasó mi vuelta
a la ciudad. Como era el tiempo frío y estaban los suelos embarrados
y no se veía rastro de muchachos, me aburría dentro de la casa, y pedí
al abuelo asistir a la escuela. El abuelo consintió, y acudí a aquella 5
casita alargada y blanca de cal, con el tejado pajizo y requemado por
el sol y las nieves, a las afueras del pueblo.

    La señorita Leocadia era alta y gruesa, tenía el carácter más bien
áspero y grandes juanetes en los pies, que le obligaban a andar como
quien arrastra cadenas. Las clases en la escuela, con la lluvia rebo- 10
tando en el tejado y en los cristales, con las moscas pegajosas de la
tormenta persiguiéndose alrededor de la bombilla, tenían su atractivo.
Recuerdo especialmente a un muchacho de unos diez años, hijo de un
aparcero muy pobre, llamado Ivo. Era un muchacho delgado, de ojos
azules, que bizqueaba ligeramente al hablar. Todos los muchachos y 15
muchachas de la escuela admiraban y envidiaban un poco a Ivo, por
el don que poseía de atraer la atención sobre sí, en todo momento. No
es que fuera ni inteligente ni gracioso, y, sin embargo, había algo en
él, en su voz quizás, en las cosas que contaba, que conseguía cautivar
a quien le escuchase. También la señorita Leocadia se dejaba prender 20
de aquella red de plata que Ivo tendía a cuantos atendían sus enrevesadas conversaciones, y —yo creo que muchas veces contra su voluntad— la señorita Leocadia le confiaba a Ivo tareas deseadas por
todos, o distinciones que merecían alumnos más estudiosos y aplica-
dos.   25

    Quizá lo que más se envidiaba de Ivo era la posesión de la codi-
ciada llave de *la torrecita*. Esta era, en efecto, una pequeña torre situada en un ángulo de la escuela, en cuyo interior se guardaban los
libros de lectura. Allí entraba Ivo a buscarlos, y allí volvía a dejarlos,
al terminar la clase. La señorita Leocadia se lo encomendó a él, nadie 30
sabía en realidad por qué.

    Ivo estaba muy orgulloso de esta distinción, y por nada del mundo
la hubiera cedido. Un día, Mateo Heredia, el más aplicado y estudioso
de la escuela, pidió encargarse de la tarea —a todos nos fascinaba el

*Véase la nota biográfica para «Bernardino».

From *Algunos muchachos y otros cuentos* (Barcelona: Salvat Editores, 1970).
Reprinted by permission of Agencia Literaria Carmen Balcells, Barcelona.

misterioso interior de la torrecita, donde no entramos nunca—, y la señorita Leocadia, pareció acceder. Pero Ivo se levantó, y acercándose a la maestra empezó a hablarle en su voz baja, bizqueando los ojos y moviendo mucho las manos, como tenía por costumbre. La maestra dudó un poco, y al fin dijo:

—Quede todo como estaba. Que siga encargándose Ivo de la torrecita.

A la salida de la escuela le pregunté:

—¿Qué le has dicho a la maestra?

Ivo me miró de través y vi relampaguear sus ojos azules.

—Le hablé del árbol de oro.

Sentí una gran curiosidad.

—¿Qué árbol?

Hacía frío y el camino estaba húmedo, con grandes charcos que brillaban al sol pálido de la tarde. Ivo empezó a chapotear en ellos, sonriendo con misterio.

—Si no se lo cuentas a nadie . . .

—Te lo juro, que a nadie se lo diré.

Entonces Ivo me explicó:

—Veo un árbol de oro. Un árbol completamente de oro: ramas, tronco, hojas . . . ¿sabes? Las hojas no se caen nunca. En verano, en invierno, siempre. Resplandece mucho; tanto, que tengo que cerrar los ojos para que no me duelan.

—¡Qué embustero eres! —dije, aunque con algo de zozobra. Ivo me miró con desprecio.

—No te lo creas —contestó—. Me es completamente igual que te lo creas o no . . . ¡Nadie entrará nunca en la torrecita, y a nadie dejaré ver mi árbol de oro! ¡Es mío! La señorita Leocadia lo sabe, y no se atreve a darle la llave a Mateo Heredia, ni a nadie . . . ¡Mientras yo viva, nadie podrá entrar allí y ver a mi árbol!

Lo dijo de tal forma que no pude evitar preguntarle:

—¿Y cómo lo ves . . . ?

—Ah, no es fácil —dijo, con aire misterioso—. Cualquiera no podría verlo. Yo sé la rendija exacta.

—¿Rendija . . . ?

—Sí, una rendija de la pared. Una que hay corriendo el cajón de la derecha: me agacho y me paso horas y horas . . . ¡Cómo brilla el árbol! ¡Cómo brilla! Fíjate que si algún pájaro se le pone encima también se vuelve de oro. Eso me digo yo: si me subiera a una rama, ¿me volvería acaso de oro también?

No supe qué decirle, pero, desde aquel momento, mi deseo de ver el árbol creció de tal forma que me desasosegaba. Todos los días, al acabar la clase de lectura, Ivo se acercaba al cajón de la maestra, sacaba la llave y se dirigía a la torrecita. Cuando volvía, le preguntaba:

—¿Lo has visto?

—Sí —me contestaba. Y, a veces, explicaba alguna novedad: 80
—Le han salido unas flores raras. Mira: así de grandes, como mi mano lo menos, y con los pétalos alargados. Me parece que esa flor es parecida al *arzadú*.
—¡La flor del frío! —decía yo, con asombro—. ¡Pero el *arzadú* es encarnado! 85
—Muy bien —asentía él, con gesto de paciencia—. Pero en mi árbol es oro puro.
—Además, el *arzadú* crece al borde de los caminos . . . y no es un árbol.
No se podía discutir con él. Siempre tenía razón, o por lo menos 90 lo parecía.
Ocurrió entonces algo que secretamente yo deseaba; me avergonzaba sentirlo, pero así era: Ivo enfermó, y la señorita Leocadia encargó a otro la llave de la torrecita. Primeramente, la disfrutó Mateo Heredia. Yo espié su regreso, el primer día, y le dije: 95
—¿Has visto un árbol de oro?
—¿Qué andas graznando? —me contestó de malos modos, porque no era simpático, y menos conmigo. Quise dárselo a entender, pero no me hizo caso. Unos días después, me dijo:
—Si me das algo a cambio, te dejo un ratito la llave y vas durante 100 el recreo. Nadie te verá . . .
Vacié mi hucha, y, por fin, conseguí la codiciada llave. Mis manos temblaban de emoción cuando entré en el cuartito de la torre. Allí estaba el cajón. Lo aparté y vi brillar la rendija en la oscuridad. Me agaché y miré. 105
Cuando la luz dejó de cegarme, mi ojo derecho sólo descubrió una cosa: la seca tierra de la llanura alargándose hacia el cielo. Nada más. Lo mismo que se veía desde las ventanas altas. La tierra desnuda y yerma, y nada más que la tierra. Tuve una gran decepción y la seguridad de que me habían estafado. No sabía cómo ni de qué manera, 110 pero me habían estafado. Olvidé la llave y el árbol de oro. Antes de que llegaran las nieves regresé a la ciudad.
Dos veranos más tarde volví a las montañas. Un día, pasando por el cementerio —era ya tarde y se anunciaba la noche en el cielo: el sol, como una bola roja, caía a lo lejos, hacia la carrera terrible y sosegada 115 de la llanura—, vi algo extraño. De la tierra grasienta y pedregosa, entre las cruces caídas, nacía un árbol grande y hermoso, con las hojas anchas de oro: encendido y brillante todo él, cegador. Algo me vino a la memoria, como un sueño, y pensé: «Es un árbol de oro». Busqué al pie del árbol, y no tardé en dar con una crucecilla de hierro negro, 120 mohosa por la lluvia. Mientras la enderezaba, leí: IVO MÁRQUEZ, DE DIEZ AÑOS DE EDAD.
Y no daba tristeza alguna, sino, tal vez, una extraña y muy grande alegría.

EJERCICIOS

Discusión

1. Describa la escuela de la aldea y a la señorita Leocadia.
2. ¿Qué es *la torrecita*? ¿Qué importancia tiene para los estudiantes?
3. ¿Quién es Ivo? ¿Por qué le da la llave la señorita Leocadia?
4. ¿Qué es el árbol de oro? Descríbalo.
5. Vuelva a contar el cuento desde el punto de vista de:
   a. la señorita Leocadia,   **b.** Ivo,   **c.** Mateo Heredia.

Comente en sus propias palabras.
1. La voz de Ivo
2. La curiosidad de la narradora
3. La reacción de la narradora hacia Ivo
4. Mateo Heredia
5. El pájaro que se vuelve de oro
6. Algo que secretamente deseaba la narradora
7. La crucecilla de hierro negro

Explique el sentido de las siguientes oraciones según su contexto en el cuento.
1. La codiciada llave.
2. Bizqueando los ojos.
3. Mientras yo viva.
4. La rendija exacta.
5. No era simpático.
6. Te dejo un ratito la llave.
7. El cementerio.
8. Encendido y brillante todo él.
9. De diez años de edad.
10. No daba tristeza.

Vocabulario

Construya una oración original con cada uno de los siguientes verbos o modismos, de acuerdo con el tratamiento que se les da en el texto. Según sea necesario, úsense como modelos las oraciones del texto en que aparecen.

1. no andar bien (2)
2. en todo momento (17)
3. de través (44)
4. volverse de (73)
5. es parecido a (82–83)
6. hacer caso (99)
7. dejar de (106)
8. dar con (120)

Juan José Arreola
(1918–   )

El guardagujas

Juan José Arreola nació en Ciudad Guzmán, Jalisco (México). El padre vendía *tepache*, una bebida alcohólica de piña y cebada, y mataba las horas muertas escribiendo poesías y cuentos, con los que tenía muy poco éxito. Ángel Flores, en su *Historia y antología del cuento y la novela en Hispanoamérica*, dice que Juan José era un «muchacho travieso, juguetón, muy dado a recitar versos, a organizar jarabes, a hacer teatro. En casa además gustan de las letras: su hermana mayor escribe poemas, tan bellos, que el mismo Juan José teme la competencia y no la estimula demasiado».

   Más tarde Arreola se interesó profundamente en el teatro, y se trasladó a la capital mexicana, donde produjo varias farsas teatrales. Se hizo amigo de Rodolfo Usigli y Xavier Villaurrutia, con quienes estudió teatro. Después regresó a Ciudad Guzmán para enseñar historia y literatura en la escuela secundaria. Durante el período 1942–45 se radicó en Guadalajara, donde escribía para *El Occidental, Eco* y *Pan*. Varios cuentos suyos aparecieron en las páginas de estas publicaciones. En 1945, invitado por un actor francés, Louis Jouvet, a quien había conocido en Guadalajara, se marchó para París. Su visita a Francia tuvo poco éxito; volvió a México muy apurado de recursos económicos, y por el día vendía sandalias para ganarse algo. Por las noches se asociaba con los artistas de la Escuela Teatral de Bellas Artes. En 1950–51 recibió una beca Rockefeller en «creative writing».

   Hoy en día Arreola es uno de los valores más atrevidos y admirados entre los prosistas mexicanos. «Su imaginación es lo dominante en sus relatos, a menudo breves y perturbadores. Temas, asuntos, argumentos se arrancan de todo convencionalismo y una luz clara de fantasía, con arbitrarios toques modernos, traspasa su contenido esencial». Ha creado una especie de realismo fantástico al que se podría dar el nombre de «realismo mágico», basado en la verdad filosófica más bien que en la verdad física de la vida.

El forastero llegó sin aliento a la estación desierta. Su gran valija, que nadie quiso conducir, le había fatigado en extremo. Se enjugó el rostro con un pañuelo, y con la mano en visera miró los rieles que se perdían en el horizonte. Desalentado y pensativo consultó su reloj: la hora justa
5 en que el tren debía partir.

Alguien, salido de quién sabe dónde, le dio una palmada muy suave. Al volverse, el forastero se halló ante un viejecillo de vago aspecto ferrocarrilero. Llevaba en la mano una linterna roja, pero tan pequeña, que parecía de juguete. Miró sonriendo al viajero, y éste le
10 dijo ansioso su pregunta:

—Usted perdone, ¿ha salido ya el tren?

—¿Lleva usted poco tiempo en este país?

—Necesito salir inmediatamente. Debo hallarme en T. mañana mismo.

15 —Se ve que usted ignora por completo lo que ocurre. Lo que debe hacer ahora mismo es buscar alojamiento en la fonda para viajeros—. Y señaló un extraño edificio ceniciento que más bien parecía un presidio.

—Pero yo no quiero alojarme, sino salir en el tren.

20 —Alquile usted un cuarto inmediatamente, si es que lo hay. En caso de que pueda conseguirlo, contrátelo por mes, le resultará más barato y recibirá mejor atención.

—¿Está usted loco? Yo debo llegar a T. mañana mismo.

—Francamente, debería abandonarlo a su suerte. Sin embargo,
25 le daré unos informes.

—Por favor . . .

—Este país es famoso por sus ferrocarriles, como usted sabe. Hasta ahora no ha sido posible organizarlos debidamente, pero se han hecho ya grandes cosas en lo que se refiere a la publicación de itine-
30 rarios y a la expedición de boletos. Las guías ferroviarias comprenden y enlazan todas las poblaciones de la nación; se expenden boletos hasta para las aldeas más pequeñas y remotas. Falta solamente que los convoyes cumplan las indicaciones contenidas en las guías y que pasen efectivamente por las estaciones. Los habitantes del país así lo es-
35 peran; mientras tanto, aceptan las irregularidades del servicio y su patriotismo les impide cualquier manifestación de desagrado.

—Pero ¿hay un tren que pase por esta ciudad?

—Afirmarlo equivaldría a cometer una inexactitud. Como usted puede darse cuenta, los rieles existen, aunque un tanto averiados. En

From *Confabulario* (México: Fondo de Cultura Económica, 1952). Reprinted by permission.

algunas poblaciones están sencillamente indicados en el suelo, me- ₄₀
diante dos rayas de gis. Dadas las condiciones actuales, ningún tren
tiene la obligación de pasar por aquí, pero nada impide que eso pueda
suceder. Yo he visto pasar muchos trenes en mi vida y conocí algunos
viajeros que pudieron abordarlos. Si usted espera convenientemente,
tal vez yo mismo tenga el honor de ayudarle a subir a un hermoso y ₄₅
confortable vagón.

—¿Me llevará ese tren a T.?

—¿Y por qué se empeña usted en que ha de ser precisamente a
T.? Debería darse por satisfecho si pudiera abordarlo. Una vez en el
tren, su vida tomará efectivamente algún rumbo. ¿Qué importa si ese ₅₀
rumbo no es el de T.?

—Es que yo tengo un boleto en regla para ir a T. Lógicamente,
debo ser conducido a ese lugar, ¿no es así?

—Cualquiera diría que usted tiene razón. En la fonda para viajeros podrá usted hablar con personas que han tomado sus precau- ₅₅
ciones, adquiriendo grandes cantidades de boletos. Por regla general,
las gentes previsoras compran pasajes para todos los puntos del país.
Hay quien ha gastado en boletos una verdadera fortuna . . .

—Yo creí que para ir a T. me bastaba un boleto. Mírelo usted . . .

—El próximo tramo de los ferrocarriles nacionales va a ser cons- ₆₀
truído con el dinero de una sola persona que acaba de gastar su inmenso capital en pasajes de ida y vuelta para un trayecto ferroviario
cuyos planos, que incluyen extensos túneles y puentes, ni siquiera han
sido aprobados por los ingenieros de la empresa.

—Pero el tren que pasa por T. ¿ya se encuentra en servicio? ₆₅

—Y no sólo ése. En realidad, hay muchísimos trenes en la nación,
y los viajeros pueden utilizarlos con relativa frecuencia, pero tomando
en cuenta que no se trata de un servicio formal y definitivo. En otras
palabras, al subir a un tren, nadie espera ser conducido al sitio que
desea. ₇₀

—¿Cómo es eso?

—En su afán de servir a los ciudadanos, la empresa se ve en el
caso de tomar medidas desesperadas. Hace circular trenes por lugares
intransitables. Esos convoyes expedicionarios emplean a veces varios
años en su trayecto, y la vida de los viajeros sufre algunas transfor- ₇₅
maciones importantes. Los fallecimientos no son raros en tales casos,
pero la empresa, que todo lo ha previsto, añade a esos trenes un vagón
capilla ardiente y un vagón cementerio. Es razón de orgullo para los
conductores depositar el cadáver de un viajero —lujosamente embalsamado— en los andenes de la estación que prescribe su boleto. En ₈₀
ocasiones, estos trenes forzados recorren trayectos en que falta uno
de los rieles. Todo un lado de los vagones se estremece lamentablemente con los golpes que dan las ruedas sobre los durmientes. Los
viajeros de primera —es otra de las previsiones de la empresa— se
colocan del lado en que hay riel. Los de segunda padecen los golpes ₈₅

con resignación. Pero hay otros tramos en que faltan ambos rieles; allí los viajeros sufren por igual, hasta que el tren queda totalmente destruido.

—¡Santo Dios!

90 —Mire usted: la aldea de F. surgió a causa de uno de esos accidentes. El tren fue a dar en un terreno impracticable. Lijadas por la arena, las ruedas se gastaron hasta los ejes. Los viajeros pasaron tanto tiempo juntos, que de las obligadas conversaciones triviales surgieron amistades estrechas. Algunas de esas amistades se transformaron 95 pronto en idilios, y el resultado ha sido F., una aldea progresista llena de niños traviesos que juegan con los vestigios enmohecidos del tren.

—¡Dios mío, yo no estoy hecho para tales aventuras!

—Necesita usted ir templando su ánimo; tal vez llegue usted a convertirse en un héroe. No crea que faltan ocasiones para que los 100 viajeros demuestren su valor y sus capacidades de sacrificio. En una ocasión, doscientos pasajeros anónimos escribieron una de las páginas más gloriosas en nuestros anales ferroviarios. Sucede que en un viaje de prueba, el maquinista advirtió a tiempo una grave omisión de los constructores de la línea. En la ruta faltaba un puente que debía salvar 105 un abismo. Pues bien, el maquinista, en vez de poner marcha hacia atrás, arengó a los pasajeros y obtuvo de ellos el esfuerzo necesario para seguir adelante. Bajo su enérgica dirección, el tren fue desarmado pieza por pieza y conducido en hombros al otro lado del abismo, que todavía reservaba la sorpresa de contener en su fondo un río cau- 110 daloso. El resultado de la hazaña fue tan satisfactorio que la empresa renunció definitivamente a la construcción del puente, conformándose con hacer un atractivo descuento en las tarifas de los pasajeros que se atrevan a afrontar esa molestia suplementaria.

—¡Pero yo debo llegar a T. mañana mismo!

115 —¡Muy bien! Me gusta que no abandone usted su proyecto. Se ve que es usted un hombre de convicciones. Alójese por de pronto en la fonda y tome el primer tren que pase. Trate de hacerlo cuando menos; mil personas estarán para impedírselo. Al llegar un convoy, los viajeros, exasperados por una espera demasiado larga, salen de la fonda 120 en tumulto para invadir ruidosamente la estación. Frecuentemente provocan accidentes con su increíble falta de cortesía y de prudencia. En vez de subir ordenadamente se dedican a aplastarse unos a otros; por lo menos, se impiden mutuamente el abordaje, y el tren se va dejándolos amotinados en los andenes de la estación. Los viajeros, 125 agotados y furiosos, maldicen su falta de educación, y pasan mucho tiempo insultándose y dándose de golpes.

—¿Y la policía no interviene?

—Se ha intentado organizar un cuerpo de policía en cada estación, pero la imprevisible llegada de los trenes hacía tal servicio inútil 130 y sumamente costoso. Además, los miembros de ese cuerpo demostraron muy pronto su venalidad, dedicándose a proteger la salida exclusiva de pasajeros adinerados que les daban a cambio de ese servicio todo lo que llevaban encima. Se resolvió entonces el establecimiento de un tipo especial de escuelas, donde los futuros viajeros reciben lecciones de urbanidad y un entrenamiento adecuado, que los capacita 135 para que puedan pasar su vida en los trenes. Allí se les enseña la manera correcta de abordar un convoy, aunque esté en movimiento y a gran velocidad. También se les proporciona una especie de armadura para evitar que los demás pasajeros les rompan las costillas.

—Pero una vez en el tren, ¿está uno a cubierto de nuevas dificul- 140 tades?

—Relativamente. Sólo le recomiendo que se fije muy bien en las estaciones. Podría darse el caso de que usted creyera haber llegado a T., y sólo fuese una ilusión. Para regular la vida a bordo de los vagones demasiado repletos, la empresa se ve obligada a echar mano de ciertos 145 expedientes. Hay estaciones que son pura apariencia: han sido construidas en plena selva y llevan el nombre de alguna ciudad importante. Pero basta poner un poco de atención para descubrir el engaño. Son como las decoraciones del teatro, y las personas que figuran en ellas están rellenas de aserrín. Esos muñecos revelan fácilmente los estra- 150 gos de la intemperie, pero son a veces una perfecta imagen de la realidad: llevan en el rostro las señales de un cansancio infinito.

—Por fortuna, T. no se halla muy lejos de aquí.

—Pero carecemos por el momento de trenes directos. Sin embargo, bien podría darse el caso de que usted llegara a T. mañana 155 mismo, tal como desea. La organización de los ferrocarriles, aunque deficiente, no excluye la posibilidad de un viaje sin escalas. Vea usted, hay personas que ni siquiera se han dado cuenta de lo que pasa. Compran un boleto para ir a T. Pasa un tren, suben, y al día siguiente oyen que el conductor anuncia: «Hemos llegado a T». Sin tomar precaución 160 alguna, los viajeros descienden y se hallan efectivamente en T.

—¿Podría yo hacer alguna cosa para facilitar ese resultado?

—Claro que puede usted. Lo que no se sabe es si le servirá de algo. Inténtelo de todas maneras. Suba usted al tren con la idea fija de que va a llegar a T. No converse con ninguno de los pasajeros. 165 Podrían desilusionarlo con sus historias de viaje, y hasta se daría el caso de que lo denunciaran.

—¿Qué está usted diciendo?

—En virtud del estado actual de las cosas los trenes viajan llenos de espías. Estos espías, voluntarios en su mayor parte, dedican su vida 170 a fomentar el espíritu constructivo de la empresa. A veces uno no sabe lo que dice y habla sólo por hablar. Pero ellos se dan cuenta en seguida de todos los sentidos que puede tener una frase, por sencilla que sea. Del comentario más inocente saben sacar una opinión culpable. Si usted llegara a cometer la menor imprudencia, sería aprehendido sin 175 más; pasaría el resto de su vida en un vagón cárcel, en caso de que no le obligaran a descender en una falsa estación, perdida en la selva.

Viaje usted lleno de fe, consuma la menor cantidad posible de alimentos y no ponga los pies en el andén antes de que vea en T. alguna cara
180 conocida.

—Pero yo no conozco en T. a ninguna persona.

—En ese caso redoble usted sus precauciones. Tendrá, se lo aseguro, muchas tentaciones en el camino. Si mira usted por las ventanillas, está expuesto a caer en la trampa de un espejismo. Las ventanillas
185 están provistas de ingeniosos dispositivos que crean toda clase de ilusiones en el ánimo de los pasajeros. No hace falta ser débil para caer en ellas. Ciertos aparatos, operados desde la locomotora, hacen creer, por el ruido y los movimientos, que el tren está en marcha. Sin embargo, el tren permanece detenido semanas enteras, mientras los via-
190 jeros ven pasar cautivadores paisajes a través de los cristales.

—¿Y eso qué objeto tiene?

—Todo esto lo hace la empresa con el sano propósito de disminuir la ansiedad de los viajeros y de anular en todo lo posible las sensaciones de traslado. Se aspira a que un día se entreguen plenamente al
195 azar, en manos de una empresa omnipotente, y que no les importe saber a dónde van ni de dónde vienen.

—Y usted, ¿ha viajado mucho en los trenes?

—Yo, señor, sólo soy guardagujas. A decir verdad, soy un guardagujas jubilado, y sólo aparezco aquí de vez en cuando para recordar
200 los buenos tiempos. No he viajado nunca, ni tengo ganas de hacerlo. Pero los viajeros me cuentan historias. Sé que los trenes han creado muchas poblaciones además de la aldea de F., cuyo origen le he referido. Ocurre a veces que los tripulantes de un tren reciben órdenes misteriosas. Invitan a los pasajeros a que desciendan de los vagones,
205 generalmente con el pretexto de que admiren las bellezas de un determinado lugar. Se les habla de grutas, de cataratas o de ruinas célebres: «Quince minutos para que admiren ustedes la gruta tal o cual», dice amablemente el conductor. Una vez que los viajeros se hallan a cierta distancia, el tren escapa a todo vapor.

210 —¿Y los viajeros?

—Vagan desconcertados de un sitio a otro durante algún tiempo pero acaban por congregarse y se establecen en colonia. Estas paradas intempestivas se hacen en lugares adecuados, muy lejos de toda civilización y con riquezas naturales suficientes. Allí se abandonan lotes
215 selectos, de gente joven, y sobre todo con mujeres abundantes. ¿No le gustaría a usted acabar sus días en un pintoresco lugar desconocido, en compañía de una muchachita?

El viejecillo hizo un guiño, y se quedó mirando al viajero con picardía, sonriente y lleno de bondad. En ese momento se oyó un sil-
220 bido lejano. El guardagujas dio un brinco, lleno de inquietud, y se puso a hacer señales ridículas y desordenadas con su linterna.

—¿Es el tren? —preguntó el forastero.

El anciano echó a correr por la vía, desaforadamente. Cuando estuvo a cierta distancia, se volvió para gritar:

—¡Tiene usted suerte! Mañana llegará a su famosa estación. **225** ¿Cómo dice usted que se llama?

—¡X! —contestó el viajero.

En ese momento el viejecillo se disolvió en la clara mañana. Pero el punto rojo de la linterna siguió corriendo y saltando entre los rieles, imprudentemente, al encuentro del tren. **230**

Al fondo del paisaje, la locomotora se acercaba como un ruidoso advenimiento.

EJERCICIOS

Discusión

1. ¿Cómo son las guías ferroviarias del país?
   a. ¿En qué difieren los trenes de las guías? **b.** ¿Cómo reacciona la gente a estas diferencias?
2. Dadas las condiciones actuales del servicio ferroviario, ¿qué medidas desesperadas ha tomado la empresa?
3. Cuente usted el incidente heroico de los doscientos pasajeros en un viaje de prueba. ¿Cómo cambió este incidente los planes de la empresa?
4. Describa usted la escuela en donde los viajeros reciben un entrenamiento para abordar un convoy.
5. Una vez en el tren, ¿qué nuevas dificultades puede pasar un viajero? ¿Qué precauciones recomienda el guardagujas?
6. Vuelva usted a contar el cuento desde el punto de vista de:
   a. el guardagujas, **b.** el forastero.

Comente en sus propias palabras.
1. El forastero
2. La estación
3. El guardagujas
4. El pueblo de T.
5. La fonda
6. Las espías de los trenes
7. El paisaje falso
8. La policía
9. La ruta en que faltaba un puente
10. Juan José Arreola
11. El simbolismo de este cuento

Explique el sentido de las siguientes oraciones según su contexto en el cuento.
1. El forastero llegó sin aliento a la estación.
2. Yo no quiero alojarme, sino salir en el tren.
3. ¿Hay un tren que pase por esta ciudad?
4. Cualquiera diría que usted tiene razón.
5. Al subir a un tren, nadie espera ser conducido al sitio que desea.
6. Alójese en la fonda y tome el primer tren que pase.
7. Podría darse el caso de que usted creyera haber llegado a T., y sólo fuese una ilusión.
8. Sin embargo, el tren permanece detenido semanas enteras.
9. Los tripulantes invitan a los pasajeros a que desciendan de los vagones.

10. En ese momento se oyó un silbido lejano.

11. ¡Tiene usted suerte! Mañana llegará a su famosa estación.

Vocabulario

Construya una oración original con cada uno de los siguientes verbos o modismos, de acuerdo con el tratamiento que se les da en el texto. Según sea necesario, úsense como modelos las oraciones del texto en que aparecen.

1. más bien (17)

2. en regla (52)

3. pasaje de ida y vuelta (62)

4. convertirse en (99)

5. a tiempo (103)

6. estar a cubierto (140)

7. verse obligado (145)

8. sin escala (157)

Vicente Blasco-Ibáñez

(1867–1928)

La tumba de Alí-Bellús

Vicente Blasco-Ibáñez nació en Valencia, España, y sus mejores novelas son de ambiente valenciano. A medida que se va alejando de su provincia natal, va perdiendo efecto como novelista. Blasco-Ibáñez llevó una vida violenta y aventurera. Fue periodista, político, reformador social, diputado, viajero, predicador. «Yo soy hombre de acción», dice, «que he hecho en mi vida algo más que libros y no gusta de permanecer inmóvil durante tres meses en un sillón, con el pecho contra una mesa, escribiendo diez horas por día». A continuación agrega: «Yo he sido agitador político, he pasado una parte de mi juventud en la cárcel (unas treinta veces), he sido presidiario, me han herido mortalmente en duelos feroces, conozco todas las privaciones que un hombre puede sufrir, incluso la de una absoluta pobreza . . .»

Algunas obras de Blasco-Ibáñez siguen las tendencias naturalistas, pero mientras que Zola es un reflexivo en literatura, Blasco-Ibáñez es un impulsivo. Sus mejores novelas son *La barraca* (1898), *Cañas y barro* (1902), *La catedral* (1903); sus cuentos los publica más tarde en la vida: *Cuentos valencianos* (1916), *El préstamo de la difunta* (1921) y *Cuentos de la costa azul* (1924). Sus novelas fueron traducidas al inglés, y se hicieron muy populares en este país, sobre todo *Sangre y arena* (1908) y *Los cuatro jinetes del apocalipsis* (1916) muy conocidas en sus versiones cinematográficas. En toda la obra literaria de Blasco-Ibáñez encontramos «el mismo sentido trágico de la vida, el mismo paisaje y el arte españoles; el mismo sentido de protesta contra las realidades de la vida circundante; la misma obsesión por el problema de la decadencia nacional . . .»

Blasco-Ibáñez fue siempre un producto de su tierra luminosa y apasionada; las principales características de su obra son «la fortaleza, la exuberancia y la generosidad». No fue nunca un escritor profesional, sino más bien un luchador apasionado en los combates de la vida. A pesar de su descuido tenía una comprensión intuitiva de lo que debía ser la novela, y poseía la habilidad de desarrollar dramáticamente sus personajes. Pero ante todo su obra es «cálida y fuerte, porque antes que escrita ha sido vivida».

LA TUMBA DE ALÍ-BELLÚS

14

—Era en aquel tiempo —dijo el escultor García— en que me dedicaba, para conquistar el pan, a restaurar imágenes y dorar altares, corriendo de este modo casi todo el reino de Valencia.

Tenía un encargo de importancia: restaurar el altar mayor de la iglesia de Bellús, obra pagada con cierta manda de una vieja señora, 5 y allá fui con dos aprendices, cuya edad no se diferenciaba mucho de la mía.

Vivíamos en casa del cura, un señor incapaz de reposo, que apenas terminaba su misa ensillaba el macho para visitar a los compañeros de las vecinas parroquias o empuñaba la escopeta, y con balandrán y 10 gorro de seda salía a despoblar de pájaros la huerta. Y mientras él andaba por el mundo, yo, con mis dos compañeros, metidos en la iglesia, sobre los andamios del altar mayor, complicada fábrica del siglo XVII, sacando brillo a los dorados o alegrándoles los mofletes a todo un tropel de angelitos que asomaban entre la hojarasca como 15 chicuelos juguetones.

Por las mañanas, terminada la misa, quedábamos en absoluta soledad. La iglesia era una antigua mezquita de blancas paredes; sobre los altares laterales extendían las viejas arcadas su graciosa curva, y todo el templo respiraba ese ambiente de silencio y frescura que pa- 20 rece envolver a las construcciones árabes. Por el abierto portón veíamos la plaza solitaria inundada de sol; oíamos los gritos de los que se llamaban allá lejos, a través de los campos, rasgando la quietud de la mañana, y de vez en cuando las gallinas entraban irreverentemente en el templo, paseando ante los altares con grave contoneo, hasta que 25 huían asustadas por nuestros cantos. Hay que advertir que, familiarizados con aquel ambiente, estábamos en el andamio como en un taller, y yo obsequiaba a aquel mundo de santos, vírgenes y ángeles inmóviles y empolvados por los siglos, con todas las romanzas aprendidas en mis noches de *paraíso*, y tan pronto cantaba a la *celeste Aïda*[1] como 30 repetía los voluptuosos arrullos de Fausto en el jardín.[2]

Por eso veía con desagrado por las tardes cómo invadían la iglesia algunas vecinas del pueblo, comadres descaradas y preguntonas, que seguían el trabajo de mis manos con atención molesta y hasta osaban

---

[1] la celeste Aïda   *The principal tenor aria from the opera* Aïda *by Giuseppe Verdi (1813-1901).*

[2] Fausto   *Faust, the hero of the opera of the same name by Charles François Gounod (1818–1893). The reference here is to the garden scene (Act III), during which Faust sings the famous aria «Salut! demeure chaste et pure».*

35 criticarme por si no sacaba bastante brillo al follaje de oro o ponía poco bermellón en la cara de un angelito. La más guapetona y la más rica, a juzgar por la autoridad con que trataba a las demás, subía algunas veces al andamio, sin duda para hacerme sentir de más cerca su rústica majestad, y allí permanecía, no pudiendo moverme sin tro-
40 pezar con ella.

El piso de la iglesia era de grandes ladrillos rojos, y tenía en el centro, empotrada en un marco de piedra, una enorme losa con anilla de hierro. Estaba yo una tarde imaginando qué habría debajo, y aga-chado sobre la losa rascaba con un hierro el polvo petrificado de las
45 junturas, cuando entró aquella mujerona, la *siñá*[3] Pascuala, que pa-reció extrañarse mucho al verme en tal ocupación.

Toda la tarde la pasó cerca de mí, en el andamio, sin hacer caso de sus compañeras, que parloteaban a nuestros pies, mirándome fija-mente mientras se decidía a soltar la pregunta que revoloteaba en sus
50 labios. Por fin la soltó. Quería saber qué hacía yo sobre aquella losa que nadie en el pueblo, ni aun los más ancianos, habían visto nunca levantada. Mis negativas excitaron más su curiosidad, y por burlarme de ella me entregué a un juego de muchacho, arreglando las cosas de modo que todas las tardes, al llegar a la iglesia, me encontraba mi-
55 rando la losa, hurgando en sus junturas.

Di fin a la restauración, quitamos los andamios; el altar lucía como un ascua de oro, y cuando le echaba la última mirada, vino la curiosa comadre a intentar por otra vez hacerse partícipe de «mi se-creto».

60 —*Dígameu, pintor* —suplicaba—. *Guardaré el secret.*[4]

Y el pintor (así me llamaban), como era entonces un joven alegre y había de marchar en el mismo día, encontró muy oportuno aturdir a aquella impertinente con una absurda leyenda. La hice prometer un sinnúmero de veces, con gran solemnidad, que no repetiría a nadie
65 mis palabras, y solté cuantas mentiras me sugirió mi afición a las novelas interesantes.

Yo había levantado aquella losa por arte maravilloso que me ca-llaba, y visto cosas extraordinarias. Primero, una escalera honda, muy honda; después, estrechos pasadizos, vueltas y revueltas; por fin, una
70 lámpara que debía estar ardiendo centenares de años, y tendido en una cama de mármol un *tío* muy grande, con la barba hasta el vientre, los ojos cerrados, una espada enorme sobre el pecho y en la cabeza una toalla arrollada con una media luna.

—*Será un mòro* —interrumpió ella con suficiencia.

75 Sí, un moro. ¡Qué lista era! Estaba envuelto en un manto que brillaba como el oro, y a sus pies una inscripción en letras enrevesadas que no las entendería el mismo cura; pero como yo era pintor, y los

---

[3] siñá (Val.) = señora
[4] Dígameu, . . . secret *Tell me . . . I'll keep the secret.*

pintores lo saben todo, la había leído de corrido. Y decía ... decía ...
¡ah, sí! decía: «Aquí yace Alí-Bellús; su mujer Sarah y su hijo Macael
le dedican este último recuerdo». 80

Un mes después supe en Valencia lo que ocurrió apenas abandoné
el pueblo. En la misma noche, la *siñá* Pascuala juzgó que era bastante
heroísmo callarse durante algunas horas, y se lo dijo todo a su marido,
el cual lo repitió al día siguiente en la taberna. Estupefacción general.
¡Vivir toda la vida en el pueblo, entrar todos los domingos en la iglesia 85
y no saber que bajo sus pies estaba el hombre de la gran barba, de la
toalla en la cabeza, el marido de Sarah, el padre de Macael, el gran
Alí-Bellús, que indudablemente habría sido el fundador del pueblo! ...
Y todo esto lo había visto un forastero, sin más trabajo que llegar, y
ellos no. ¡Cristo! 90

Al domingo siguiente, apenas el cura abandonó el pueblo para
comer con un párroco vecino, una gran parte del vecindario corrió a
la iglesia. El marido de la *siñá* Pascuala anduvo a palos con el sacristán
para quitarle las llaves, y todos, hasta el alcalde y el secretario, entraron con picos, palancas y cuerdas. ¡Lo que sudaron! ... En dos siglos 95
lo menos no había sido levantada aquella losa, y los mozos más ro-
bustos, con los bíceps al aire y el cuello hinchado por los esfuerzos,
pugnaban inútilmente por removerla.

—*¡Fòrsa, fòrsa!* —gritaba la Pascuala capitaneando aquella tropa
de brutos—. *¡Abaix está el mòro!* [5] 100

Y animados por ella redoblaron todos sus esfuerzos, hasta que
después de una hora de bufidos, juramentos y sudor a chorros, arran-
caron, no sólo la losa, sino el marco de piedra, saltando tras él una
gran parte de los ladrillos del piso. Parecía que la iglesia se venía
abajo. ¡Pero buenos estaban ellos para fijarse en el destrozo! ... Todas 105
las miradas eran para la lóbrega sima que acababa de abrirse ante sus
pies.

Los más valientes rascábanse la cabeza con visible indecisión;
pero uno más audaz se hizo atar una cuerda a la cintura y se deslizó,
murmurando un credo. No se cansó mucho en el viaje. Su cabeza es- 110
taba aún a la vista de todos, cuando sus pies tocaban ya en el fondo.

—*¿Qué veus?*[6] —preguntaban los de arriba con ansiedad.

Y él se agitaba en aquella lobreguez, sin tropezar con otra cosa
que montones de paja arrojada allí hacía muchos años, después de un
desestero, y que putrefacta por las filtraciones despedía un hedor in- 115
sufrible.

—*¡Busca, busca!* —gritaban las cabezas formando un marco gesticulante en torno de la lóbrega abertura. Pero el explorador sólo encontraba coscorrones, pues al avanzar su cabeza chocaba contra las

---

[5] *¡Fòrsa, ... el mòro!* = ¡Fuerza, fuerza! ... ¡Abajo está el moro! *Harder,
harder!* ... *The Moor is down below!*
[6] veus = ves

120 paredes. Bajaron otros mozos, acusando de torpeza al primero, pero al fin tuvieron que convencerse de que aquel pozo no tenía salida alguna.

Se retiraron mohinos entre la rechifla de los chicuelos, ofendidos porque les habían dejado fuera de la iglesia, y el griterío de las mu-
125 jeres, que aprovechaban la ocasión para vengarse de la orgullosa Pascuala.

—¿*Cóm*[7] *está Alí-Bellús?*—preguntaban—. *¿Y su hijo Macael?* Para colmo de sus desdichas, al ver el cura roto el piso de su iglesia y enterarse de lo ocurrido, púsose furioso; quiso excomulgar al pueblo
130 por sacrílego, cerrar el templo, y únicamente se calmó cuando los aterrados descubridores de Alí-Bellús prometieron construir a sus expensas un pavimento mejor.

—¿Y no ha vuelto usted allá? —preguntaron al escultor algunos de sus oyentes.
135 —Me guardaré mucho. Más de una vez he encontrado en Valencia a alguno de los chasqueados; pero ¡debilidad humana! al hablar conmigo se reían del suceso, lo encontraban muy gracioso, y aseguraban que ellos eran de los que, presintiendo la jugarreta, se quedaron a la puerta de la iglesia. Siempre han terminado la conversación invitán-
140 dome a ir allá para pasar un día divertido; cuestión de comerse una *paella* ... ¡Que vaya el demonio! Conozco a mi gente. Me invitan con una sonrisa angelical, pero instintivamente guiñan el ojo izquierdo como si ya estuvieran echándose la escopeta a la cara.

---

[7] ¿Cóm...? = ¿Cómo...?

EJERCICIOS

Discusión

1. Describa la iglesia de Bellús.
2. ¿Qué es lo que estaba haciendo el pintor en la iglesia?
3. ¿Cuál era la actitud de García mientras trabajaba? ¿Cuál era la actitud de la *siñá* Pascuala?
4. ¿Qué concepto tiene el protagonista de los aldeanos?
5. ¿Por qué no quiere volver a Bellús el protagonista?
6. Vuelva usted a contar el cuento desde el punto de vista de:
   a. Pascuala, **b.** su marido, **c.** el cura.

Comente en sus propias palabras.

1. El escultor García
2. El cura del pueblo
3. La iglesia
4. La *siñá* Pascuala
5. Alí-Bellús
6. La apertura de la tumba
7. La invitación de los aldeanos
8. Blasco-Ibáñez

Explique el sentido de las siguientes oraciones según su contexto en el cuento.

1. Corrí de este modo casi todo el reino de Valencia.
2. El cura andaba por el mundo.
3. Por las mañanas quedábamos en absoluta soledad.
4. Hasta osaban criticarme por si no sacaba bastante brillo al follaje.
5. No pude moverme sin tropezar con ella.
6. Toda la tarde la pasó cerca de mí, sin hacer caso de sus compañeras.
7. Por burlarme de ella me entregué a un juego de muchacho.
8. ¡Buenos estaban ellos para fijarse en el destrozo!
9. Las mujeres aprovechaban la ocasión para vengarse de la orgullosa Pascuala.
10. Me guardaré mucho de volver al pueblo.
11. Me invitan con una sonrisa, pero guiñan el ojo izquierdo.

Vocabulario

Construya una oración original con cada uno de los siguientes verbos o modismos, de acuerdo con el tratamiento que se les da en el texto. Según sea necesario úsense como modelos las oraciones del texto en que aparecen.

1. de vez en cuando (24)
2. hacer caso de alguien (47–48)
3. decidirse a (49)
4. ser listo (75)
5. de corrido (78)
6. a chorros (102)
7. en torno de (118)
8. colmo (128)

Manuel Rojas
(1896–1973)

El hombre de la rosa

Manuel Rojas nació en la ciudad de Buenos Aires. Sus padres eran chilenos radicados en la gran capital argentina. Manuel tenía apenas cinco años cuando su padre murió; a la edad de dieciséis el muchacho se marchó para Chile, donde trabajó en la cuadrilla carrilana *(track gang)* del ferrocarril andino. Ha llevado una vida sumamente aventurera, y toda su obra literaria demuestra ciertos tonos autobiográficos. Ha sido actor, apuntador para un grupo de cómicos viajantes, marinero, lanchero, linotipista, estibador *(stevedore)*, empleado del servicio civil, periodista, guardia de noche en los muelles de Valparaíso y director de la prensa de la Universidad de Chile.

Se distinguió con su primera colección de cuentos, *Hombres del sur* (1926), que marca un punto culminante del criollismo chileno. En 1929 apareció otra colección de cuentos, *El delincuente,* y en 1959 se publicó *El vaso de leche y sus mejores cuentos.* La novela corta *Lanchas en la bahía* (1932) es una de las mejores de su género producidas en Hispanoamérica. Entre sus novelas largas, *Hijo de ladrón* (1951) es tal vez la más interesante: es la historia existencial del hijo de un ladrón profesional.

Toda la obra literaria de Rojas exalta la dignidad del hombre. El alma individual y la personalidad constituyen un «yo» que es indestructible. La solidaridad es el gran amor de los hombres. Si uno es fiel a su «yo» podrá verse vencido, pero no se verá nunca permanentemente derrotado. La dignidad del hombre individual en la lucha por la vida es el elemento más noble del espíritu humano.

Rojas mismo, como escritor y como hombre, es completamente sincero y honrado. En uno de sus ensayos ha escrito que la cualidad imprescindible de los grandes creadores literarios «es crear personajes que responden siempre a su íntima y orgánica constitución moral, sea esta moral de la índole que sea. Esto es indiferente para el arte. . . . Hay una innegable y profunda relación entre la novela, el hombre y la humanidad. Tienen idéntico desarrollo y posiblemente igual dirección. Al reflejarse en sus obras, el creador literario refleja al hombre, y éste, a su vez, a la humanidad».

EL HOMBRE DE LA ROSA

15

En el atardecer de un día de noviembre, hace ya algunos años, llegó a Osorno, en misión catequista, una partida de misioneros capuchinos.

Eran seis frailes barbudos, de complexión recia, rostros enérgicos y ademanes desenvueltos.

La vida errante que llevaban les había diferenciado profunda- 5 mente de los individuos de las demás órdenes religiosas. En contacto continuo con la naturaleza bravía de las regiones australes, hechos sus cuerpos a las largas marchas a través de las selvas, expuestos siempre a los ramalazos del viento y de la lluvia, estos seis frailes barbudos habían perdido ese aire de religiosidad inmóvil que tienen 10 aquellos que viven confinados en el calorcillo de los patios del convento.

Reunidos casualmente en Valdivia, llegados unos de las reducciones indígenas de Angol, otros de La Imperial, otros de Temuco, hicieron juntos el viaje hasta Osorno, ciudad en que realizarían una 15 semana misionera y desde la cual se repartirían luego, por los caminos de la selva, en cumplimiento de su misión evangelizadora.

Eran seis frailes de una pieza y con toda la barba.

Se destacaba entre ellos el padre Espinoza, veterano ya en las misiones del sur, hombre de unos cuarenta y cinco años, alto de es- 20 tatura, vigoroso, con empaque de hombre de acción y aire de bondad y de finura.

Era uno de esos frailes que encantan a algunas mujeres y que gustan a todos los hombres.

Tenía una sobria cabeza de renegrido cabello, que de negro azu- 25 leaba a veces como el plumaje de los tordos. La cara de tez morena pálida, cubierta profusamente por la barba y el bigote capuchinos. La nariz un poco ancha; la boca, fresca; los ojos, negros y brillantes. A través del hábito se adivinaba el cuerpo ágil y musculoso.

La vida del padre Espinoza era tan interesante como la de cual- 30 quier hombre de acción, como la de un conquistador, como la de un capitán de bandidos, como la de un guerrillero. Y un poco de cada uno de ellos parecía tener en su apostura, y no le hubieran sentado mal la armadura del primero, la manta y el caballo fino de boca del segundo y el traje liviano y las armas rápidas del último. Pero, pareciendo y 35 pudiendo ser cada uno de aquellos hombres, era otro muy distinto. Era un hombre sencillo, comprensivo, penetrante, con una fe ardiente y dinámica y un espíritu religioso entusiasta y acogedor, despojado de toda cosa frívola.

Quince años llevaba recorriendo la región araucana. Los indios 40

que habían sido catequizados por el padre Espinoza, adorábanlo. Sonreía al preguntar y al responder. Parecía estar siempre hablando con
almas sencillas como la suya.

Tal era el padre Espinoza, fraile misionero, hombre de una pieza
45 y con toda la barba.

* * * *

Al día siguiente, anunciada ya la semana misionera, una hetero-
génea muchedumbre de catecúmenos llenó el primer patio del convento en que ella se realizaría.

Chilotes, trabajadores del campo y de las industrias, indios, va-
50 gabundos, madereros, se fueron amontonando allí lentamente, en
busca y espera de la palabra evangelizadora de los misioneros. Pobre-
mente vestidos, la mayor parte descalzos o calzados con groseras ojotas, algunos llevando nada más que camiseta y pantalón, sucias y des-
trozadas ambas prendas por el largo uso, rostros embrutecidos por el
55 alcohol y la ignorancia; toda una fauna informe, salida de los bosques
cercanos y de los tugurios de la ciudad.

Los misioneros estaban ya acostumbrados a ese auditorio y no
ignoraban que muchos de aquellos infelices venían, más que en busca
de una verdad, en demanda de su generosidad, pues los religiosos,
60 durante las misiones, acostumbraban repartir comida y ropa a los más
hambrientos y desarrapados.

Todo el día trabajaron los capuchinos. Debajo de los árboles o en
los rincones del patio, se apilaban los hombres, contestando como
podían, o como se les enseñaba, las preguntas inocentes del catecismo:
65 —¿Dónde está Dios?

—En el cielo, en la tierra y en todo lugar —respondían en coro,
con una monotonía desesperante.

El padre Espinoza, que era el que mejor dominaba la lengua indígena, catequizaba a los indios, tarea terrible, capaz de cansar a cual-
70 quier varón fuerte, pues el indio, además de presentar grandes dificultades intelectuales, tiene también dificultades en el lenguaje.

Pero todo fue marchando, y al cabo de tres días, terminado el
aprendizaje de las nociones elementales de la doctrina cristiana, empezaron las confesiones. Con esto disminuyó considerablemente el
75 grupo de catecúmenos, especialmente el de aquellos que ya habían
conseguido ropas o alimentos; pero el número siguió siendo crecido.

A las nueve de la mañana, día de sol fuerte y cielo claro, empezó
el desfile de los penitentes, desde el patio a los confesionarios, en
hilera acompasada y silenciosa.

80 Despachados ya la mayor parte de los fieles, mediada la tarde, el
padre Espinoza, en un momento de descanso, dio unas vueltas alrededor del patio. Y volvía ya hacia su puesto, cuando un hombre lo
detuvo, diciéndole:

—Padre, yo quisiera confesarme con usted.

—¿Conmigo, especialmente? —preguntó el religioso.   85

—Sí, con usted.

—¿Y por qué?

—No sé, tal vez porque usted es el de más edad entre los misioneros, y quizá, por eso mismo, el más bondadoso.

El padre Espinoza sonrió: 90

—Bueno, hijo; si así lo deseas y así lo crees, que así sea. Vamos.

Hizo pasar adelante al hombre y él fue detrás, obervándolo.

El padre Espinoza no se había fijado antes en él. Era un hombre alto; esbelto, nervioso en sus movimientos, moreno, de corta barba negra terminada en punta; los ojos negros y ardientes, la nariz fina, 95 los labios delgados. Hablaba correctamente y sus ropas eran limpias. Llevaba ojotas, como los demás, pero sus pies desnudos aparecían cuidados.

Llegados al confesionario, el hombre se arrodilló ante el padre Espinoza y le dijo: 100

—Le he pedido que me confiese, porque estoy seguro de que usted es un hombre de mucha sabiduría y de gran entendimiento. Yo no tengo grandes pecados; relativamente, soy un hombre de conciencia limpia. Pero tengo en mi corazón y en mi cabeza un secreto terrible, un peso enorme. Necesito que me ayude a deshacerme de él. Créame 105 lo que voy a confiarle y, por favor, se lo pido, no se ría de mí. Varias veces he querido confesarme con otros misioneros, pero apenas han oído mis primeras palabras, me han rechazado como a un loco y se han reído de mí. He sufrido mucho a causa de esto. Ésta será la última tentativa que hago. Si me pasa lo mismo ahora, me convenceré de que 110 no tengo salvación y me abandonaré a mi infierno.

El individuo aquel hablaba nerviosamente, pero con seguridad. Pocas veces el padre Espinoza había oído hablar así a un hombre. La mayoría de los que confesaba en las misiones eran seres vulgares, groseros, sin relieve alguno, que solamente le comunicaban pecados 115 generales, comunes, de grosería o de liviandad, sin interés espiritual. Contestó, poniéndose en el tono con que le hablaban:

—Dime lo que tengas necesidad de decir y yo haré todo lo posible por ayudarte. Confía en mí como en un hermano.

El hombre demoró algunos instantes en empezar su confesión; 120 parecía temer el confesar el gran secreto que decía tener en su corazón.

—Habla.

El hombre palideció y miró fijamente al padre Espinoza. En la oscuridad, sus ojos negros brillaban como los de un preso o como los 125 de un loco. Por fin, bajando la cabeza, dijo, entre dientes:

—Yo he practicado y conozco los secretos de la magia negra.

Al oir estas extraordinarias palabras, el padre Espinoza hizo un movimiento de sorpresa, mirando con curiosidad y temor al hombre; pero el hombre había levantado la cabeza y espiaba la cara del reli- 130

gioso, buscando en ella la impresión que sus palabras producirían. La sorpresa del misionero duró un brevísimo tiempo. Tranquilizóse en seguida. No era la prima vez que escuchaba palabras iguales o parecidas. En ese tiempo los llanos de Osorno y las islas chilotas estaban
135 plagadas de brujos, «machis» y hechiceros. Contestó:

—Hijo mío: no es raro que los sacerdotes que le han oído a usted lo que acaba de decir, lo hayan tomado por loco y rehusado oir más. Nuestra religión condena terminantemente tales prácticas y tales creencias. Yo, como sacerdote, debo decirle que eso es grave pecado;
140 pero, como hombre, le digo que eso es una estupidez y una mentira. No existe tal magia negra, ni hay hombre alguno que pueda hacer algo que esté fuera de las leyes de la naturaleza y de la voluntad divina. Muchos hombres me han confesado lo mismo, pero, emplazados para que pusieran en evidencia su ciencia oculta, resultaron impostores
145 groseros e ignorantes. Solamente un desequilibrado o un tonto puede creer en semejante patraña.

El discurso era fuerte y hubiera bastado para que cualquier hombre de buena fe desistiera de sus propósitos; pero, con gran sorpresa del padre Espinoza, su discurso animó al hombre, que se puso
150 de pie y exclamó con voz contenida:

—¡Yo sólo pido a usted me permita demostrarle lo que le confieso! Demostrándoselo, usted se convencerá y yo estaré salvado. Si yo le propusiera hacer una prueba, ¿aceptaría usted, padre? —preguntó el hombre.

155 —Sé que perdería mi tiempo lamentablemente, pero aceptaría.

—Muy bien —dijo el hombre—. ¿Qué quiere usted que haga?

—Hijo mío, yo ignoro tus habilidades mágicas. Propón tú.

El hombre guardó silencio un momento, reflexionando. Luego dijo:

160 —Pídame usted que le traiga algo que esté lejos, tan lejos que sea imposible ir allá y volver en el plazo de un día o dos. Yo se lo traeré en una hora, sin moverme de aquí.

Una gran sonrisa de incredulidad dilató la fresca boca del fraile Espinoza:

165 —Déjame pensarlo —respondió— y Dios me perdone el pecado y la tontería que cometo.

El religioso tardó mucho rato en encontrar lo que se le proponía. No era tarea fácil hallarlo. Primeramente ubicó en Santiago la residencia de lo que iba a pedir y luego se dio a elegir. Muchas cosas
170 acudieron a su recuerdo y a su imaginación, pero ninguna le servía para el caso. Unas eran demasiado comunes, y otras pueriles y otras muy escondidas, y era necesario elegir una que, siendo casi única, fuera asequible. Recordó y recorrió su lejano convento; anduvo por sus patios, por sus celdas, por sus corredores y por su jardín; pero no
175 encontró nada especial. Pasó después a recordar lugares que conocía

en Santiago. ¿Qué pediría? Y cuando, ya cansado, iba a decidirse por cualquiera de los objetos entrevistos por sus recuerdos, brotó en su memoria, como una flor que era, fresca, pura, con un hermoso color rojo, una rosa del jardín de las monjas Claras.

Una vez, hacía poco tiempo, en un rincón de ese jardín vio un 180 rosal que florecía en rosas de un color único. En ninguna parte había vuelto a ver rosas iguales o parecidas, y no era fácil que las hubiera en Osorno. Además, el hombre aseguraba que traería lo que él pidiera, sin moverse de allí. Tanto daba pedirle una cosa como otra. De todos modos no traería nada. 185

—Mira —dijo al fin—, en el jardín del convento de las monjas Claras de Santiago, plantado junto a la muralla que da hacia la Alameda, hay un rosal que da rosas de un color granate muy lindo. Es el único rosal de ese especie que hay allí. . . Una de esas rosas es lo que quiero que me traigas. 190

El supuesto hechicero no hizo objeción alguna, ni por el sitio en que se hallaba la rosa ni por la distancia a que se encontraba. Preguntó únicamente:

—Encaramándose por la muralla, ¿es fácil tomarla?

—Muy fácil. Estiras el brazo y ya la tienes. 195

—Muy bien. Ahora, dígame: ¿hay en este convento una pieza que tenga una sola puerta?

—Hay muchas.

Lléveme usted a alguna de ellas.

El padre Espinoza se levantó de su asiento. Sonreía. La aventura 200 era ahora un juego extraño y divertido y, en cierto modo, le recordaba los de su infancia. Salió acompañado del hombre y lo guió hacia el segundo patio, en el cual estaban las celdas de los religiosos. Lo llevó a la que él ocupaba. Era una habitación de medianas proporciones, de sólidas paredes; tenía una ventana y una puerta. La ventana estaba 205 asegurada con una gruesa reja de fierro forjado y la puerta tenía una cerradura muy firme. Allí había un lecho, una mesa grande, dos imágenes y un crucifijo, ropas y objetos.

—Entra.

Entró el hombre. Se movía con confianza y desenvoltura; parecía 210 muy seguro de sí mismo.

—¿Te sirve esta pieza?

—Me sirve.

—Tú dirás lo que hay que hacer.

—En primer lugar, ¿qué hora es? 215

—Las tres y media.

El hombre meditó un instante, y dijo luego:

—Me ha pedido usted que le traiga una rosa del jardín de las monjas Claras de Santiago y yo se la voy a traer en el plazo de una hora. Para ello es necesario que yo me quede solo aquí y que usted se 220 vaya, cerrando la puerta con llave y llevándose la llave. No vuelva hasta dentro de una hora justa. A las cuatro y media, cuando usted abra la puerta, yo le entregaré lo que me ha pedido.

El fraile Espinoza asintió en silencio, moviendo la cabeza. Em-
225 pezaba a preocuparse. El juego iba tornándose intersante y misterioso, y la seguridad con que hablaba y obraba aquel hombre le comunicaba a él cierta intimidación respetuosa.

Antes de salir, dio una mirada detenida por toda la pieza. Ce-rrando con llave la puerta, era difícil salir de allí. Y aunque aquel
230 hombre lograra salir, ¿qué conseguiría con ello? No se puede hacer, artificialmente, una rosa cuyo color y forma no se han visto nunca. Y, por otra parte, él rondaría toda esa hora por los alrededores de su celda. Cualquier superchería era imposible.

El hombre, de pie ante la puerta, sonriendo, esperaba que el re-
235 ligioso se retirara.

Salió el padre Espinoza, echó llave a la puerta, se aseguró que quedaba bien cerrada y guardándose la llave en sus bolsillos echó a andar tranquilamente.

Dio una vuelta alrededor del patio, y otra, y otra. Empezaron a
240 transcurrir lentamente los minutos, muy lentamente; nunca habían transcurrido tan lentos los sesenta minutos de una hora. Al principio, el padre Espinoza estaba tranquilo. No sucedería nada. Pasado el tiempo que el hombre fijara[1] como plazo, él abriría la puerta y lo encontraría tal como lo dejara.[1] No tendría en sus manos ni la rosa
245 pedida ni nada que se le pareciera. Pretendería disculparse con algún pretexto fútil, y él, entonces, le largaría un breve discurso, y el asunto terminaría ahí. Estaba seguro. Pero, mientras paseaba, se le ocurrió preguntarse:

—¿Qué estará haciendo?
250 La pregunta lo sobresaltó. Algo estaría haciendo el hombre, algo intentaría. Pero, ¿qué? La inquietud aumentó. ¿Y si el hombre lo hu-biera engañado y fueran otras sus intenciones? Interrumpió su paseo y durante un momento procuró sacar algo en limpio, recordando al hombre y sus palabras. ¿Si se tratara de un loco? Los ojos ardientes
255 y brillantes de aquel hombre, su desenfado un sí es no es[2] inconsciente, sus propósitos. . .

Atravesó lentamente el patio y paseó a lo largo del corredor en que estaba su celda. Pasó varias veces delante de aquella puerta ce-rrada. ¿Qué estaría haciendo el hombre? En una de sus pasadas se
260 detuvo ante la puerta. No se oía nada, ni voces, ni pasos, ningún ruido. Se acercó a la puerta y pegó su oído a la cerradura. El mismo silencio.

[1] fijara *had fixed;* dejara *had left* (the imperfect subjunctive used as pluperfect indicative)
[2] un sí es no es *somewhat*

Prosiguió sus paseos, pero a poco su inquietud y su sobresalto aumentaban. Sus paseos se fueron acortando y, al final, apenas llegaban a cinco o seis pasos de distancia de la puerta. Por fin, se inmovilizó ante ella. Se sentía incapaz de alejarse de allí. Era necesario que esa 265 tensión nerviosa terminara pronto. Si el hombre no hablaba, ni se quejaba, ni andaba, era señal de que no hacía nada y no haciendo nada, nada conseguiría. Se decidió a abrir antes de la hora estipulada. Sorprendería al hombre y su triunfo sería completo. Miró su reloj: faltaban aún veinticinco minutos para las cuatro y media. Antes de abrir 270 pegó nuevamente su oído a la cerradura: ni un rumor. Buscó la llave en sus bolsillos y colocándola en la cerradura la hizo girar sin ruido. La puerta se abrió silenciosamente.

Miró el fraile Espinoza hacia adentro y vio que el hombre no estaba sentado ni estaba de pie: estaba extendido sobre la mesa, con 275 los pies hacia la puerta, inmóvil.

Esa actitud inesperada lo sorprendió. ¿Qué haría el hombre en aquella posición? Avanzó un paso, mirando con curiosidad y temor el cuerpo extendido sobre la mesa. Ni un movimiento. Seguramente su presencia no habría sido advertida; tal vez el hombre dormía; quizá 280 estaba muerto... Avanzó otro paso y entonces vio algo que lo dejó tan inmóvil como aquel cuerpo. El hombre no tenía cabeza.

Pálido, sintiéndose invadido por la angustia, lleno de un sudor helado todo el cuerpo, el padre Espinoza miraba, miraba sin comprender. Hizo un esfuerzo y avanzó hasta colocarse frente a la parte 285 superior del cuerpo del individuo. Miró hacia el suelo, buscando en él la desaparecida cabeza, pero en el suelo no había nada, ni siquiera una mancha de sangre. Se acercó al cercenado cuello. Estaba cortado sin esfuerzo, sin desgarraduras, finamente. Se veían las arterias y los músculos, palpitantes, rojos; los huesos blancos, limpios; la sangre 290 bullía allí, caliente y roja, sin derramarse, retenida por una fuerza desconocida.

El padre Espinoza se irguió. Dio una rápida ojeada a su alrededor, buscando un rastro, un indicio, algo que le dejara adivinar lo que había sucedido. Pero la habitación estaba como él la había dejado al 295 salir; todo en el mismo orden, nada revuelto y nada manchado de sangre.

Miró su reloj. Faltaban solamente diez minutos para las cuatro y media. Era necesario salir. Pero, antes de hacerlo, juzgó que era indispensable dejar allí un testimonio de su estada. Pero, ¿qué? Tuvo 300 una idea; buscó entre sus ropas y sacó de entre ellas un alfiler grande, de cabeza negra, y al pasar junto al cuerpo para dirigirse hacia la puerta lo hundió íntegro en la planta de uno de los pies del hombre.

Luego cerró la puerta con llave y se alejó.

Durante los diez minutos siguientes el religioso se paseó nervio- 305 samente a lo largo del corredor, intranquilo, sobresaltado; no quería dar cuenta a nadie de lo sucedido; esperaría los diez minutos y, trans-

curridos éstos, entraría de nuevo a la celda y si el hombre permanecía
en el mismo estado comunicaría a los demás religiosos lo sucedido.

310   ¿Estaría él soñando o se encontraría bajo el influjo de una alucinación o de una poderosa sugestión? No, no lo estaba. Lo que había
acontecido hasta ese momento era sencillo: un hombre se había sui-
cidado de una manera misteriosa. . . Sí, ¿pero dónde estaba la cabeza
del individuo? Esta pregunta lo desconcertó. ¿Y por qué no había man-
315 chas de sangre? Prefirió no pensar más en ello; después se aclararía
todo.

     Las cuatro y media. Esperó aún cinco minutos más. Quería darle
tiempo al hombre. ¿Pero tiempo para qué, si estaba muerto? No lo
sabía bien, pero en esos momentos casi deseaba que aquel hombre le
320 demostrara su poder mágico. De otra manera, sería tan estúpido, tan
triste todo lo que había pasado. . .

*   *   *   *

     Cuando el fraile Espinoza abrió la puerta, el hombre no estaba
ya extendido sobre la mesa, decapitado, como estaba quince minutos
antes. Parado frente a él, tranquilo, con una fina sonrisa en los labios,
325 le tendía, abierta, la morena mano derecha. En la palma de ella, como
una pequeña y suave llama, había una fresca rosa: la rosa del jardín
de las monjas Claras.

     —¿Es ésta la rosa que usted me pidió?

     El padre Espinoza no contestó; miraba al hombre. Éste estaba un
330 poco pálido y demacrado. Alrededor de su cuello se veía una línea
roja, como una cicatriz reciente.

     —Sin duda el Señor quiere hoy jugar con su siervo —pensó.

     Estiró la mano y cogió la rosa. Era una de las mismas que él
viera[3] florecer en el pequeño jardín del convento santiaguino. El mismo
335 color, la misma forma, el mismo perfume.

     Salieron de la celda, silenciosos, el hombre y el religioso. Éste
llevaba la rosa apretada en su mano y sentía en la piel la frescura de
los pétalos rojos. Estaba recién cortada. Para el fraile habían terminado los pensamientos, las dudas y la angustia. Sólo una gran impre-
340 sión lo dominaba y un sentimiento de confusión y de desaliento inun-
daba su corazón.

     De pronto advirtió que el hombre cojeaba.

     —¿Por qué cojeas? —le preguntó.

     —La rosa estaba apartada de la muralla. Para tomarla, tuve que
345 afirmar un pie en el rosal y, al hacerlo, una espina me hirió el talón.

     El fraile Espinoza lanzó una exclamación de triunfo:

---

[3] viera   *had seen* (see footnote 1 on p. 112)

—¡Ah! ¡Todo es una ilusión! Tú no has ido al jardín de las monjas Claras ni te has pinchado el pie con una espina. Ese dolor que sientes es el producido por un alfiler que yo te clavé en el pie. Levántalo.

El hombre levantó el pie y el sacerdote, tomando de la cabeza el 350 alfiler, se lo sacó.

—¿No ves? No hay ni espina ni rosal. ¡Todo ha sido una ilusión! Pero el hombre contestó:

—Y la rosa que lleva usted en la mano, ¿también es ilusión?

*   *   *   *

Tres días después, terminada la semana misionera, los frailes 355 capuchinos abandonaron Osorno. Seguían su ruta a través de las selvas. Se separaron, abrazándose y besándose. Cada uno tomó por su camino.

El padre Espinoza volvería hacia Valdivia. Pero ya no iba solo. A su lado, montado en un caballo oscuro, silencioso y pálido, iba un 360 hombre alto, nervioso, de ojos negros y brillantes.

Era el hombre de la rosa.

EJERCICIOS

Discusión

1. ¿Qué diferencias hay entre el padre Espinoza y los individuos de las demás órdenes religiosas?
2. Hable de las obras misioneras del padre Espinoza y de sus colegas.
3. ¿Qué es la magia negra? ¿Por qué no se cree ya en la magia negra en el mundo occidental?
4. ¿Qué prueba va a realizar el desconocido? ¿En qué estado encuentra el padre Espinoza al desconocido cuando entra en la celda?
5. ¿Qué es lo que hace el autor para hacer verosímil el cuento? ¿Sería el cuento más verosímil si pasara en una gran ciudad como Buenos Aires?
6. Vuelva usted a contar el cuento desde el punto de vista de:
   a. el hombre de la rosa,   **b.** el padre Espinoza.

Comente en sus propias palabras.

1. El padre Espinoza
2. El auditorio de los misioneros
3. El confesor alto y nervioso
4. La confesión
5. La respuesta del padre Espinoza
6. La demostración y prueba
7. La rosa pedida
8. La puerta cerrada
9. El alfiler
10. Manuel Rojas

Explique el sentido de las siguientes oraciones según su contexto en el cuento.

1. Se destacaba entre los seis frailes el padre Espinoza.
2. Aquellos infelices no venían en busca de una verdad sino en demanda de su generosidad.
3. Padre, yo quisiera confesarme con usted.
4. Necesito que usted me ayude a deshacerme de este secreto.
5. ¡Yo sólo pido a usted me permita demostrarle lo que le confieso!
6. Tanto daba pedirle una cosa como otra.
7. Para ello es necesario que yo me quede solo aquí y que usted se vaya.
8. Al entrar vio que el hombre no estaba sentado ni estaba de pie.
9. No quería dar cuenta a nadie de lo sucedido.

10. ¿Es ésta la rosa que usted me pidió?
11. Al marcharse de Osorno el padre Espinoza ya no iba solo.

Vocabulario

Construya una oración original con cada uno de los siguientes verbos o modismos, de acuerdo con el tratamiento que se les da en el texto. Según sea necesario, úsense como modelos las oraciones del texto en que aparecen.

1. a través de (28–29)
2. dar una vuelta (81)
3. demorar en (120)
4. tranquilizarse (132)
5. preocuparse (225)
6. ante (234)
7. sacar en limpio (253)
8. dar cuenta a (307)

Felipe Trigo
(1865–1915)

Luzbel

Felipe Trigo, nacido en España, médico militar, fue uno de los más populares novelistas de su generación. Además de sus novelas publicó cuentos que son de antología. Sus novelas siguen las tendencias naturalistas que estaban tan de moda entre los escritores de aquella época. Trigo perteneció al grupo de novelistas —Pedro Mata, Alberto Insúa, Eduardo Zamacois y López de Haro— que cultivaron principalmente la novela erótica que les conquistó muchos lectores entre el público poco exigente. Felipe Trigo fue el iniciador y tal vez el escritor de más talento de este grupo, pero por lo general escribió rápidamente sin corregir lo que había escrito y sus obras a menudo sufren de un estilo defectuoso y descuidado. Entre sus muchos secuaces está Pedro Mata, quien cuida escrupulosamente la forma y evita las descripciones groseras.

En las novelas de Felipe Trigo, escribe el crítico español Valbuena Prat, se encuentra «la unión de la sátira apasionada, la energía heroica, y el detallismo chocarrero». En cambio, sus cuentos son más convincentes y más moderados, sin la dominante nota erótica de las novelas, en las que emplea «toda clase de procedimientos, aun exagerados, para defender sus teorías». En sus cuentos Trigo se expresa en un estilo sencillo, directo, sin tergiversaciones. Demuestra honda comprensión de la psicología humana. Es lástima que su nombre, hoy en día, está vinculado casí exclusivamente con la novela erótica.

Las obras más importantes de Felipe Trigo son: *Las ingenuas* (1901), *La altísima* (1906–07), *En la carrera* (1908) y *Las Evas del Paraíso* (1910). Todas estas novelas lo muestran como un novelista francamente pornográfico.

LUZBEL

16

Entre los invitados al estudio de Rangel con motivo de su última obra, estaban Jacinta Júver, una arrogante dama de ojos garzos, muy aficionada a la pintura, casi una artista, y su esposo, el señor La Riva, hombre que, según decía, desde hortera con sabañones, supo caer en marqués con gabán de pieles, sin más que saltarse limpia y oportu- 5 namente el mostrador de un comercio.

Habían desfilado los demás visitantes y quedaban estos dos; intranquilo él porque se le hacía tarde para el Senado, y la bella marquesa ante el lienzo absorta cada vez más, examinándolo a través de sus impertinentes y celebrando los detalles con el pintor en voluble 10 charla. Era un *panneau* decorativo: el arcángel maldito, caído bajo un cielo de tempestad sobre una roca; Luzbel, con la túnica y el cabello rubio azotados por el vendaval, con el codo en la rodilla y la sien en el dorso de la mano, resplandecía aún de divinidad, en la hierática rigidez de su soberbia, como el ascua que en su propia ceniza se va 15 apagando.

Hubo necesidad de explicarle este simbolismo al banquero, que se acercaba nuevamente, después de entretener su impaciencia con estatuas y desnudos. Y como su mujer, con cierta coquetería intelectual delante del artista, le señalaba los grandes aciertos de color y de 20 dibujo, aquellas líneas onduladas de visión de ensueño, y aquellos tonos suaves que velaban la figura con neblinas de lo fantástico, harto La Riva de esuchar, exclamó:

—¡Hermoso! ¡Magnífico!

Añadió con franqueza mientras limpiaba los lentes: 25

—De todos modos . . . ¡yo no entiendo!, pero si es ángel, ¿por qué no ponerle alas?

Jacinta, avergonzada, con una dulce súplica de piedad para el marqués, miraba al pintor sonriendo. Éste, a pesar suyo, tenía en los labios una contracción desdeñosa y compasiva, a cuyo estremeci- 30 miento le faltó poco para romper en esta palabra: «¡Imbécil!» Pero le volvió la espalda, cambiando con la gentil marquesa una mirada que se clavó en el orgullo de La Riva como un florete.

En aquel hombre veía el artista la vulgaridad de que creía él haber salido con vuelo de genio, al pintar un demonio sin rabo, sin 35 cuernos, sin alas de grulla siquiera . . .

Dio La Riva un paso, cogiendo por el brazo al pintor. Hubiérase creído que lo iba a lanzar contra la pared. . . Mas no; ¡brusquedades de hombre de negocio! . . . se sonreía.

—¿Cuánto vale ese lienzo? 40

Rangel respondió altivo:

—Veinte mil pesetas.

—Lo compro. Enviaré por él, y mañana tendrá usted la bondad de almorzar con nosotros para colocarlo.

45 Ya en el coche, rodando hacia el Senado, le decía Jacinta:

—Has estado importunísimo. ¿Para qué hablas de lo que no entiendes?

—¡Oh! —respondía filosóficamente el banquero—. ¡Si no se hablase más que de lo que se entiende bien! ... ¡Bah, los artistas! ¡Sois 50 vanidosos como el mismo Luzbel, hija de mi alma! En fin, ya verás ... Cada cual tiene su vanidad, y ... no había de estar yo sin la mía. Mañana quiero dar a ese geniazo un banquete tan original y espléndido que no lo olvide jamás ...

El almuerzo, en verdad, había sido regio. Los tres solos, en jovial 55 y amena conversación, excitada por la abundancia de los mejores vinos, en aquel gran comedor, confortable, con sus dobles cortinas ante las policromas vidrieras de cristal cuajado, con sus plantas de hojas en abanico entre los muebles, y en medio de cuyo lujo sólido parecía la marquesita una figura de porcelana. Su pelo negro, partido en dos 60 bandas, con sencillez griega, hacía más transparente la blancura «violeta» de su carne; y en su pálido traje heliotropo adivinábase una gallardía de buen gusto brindada al pintor.

Obstinábase en relatar su historia el marqués a los postres, empuñando la panda copa de champaña. Una biografía interesante, em-65 pezada en un chiquillo con almadreñas que salió un día de su puebluco a mirar el mundo, y que, en fuerza de años, de voluntad y de instinto de la vida, realizó con brío su parte de trabajo, colocándose a los cincuenta en blasonado palacio, para poder contemplar desde la altura de su corona de marqués y de su senaduría vitalicia el bien que había 70 hecho. Y distinguía, en efecto, desde allí, aquellas tiendas humildísimas donde enriqueció a los dueños con su laboriosidad honrada; aquel gran comercio suyo más tarde; aquellas locomotoras, luego, corriendo en su país porque él y otros como él habían puesto el dinero; aquellas fábricas que él fundó; aquel ...

75 —¡Siempre francote y un poco tosco, eso sí, pero orgulloso de todos modos! —decía La Riva con una calma y un ritmo que recordaban el paso del buey. Y observando a su mujer y al pintor, distraídos bajo la seducción vaporosa del champaña y de la espiritual cháchara que él había escuchado antes como un extraño, proseguía—: Mas a 80 buen seguro que si no entiendo de esas monadas que compro para adornar mi palacio— (con el ademán parecía incluir como un cuadro o un *bibelot* más a la bella marquesa) —tampoco Rangel sabrá mucho de los negocios ni de los ferrocarriles, en que viaja repantigadamente ... ¡Cada cosa tiene sus méritos ... y sus misterios, que sólo 85 Dios puede conocer en todas!

En seguida dirigióse a un criado que traía el juego para el café:

—No Gaspar. En mi despacho. ¿Has prendido la chimenea?

Salió el criado haciendo un gesto de confidencia, y manifestó el banquero que servían el café en su despacho para que apreciaran la buena colocación que por sí propio había dado a la gran obra de arte. 90

Y derecho invitándoles a salir, mientras su mujer y el pintor se miraban presintiendo alguna nueva necedad artística del hombre de negocios, añadió:

—¡Ah! ¡Se trata de mi hermosa chimenea con arco de roble, tallado por Seriño! 95

Presenciaron un espectáculo extraño en el despacho.

¡Vaya si lo entendía! ¿Qué se figuraban los dos? ... ¿No era un lienzo decorativo? ¿No representaba un diablo más o menos bonito? ... Pues ¡su pensamiento! en ningún sitio mejor que llenando el gran fondo de su chimenea antigua, con el fuego en los mismísimos 100 pies del mal arcángel.

Lo primero que vio Rangel fue su *panneau* llenando el hueco negro de la chimenea. Tocando al lienzo ardían los trozos secos de pino, y las llamas y el humo habían obscurecido la pintura, levantada hasta la rodilla del ángel. 105

La Riva, cruzado de brazos, con una sonrisa de agrado como quien espera un pláceme, contemplaba al pintor, cuyos labios temblaban.

Esta vez se lo dijo el artista:

—¡Imbécil! ¡Imbécil!

Con toda su alma, con toda su rabia, y comprendiendo la situa- 110 ción, salió como un loco.

—¿Qué significa esto? —preguntaba Jacinta irguiéndose frente a su marido.

—Esto significa que le acabo de probar a un infeliz, prácticamente, cómo yo sé hacer las cosas; que si él tiene orgullo de su fantasía 115 para pintar, yo tengo el orgullo de mi talento para hacer dinero, que vale y puede más, porque vale y lo puede todo ... todo ...

Y concluyó, mirando a su mujer hasta la conciencia:[1]

— ... incluso destruir la gloria ... y haberte traído a mi palacio desde la estrechez, ¡no hay que olvidarlo, marquesa consorte de La 120 Riva!

---

[1] hasta la conciencia *to the depths of her soul*

EJERCICIOS

Discusión

1. ¿Cómo es la relación entre la marquesa y Rangel?
2. ¿Cómo es la relación entre el marqués y la marquesa?
3. ¿Cómo precipita el desenlace del cuento la mirada que cambian Rangel y la marquesa?
4. ¿Cómo demuestra el marqués tener gran habilidad?
5. ¿De qué manera es la marquesa responsable de la destrucción de la pintura?
6. ¿Cómo provoca Rangel la enemistad del marqués?
7. ¿Por qué se llama el cuento «Luzbel»?
8. Vuelva usted a contar el cuento desde el punto de vista de:
   a. La Riva, **b.** Rangel, **c.** la marquesa, **d.** Luzbel.

Comente en sus propias palabras.
1. El estudio de Rangel
2. La marquesa
3. El señor La Riva
4. La obra de arte
5. El banquete
6. En el despacho del señor La Riva
7. El talento del señor La Riva
8. Felipe Trigo

Explique el sentido de las siguientes oraciones según su contexto en el cuento.
1. La bella marquesa quedaba ante el lienzo absorta cada vez más.
2. Hubo necesidad de explicarle este simbolismo al banquero.
3. ¿Cuánto vale ese lienzo?
4. Quiero darle un banquete tan original que no lo olvide jamás.
5. El marqués se obstinaba en relatar su historia.
6. Sirve el café en mi despacho, Gaspar. ¿Has prendido la chimenea?
7. Presenciaron un espectáculo extraño en el despacho.
8. El artista salió como un loco.
9. El dinero vale y puede más que la pintura.
10. ¡No hay que olvidarlo, marquesa consorte de La Riva!

Vocabulario

Construya una oración original con cada uno de los siguientes verbos o modismos, de acuerdo con el tratamiento que se les da en el texto. Según sea necesario, úsense como modelos las oraciones del texto en que aparecen.

1. con motivo de (1)
2. cada vez más (9)
3. a pesar suyo (29)
4. en fuerza de (66)
5. derecho (91)
6. acabar de (114)

122

Augusto D'Halmar
(1882–1950)

En provincia

Augusto D'Halmar fue el seudónimo de Augusto Goeminne Thomson, uno de los más destacados prosistas chilenos de la primera mitad de este siglo. Se inspiró en las obras de los grandes novelistas rusos. En efecto, D'Halmar y algunos amigos fundaron una colonia tolstoyana, tal fue su admiración por el gran filósofo y novelista ruso. Escribe el crítico chileno Fernando Alegría: «En el turbulento cristianismo de Dostoiewsky, en la pasión de Tolstoy y la devoción revolucionaria de Gorki, aprenden (estos chilenos) una lección de grandeza espiritual, de autenticidad regionalista y de apostolado social. . . . La literatura rusa empieza a estampar su sello en la nuestra; deposita una semilla que ya no cesará de florecer, manteniéndose viva aún bajo el influjo de variadas modas y escuelas que no lograrán sofocar su poder de inspiración». La colonia duró algunos meses, y luego se desintegró debido a las inevitables debilidades humanas de sus fundadores.

En 1907 D'Halmar ingresó al servicio consular de su país: se marchó a Calcuta y, dos años después, a Eten, en el Perú. Hay reflejos de esos años en dos de sus obras: *Nirvana* y *La sombra del humo en el espejo*. La novela corta *Gatita*, incluida en la segunda obra, es un bosquejo de su monótona vida en tierras peruanas. «Después de abandonar el servicio consular y tras breve permanencia en Chile, partió a Europa; vivió en París, y la guerra mundial de 1914 le llevó a Madrid, donde permaneció los mejores años de su vida literaria».

En 1942 D'Halmar recibió el Premio Nacional de Literatura. El cuento «En provincia», que reproducimos en esta antología, fue premiado por la revista madrileña *Estampa*. D'Halmar, además de ser rey de brumas y hechicero maestro de filtros fantasmagóricos, fue también el mayor exponente de un realismo que pudiéramos llamar alegórico. El conjunto de la obra literaria de D'Halmar representa un elemento exótico y único en el desarrollo de la literatura chilena.

La vie est vaine:
un peu d'amour
un peu de haine
et puis, «bonjour».

5 La vie est brève:
un peu d'espoir,
un peu de rêve,
y puis, «bonsoir».[1]

Tengo cincuenta y seis años y hace cuarenta que llevo la pluma
10 tras la oreja; pues bien, nunca supuse que pudiera servirme para algo
que no fuese consignar partidas en el «Libro Diario» o transcribir
cartas con encabezamiento inamovible:

«En contestación a su grata, fecha . . . del presente, tengo el gusto
de comunicarle . . .»

15 Y es que salido de mi pueblo a los diez y seis años, después de la
muerte de mi madre, sin dejar afecciones tras de mí, viviendo desde
entonces en este medio provinciano, donde todos nos entendemos ver-
balmente, no he tenido para qué escribir.

A veces lo hubiera deseado; me hubiera complacido que alguien,
20 en el vasto mundo, recibiese mis confidencias; pero ¿quién?

En cuanto a desahogarme con cualquiera, sería ridículo. La gente
se forma una idea de uno y le duele modificarla.

Yo soy, ante todo, un hombre gordo y calvo, y un empleado de
comercio: Borja Guzmán, tenedor de libros del «Emporio Delfín».

25 ¡Buena la haría saliendo ahora con revelaciones sentimentales!

A cada cual se asigna, o escoge cada cual, su papel en la farsa,
pero preciso es sostenerlo hasta la postre.

Debí casarme y dejé de hacerlo ¿por qué? No por falta de inclinaciones, pues aquello mismo de que no hubiera disfrutado de mi
30 hogar a mis anchas, hacía que soñase con formarlo. ¿Por qué entonces? ¡La vida! ¡Ah, la vida!

El viejo Delfín me mantuvo un honorario que el heredero mejoró,
pero que fue reducido apenas cambió la casa de dueño.

Tres he tenido, y ni varió mi situación ni mejoré de suerte.

35 En tales condiciones se hace difícil el ahorro, sobre todo si no se
sacrifica el estómago. El cerebro, los brazos, el corazón, todo trabaja

---

[1] "Life is a sham: a little love, a little hate, and then, 'good day.' Life is short:
a little hope, a little dream, and then 'good night'." This French folk poem
appeared in the early editions of "En provincia."

para él: se descuida Smiles y cuando quisiera establecerse ya no hay modo de hacerlo.[2]

¿Es lo que me ha dejado soltero? Sí, hasta los treinta y un años, que de ahí en adelante no se cuenta.

Un suceso vino a clausurar a esa edad mi pasado, mi presente y mi porvenir, y ya no fui, ya no soy sino un muerto que hojea su vida.

Aparte de esto he tenido poco tiempo de aburrirme. Por la mañana, a las nueve, se abre el almacén; interrumpe su movimiento para el almuerzo y la comida, y al toque de retreta se cierra.

Desde esa hasta esta hora, permanezco en mi piso giratorio con los pies en el tranvesaño más alto y sobre el bufete los codos forrados en percalina; después de guardar los libros y apagar la lámpara que me corresponde, cruzo la plazoleta y, a una vuelta de llave, se franquea para mí una puerta: estoy en «mi casa».

Camino a tientas, cerca de la cómoda hago luz; allí, a la derecha, se halla siempre la bujía.

Lo primero que veo es una fotografía, sobre el papel celeste de la habitación; después, la mancha blanca del lecho, mi pobre lecho, que nunca sabe disponer Verónica, y que cada noche acondiciono de nuevo. Una cortina de cretona oculta la ventana que cae a la plaza.

Si no hace demasiado sueño, saco mi flauta de su estuche y ajusto sus piezas con vendajes y ligaduras.

Vieja, casi tanto como yo, el tubo malo, flojas las llaves, no regulariza ya sus suspiros, y a lo mejor deja una nota que cruza el espacio, y yo formulo un deseo invariable.

En tantos años se han desprendido muchas y mi deseo no se cumple.

Toco, toco. Son dos o tres motivos melancólicos. Tal vez supe más y pude aprender otros; pero éstos eran los que ella perfería, hace un cuarto de siglo, y con ellos me he quedado.

Toco, toco. Al pie de la ventana, un grillo, que se siente estimulado, se afina interminablemente. Los perros ladran a los ruidos y a las sombras. El reloj de una iglesia da una hora. En las casas menos austeras cubren los fuegos, y hasta el viento que transita por las calles desiertas pretende apagar el alumbrado público.

Entonces, si penetra una mariposa a mi habitación, abandono la música y acudo para impedir que se precipite sobre la llama. ¿No es el deber de la experiencia?

Además, comenzaba a fatigarme. Es preciso soplar con fuerza

---

[2] se descuida Smiles . . . modo de hacerlo   *one ignores Smiles (i.e., thrift) and when one wants to settle down, there is no longer any way to do it*
   Samuel Smiles (1812–1904), Scottish writer of popular works on how to save money. Widely read in Spanish-speaking countries were Thrift (El ahorro) *and* Self-Help (Ayúdate).

para que la inválida flauta responda, y con mi volumen excesivo yo quedo jadeante.

Cierro, pues, la ventana; me desvisto, y en gorro y zapatillas, con la palmatoria en la mano, doy, antes de meterme en la cama, una
80 última ojeada al retrato.

El rostro de Pedro es acariciador; pero en los ojos de ella hay tal altivez, que me obliga a separar los míos. Cuatro lustros han pasado y se me figura verla así; así me miraba.

Ésta es mi existencia, desde hace veinte años. Me han bastado,
85 para llenarla, un retrato y algunos aires antiguos; pero está visto que, conforme envejecemos, nos tornamos exigentes. Ya no me basta y recurro a la pluma.

Si alguien lo supiera. Si sorprendiese alguien mis memorias, la novela triste de un hombre alegre, «don Borja», «el del Emporio del
90 Delfín». ¡Si fuesen leídas! . . . ¡Pero no! Manuscritos como éste, que vienen en reemplazo del confidente que no se ha tenido, desaparecen con su autor.

Él los destruye antes de embarcarse, y algo debe prevenirnos cuándo. De otro modo no se comprende que, en un momento dado, no
95 más particular que cualquiera, menos tal vez que muchos momentos anteriores, el hombre se deshaga de aquel «algo» comprometedor, pero querido, que todos ocultamos, y, al hacerlo, ni sufra ni tema arrepentirse. Es como el pasaje, que, una vez tomado, nadie posterga su viaje.

O será que partimos precisamente porque ya nada nos detiene.
100 Las últimas amarras han caído . . . ¡el barco zarpa!

Fue, como dije, hace veinte años; más, veinticinco, pues ello empezó cinco años antes. Yo no podía llamarme ya un joven y ya estaba calvo y bastante grueso; lo he sido siempre; las penas no hacen sino espesar mi tejido adiposo.

105 Había fallecido mi primer patrón, y el emporio pasó a manos de su sobrino, que habitaba en la capital; pero nada sabía yo de él, ni siquiera le había visto nunca, pero no tardé en conocerle a fondo: duro y atrabiliario con sus dependientes, con su mujer se conducía como un perfecto enamorado, y cuéntese con que su unión databa de diez
110 años. ¡Cómo parecían amarse, santo Dios!

También conocí sus penas, aunque a simple vista pudiera creérseles felices. A él le minaba el deseo de tener un hijo, y, aunque lo mantuviera secreto, algo había llegado a sospechar ella. A veces solía preguntarle: «¿Qué echas de menos?», y él le cubría la boca de besos.
115 Pero ésta no era una respuesta. ¿No es cierto?

Me habían admitido en su intimidad desde que conocieron mis aficiones filarmónicas. «Debimos adivinarlo: tiene pulmones a propósito». Tal fue el elogio que le hizo de mí su mujer en nuestra primera velada.

120 ¡Nuestra primera velada! ¿Cómo acerté delante de aquellos señores de la capital, yo que tocaba de oído y que no había tenido otro

maestro que un músico de la banda? Ejecuté, me acuerdo, «El ensueño», que esta noche acabo de repasar, «Lamentaciones de una joven», y «La golondrina y el prisionero», y sólo reparé en la belleza de la principala, que descendió hasta mí para felicitarme. 125

De allí dató la costumbre de reunirnos, apenas se cerraba el almacén, en la salita del piso bajo, la misma donde ahora se ve luz, pero que está ocupada por otra gente.

Pasábamos algunas horas embebidos en nuestro corto repertorio, que ella no me había permitido variar en lo más mínimo, y que llegó 130 a conocer tan bien que cualquiera nota falsa la impacientaba.

Otras veces me seguía tarareando, y, por bajo que lo hiciera, se adivinaba en su garganta una voz cuya extensión ignoraría ella misma. ¿Por qué, a pesar de mis instancias, no consintió en cantar?

¡Ah! Yo no ejercía sobre ella la menor influencia; por el contrario, 135 a tal punto me imponía, que aunque muchas veces quise que charlásemos, nunca me atreví. ¿No me admitía en su sociedad para oírme? ¡Era preciso tocar!

En los primeros tiempos, el marido asistió a los conciertos y, al arrullo de la música, se adormecía; pero acabó por dispensarse de 140 ceremonias y siempre que estaba fatigado nos dejaba y se iba a su lecho.

Algunas veces concurría uno que otro vecino, pero la cosa no debía parecerles divertida y con más frecuencia quedábamos solos.

Así fue como una noche que me preparaba a pasar de un motivo 145 a otro, Clara (se llamaba Clara) me detuvo con una pregunta a quemarropa:

—Borja, ¿ha notado usted su tristeza?

—¿De quién?, ¿del patrón? —pregunté, bajando también la voz—. Parece preocupado, pero . . . 150

—¿No es cierto? —dijo, clavándome sus ojos afiebrados.

Y como si hablara consigo:

—Le roe el corazón y no puede quitárselo. ¡Ah, Dios mío!

Me quedé perplejo y debí haber permanecido mucho tiempo perplejo, hasta que su acento imperativo me sacudió: 155

—¿Qué hace usted así? ¡Toque, pues!

Desde entonces pareció más preocupada y como disgustada de mí. Se instalaba muy lejos, en la sombra, tal como si yo le causara un profundo desagrado; me hacía callar para seguir mejor sus pensamientos y, al volver a la realidad, como hallase la muda sumisión de 160 mis ojos a la espera de un mandato suyo, se irritaba sin causa.

—¿Qué hace usted así? ¡Toque, pues!

Otras veces me acusaba de apocado, estimulándome a que le confiara mi pasado y mis aventuras galantes; según ella, yo no podía haber sido eternamente razonable, y alababa con ironía mi «reserva», o se 165 retorcía en un acceso de incontenible hilaridad: «San Borja, tímido y discreto».

Bajo el fulgor ardiente de sus ojos, yo me sentía enrojecer más y más, por lo mismo que no perdía la conciencia de mi ridículo; en todos
170 los momentos de mi vida, mi calvicie y mi obesidad me han privado de la necesaria presencia de espíritu, ¡y quién sabe si no son la causa de mi fracaso!

Transcurrió un año, durante el cual sólo viví por las noches.

Cuando lo recuerdo, me parece que la una se anudaba a la otra,
175 sin que fuera posible el tiempo que las separaba, a pesar de que, en aquel entonces, debe de habérseme hecho eterno.

... Un año breve como una larga noche.

Llego a la parte culminante de mi vida. ¿Cómo relatarla para que pueda creerla yo mismo? ¡Es tan inexplicable, tan absurdo, tan ines-
180 perado!

Cierta ocasión en que estábamos solos, suspendido en mi música por un ademán suyo, me dedicaba a adorarla, creyéndola abstraída, cuando de pronto la vi dar un salto y apagar la luz.

Instintivamente me puse de pie, pero en la obscuridad sentí dos
185 brazos que se enlazaban a mi cuello y el aliento entrecortado de una boca que buscaba la mía.

Salí tambaléandome. Ya en mi cuarto, abrí la ventana y en ella pasé la noche. Todo el aire me era insuficiente. El corazón quería salirse del pecho, lo sentía en la garganta, ahogándome; ¡qué noche!
190 Esperé la siguiente con miedo. Creíame juguete de un sueño. El amo me reprendió un descuido, y, aunque lo hizo delante del personal, no sentí ira ni vergüenza.

En la noche él asistió a nuestra velada. Ella parecía profundamente abatida.
195 Y pasó otro día sin que pudiéramos hallarnos solos; al tercero ocurrió, me precipité a sus plantas para cubrir sus manos de besos y lágrimas de gratitud, pero, altiva y desdeñosa, me rechazó, y con su tono más frío, me rogó que tocase.

¡No, yo debí haber soñado mi dicha! ¿Creeréis que nunca, nunca
200 más volví a rozar con mis labios ni el extremo de sus dedos? La vez que, loco de pasión, quise hacer valer mis derechos de amante, me ordenó salir en voz tan alta, que temí que hubiese despertado al amo, que dormía en el piso superior.

¡Qué martirio! Caminaron los meses, y la melancolía de Clara
205 parecía disiparse, pero no su enojo. ¿En qué podía haberla ofendido yo?

Hasta que, por fin, una noche en que atravesaba la plaza con mi estuche bajo el brazo, el marido en persona me cerró el paso. Parecía extraordinariamente agitado, y mientras hablaba mantuvo su mano
210 sobre mi hombro con una familiaridad inquietante.

—¡Nada de músicas! —me dijo—. La señora no tiene propicios los nervios, y hay que empezar a respetarle este y otros caprichos.

Yo no comprendía.

—Sí, hombre. Venga usted al casino conmigo y brindaremos a la salud del futuro patroncito. 215

Nació. Desde mi bufete, entre los gritos de la parturienta, escuché su primer vagido, tan débil. ¡Cómo me palpitaba el corazón! ¡Mi hijo! Porque era mío ¡No necesitaba ella_decírmelo! ¡Mío! ¡Mío!

Yo, el solterón solitario, el hombre que no había conocido nunca una familia, a quien nadie dispensaba sus favores sino por dinero, 220 tenía ahora un hijo, ¡el de la mujer amada!

¿Por qué no morí cuando él nacía? Sobre el tapete verde de mi escritorio rompí a sollozar tan fuerte, que la pantalla de la lámpara vibraba y alguien que vino a consultarme algo se retiró en puntillas.

Sólo un mes después fui llevado a presencia del heredero. Le tenía 225 en sus rodillas su madre, convaleciente, y le mecía amorosamente.

Me incliné, conmovido por la angustia, y, temblando, con la punta de los dedos alcé la gasa que lo cubría y pude verle; hubiese querido gritar: ¡hijo! pero, al levantar los ojos, encontré la mirada de Clara, tranquila, casi irónica. 230

«¡Cuidado!», me advertía.

Y en voz alta:

—No lo vaya usted a despertar.

Su marido, que me acompañaba, la besó tras la oreja delicadamente. 235

—Mucho has debido sufrir, ¡mi pobre enferma!

—¡No lo sabes bien! —repuso ella—; mas, ¡qué importa si te hice feliz!

Y ya sin descanso, estuve sometido a la horrible expiación de que aquel hombre llama «su» hijo al mío, a «mi» hijo. 240

¡Imbécil! Tentado estuve mil veces de gritarle la verdad, de hacerle conocer mi superioridad sobre él, tan orgulloso y confiado; pero ¿y las consecuencias, sobre todo para el inocente?

Callé, y en silencio me dediqué a amar con todas las fuerzas de mi alma a aquella criatura, mi carne y mi sangre, que aprendería a 245 llamar padre a un extraño.

Entretanto, la conducta de Clara se hacía cada vez más obscura. Las escenas musicales, para qué decirlo, no volvieron a verificarse, y, con cualquier pretexto, ni siquiera me recibió en su casa las veces que fui. 250

Parecía obedecer a una resolución inquebrantable y hube de contentarme con ver a mi hijo cuando la niñera lo paseaba en la plaza.

Entonces los dos, el marido y yo, le seguíamos desde la ventana de la oficina, y nuestras miradas, húmedas y gozosas, se encontraban y se entendían. 255

Pero andando esos tres años memorables, y a medida que el niño iba creciendo, me fue más fácil verlo, pues el amo, cada vez más chocho, lo llevaba al almacén y lo retenía a su lado hasta que venían en su busca.

260 Y en su busca vino Clara una mañana que yo lo tenía en brazos; nunca he visto un arrebato semejante. ¡Como leona que recobra su cachorro! Lo que me dijo más bien me lo escupía al rostro.

—¿Por qué lo besa usted de ese modo? ¿Qué pretende usted, canalla?

265 A mi entender, estos temores sobrepujaban a los otros, y para no exasperarme demasiado, dejaba que se me acercase; pero otras veces lo acaparaba, como si yo pudiese hacerle algún daño.

¡Mujer enigmática! Jamás he comprendido qué fui para ella: ¡capricho, juguete o instrumento!

270 Así las cosas, de la noche a la mañana llegó un extranjero, y medio día pasamos revisando libros y facturas.

A la hora del almuerzo el patrón me comunicó que acababa de firmar una escritura por la cual transfería el almacén; que estaba harto de negocios y de vida provinciana, y probablemente volvería con su 275 familia a la capital.

¿Para qué narrar las dolorosísimas presiones de esos últimos años de mi vida? Hará por enero veinte años y todavía me trastorna recordarlos.

¡Dios mío! ¡Se iba cuanto yo había amado! ¡Un extraño se lo 280 llevaba lejos para gozar de ello en paz! ¡Me despojaba de todo lo mío!

Ante esa idea tuve en los labios la confesión del adulterio. ¡Oh! ¡Destruir siquiera aquella feliz ignorancia en que viviría y moriría el ladrón! ¡Dios me perdone!

Se fueron. La última noche, por un capricho final, aquella que 285 mató mi vida, pero que también le dio por un momento una intensidad a que yo no tenía derecho, aquella mujer me hizo tocarle las tres piezas favoritas, y al concluir, me premió permitiéndome que besara a mi hijo.

Si la sugestión existe, en su alma debe de haber conservado la 290 huella de aquel beso.

¡Se fueron! Ya en la estacioncita, donde acudí a despedirlos, él me entregó un pequeño paquete diciendo que la noche anterior se le había olvidado.

—Un recuerdo —me repitió— para que piense en nosotros.

295 —¿Dónde les escribo? —grité cuando ya el tren se ponía en movimiento, y él, desde la plataforma del tren:

—No sé. ¡Mandaremos la dirección!

Parecía una consigna de reserva. En la ventanilla vi a mi hijo, con la nariz aplastada contra el cristal. Detrás, su madre, de pie, grave, 300 la vista perdida en el vacío.

Me volví al almacén, que continuaba bajo la razón social, sin ningún cambio aparente, y oculté el paquete, pero no lo abrí hasta la noche, en mi cuarto solitario.

Era una fotografía.

La misma que hoy me acompaña; un retrato de Clara con su hijo ₃₀₅ en el regazo, apretado contra su seno, como para ocultarlo o defenderlo.

Y tan bien lo ha secuestrado a mi ternura, que en veinte años, ni una sola vez he sabido de él; ¡probablemente no volveré a verlo en este mundo de Dios!

Si vive, debe ser un hombre ya. ¿Es feliz? Tal vez a mi lado su porvenir habría sido estrecho. Se llama Pedro . . . Pedro y el apellido del otro.

Cada noche tomo el retrato, lo beso y en el reverso leo la dedicatoria que escribieron por el niño.

«Pedro, a su amigo Borja».

—¡Su amigo Borja! . . . ¡Pedro se irá de la vida sin saber que haya existido tal amigo!

EJERCICIOS

Discusión

1. ¿Cómo es Borja Guzmán?
    a. ¿Cómo es Clara? **b.** ¿Cómo es su marido?
2. ¿Tiene Borja la culpa de haber vivido su vida de la manera como lo ha hecho?
3. Describa los conciertos que tenían lugar en la casa del patrón.
4. ¿Ama Clara a su marido?
    a. ¿Es feliz ella en su matrimonio? **b.** ¿Ama Borja a Clara? **c.** ¿Le corresponde ella?
5. ¿En qué se parecen Clara y Borja?
6. Vuelva usted a contar el cuento desde el punto de vista de:
    a. Clara, **b.** su marido, **c.** Pedro.

Comente en sus propias palabras.

1. El tenedor de libros
2. La flauta
3. El sobrino del patrón
4. Clara
5. La música repetida
6. Aquella noche inesperada
7. Las consecuencias
8. La separación de la familia
9. El recuerdo
10. Augusto D'Halmar

Explique el sentido de las siguientes oraciónes según su contexto en el cuento.

1. Yo soy, ante todo, un hombre gordo y calvo.
2. En tales condiciones se hace difícil el ahorro.
3. A lo mejor la nota no sale.
4. No tardé en conocer a fondo al sobrino.
5. ¡Cómo parecían amarse!
6. De pronto la vi dar un salto y apagar la luz.
7. ¿En qué podía haberla ofendido yo?
8. ¡Se iba cuanto yo había amado!
9. Un recuerdo para que piense en nosotros.
10. ¡Pedro se irá de la vida sin saber que haya existido tal amigo!

Vocabulario

Construya una oración original con cada uno de los siguientes verbos o modismos, de acuerdo con el tratamiento que se les da en el texto. Según sea necesario, úsense como modelos las oraciones del texto en que aparecen.

1. dolerle a alguien (22)
2. dejar de (28)
3. a sus anchas (30)
4. de ahí en adelante (40)
5. caminar a tientas (51)
6. a lo mejor (60)
7. echar de menos (114)
8. a pesar de (134)

Manuel Rojas

(1896–1973)*

EL VASO DE LECHE   *18*

Afirmado en la barandilla de estribor, el marinero parecía esperar a alguien. Tenía en la mano izquierda un envoltorio de papel blanco, manchado de grasa en varias partes. Con la otra mano atendía la pipa.

Entre unos vagones apareció un joven delgado; se detuvo un instante, miró hacia el mar y avanzó después, caminando por la orilla del 5
muelle con las manos en los bolsillos, distraído o pensando.

Cuando pasó frente al barco, el marinero le gritó en inglés:

—I say; look here! (Oiga, mire.)

El joven levantó la cabeza y, sin detenerse, contestó en el mismo idioma: 10

—Hallow! What? (¡Hola! ¿Qué?)

—Are you hungry? (¿Tiene hambre?)

Hubo un breve silencio, durante el cual el joven pareció reflexionar y hasta dio un paso más corto que los demás, como para detenerse; pero al fin dijo, mientras dirigía al marinero una sonrisa triste: 15

—No, I am not hungry. Thank you, sailor. (No, no tengo hambre. Muchas gracias, marinero.)

—Very well. (Muy bien.)

Sacóse la pipa de la boca el marinero, escupió y colocándosela de nuevo entre los labios, miró hacia otro lado. El joven, avergonzado 20
de que su aspecto despertara sentimientos de caridad, pareció apresurar el paso, como temiendo arrepentirse de su negativa.

Un instante después, un magnífico vagabundo, vestido inverosímilmente de harapos, grandes zapatos rotos, larga barba rubia y ojos azules, pasó ante el marinero, y éste sin llamarlo previamente le gritó: 25

—Are you hungry?

No había terminado aún su pregunta, cuando el atorrante, mirando con ojos brillantes el paquete que el marinero tenía en las manos, contestó apresuradamente:

—Yes, sir, I am very hungry! (Sí, señor tengo harta hambre.) 30

Sonrió el marinero. El paquete voló en el aire, fue a caer entre las manos ávidas del hambriento. Ni siquiera dio las gracias y abriendo el envoltorio calientito aún, sentóse en el suelo, restregándose las manos alegremente al contemplar su contenido. Un atorrante de puerto puede no saber inglés, pero nunca se perdonaría no saber el suficiente 35
como para pedir de comer a uno que hable ese idioma.

---

* Véase la nota biográfica para «El hombre de la rosa».

El joven que pasara momentos antes, parado a corta distancia de allí, presenció la escena.

Él también tenía hambre. Hacía tres días justos que no comía, 40 tres largos días. Y más por timidez y vergüenza que por orgullo, se resistía a pararse delante de las escalas de los vapores, a las horas de comida, esperando de la generosidad de los marineros algún paquete que contuviera restos de guisos y trozos de carne. No podía hacerlo, no podría hacerlo nunca. Y cuando, como en el caso reciente, alguno 45 le ofrecía sus sobras las rechazaba heroicamente, sintiendo que la negativa aumentaba su hambre.

Seis días hacía que vagaba por las callejuelas y muelles de aquel puerto. Lo había dejado allí un vapor inglés procedente de Punta Arenas, puerto en donde había desertado de un vapor en que servía como 50 muchacho de capitán. Estuvo un mes allí, ayudando en sus ocupaciones a un austríaco pescador de centollas, y en el primer barco que pasó hacia el norte embarcose ocultamente.

Lo descubrieron al día siguiente de zarpar y enviáronlo a trabajar en las calderas. En el primer puerto grande que tocó el vapor lo des-55 embarcaron, y allí quedó, como un fardo sin dirección ni destinatario, sin conocer a nadie, sin un centavo en los bolsillos y sin saber trabajar en oficio alguno.

Mientras estuvo allí el vapor, pudo comer, pero después... La ciudad enorme, que se alzaba más allá de las callejuelas llenas de 60 tabernas y posadas pobres, no le atraía; parecíale un lugar de esclavitud, sin aire, oscura, sin esa grandeza amplia del mar, y entre cuyas altas paredes y calles rectas la gente vive y muere aturdida por un tráfago angustioso.

Estaba poseído por la obsesión del mar, que tuerce las vidas más 65 lisas y definidas como un brazo poderoso una delgada varilla. Aunque era muy joven había hecho varios viajes por las costas de América del Sur, en diversos vapores, desempeñando distintos trabajos y faenas, faenas y trabajos que en tierra casi no tenían aplicación.

Después que se fue el vapor, anduvo y anduvo esperando del azar 70 algo que le permitiera vivir de algún modo mientras tornaba a sus canchas familiares; pero no encontró nada. El puerto tenía poco movimiento y en los contados vapores en que se trabajaba no le aceptaron.

Ambulaban por allí infinidad de vagabundos de profesión; marineros sin contrata, como él, desertados de un vapor o prófugos de 75 algún delito; atorrantes abandonados al ocio, que se mantienen de no se sabe qué, mendigando o robando, pasando los días como las cuentas de un rosario mugriento, esperando quién sabe qué extraños acontecimientos, o no esperando nada, individuos de las razas y pueblos más exóticos y extraños, aun de aquellos en cuya existencia no se cree hasta 80 no haber visto un ejemplar vivo.

* * * *

Al día siguiente, convencido de que no podría resistir mucho más, decidió recurrir a cualquier medio para procurarse alimentos.

Caminando, fue a dar delante de un vapor que había llegado la noche anterior y que cargaba trigo. Una hilera de hombres marchaba, dando la vuelta, al hombro los pesados sacos, desde los vagones, atra- 85 vesando una planchada, hasta la escotilla de la bodega, donde los estibadores recibían la carga.

Estuvo un rato mirando hasta que atreviose a hablar con el capataz, ofreciéndose. Fue aceptado y animosamente formó parte de la larga fila de cargadores. 90

Durante el primer tiempo de la jornada trabajó bien; pero después empezó a sentirse fatigado y le vinieron vahídos, vacilando en la planchada cuando marchaba con la carga al hombro, viendo a sus pies la abertura formada por el costado del vapor y el murallón del muelle, en el fondo de la cual, el mar, manchado de aceite y cubierto de des- 95 perdicios, glogloteaba sordamente.

A la hora de almorzar hubo un breve descanso y en tanto que algunos fueron a comer en los figones cercanos y otros comían lo que habían llevado, él se tendió en el suelo a descansar, disimulando su hambre. 100

Terminó la jornada completamente agotado, cubierto de sudor, reducido ya a lo último. Mientras los trabajadores se retiraban, se sentó en unas bolsas acechando al capataz, y cuando se hubo marchado el último acercóse a él y confuso y titubeante, aunque sin contarle lo que le sucedía, le preguntó si podían pagarle inmediatamente 105 o si era posible conseguir un adelanto a cuenta de lo ganado.

Contestóle el capataz que la costumbre era pagar al final del trabajo y que todavía sería necesario trabajar el día siguiente para concluir de cargar el vapor. ¡Un día más! Por otro lado, no adelantaban un centavo. 110

—Pero —le dijo— si usted necesita, yo podría prestarle unos cuarenta centavos. . . No tengo más.

Le agredeció el ofrecimiento con una sonrisa angustiosa y se fue.

Le acometió entonces una desesperación aguda. ¡Tenía hambre, hambre, hambre! Un hambre que lo doblegaba como un latigazo; veía 115 todo a través de una niebla azul y al andar vacilaba como un borracho. Sin embargo, no habría podido quejarse ni gritar, pues su sufrimiento era oscuro y fatigante; no era dolor, sino angustia sorda, acabamiento; le parecía que estaba aplastado por un gran peso.

Sintió de pronto como una quemadura en las entrañas, y se de- 120 tuvo. Se fue inclinando, inclinando, doblándose forzadamente como una barra de hierro, y creyó que iba a caer. En ese instante, como si una ventana se hubiera abierto ante él, vio su casa, el paisaje que se veía desde ella, el rostro de su madre y el de sus hermanos, todo lo que él quería y amaba apareció y desapareció ante sus ojos cerrados 125 por la fatiga. . . Después, poco a poco, cesó el desvanecimiento y se fue enderezando, mientras la quemadura se enfriaba despacio. Por fin se irguió, respirando profundamente. Una hora más y caería al suelo.

130 Apuró el paso, como huyendo de un nuevo mareo, y mientras marchaba resolvió ir a comer a cualquier parte, sin pagar, dispuesto a que lo avergonzaran, a que le pegaran, a que lo mandaran preso, a todo; lo importante era comer, comer, comer. Cien veces repitió mentalmente esta palabra: comer, comer, comer, hasta que el vocablo perdió su sentido, dejándole una impresión de vacío caliente en la cabeza.

135 No pensaba huir; le diría al dueño: «Señor, tenía hambre, hambre, hambre, y no tengo con qué pagar. . . Haga lo que quiera».

Llegó hasta las primeras calles de la ciudad y en una de ellas encontró una lechería. Era un negocito muy claro y limpio, lleno de mesitas con cubiertas de mármol. Detrás de un mostrador estaba de 140 pie una señora rubia con un delantal blanquísimo.

Eligió ese negocio. La calle era poco transitada. Habría podido comer en uno de los figones que estaban junto al muelle, pero se encontraban llenos de gente que jugaba y bebía.

En la lechería no había sino un cliente. Era un vejete de anteojos, 145 que con la nariz metida entre las hojas de un periódico, leyendo, permanecía inmóvil, como pegado a la silla. Sobre la mesita había un vaso de leche a medio consumir.

Esperó que se retirara, paseando por la acera, sintiendo que poco a poco se le encendía en el estómago la quemadura de antes, y esperó 150 cinco, diez, hasta quince minutos. Se cansó y parose a un lado de la puerta, desde donde lanzaba al viejo unas miradas que parecían pedradas.

¡Qué diablos leería con tanta atención! Llegó a imaginarse que era un enemigo suyo, el cual, sabiendo sus intenciones, se hubiera 155 propuesto entorpecerlas. Le daban ganas de entrar y decirle algo fuerte que le obligara a marcharse, una grosería o una frase que le indicara que no tenía derecho a permanecer una hora sentado, y leyendo, por un gasto tan reducido.

Por fin el cliente terminó su lectura, o por lo menos, la interrum-160 pió. Se bebió de un sorbo el resto de leche que contenía el vaso, se levantó pausadamente, pagó y dirigiose a la puerta. Salió; era un vejete encorvado, con trazas de carpintero o barnizador.

Apenas estuvo en la calle, afirmose los anteojos, metió de nuevo la nariz entre las hojas del periódico y se fue, caminando despacito y 165 deteniéndose cada diez pasos para leer con más detenimiento.

Esperó que se alejara y entró. Un momento estuvo parado a la entrada, indeciso, no sabiendo dónde sentarse; por fin eligió una mesa y dirigiose hacia ella; pero a mitad de camino se arrepintió, retrocedió y tropezó en una silla, instalándose después en un rincón.

170 Acudió la señora, pasó un trapo por la cubierta de la mesa y con voz suave, en la que se notaba un dejo de acento español, le preguntó:

—¿Qué se va usted a servir?

Sin mirarla, le contestó.

—Un vaso de leche.

—¿Grande? 175

—Sí, grande.

—¿Solo?

—¿Hay bizcochos?

—No; vainillas.

—Bueno, vainillas. 180

Cuando la señora se dio vuelta, él se restregó las manos sobre las rodillas, regocijado, como quien tiene frío y va a beber algo caliente.

Volvió la señora y colocó ante él un gran vaso de leche y un platillo lleno de vainillas, dirigiéndose después a su puesto detrás del mostrador. 185

Su primer impulso fue el de beberse la leche de un trago y comerse después las vainillas pero en seguida se arrepintió; sentía que los ojos de la mujer lo miraban con curiosidad. No se atrevía a mirarla; le parecía que, al hacerlo, conocería su estado de ánimo y sus propósitos vergonzosos y él tendría que levantarse e irse, sin probar lo 190 que había pedido.

Pausadamente tomó una vainilla, humedecióla en la leche y le dio un bocado; bebió un sorbo de leche y sintió que la quemadura, ya encendida en su estómago, se apagaba y deshacía. Pero, en seguida, la realidad de su situación desesperada surgió ante él y algo apretado y 195 caliente subió desde su corazón hasta la garganta; se dio cuenta de que iba a sollozar, a sollozar a grito, y aunque sabía que la señora lo estaba mirando no pudo rechazar ni deshacer aquel nudo ardiente que se estrechaba más y más. Resistió, y mientras resistía comió apresuradamente, como asustado, temiendo que el llanto le impidiera comer. 200 Cuando terminó con la leche y las vainillas, se le nublaron los ojos y algo tibio rodó por su nariz, cayendo dentro del vaso. Un terrible sollozo lo sacudió hasta los zapatos.

Afirmó la cabeza en las manos y durante mucho rato lloró, lloró con pena, con rabia, con ganas de llorar, como si nunca hubiese llo- 205 rado.

* * * *

Inclinado estaba y llorando, cuando sintió que una mano le acariciaba la cansada cabeza y una voz de mujer, con un dulce acento español, le decía:

—Llore, hijo, llore... 210

Una nueva ola de llanto le arrasó los ojos y lloró con tanta fuerza como la primera vez, pero ahora no angustiosamente, sino con alegría sintiendo que una gran frescura lo penetraba, apagando eso caliente que le había estrangulado la garganta. Mientras lloraba, parecióle que

215 su vida y sus sentimientos se limpiaban como un vaso bajo un chorro de agua, recobrando la claridad y firmeza de otros días.

Cuando pasó el acceso de llanto, se limpió con su pañuelo los ojos y la cara, ya tranquilo. Levantó la cabeza y miró a la señora, pero ésta no le miraba ya, miraba hacia la calle, a un punto lejano, y su rostro
220 estaba triste.

En la mesita, ante él había un nuevo vaso lleno de leche y otro platillo colmado de vainillas; comió lentamente, sin pensar en nada, como si nada le hubiera pasado, como si estuviera en su casa y su madre fuera esa mujer que estaba detrás del mostrador.

225 Cuando terminó ya había oscurecido y el negocio se iluminaba con una bombilla eléctrica. Estuvo un rato sentado, pensando en lo que le diría a la señora al despedirse, sin ocurrírsele nada oportuno.

Al fin se levantó y dijo simplemente:

—Muchas gracias, señora; adiós . . .
230 —Adiós hijo. . .—le contestó ella.

Salió. El viento que venía del mar refrescó su cara, caliente aún por el llanto. Caminó un rato sin dirección, tomando después por una calle que bajaba hacia los muelles. La noche era hermosísima y grandes estrellas aparecían en el cielo de verano.

235 Pensó en la señora rubia que tan generosamente se había conducido, e hizo propósitos de pagarle y recompensarla de una manera digna cuando tuviera dinero; pero estos pensamientos de gratitud se desvanecían junto con el ardor de su rostro, hasta que no quedó ninguno, y el hecho reciente retrocedió y se perdió en los recodos de su
240 vida pasada.

De pronto se sorprendió cantando algo en voz baja. Se irguió alegremente, pisando con firmeza y decisión.

Llegó a la orilla del mar y anduvo de un lado para otro, elásticamente, sintiéndose rehacer, como si sus fuerzas interiores, antes
245 dispersas, se reunieran y amalgamaran sólidamente.

Después la fatiga del trabajo empezó a subirle por las piernas en un lento hormigueo y se sentó sobre un montón de bolsas.

Miró el mar. Las luces del muelle y las de los barcos se extendían por el agua en un reguero rojizo y dorado, temblando suavemente. Se
250 tendió de espaldas, mirando el cielo largo rato. No tenía ganas de pensar, ni de cantar, ni de hablar. Se sentía vivir, nada más.

Hasta que se quedó dormido con el rostro vuelto hacia el mar.

EJERCICIOS

Discusión

1. ¿Por qué llora el marinero?
2. ¿Por qué va el joven a la lechería en vez de ir a un restaurante barato?
3. Describa la relación que hay:
   a. entre el marinero y el mar, **b.** entre el marinero y la ciudad.
4. ¿Qué clase de vida tendrá el marinero en
   a. cinco años? **b.** quince años?
5. Vuelva usted a contar el cuento desde el punto de vista de:
   a. la mujer en la lechería, **b.** el marinero cuando tenga cincuenta años.

Comente en sus propias palabras
1. El joven delgado
2. El marinero inglés
3. El vagabundo
4. El capataz
5. La lechería
6. La señora rubia
7. El vaso de leche
8. El segundo vaso de leche
9. La despedida
10. Manuel Rojas

Explique el sentido de las siguientes oraciones según su contexto en el cuento.
1. Sí, señor, tengo harta hambre.
2. Hacía tres días justos que no comía.
3. Le parecía que estaba aplastado por un gran peso.
4. Lo importante era comer, comer, comer.
5. No tengo con qué pagar. . . Haga lo que quiera.
6. Se le nublaron los ojos y algo tibio rodó por su nariz, cayendo dentro del vaso.
7. Se limpió con su pañuelo los ojos y la cara, ya tranquilo.
8. Ante él había un nuevo vaso lleno de leche y otro platillo de vainillas.
9. Al fin se levantó y dijo simplemente . . .
10. De pronto se sorprendió cantando algo en voz baja.
11. Se tendió de espaldas, mirando el cielo. No tenía ganas de pensar, ni de cantar, ni de hablar.

Vocabulario

Construya una oración original con cada uno de los siguientes verbos
o modismos, de acuerdo con el tratamiento que se les da en el texto.
Según sea necesario, úsense como modelos las oraciones del texto en
que aparecen.

1. manchar de (3)
2. frente a (7)
3. dar un paso (14)
4. ir a dar (83)

5. cubrir de (95 y 101)
6. a cuenta (de) (106)
7. tener con que (136)
8. dar ganas de (155)

Manuel Gutiérrez Nájera

(1859–1895)

La mañana de San Juan

Manuel Gutiérrez Nájera fue el iniciador del modernismo en México. Con Carlos Díaz Dufóo fundó en 1894 *La Revista Azul,* una de las primeras y mejores revistas modernistas de aquella época. Las poesías de Gutiérrez Nájera se recitaban en todos los salones, y eran popularísimas entre el público femenino. Se han equivocado algunos críticos al llamar «precursores» del modernismo a Gutiérrez Nájera, Casal, Silva y Martí, porque realmente estos cuatro escritores fueron los iniciadores del movimiento. Los precursores pertenecieron más bien a la generación anterior.

Los *Cuentos frágiles* de Gutiérrez Nájera aparecieron en 1883, cinco años antes de la publicación de *Azul,* de Rubén Darío. En efecto, la prosa de *Azul* procedía en gran parte de la de Gutiérrez Nájera. El estilo del cuentista mexicano se caracteriza por la elegancia, la ternura, el humorismo y la comparación simpática, mientras que la prosa de *Azul* está mucho más elaborada y profusa en adornos. De los dos escritores Gutiérrez Nájera es incomparablemente el mejor estilista al principio de su carrera literaria. Un crítico mexicano, Justo Sierra, maestro de la generación a la que perteneció Gutiérrez Nájera, ha encontrado la palabra exacta para caracterizar este estilo: *la gracia,* «especie de sonrisa del alma que comunica a toda su producción no sé qué ritmo ligero y alado», prestando a las frases cierta suerte de magia singular.

Gutiérrez Nájera fue uno de los más productivos escritores modernistas; toda su vida fue un esforzado del periodismo. Influido por el positivismo, en aquella época la filosofía dominante en México, el autor resolvió su conflicto religioso haciéndose *intelectualmente* agnóstico, pero interiormente el conflicto continuaba. «Fuera de ese conflicto interno, casi puede decirse que Gutiérrez Nájera no tiene biografía. No había cumplido veinte años cuando ingresó en el periodismo, al que se dedicó todo el resto de su vida. Contrajo matrimonio en 1888 con Cecilia Maillefert, que por la rama paterna era de origen francés. De esa unión nacieron dos hijas. Actuó accidentalmente en la vida pública, y el mismo año de su matrimonio fue electo diputado por el Estado de México, cargo que continuó desempeñando hasta su muerte. . . . Nunca viajó, salvo algunos cortos recorridos dentro de su país. ¡Fue un parisiense que nunca estuvo en París!» (La cita es de Max Henríquez Ureña.)

LA MAÑANA DE SAN JUAN

Pocas mañanas hay tan alegres, tan frescas, tan azules como esta mañana de San Juan. El cielo está muy limpio, «como si los ángeles lo hubieran lavado por la mañana»; llovió anoche y todavía cuelgan de las ramas brazaletes de rocío que se evaporan luego que el sol brilla,
5 como los sueños luego que amanece; los insectos se ahogan en las gotas de agua que resbalan por las hojas, y se aspira con regocijo ese olor delicioso de tierra húmeda, que sólo puede compararse con el olor de las páginas recién impresas. También la naturaleza sale de la alberca con el cabello suelto y la garganta descubierta; los pájaros, que se
10 emborrachan con el agua, cantan mucho, y los niños del pueblo hunden su cara en la gran palangana de metal. ¡Oh mañanita de San Juan, la de camisa limpia y jabones perfumados, yo quisiera contemplarte al aire libre, allí donde apareces virgen todavía, con los brazos muy blancos y los rizos húmedos! ¡Allí eres virgen: cuando llegas a la ciu-
15 dad, tus labios rojos han besado mucho; muchas guedejas rubias de tu undívago cabello se han quedado en las manos de tus mil amantes, como queda el vellón de los corderos en los zarzales del camino; muchos brazos han rodeado tu cintura; traes en el cuello la marca roja de una mordida, y vienes tambaleando, con traje de raso blanco to-
20 davía, pero ya prostituido, profanado, semejante al de Giroflé después de la comida, cuando la novia muerde sus inmaculados azahares y empapa sus cabellos en el vino! ¡No, mañanita de San Juan, así yo no te quiero! Me gustas en el campo: allí donde se miran tus azules ojitos y tus trenzas de oro. Bajas por la escarpada colina poco a poco; llamas
25 a la puerta o entornas sigilosamente la ventana, para que tu mirada alumbre el interior, y todos te recibimos como reciben los enfermos la salud, los probres la riqueza y los corazones el amor. ¿No eres amorosa? ¿No eres muy rica?¿No eres sana? Cuando vienes, los novios hacen sus eternos juramentos; los que padecen, se levantan vueltos a
30 la vida; y la dorada luz de tus cabellos siembra de lentejuelas y monedas de oro el verde obscuro de los campos, el fondo de los ríos, y la pequeña mesa de madera pobre en que se desayunan los humildes, bebiendo un tarro de espumosa leche, mientras la vaca muge en el establo. ¡Ah! Yo quisiera mirarte así cuando eres virgen, y besar las
35 mejillas de Ninón . . . ¡sus mejillas de sonrosado terciopelo y sus hombros de raso blanco!

Cuando llegas, ¡oh mañanita de San Juan!, recuerdo una vieja historia que tú sabes y que ni tú ni yo podemos olvidar. ¿Te acuerdas? La hacienda en que yo estaba por aquellos días, era muy grande; con

muchas fanegas de tierra sembrada e incontables cabezas de ganado. 40
Allí está el caserón, precedido de un patio, con su fuente en medio.
Allá está la capilla. Lejos, bajo las ramas colgantes de los grandes
sauces, está la presa en que van a abrevarse los rebaños. Vista desde
una altura y a distancia, se diría que la presa es la enorme pupila azul
de algún gigante, tendido a la bartola sobre el césped. ¡Y qué honda 45
es la presa! ¡Tú lo sabes . . .!
Gabriel y Carlos jugaban comúnmente en el jardín. Gabriel tenía
seis años; Carlos siete. Pero un día, la madre de Gabriel y Carlos cayó
en cama, y no hubo quien vigilara sus alegres correrías. Era el día de
San Juan. Cuando empezaba a declinar la tarde, Gabriel dijo a Carlos: 50
—Mira, mamá duerme y ya hemos roto nuestros fusiles. Vamos
a la presa. Si mamá nos riñe, le diremos que estábamos jugando en el
jardín.
Carlos, que era el mayor, tuvo algunos escrúpulos ligeros. Pero
el delito no era tan enorme, y además, los dos sabían que la presa 55
estaba adornada con grandes cañaverales y ramos de zempazúchil.
¡Era día de San Juan!
—¡Vamos! —le dijo— llevaremos un *Monitor* para hacer barcos
de papel y les cortaremos las alas a las moscas para que sirvan de
marineros. 60
Y Carlos y Gabriel salieron muy quedito para no despertar a su
mamá, que estaba enferma. Como era día de fiesta, el campo estaba
solo. Los peones y trabajadores dormían la siesta en sus cabañas. Gabriel y Carlos no pasaron por la tienda, para no ser vistos, y corrieron
a todo escape por el campo. Muy en breve llegaron a la presa. No había 65
nadie: ni un peón, ni una oveja. Carlos cortó en pedazos el *Monitor* e
hizo dos barcos, tan grandes como los navíos de Guatemala. Las pobres
moscas que iban sin alas y cautivas en una caja de obleas, tripularon
humildemente las embarcaciones. Por desgracia, la víspera habían
limpiado la presa, y estaba el agua un poco baja. Gabriel no la alcan- 70
zaba con sus manos. Carlos, que era el mayor le dijo:
—Déjame a mí que soy más grande.
Pero Carlos tampoco la alcanzaba. Trepó entonces sobre el pretil
de piedra, levantando las plantas de la tierra, alargó el brazo e iba a
tocar el agua y a dejar en ella el barco, cuando, perdiendo el equilibrio, 75
cayó al tranquilo seno de las ondas. Gabriel lanzó un agudo grito.
Rompiéndose las uñas con las piedras, rasgándose la ropa, a viva fuerza
logró también encaramarse sobre la cornisa, tendiendo casi todo el
busto sobre el agua. Las ondas se agitaban todavía. Adentro estaba
Carlos. De súbito, aparece en la superficie, con la cara amoratada, 80
arrojando agua por la nariz y por la boca.
—¡Hermano! ¡hermano!
—¡Ven acá! ¡ven acá! no quiero que te mueras.
Nadie oía. Los niños pedían socorro, estremeciendo el aire con

85 sus gritos; no acudía ninguno. Gabriel se inclinaba cada vez más sobre las aguas y tendía las manos.

—Acércate, hermanito, yo te estiro.

Carlos quería nadar y aproximarse al muro de la presa, pero ya le faltaban fuerzas, ya se hundía. De pronto, se movieron las ondas y 90 asió Carlos una rama, y apoyado en ella logró ponerse junto del pretil y alzó una mano; Gabriel la apretó con las manitas suyas, y quiso el pobre niño levantar por los aires a su hermano que había sacado medio cuerpo de las aguas y se agarraba a las salientes piedras de la presa. Gabriel estaba rojo y sus manos sudaban, apretando la blanca mane-95 cita del hermano.

—¡Si no puedo sacarte! ¡Si no puedo!

Y Carlos volvía a hundirse, y con sus ojos negros muy abiertos le pedía socorro.

—¡No seas malo! ¿Qué te he hecho? Te daré mis cajitas de sol-100 dados y el molino de marmaja que te gustan tanto. ¡Sácame de aquí!

Gabriel lloraba nerviosamente, y estirando más el cuerpo de su hermanito moribundo, le decía:

—¡No quiero que te mueras! ¡Mamá! ¡Mamá! ¡No quiero que se muera!

105 Y ambos gritaban, exclamando luego:

—¡No nos oyen! ¡No nos oyen!

¡Santo ángel de mi guarda! ¿Por qué no me oyes?

Y entretanto, fue cayendo la noche. Las ventanas se iluminaban en el caserío. Allí había padres que besaban a sus hijos. Fueron sa-110 liendo las estrellas en el cielo. ¡Diríase que miraban la tragedia de aquellas tres manitas enlazadas que no querían soltarse, y se soltaban! ¡Y las estrellas no podían ayudarles, porque las estrellas son muy frías y están muy altas!

Las lágrimas amargas de Gabriel caían sobre la cabeza de su 115 hermano. ¡Se veían juntos, cara a cara, apretándose las manos, y uno iba a morirse!

—Suelta, hermanito, ya no puedes más; voy a morirme.

—¡Todavía no! ¡Todavía no! ¡Socorro! ¡Auxilio!

—¡Toma! voy a dejarte mi reloj. ¡Toma, hermanito!

120 Y con la mano que tenía libre sacó de su bolsillo el diminuto reloj de oro que le habían regalado el Año Nuevo. ¡Cuántos meses había pensado sin descanso en ese pequeño reloj de oro! El día en que al fin lo tuvo, no quería acostarse. Para dormir, lo puso bajo su almohada. Gabriel miraba con asombro sus dos tapas, la carátula blanca en que 125 giraban poco a poco las manecitas negras y el instantero que, ner-viosamente, corría, corría, sin dar jamás con la salida del estrecho círculo. Y decía: —¡Cuando tenga siete años, como Carlos, también me comprarán un reloj de oro! —No, pobre niño; no cumples aún siete

años y ya tienes el reloj. Tu hermano se muere y te lo deja. ¿Para qué lo quiere? La tumba es muy oscura, y no se puede ver la hora que es. 130

—¡Toma, hermanito, voy a darte mi reloj; toma, hermanito!
Y las manitas ya moradas, se aflojaron, y las bocas se dieron un beso desde lejos. Ya no tenían los niños fuerza en sus pulmones para pedir socorro. Ya se abren las aguas, como se abre la muchedumbre en una procesión cuando la Hostia pasa. ¡Ya se cierran y sólo queda por un 135 segundo, sobre la onda azul, un bucle lacio de cabellos rubios!

Gabriel soltó a correr en dirección del caserío, tropezando, cayendo sobre las piedras que lo herían. No digamos ya más: cuando el cuerpo de Carlos se encontró, ya estaba frío, tan frío, que la madre, al besarlo, quedó muerta. 140

¡Oh mañanita de San Juan! ¡Tu blanco traje de novia tiene también manchas de sangre!

EJERCICIOS

Discusión

1. Describa la mañana de San Juan.
2. ¿Cómo cayó Carlos en la presa?
3. ¿Por qué siente el lector que la naturaleza es indiferente a la tragedia?
4. ¿Cuál es el papel de la muerte en este cuento?
5. Vuelva usted a contar el cuento desde el punto de vista de:
   a. Gabriel, **b.** Gabriel veinte años más tarde, **c.** la madre.

Comente en sus propias palabras.
1. El día de San Juan en el campo
2. El día de San Juan en la ciudad
3. La hacienda
4. Gabriel y Carlos
5. La presa
6. El periódico *Monitor*
7. El reloj de oro
8. La tragedia
9. La madre de los dos muchachos
10. Gutiérrez Nájera

Explique el sentido de las siguientes oraciones según su contexto en el cuento.
1. La naturaleza sale de la alberca con el cabello suelto.
2. Me gustas en el campo: allí donde se miran tus azules ojitos y tus trenzas de oro.
3. La hacienda en que yo estaba por aquellos días, era muy grande.
4. No hubo quien vigilara sus alegres correrías.
5. Corrieron a todo escape por el campo.
6. Perdiendo el equilibrio Carlos cayó al agua.
7. Gabriel se inclinaba cada vez más sobre las aguas y tendía las manos.
8. Carlos quería nadar, pero ya le faltaban fuerzas, ya se hundía.
9. «¡No quiero que te mueras!»
10. «Voy a dejarte mi reloj. ¡Toma, hermanito!»
11. Ya no tenían los niños fuerza en sus pulmones para pedir socorro.
12. Ya se abren las aguas.

Vocabulario

Construya una oración original con cada uno de los siguientes verbos o modismos, de acuerdo con el tratamiento que se les da en el texto. Según sea necesario, úsense como modelos las oraciones del texto en que aparecen.

1. luego que (4)
2. semejante a (20)
3. acordarse de (38)
4. caer en cama (48–49)

5. a viva fuerza (77)
6. faltarle a alguien (89)
7. de pronto (89)
8. gustarle a alguien (100)

Alfonso Hernández-Catá
(1885–1940)*

LA CULPABLE   *20*

A las siete de la mañana todos los invitados estaban a bordo y el patrón, luego de desatracar la barca con un remo, mandó cargar las velas. Poco a poco las lonas se hincharon y el torbellino de espuma que nacía en la proa fue a formar detrás de la embarcación un camino.
5 Los muelles, los malecones, las montañas doradas por el sol, las boyas pintadas de rojo, fueron quedándose atrás; de súbito, al tomar la vuelta de El Morro, el mar apareció vasto y tranquilo, turbado solamente de raro en raro por los triángulos diminutos de las velas, que parecían llamas.

10   —¿Se va a marear la *niña?* —preguntó con sorna el patrón.

La *niña* recogió las dos gasas flotantes de su sombrero y mostró orgullosa su rostro, sin responder. No, no se mareaba; ninguna de las gracias de su semblante había perdido vida; sus grandes ojos negros estaban ávidos de reflejar todos los horizontes a la vez. Aquélla era su
15 primera salida después de casada y había que mostrar entereza. Asistía a la pesca por testarudez, para no separarse de su Emilio; y había opuesto a toda razón encaminada a disuadirla esa resistencia disfrazada de resignación que es la mejor arma de las mujeres.

Cuando ya los murmullos de la ciudad se extinguieron y, lejos de
20 la costa, un gran silencio envolvió la barca, preguntó afectando serenidad:

—¿Y es cierto que hay tanto peligro en la pesca de agujas?

—Vaya, señorita. . . . Cuando se levanta grande, así, y viene derecha para el bote con su espolón, hay que tenderse en seguida y pen-
25 sar en la Virgen del Cobre, por si acaso. Al hermano de un compadre mío, en Niple, le alcanzó una: partido en dos quedó. Pero es pesca que rinde, eso sí.

—Si no pica ninguna, tendremos que pescar tiburones —dijo el patrón.

30   —¡Ay, qué miedo!

Todos los hombres sonrieron. Y el marido de Luisa creyó necesario disculparse:

—Yo le dije que no debía venir; que ésta era una excursión para hombres solos; pero ella. . . .

---

* Véase la nota biográfica para «El maestro».

—Es que no ha querido separarse de usted; se comprende. Mi ₃₅ mujer a los tres meses de casada hacía lo mismo. . . .

Y volviéndose hacia los otros:

—Parece que vamos a tener terral; sopla viento caliente.

La barca era grande, y además del patrón y del marinero —un negro de risa feroz— iban cuatro: Raúl Villa, un oficial de Marina, ₄₀ Emilio Granda y su mujer. De tiempo en tiempo Raúl iba a ver si las cuerdas de los anzuelos se mantenían flojas, y el negro guisaba en el fondo de la barca la sopa de pescado que lo había hecho famoso en el puerto. Luisa y Emilio permanecían inactivos, mirando el mar y la playa distante. ₄₅

El viento se había hecho más rápido, la barca marchaba muy inclinada, rozando casi el nivel del agua por estribor. Dos veces había hundido Luisa una mano por gusto de sentir la espuma chocar y romperse contra su piel, e iba a sumergir la otra cuando dijo el patrón:

—No saque usted la mano, señorita, más vale. ₅₀

—Le quieren meter miedo, Luisa.

—Ya sabe usted que todo puede ser, don Raúl; más de dos y más de tres casos se han visto.

Alzándose del fondo de la barca el negro dijo:

—No crea la *niña* que el patrón va mal. Allá en los mares de ₅₅ España no hay peces tan bravos. En tiempo de España tropezaron ahí a la entrada dos barcos y del que se hundió, que era de guerra, no quedó ni uno vivo. . . . Los tiburones se dieron el gran banquete. El mar estaba colorado de sangre.

La evocación del drama había puesto en el rostro de Luisa el ₆₀ incentivo del miedo, y los hombres no apartaban de ella los ojos, separándolos cuando Emilio miraba. Como tras un silencio preguntase al negro si era verdad que los tiburones para hacer presa habían de retroceder y volverse de modo que su mandíbula saliente quedara hacia abajo, el negro, después de chasquear la lengua, respondió: ₆₅

—Pamplinas, *niña;* el tiburón come aunque sea de lado.

A un gesto de Raúl el negro volvió a su cocina, y al poco rato un vaho oloroso halagó los paladares. Aunque todos querían rehuir la conversación para no amendrentarla, Luisa insistía en sus preguntas de tal modo que en el patrón, en el oficial y en Raúl se despertaron ₇₀ los instintos de hombres de mar y empezaron a emularse con historias y hazañas cuya médula era el odio común a los tiburones. Raúl confesaba que al verlos cerca sentíase poseído por un furor ciego.

—Me tengo que contener mucho para olvidarme del peligro y no tirarme a pelear con ellos. Ya llevo matados más de cien. ₇₅

Uno a otro se arrebataban las anécdotas de la boca y Luisa las oía apasionadamente. Sentado en su rollo de cuerdas Emilio rebuscaba en vano, con despecho, alguna aventura heroica que contar.

El oficial, que se había levantado a tantear los anzuelos, exclamó:

80 —¡Ya ha picado uno!. . . .¡Cómo jala!

Arriaron las velas y la barca quedó abandonada al tenue vaivén del mar. Sin apartarse de su hornillo el negro preguntó al patrón:

—¿Es aguja maestro?

—¡Quia!. . . . Es uno de esos condenados. . . . Échele soga, te-
85 niente; hay que cansarlo un poco.

Por turno todos fueron a tantear la cuerda, que estaba tensa y hacía marchar suavemente la barca. De pronto Raúl Villa gritó:

—¡Ya están aquí en bandada! ¡Ya están aquí! Subid los otros anzuelos por si acaso.

90 A diez o doce metros, por la proa, el tiburón se vislumbraba ya, sujeto al extremo del cable, y en torno a él siluetas veloces se iban acercando. La resistencia del pez herido debía ser enorme, porque el oficial y el patrón, dedicados a rescatar la cuerda poco a poco, hubieron de pedir ayuda. Por fin el cautivo quedó sujeto a la borda y el
95 patrón, inclinándose con un hacha en la diestra, le desarticuló las mandíbulas con sendos tajos. Una de las fauces se desgajó, dejando ver siete hileras de dientes.

Luisa temblaba y seguía con el alma en la vista la escena, donde no era ya el bruto marino el más feroz. Al terminar, el patrón volvióse
100 a mirarla, como dedicándole lo que acababa de hacer; y entonces Raúl, arrebatado por un repentino frenesí, cogió un hierro de verja que estaba tirado en el fondo de la barca, y sujetándose de una de las cuerdas del palo mayor para poder proyectar el cuerpo fuera de la borda, hundió la punta lanceolada varias veces en la cabeza del tiburón, que
105 todavía aleteaba con furia.

De un vigoroso esfuerzo el oficial lo izó hasta media altura de la borda. Todavía el cuerpo formidable se debatió un momento y, antes de que quedara inmóvil, uno de los tiburones indemnes, de una sola dentellada, le arrancó un pedazo cerca de la cola.

110 En seguida los otros se lanzaron también. Acometían desde lejos, certeramente, como torpedos lanzados por barco invisible. Y un momento antes de llegar, las enormes cabezas se abrían y al retirarse, un tremendo semicírculo había desaparecido del cuerpo del cautivo.

—Son los tigres del mar —dijo Emilio. —¡Pobre del que cayera
115 aquí!

Luisa se sujetaba convulsivamente a la cuerda hasta hacerse daño en las manos. El negro, que había cogido el hacha para despedazar al tiburón, prendió con el anzuelo un gran trozo de carne y lo echó en cubierta. De repente, como si aun después de separada del cuerpo
120 persistiese en ella un instinto de exterminio, la masa sanguinolenta comenzó a agitarse, a saltar, golpear furiosamente una y otra banda. . . . Y hubo un momento de pánico.

—¡Botarlo fuera!

—¡Ayuda, tú, que nos va a desguazar!

—¡Cuidado!   125

Luisa lanzó un grito nervioso que se sobrepuso a todos. Al oirlo, las últimas prudencias se trocaron en enardecimiento, y el grupo de hombres se lanzó hacia proa, cual si hubiese sonado un clarín.

Pero ya sobre la carne palpitante había caído el etiópico cuerpo sudoroso, que volviéndose hacia la mujer le mostró, antes de devol- 130 verlo al mar, el pedazo de tiburón hostil todavía bajo sus brazos hinchados por el esfuerzo. . . . ¿Qué pasó entonces? ¿Se dio ella cuenta de la sonrisa con que había premiado la hazaña?

Raúl aseguró un nuevo anzuelo bien cebado y lo echó al agua. El patrón cogió el hacha, el oficial cargó rápido su revólver, y otra vez 135 Raúl, con un pie en la mura y sujeto con la mano izquierda a los cordajes, proyectó el cuerpo fuera de la barca para poder herir perpendicularmente con el hierro.

Los tiburones acudieron en grupo. Llegaban, emergían para alcanzar la presa, y un tajo, una bala o la lanza acerada y airada caían 140 sobre ellos. A cada ataque los hombres volvíanse a mirar a Luisa, y aunque ella decía: «No, no. . . . ¡Basta ya!», algo en su cara revelaba el orgullo de recibir aquel homenaje primitivo de peligro y fuerza. Dos veces Emilio quiso tomar parte, pero lo rechazaron:

—Usted no es para esto. Quédese allá.   145

Cada uno contaba en alta voz sus víctimas: «uno, dos . . . ¡van cuatro con éste!». . . . Raúl se quedó a la zaga y su brazo, que comenzó a blandir el hierro en golpes numerosos, se recogió de súbito, concentrando fuerza para asestar sólo golpes mortíferos. Su ímpetu era tal que la lanza se le fue de la mano para clavarse casi hasta desaparecer 150 en la cabeza del tiburón.

Inmóvil en su sitio, sintiendo la rabia de la impotencia subirle a la garganta, vio que el tiburón, en lugar de morir, volvía a acometer. El pedazo de hierro que le asomaba sobre la cabeza se le antojaba a Raúl una ironía, una burla. ¡Y no tenía otra arma! El oficial quiso 155 ultimarlo de un tiro; pero él, descompuesto, le gritó:

—¡Ése es mío, que nadie lo toque!

Y cuando lo tuvo cerca, inclinándose más, alzó el pie para golpear el hierro, hundirlo más hondo y rematarlo al fin. El tiburón, rápido, esquivó el golpe y el pie, falto de resistencia, entró en el agua.   160

Un alarido rasgó la calma luminosa del día. Sin el socorro del patrón y del oficial, el cuerpo se habría desplomado. Cuando ya entre todos lo tendieron sobre una de las bancadas, Raúl estaba sin conocimiento; le faltaba el pie derecho y casi media pierna. Veíase la carne y el hueso triturados, de donde la sangre manaba a borbotones espon- 165 jándose en la madera de cubierta.

Estaban muy lejos de la costa. El aire había encalmado. El patrón y el oficial cogieron los remos, y muy lentamente la barca se fue acercando a tierra. Nadie osaba hablar. El regreso duró más de una hora.

170 De tiempo en tiempo los remeros se volvían furtivamente para ver si el cuerpo, exánime a proa, alentaba aún.

En la Capitanía del Puerto, después de declarar, Luisa tomó un coche hacia su casa, mientras los hombres, en la misma ambulancia pedida por teléfono, fueron al hospital donde debían amputar la pierna
175 a Raúl.

Al llegar a su casa Luisa sintió apetito; pero indignada contra sí misma por aquella exigencia física, se acostó en seguida sin comer. Mas las horas pasaban huecas, largas, eléctricas sin traerle sueño ni olvido.
180 La luz fue menguando en las junturas de las ventanas. Llegó la tarde. Y despierta, como nunca despierta, Luisa sentía al mismo tiempo ansiedad y temor de que Emilio volviese.

Al fin oyó abrir la puerta y pasos en la alcoba contigua: ¡Era él! Sin saber por qué, tuvo miedo y se tapó la cabeza. La angustia la hacía
185 estar con los ojos muy abiertos, en la sombra. Pasó un gran rato; una campana sonó. De repente, como si Emilio hubiera tenido la certeza de que ella lo acechaba, le dijo en voz baja y colérica, con un tono opaco que Luisa no le había oído nunca:

—Si tú no te hubieras empeñado en ir, todos habrían sido pru-
190 dentes. ¡Has sido tú la culpable, con tus gritos, con tu cara..., con aquella manera sucia y provocativa de sonreir!

Ella hubiera querido protestar, exculparse; pero no era contra su marido, sino contra su propia conciencia, contra quien necesitaba hallar razones. Sí, había gozado y sufrido una excitación malsana vién-
195 dolos ante el peligro. ¡Tenía razón Emilio! Sin su sonrisa, sin sus ojos, todo habría ocurrido de otra manera.

Quiso saber de una vez la magnitud de su culpa y, tras un gran esfuerzo, balbució:

—¿Y qué ha pasado? ¿Han tenido que cortarle la pierna?
200 La respuesta tardó unos segundos angustiosos, interminables.

—Ha muerto.

Ella se incorporó; con visión repentina comparó al hombre bello, fuerte, vivo horas antes, con el pedazo de carne yerta que sería ahora entre cuatro cirios; y en la garganta estrangulósele un grito de horror.
205 Quiso refugiarse en vano en los brazos de Emilio que se separó de ella. Entonces una llama de remordimiento la abrasó toda; y en silencio, desconsoladamente, lloró, por primera vez en su vida, esas lágrimas que dejan huellas en la piel y en el corazón.

EJERCICIOS

Discusión

1. ¿Qué efecto tendrá este incidente en la vida de Emilio y Luisa?
2. ¿Cómo reacciona Raúl al ver los tiburones?
3. ¿Qué siente Emilio durante la expedición? ¿Por qué trata de recordar algún episodio heroico de su pasado?
4. ¿Tiene Luisa la culpa de haber ocasionado la muerte de Raúl? ¿Por qué? ¿Qué culpa tiene Emilio? ¿Qué culpa tienen los otros?
5. Vuelva usted a contar el cuento desde el punto de vista de: **a.** Emilio, **b.** Luisa, **c.** el patrón.

Comente en sus propias palabras.
1. Luisa
2. Emilio
3. Raúl Vílla
4. Los tiburones
5. La sonrisa provocativa de Luisa
6. El accidente
7. En el hospital
8. La conversación entre Emilio y Luisa
9. Hernández-Catá

Explique el sentido de las siguientes oraciones según su contexto en el cuento.
1. A las siete de la mañana todos los invitados estaban a bordo.
2. —Mi mujer a los tres meses de casada hacía lo mismo — dijo el patrón.
3. El viento se había hecho más rápido.
4. No saque usted la mano, señorita, más vale.
5. —Son los tigres del mar —dijo Emilio. —¡Pobre del que cayera aquí!
6. Algo en su cara revelaba el orgullo de recibir aquel homenaje primitivo de peligro y fuerza.
7. Dos veces Emilio quiso tomar parte, pero lo rechazaron.
8. Un alarido rasgó la calma luminosa del día.
9. Si tú no te hubieras empeñado en ir, todos habrían sido prudentes.
10. Quiso refugiarse en vano en los brazos de Emilio que se separó de ella.

Vocabulario

Construya una oración original con cada uno de los siguientes verbos o modismos, de acuerdo con el tratamiento que se les da en el texto. Según sea necesario, úsense como modelos las oraciones del texto en que aparecen.

1. luego de (2)
2. separarse de (16 y 35)
3. disfrazar de (17–18)
4. por si acaso (25 y 89)
5. de tiempo en tiempo (41)
6. de modo que (64)
7. más de (75)
8. trocarse en (127)

María Luisa Bombal
(1910–1980)

El árbol

María Luisa Bombal nació en Viña del Mar, Chile. Un crítico chileno, Ricardo Latcham, da estas notas biográficas: María Luisa Bombal estudió en la Sorbona, donde presentó una tesis sobre Próspero Mérimée. Volvió a Chile y escribió obras teatrales. Luego se trasladó a Buenos Aires, y en la revista *Sur*, dirigida por Victoria Ocampo, publicó sus primeros cuentos. Desde el primer instante alcanzó una reputación literaria «por su novedoso talento y el aire distinto que tenían sus relatos, llenos de gracia poética y de vida psicológica». El crítico chileno caracteriza sus cuentos así: «Ahí está la vida; pero también está el sueño; no se distingue, a veces, si lo que cuenta es cierto o la ha inventado, si está hablando realmente o en trance creador».

La primera obra de María Luisa Bombal, *La última niebla*, 1935, a la que pertenece el cuento «El árbol», mató al criollismo en Chile. La segunda obra de la misma autora, *La amortajada*, 1938, aseguró su reputación continental. Bombal tiene un estilo delicado, sensitivo, poético, verdaderamente hipnotizante. Para esta escritora, como para el gran novelista francés Marcel Proust, los sentidos son más importantes que el intelecto. Con los sentidos y con la memoria el individuo puede recrear su personalidad y su esencia.

En el año 1944 María Luisa Bombal se casó con un banquero de ascendencia francesa, Fal de Saint Phalle, y con él fue a vivir a Nueva York. En 1947, con la ayuda de su esposo, se hizo una versión inglesa de su obra *La última niebla*. La novela se titula en inglés *The House of Mist;* fue elogiada por la crítica norteamericana. Residió en los Estados Unidos «silenciado su voz», hasta su muerte. Su silencio fue una gran pérdida para las letras hispanas.

El pianista se sienta, tose por prejuicio y se concentra un instante. Las luces en racimo que alumbran la sala declinan lentamente hasta detenerse en un resplandor mortecino de brasa, al tiempo que una frase musical comienza a subir en el silencio, a desenvolverse, clara, estre-
5   cha y juiciosamente caprichosa.

«Mozart, tal vez» —piensa Brígida. Como de costumbre se ha olvidado de pedir el programa. «Mozart, tal vez, o Scarlatti». ¡Sabía tan poca música! Y no era porque no tuviese oído ni afición. De niña fue ella quien reclamó lecciones de piano; nadie necesitó imponérselas,
10 como a sus hermanas. Sus hermanas, sin embargo, tocaban ahora correctamente y descifraban a primera vista, en tanto que ella... Ella había abandonado los estudios al año de iniciarlos. La razón de su inconsecuencia era tan sencilla como vergonzosa: jamás había conseguido aprender la llave de Fa, jamás. «No comprendo, no me alcanza
15 la memoria más que para la llave de Sol». ¡La indignación de su padre! «¡A cualquiera le doy esta carga de un hombre solo con varias hijas que educar! ¡Pobre Carmen! Seguramente habría sufrido por Brígida. Es retardada esta criatura».

Brígida era la menor de seis niñas todas diferentes de carácter.
20 Cuando el padre llegaba por fin a su sexta hija, llegaba tan perplejo y agotado por las cinco primeras que prefería simplificarse el día declarándola retardada. «No voy a luchar más, es inútil. Déjenla. Si no quiere estudiar, que no estudie. Si le gusta pasarse en la cocina oyendo cuentos de ánimas, allá ella. Si le gustan las muñecas a los dieciséis
25 años, que juegue». Y Brígida había conservado sus muñecas y permanecido totalmente ignorante.

¡Qué agradable es ser ignorante! ¡No saber exactamente quién fue Mozart, desconocer sus orígenes, sus influencias, las particularidades de su técnica! Dejarse solamente llevar por él de la mano, como
30 ahora.

Y Mozart la lleva, en efecto. La lleva por un puente suspendido sobre un agua cristalina que corre en un lecho de arena rosada. Ella está vestida de blanco, con un quitasol de encaje, complicado y fino como una telaraña, abierto sobre el hombro.
35   —Estás cada día más joven, Brígida. Ayer encontré a tu marido, a tu ex-marido, quiero decir. Tiene todo el pelo blanco.

Pero ella no contesta, no se detiene, sigue cruzando el puente que Mozart le ha tendido hacia el jardín de sus años juveniles.

Altos surtidores en los que el agua canta. Sus dieciocho años, sus
40 trenzas castañas que desatadas le llegaban hasta los tobillos, su tez dorada, sus ojos oscuros tan abiertos y como interrogantes. Una pequeña boca de labios carnosos, una sonrisa dulce y el cuerpo más

liviano y gracioso del mundo. ¿En qué pensaba sentada al borde de la fuente? En nada. «Es tan tonta como linda», decían. Pero a ella nunca le importó ser tonta, ni «planchar» en los bailes. Una por una iban 45 pidiendo en matrimonio a sus hermanas. A ella no la pedía nadie.

¡Mozart! Ahora le brinda una escalera de mármol azul por donde ella baja entre una doble fila de lirios de hielo. Y ahora le abre una verja de barrotes con puntas doradas para que ella pueda echarse al cuello de Luis, el amigo íntimo de su padre. Desde muy niña, cuando 50 todos la abandonaban, corría hacia Luis. Él la alzaba y ella le rodeaba el cuello con los brazos, entre risas que eran como pequeños gorjeos y besos que le disparaba aturdidamente sobre los ojos, frente y el pelo ya entonces canoso (¿es que nunca había sido joven?) como una lluvia desordenada. «Eres un collar» —le decía Luis—. «Eres como un collar 55 de pájaros».

Por eso se había casado con él. Porque al lado de aquel hombre solemne y taciturno no se sentía culpable de ser tal cual era: tonta, juguetona y perezosa. Sí; ahora que han pasado tantos años comprende que no se había casado con Luis por amor; sin embargo no atina a 60 comprender por qué, por qué se marchó ella un día, de pronto. . .

Pero he aquí que Mozart la toma nerviosamente de la mano y arrastrándola en un ritmo segundo por segundo más apremiante, la obliga a cruzar el jardín en sentido inverso, a retomar el puente en una carrera que es casi una huída. Y luego de haberla despojado del 65 quitasol y de la falda transparente, le cierra la puerta de su pasado con un acorde dulce y firme a la vez, y la deja en una sala de conciertos, vestida de negro, aplaudiendo maquinalmente en tanto crece la llama de las luces artificiales.

De nuevo la penumbra y de nuevo el silencio precursor. 70

Y ahora Beethoven empieza a remover el oleaje tibio de sus notas bajo una luna de primavera. ¡Qué lejos se ha retirado el mar! Brígida se interna playa adentro hacia el mar contraído allá lejos, refulgente y manso, pero entonces el mar se levanta, crece tranquilo, viene a su encuentro, la envuelve, y con suaves olas la va empujando, empujando 75 por la espalda hasta hacerle recostar la mejilla, sobre el cuerpo de un hombre. Y se aleja, dejándola olvidada sobre el pecho de Luis.

—No tienes corazón, no tienes corazón —solía decirle a Luis. Latía tan adentro el corazón de su marido que no pudo oírlo sino rara vez y de modo inesperado—. Nunca estás conmigo cuando estás a mi lado —protestaba en la alcoba, cuando antes de dormirse él abría ritualmente los periódicos de la tarde—. ¿Por qué te has casado conmigo?

—Porque tienes ojos de venadito asustado —contesaba él y la besaba. Y ella, súbitamente alegre, recibía orgullosa sobre su hombro 85 el peso de su cabeza cana. ¡Oh, ese pelo plateado y brillante de Luis!

—Luis, nunca me has contado de qué color era exactamente tu

pelo cuando eras chico, y nunca me has contado tampoco lo que dijo
tu madre cuando te empezaron a salir canas a los quince años. ¿Qué
90 dijo? ¿Se rio? ¿Lloró? ¿Y tú estabas orgulloso o tenías vergüenza? Y
en el colegio, tus compañeros, ¿qué decían? Cuéntame, Luis, cuéntame . . .

—Mañana te contaré. Tengo sueño, Brígida, estoy muy cansado.
Apaga la luz.

95 Inconscientemente él se apartaba de ella para dormir, y ella inconscientemente, durante la noche entera, perseguía el hombro de su
marido, buscaba su aliento, trataba de vivir bajo su aliento, como una
planta encerrada y sedienta que alarga sus ramas en busca de un clima
propicio.

100 Por las mañanas, cuando la mucama abría las persianas, Luis ya
no estaba a su lado. Se había levantado sigiloso y sin darle los buenos
días, por temor al collar de pájaros que se obstinaba en retenerlo
fuertemente por los hombros. —«Cinco minutos, cinco minutos nada
más. Tu estudio no va a desaparecer porque te quedes cinco minutos
105 más conmigo, Luis».

Sus despertares. ¡Ah, qué tristes sus despertares! Pero —era curioso— apenas pasaba a su cuarto de vestir, su tristeza se disipaba
como por encanto.

Un oleaje bulle, bulle muy lejano, murmura como un mar de ho-
110 jas. ¿Es Beethoven? No.

Es el árbol pegado a la ventana del cuarto de vestir. Le bastaba
entrar para que sintiese circular en ella una gran sensación bienhe-
chora. ¡Qué calor hacía siempre en el dormitorio por las mañanas! ¡Y
qué luz cruda! Aquí en cambio, en el cuarto de vestir, hasta la vista
115 descansaba, se refrescaba. Las cretonas desvaídas, el árbol que desen-
volvía sombras como de agua agitada y fría por las paredes, los espejos
que doblaban el follaje y se ahuecaban en un bosque infinito y verde.
¡Qué agradable era ese cuarto! Parecía un mundo sumido en un acuario. ¡Cómo parloteaba ese inmenso gomero! Todos los pájaros del
120 barrio venían a refugiarse en él. Era el único árbol de aquella estrecha
calle en pendiente que desde un costado de la ciudad se despeñaba
directamente al río.

—Estoy ocupado. No puedo acompañarte. . . Tengo mucho que
hacer, no alcanzo a llegar para el almuerzo. . . Hola, sí, estoy en el
125 Club. Un compromiso. Come y acuéstate. . . No. No sé. Más vale que
no me esperes, Brígida.

—¡Si tuviera amigas! —suspiraba ella. Pero todo el mundo se
aburría con ella. ¡Si tratara de ser un poco menos tonta! ¿Pero cómo
ganar de un tirón tanto terreno perdido? Para ser inteligente hay que
130 empezar desde chica ¿no es verdad?

A sus hermanas, sin embargo, los maridos las llevaban a todas
partes, pero Luis —¿por qué no había de confesárselo a sí misma?—

se avergonzaba de ella, de su ignorancia, de su timidez y hasta de sus
dieciocho años. ¿No le había pedido acaso que dijera que tenía por lo
menos veintiuno, como si su extrema juventud fuera una tara secreta? 135

Y de noche ¡qué cansado se acostaba siempre! Nunca la escuchaba del todo. Le sonreía, eso sí, le sonreía con una sonrisa que ella
sabía maquinal. Le colmaba de caricias de las que él estaba ausente.
¿Por qué se habría casado con ella? Para continuar una costumbre,
tal vez para estrechar la vieja relación de amistad con su padre. Tal 140
vez la vida consistía para los hombres en una serie de costumbres
consentidas y continuas. Si alguna llegaba a quebrarse, probablemente se producía el desbarajuste, el fracaso. Y los hombres empe-
zaban entonces a errar por las calles de la ciudad, a sentarse en los
bancos de las plazas, cada día peor vestidos y con la barba más crecida. 145
La vida de Luis, por lo tanto, consistía en llenar con una ocupación
cada minuto del día. ¡Cómo no haberlo comprendido antes! Su padre
tenía razón al declararla retardada.

—Me gustaría ver nevar alguna vez, Luis.

—Este verano te llevaré a Europa, y como allá es invierno podrás 150
ver nevar.

—Ya sé que es invierno en Europa cuando aquí es verano. ¡Tan
ignorante no soy!

A veces, como para despertarlo al arrebato del verdadero amor,
ella se echaba sobre su marido y lo cubría de besos, llorando, llamán- 155
dolo: Luis, Luis, Luis. . .

—¿Qué? ¿Qué te pasa? ¿Qué quieres?

—Nada.

—¿Por qué me llamas de ese modo, entonces?

—Por nada, por llamarte. Me gusta llamarte. 160

Y él sonreía, acogiendo con benevolencia aquel nuevo juego.

Llegó el verano, su primer verano de casada. Nuevas ocupaciones
impidieron a Luis ofrecerle el viaje prometido.

—Brígida, el calor va a ser tremendo este verano en Buenos Aires.
¿Por qué no te vas a la estancia con tu padre? 165

—¿Sola?

—Yo iría a verte todas las semanas de sábado a lunes.

Ella se había sentado en la cama, dispuesta a insultar. Pero en
vano buscó palabras hirientes que gritarle. No sabía nada, nada. Ni
siquiera insultar. 170

—¿Qué te pasa? ¿En qué piensas, Brígida?

Por primera vez Luis había vuelto sobre sus pasos y se inclinaba
sobre ella inquieto, dejando pasar la hora de llegada a su despacho.

—Tengo sueño . . . —había replicado Brígida puerilmente, mientras escondía la cara en las almohadas. 175

Por primera vez él la había llamado desde el club a la hora del
almuerzo. Pero ella había rehusado salir al teléfono, esgrimiendo ra-

biosamente el arma aquella que había encontrado sin pensarlo: el silencio.

180 Esa misma noche comía frente a su marido sin levantar la vista, contraídos todos sus nervios.

—¿Todavía estás enojada, Brígida?

Pero ella no quebró el silencio.

—Bien sabes que te quiero, collar de pájaros. Pero no puedo estar
185 contigo a toda hora. Soy un hombre muy ocupado. Se llega a mi edad hecho un esclavo de mil compromisos.

. . .

—¿Quieres que salgamos esta noche?

. . .

190 —¿No quieres? Paciencia. Dime, ¿llamó Roberto desde Montevideo?

. . .

—¡Qué lindo traje! ¿Es nuevo?

. . .

195 —¿Es nuevo, Brígida? Contesta, contestame. . .

Pero ella tampoco esta vez quebró el silencio.

Y en seguida lo inesperado, lo asombroso, lo absurdo. Luis que se levanta de su asiento, tira violentamente la servilleta sobre la mesa y se va de la casa dando portazos.

200 Ella se había levantado a su vez, atónita, tiritando de indignación por tanta injusticia. —«Y yo, y yo» —murmuraba desorientada, —«yo que durante casi un año. . . cuando por primera vez me permito un reproche . . . ¡Ah, me voy, me voy esta misma noche! No volveré a pisar nunca más esta casa . . .» Y abría con furia los armarios de su cuarto
205 de vestir, tiraba desatinadamente la ropa al suelo.

Fue entonces cuando alguien golpeó con los nudillos en los cristales de la ventana.

Había corrido, no supo cómo ni con qué insólita valentía, hacia la ventana. La había abierto. Era el árbol, el gomero que un gran soplo
210 de viento agitaba, el que golpeaba con sus ramas los vidrios, el que la requería desde fuera como para que lo viera retorcerse hecho una impetuosa llamarada negra bajo el cielo encendido de aquella noche de verano.

Un pesado aguacero no tardaría en rebotar contra sus frías hojas.
215 ¡Qué delicia! Durante toda la noche, ella podría oir la lluvia azotar, escurrirse por las hojas del gomero como por los canales de mil goteras fantasiosas. Durante toda la noche oiría crujir y gemir el viejo tronco del gomero contándole de la intemperie, mientras ella se acurrucaría, voluntariamente friolenta, entre las sábanas del amplio lecho,
220 muy cerca de Luis.

Puñados de perlas que lluevan a chorros sobre un techo de plata. Chopin. *Estudios* de Federico Chopin.

¿Durante cuántas semanas se despertó de pronto, muy temprano, apenas sentía que su marido, ahora también él obstinadamente callado, se había escurrido del lecho? 225

El cuarto de vestir: la ventana abierta de par en par, un olor a río y a pasto flotando en aquel cuarto bienhechor, y los espejos velados por un halo de neblina.

Chopin y la lluvia que resbala por las hojas del gomero con ruido de cascada secreta, y parece empapar hasta las rosas de las cretonas, 230 se entremezclan en su agitada nostalgia.

¿Qué hacer en verano cuando llueve tanto? ¿Quedarse el día entero en el cuarto fingiendo una convalecencia o una tristeza? Luis había entrado tímidamente una tarde. Se había sentado muy tieso. Hubo un silencio. 235

—Brígida, ¿entonces es cierto? ¿Ya no me quieres?

Ella se había alegrado de golpe, estúpidamente. Puede que hubiera gritado: —«No, no; te quiero Luis, te quiero» —si él le hubiese dado tiempo, si no hubiese agregado, casi de inmediato, con su calma habitual: 240

—En todo caso, no creo que nos convenga separarnos, Brígida. Hay que pensarlo mucho.

En ella los impulsos se abatieron tan bruscamente como se habían precipitado. ¡A qué exaltarse inútilmente! Luis la quería con ternura y medida; si alguna vez llegaba a odiarla la odiaría con justicia 245 y prudencia. Y eso era la vida. Se acercó a la ventana, apoyó la frente contra el vidrio glacial. Allí estaba el gomero recibiendo serenamente la lluvia que lo golpeaba, tranquila y regular. El cuarto se inmovilizaba en la penumbra, ordenado y silencioso. Todo parecía detenerse, eterno y muy noble. Eso era la vida. Y había cierta grandeza en aceptarla así, 250 mediocre, como algo definitivo, irremediable. Y del fondo de las cosas parecía brotar y subir una melodía de palabras graves y lentas que ella se quedó escuchando: «Siempre». «Nunca»... Y así pasan las horas, los días y los años. ¡Siempre! ¡Nunca! ¡La vida, la vida!

Al recobrarse cayó en la cuenta que su marido se había escu- 255 rrido del cuarto. ¡Siempre! ¡Nunca!...

Y la lluvia, secreta e igual, aun continuaba susurrando en Chopin.

El verano deshojaba su ardiente calendario. Caían páginas luminosas y enceguecedoras como espadas de oro, y páginas de una humedad malsana como el aliento de los pantanos; caían páginas de 260 furiosa y breve tormenta, y páginas de viento caluroso, del viento que trae el «clavel del aire» y lo cuelga del inmenso gomero.

Algunos niños solían jugar al escondite entre las enormes raíces convulsas que levantaban las baldosas de la acera, y el árbol se llenaba de risa y de cuchicheos. Entonces ella se asomaba a la ventana y gol- 265 peaba las manos; los niños se dispersaban asustados, sin reparar en su sonrisa de niña que a su vez desea participar en el juego.

Solitaria, permanecía largo rato acodada en la ventana mirando el tiritar del follaje —siempre corría alguna brisa en aquella calle que se despeñaba directamente hasta el río— y era como hundir la mirada en una agua movediza o en el fuego inquieto de una chimenea. Una podía pasarse así las horas muertas, vacía de todo pensamiento, atontada de bienestar.

Apenas el cuarto empezaba a llenarse del humo del crepúsculo ella encendía la primera lámpara, y la primera lámpara resplandecía en los espejos, se multiplicaba como una luciérnaga deseosa de precipitar la noche.

Y noche a noche dormitaba junto a su marido, sufriendo por rachas. Pero cuando su dolor se condensaba hasta herirla como un puntazo, cuando la asediaba un deseo demasiado imperioso de despertar a Luis para pegarle o acariciarlo, se escurría de puntillas hacia el cuarto de vestir y abría la ventana. El cuarto se llenaba instantáneamente de discretos ruidos y discretas presencias, de pisadas misteriosas, de aleteos, de sutiles chasquidos vegetales, del dulce gemido de un grillo escondido bajo la corteza del gomero sumido en las estrellas de una calurosa noche estival.

Su fiebre decaía a medida que sus pies desnudos se iban helando poco a poco sobre la estera. No sabía por qué le era tan fácil sufrir en aquel cuarto.

Melancolía de Chopin engranando un estudio tras otro, engranando una melancolía tras otra, imperturbable.

Y vino el otoño. Las hojas secas revoloteaban un instante antes de rodar sobre el césped del estrecho jardín, sobre la acera de la calle en pendiente. Las hojas se desprendían y caían . . . La cima del gomero permanecía verde, pero por debajo el árbol enrojecía, se ensombrecía como el forro gastado de una suntuosa capa de baile. Y el cuarto parecía ahora sumido en una copa de oro triste.

Echada sobre el diván, ella esperaba pacientemente la hora de la cena, la llegada improbable de Luis. Había vuelto a hablarle, había vuelto a ser su mujer sin entusiasmo y sin ira. Ya no lo quería. Pero ya no sufría. Por el contrario, se había apoderado de ella una inesperada sensación de plenitud, de placidez. Ya nadie ni nada podría herirla. Puede que la verdadera felicidad esté en la convicción de que se ha perdido irremediablemente la felicidad. Entonces empezamos a movernos por la vida sin esperanzas ni miedos, capaces de gozar por fin todos los pequeños goces, que son los más perdurables.

Un estruendo feroz, luego una llamarada blanca que la echa hacia atrás toda temblorosa.

¿Es el entreacto? No. Es el gomero, ella lo sabe.

Lo habían abatido de un solo hachazo. Ella no pudo oír los tra- 310
bajos que empezaron muy de mañana. «Las ráices levantaban las baldosas de la acera y entonces, naturalmente, la comisión de vecinos . . .»

Encandilada se ha llevado las manos a los ojos. Cuando recobra
la vista se incorpora y mira a su alrededor. ¿Qué mira? ¿La sala bruscamente iluminada, la gente que se dispersa? No. Ha quedado apri- 315
sionada en las redes de su pasado, no puede salir del cuarto de vestir.
De su cuarto de vestir invadido por una luz blanca, aterradora. Era
como si hubieran arrancado el techo de cuajo; una luz cruda entraba
por todos lados, se le metía por los poros, la quemaba de frío. Y todo
lo veía a la luz de esa fría luz; Luis, su cara arrugada, sus manos que 320
surcan gruesas venas desteñidas, y las cretonas de colores chillones.
Despavorida ha corrido hacia la ventana. La ventana abre ahora directamente sobre una calle estrecha, tan estrecha que su cuarto se
estrella casi contra la fachada de un rascacielos deslumbrante. En la
planta baja, vidrieras y más vidrieras llenas de frascos. En la esquina 325
de la calle, una hilera de automóviles alineados frente a una estación
de servicio pintada de rojo. Algunos muchachos, en mangas de camisa,
patean una pelota en medio de la calzada.

Y toda aquella fealdad había entrado en sus espejos. Dentro de
sus espejos había ahora balcones de níquel y trapos colgados y jaulas 330
con canarios.

Le habían quitado su intimidad, su secreto; se encontraba desnuda en medio de la calle, desnuda junto a un marido viejo que le
volvía la espalda para dormir, que no le había dado hijos. No comprende cómo hasta entonces no había deseado tener hijos, cómo había 335
llegado a conformarse a la idea de que iba a vivir sin hijos toda su
vida. No comprende cómo pudo soportar durante un año esa risa de
Luis, esa risa demasiado jovial, esa risa postiza de hombre que se ha
adiestrado en la risa porque es necesario reir en determinadas ocasiones. 340

¡Mentira! Eran mentiras su resignación y su serenidad; quería
amor, sí, amor, y viajes y locuras, y amor, amor . . .

—Pero Brígida ¿por qué te vas? ¿por qué te quedabas? —había
preguntado Luis.

Ahora habría sabido contestarle: 345
—¡El árbol, Luis, el árbol! Han derribado el gomero.

EJERCICIOS

Discusión

1. Describa la vida de Brígida y Luis.
2. ¿Cómo es Brígida? ¿Cómo fue la niñez de Brígida? ¿Por qué creían que era una niña retardada?
3. ¿Qué siente Brígida cuando está en su cuarto de vestir?
4. Compare la relación de Brígida y Luis con la de Silvina y Montt.
5. ¿Cómo reacciona Brígida ante la vejez de su esposo al ver sus arrugas, venas, etc.? ¿Cómo reacciona Silvina ante la vejez de Montt?
6. ¿Por qué se casó Brígida con Luis?
7. Explique el sentido de la última frase del cuento.
8. Vuelva usted a contar el cuento desde el punto de vista de:
   a. Luis, b. el segundo marido de Brígida.

Comente en sus propias palabras.
1. El concierto
2. Brígida
3. El padre de Brígida
4. Luis
5. La vida matrimonial de Brígida y Luis
6. El cuarto de vestir
7. La música y los recuerdos
8. La ventana y el gomero
9. La realidad fría
10. María Luisa Bombal

Explique el sentido de las siguientes oraciones según su contexto en el cuento.
1. Como de costumbre se ha olvidado de pedir el programa.
2. De niña fue ella quien reclamó lecciones de piano.
3. «No voy a luchar más, es inútil. Déjenla», dijo el padre.
4. Desde muy niña corría hacia Luis.
5. «Eres un collar de pájaros», él le había dicho.
6. «Nunca estás conmigo cuando estás a mi lado».
7. Por las mañanas Luis ya no estaba a su lado.
8. En el cuarto de vestir, hasta la vista se refrescaba.
9. Come y acuéstate. . . Más vale que no me esperes.
10. Mirando el tiritar del follaje . . . una podía pasarse así las horas muertas.
11. Es el gomero, ella lo sabe. Y todo lo veía a la luz de esa fría luz.
12. Le habían quitado su intimidad, su secreto; se encontraba desnuda en medio de la calle.

Vocabulario

Construya una oración original con cada uno de los siguientes verbos o modismos, de acuerdo con el tratamiento que se les da en el texto. Según sea necesario, úsense como modelos las oraciones del texto en que aparecen.

1. olvidarse de (6–7)
2. allá él (ella, etc.) (24)
3. tratar de (97)
4. más vale que (125)

5. avergonzarse de (133)
6. dar portazos (199)
7. asomarse a (265)
8. apoderarse de (301)

Jorge Luis Borges
(1899–   )

Emma Zunz

Jorge Luis Borges nació en Buenos Aires (Argentina), estudió en Ginebra y residió por algún tiempo en España, donde se inició su carrera literaria. Escribió poesías ultraístas y en 1924 fundó en Buenos Aires la revista *Proa* para dar voz a sus ideas estéticas; más tarde fue uno de los colaboradores más fieles de *Sur*. Sabe inglés y francés perfectamente, y es un gran admirador de H. G. Wells, Chesterton y Poe. Ha traducido con fidelidad y gran habilidad artística obras de autores tan distintos como Melville, Kafka, Michaux, Faulkner y Virginia Woolf. Perfeccionó su inglés en la Universidad de Cambridge y al volver a la Argentina obtuvo un profesorado en la literatura inglesa y norteamericana en la Universidad de Buenos Aires. Durante varios años fue también Director de la Biblioteca Nacional.

Borges es uno de los escritores hispanoamericanos que gozan de una reputación internacional. Ha sido traducido a varias lenguas, y las versiones inglesas de sus cuentos han tenido gran éxito en los Estados Unidos y en la Gran Bretaña. En 1961 ganó (con Samuel Beckett) el premio internacional de literatura Formentor. Escrupuloso estilista y lector infatigable, Borges es el creador de «una literatura que tiene su propia retórica y estilística, una metafísica que le da unidad y convierte una obra en apariencia fragmentaria en un todo coherente». En sus relatos hay una mezcla de fantasía, metafísica e intelectualización que nos hace pensar en *las posibilidades humanas*. El autor ha creado un mundo donde la inteligencia y la imaginación existen libres de las limitaciones de lo temporal y conocido. Sus cuentos son maravillosos juegos de fantasía y de erudición.

Algunos críticos opinan que Borges ha dado forma a una mitología cabalística que abre caminos desconocidos. Para este cuentista las facultades perdidas del hombre, el laberinto simbólico, las múltiples formas y manifestaciones del tiempo, el universo, la personalidad, la metafísica y la historia todos se confunden para formar la nueva realidad producida por la imaginación del escritor. En este mundo esquemático de la idea los valores físicos se reducen a su esencia y todas las cosas imaginables caben en lo posible.

Una de las mejores antologías de los relatos de Borges es la publicada en 1958 por Monticello College, EE.UU., con un prólogo del profesor John G. Copeland: *Cuentos de Jorge Luis Borges*. Una de las mejores colecciones en inglés es la titulada *Labyrinths: Selected Stories and Other Writings*, con un prefacio de André Maurois, New Directions Press, 1962. Traducciones de algunos de sus cuentos han aparecido en el *New Yorker* y en otras revistas norteamericanas.

EMMA ZUNZ

22

El catorce de enero de 1922, Emma Zunz, al volver de la fábrica de tejidos Tarbuch y Loewenthal, halló en el fondo del zaguán una carta, fechada en el Brasil, por la que supo que su padre había muerto. La engañaron, a primera vista, el sello y el sobre; luego, la inquietó la letra desconocida. Nueve o diez líneas borroneadas querían colmar la 5 hoja; Emma leyó que el señor Maier había ingerido por error una fuerte dosis de veronal y había fallecido el tres del corriente en el hospital de Bagé. Un compañero de pensión de su padre firmaba la noticia, un tal Fein o Fain, de Río Grande, que no podía saber que se dirigía a la hija del muerto. 10

Emma dejó caer el papel. Su primera impresión fue de malestar en el vientre y en las rodillas; luego de ciega culpa, de irrealidad, de frío, de temor; luego, quiso ya estar en el día siguiente. Acto continuo comprendió que esa voluntad era inútil porque la muerte de su padre era lo único que había sucedido en el mundo, y seguiría sucediendo 15 sin fin. Recogió el papel y se fue a su cuarto. Furtivamente lo guardó en un cajón, como si de algún modo ya conociera los hechos ulteriores. Ya había empezado a vislumbrarlos, tal vez; ya era la que sería.

En la creciente oscuridad, Emma lloró hasta el fin de aquel día el suicidio de Manuel Maier, que en los antiguos días felices fue Ema- 20 nuel Zunz. Recordó veraneos en una chacra, cerca de Gualeguay, recordó (trató de recordar) a su madre, recordó la casita de Lanús que les remataron, recordó los amarillos losanges de una ventana, recordó el auto de prisión, el oprobio, recordó los anónimos con el suelto sobre «el desfalco del cajero», recordó (pero eso jamás lo olvidaba) que su 25 padre, la última noche, le había jurado que el ladrón era Loewenthal. Loewenthal, Aarón Loewenthal, antes gerente de la fábrica y ahora uno de los dueños. Emma, desde 1916, guardaba el secreto. A nadie se lo había revelado, ni siquiera a su mejor amiga, Elsa Urstein. Quizá rehuía la profana incredulidad; quizá creía que el secreto era un vín- 30 culo entre ella y el ausente. Loewenthal no sabía que ella sabía; Emma Zunz derivaba de ese hecho ínfimo un sentimiento de poder.

No durmió aquella noche y cuando la primera luz definió el rectángulo de la ventana, ya estaba perfecto su plan. Procuró que ese día, que le pareció interminable, fuera como los otros. Había en la fábrica 35 rumores de huelga; Emma se declaró, como siempre, contra toda violencia. A las seis, concluido el trabajo, fue con Elsa a un club de mujeres, que tiene gimnasio y pileta. Se inscribieron; tuvo que repetir y

---

From *El Aleph* (Buenos Aires: © Emecé Editores, S. A.; 1957). Reprinted by permission.

deletrear su nombre y su apellido, tuvo que festejar las bromas vul-
40 gares que comentan la revisación. Con Elsa y con la menor de las
Kronfuss discutió a qué cinematógrafo irían el domingo a la tarde.
Luego, se habló de novios y nadie esperó que Emma hablara. En abril
cumpliría diecinueve años, pero los hombres le inspiraban, aún, un
temor casi patológico... De vuelta, preparó una sopa de tapioca y
45 unas legumbres, comió temprano, se acostó y se obligó a dormir. Así,
laborioso y trivial, pasó el viernes quince, la víspera.

El sábado, la impaciencia la despertó. La impaciencia, no la inquietud, y el singular alivio de estar en aquel día, por fin. Ya no tenía
que tramar y que imaginar; dentro de algunas horas alcanzaría la
50 simplicidad de los hechos. Leyó en *La Prensa* que el *Nordstjärnan*, de
Malmö, zarparía esa noche del dique 3; llamó por teléfono a Loewenthal, insinuó que deseaba comunicar, sin que lo supieran las otras,
algo sobre la huelga y prometió pasar por el escritorio, al oscurecer.
Le temblaba la voz; el temblor convenía a una delatora. Ningún otro
55 hecho memorable ocurrió esa mañana. Emma trabajó hasta las doce
y fijó con Elsa y con Perla Kronfuss los pormenores del paseo del
domingo. Se acostó después de almorzar y recapituló, cerrados los
ojos, el plan que había tramado. Pensó que la etapa final sería menos
horrible que la primera y que le depararía, sin duda, el sabor de la
60 victoria y de la justicia. De pronto, alarmada, se levantó y corrió al
cajón de la cómoda. Lo abrió; debajo del retrato de Milton Sills, donde
la había dejado anteanoche, estaba la carta de Fain. Nadie podía haberla visto; la empezó a leer y la rompió.

Referir con alguna realidad los hechos de esa tarde sería difícil
65 y quizá improcedente. Un atributo de lo infernal es la irrealidad, un
atributo que parece mitigar sus terrores y que los agrava tal vez. ¿Cómo
hacer verosímil una acción en la que casi no creyó quien la ejecutaba,
cómo recuperar ese breve caos que hoy la memoria de Emma Zunz
repudia y confunde? Emma vivía por Almagro, en la calle Liniers; nos
70 consta que esa tarde fue al puerto. Acaso en el infame Paseo de Julio
se vio multiplicada en espejos, publicada por luces y desnudada por
los ojos hambrientos, pero más razonable es conjeturar que al principio erró, inadvertida, por la indiferente recova.... Entró en dos o
tres bares, vio la rutina o los manejos de otras mujeres. Dio al fin con
75 hombres del *Nordstjärnan*. De uno, muy joven, temió que le inspirara
alguna ternura y optó por otro, quizá más bajo que ella y grosero, para
que la pureza del horror no fuera mitigada. El hombre la condujo a
una puerta y después a un turbio zaguán y después a una escalera
tortuosa y después a un vestíbulo (en el que había una vidriera con
80 losanges idénticos a los de la casa en Lanús) y después a una puerta
que se cerró. Los hechos graves están fuera del tiempo, ya porque en
ellos el pasado inmediato queda como tronchado del porvenir, ya porque no parecen consecutivas las partes que los forman.

¿En aquel tiempo fuera del tiempo, en aquel desorden perplejo de sensaciones inconexas y atroces, pensó Emma Zunz *una sola vez* **85** en el muerto que motivaba el sacrificio? Yo tengo para mí que pensó una vez y que en ese momento peligró su desesperado propósito. Pensó (no pudo no pensar) que su padre le había hecho a su madre la cosa horrible que a ella ahora le hacían. Lo pensó con débil asombro y se refugió, en seguida, en el vértigo. El hombre, sueco o finlandés, no **90** hablaba español; fue una herramienta para Emma como ésta lo fue para él, pero ella sirvió para el goce y él para la justicia.

Cuando se quedó sola, Emma no abrió en seguida los ojos. En la mesa de luz estaba el dinero que había dejado el hombre. Emma se incorporó y lo rompió como antes había roto la carta. Romper dinero **95** es una impiedad, como tirar el pan; Emma se arrepintió, apenas lo hizo. Un acto de soberbia y en aquel día. . . . El temor se perdió en la tristeza de su cuerpo, en el asco. El asco y la tristeza la encadenaban, pero Emma lentamente se levantó y procedió a vestirse. En el cuarto no quedaban colores vivos; el último crepúsculo se agravaba. Emma **100** pudo salir sin que la advirtieran; en la esquina subió a un Lacroze, que iba al oeste. Eligió, conforme a su plan, el asiento más delantero, para que no le vieran la cara. Quizá le confortó verificar, en el insípido trajín de las calles, que lo acaecido no había contaminado las cosas. Viajó por barrios decrecientes y opacos, viéndolos y olvidándolos en **105** el acto, y se apeó en una de las bocacalles de Warnes. Paradójicamente su fatiga venía a ser una fuerza, pues la obligaba a concentrarse en los pormenores de la aventura y le ocultaba el fondo y el fin.

Aarón Loewenthal era, para todos, un hombre serio; para sus pocos íntimos, un avaro. Vivía en los altos de la fábrica, solo. Esta- **110** blecido en el desmantelado arrabal, temía a los ladrones; en el patio de la fábrica había un gran perro y en el cajón de su escritorio, nadie lo ignoraba, un revólver. Había llorado con decoro, el año anterior, la inesperada muerte de su mujer —¡una Gauss, que le trajo una buena dote!—, pero el dinero era su verdadera pasión. Con íntimo bochorno **115** se sabía menos apto para ganarlo que para conservarlo. Era muy religioso, creía tener con el Señor un pacto secreto, que lo eximía de obrar bien, a trueque de oraciones y devociones. Calvo, corpulento, enlutado, de quevedos ahumados y barba rubia, esperaba de pie, junto a la ventana, el informe confidencial de la obrera Zunz. **120**

La vio empujar la verja (que él había entornado a propósito) y cruzar el patio sombrío. La vio hacer un pequeño rodeo cuando el perro atado ladró. Los labios de Emma se atareaban como los de quien reza en voz baja; cansados, repetían la sentencia que el señor Loewenthal oiría antes de morir. **125**

Las cosas no ocurrieron como había previsto Emma Zunz. Desde la madrugada anterior, ella se había soñado muchas veces, dirigiendo el firme revólver, forzando al miserable a confesar la miserable culpa

y exponiendo la intrépida estratagema que permitiría a la Justicia de
130 Dios triunfar de la justicia humana. (No por temor sino por ser un
instrumento de la Justicia, ella no quería ser castigada.) Luego, un
solo balazo en mitad del pecho rubricaría la suerte de Loewenthal.
Pero las cosas no ocurrieron así.

Ante Aarón Loewenthal, más que la urgencia de vengar a su padre,
135 Emma sintió la de castigar el ultraje padecido por ello. No podía no
matarlo, después de esa minuciosa deshonra. Tampoco tenía tiempo
que perder en teatralerías. Sentada, tímida, pidió excusas a Loewenthal, invocó (a fuer de delatora) las obligaciones de la lealtad, pronunció algunos nombres, dio a entender otros y se cortó como si la
140 venciera el temor. Logró que Loewenthal saliera a buscar una copa de
agua. Cuando éste, incrédulo de tales aspavientos, pero indulgente,
volvió del comedor, Emma ya había sacado del cajón el pesado revólver. Apretó el gatillo dos veces. El considerable cuerpo se desplomó
como si los estampidos y el humo lo hubieran roto, el vaso de agua se
145 rompió, la cara la miró con asombro y cólera, la boca de la cara la
injurió en español y en ídisch. Las malas palabras no cejaban; Emma
tuvo que hacer fuego otra vez. En el patio, el perro encadenado rompió
a ladrar, y una efusión de brusca sangre manó de los labios obscenos
y manchó la barba y la ropa. Emma inició la acusación que tenía
150 preparada («He vengado a mi padre y no me podrán castigar...»),
pero no la acabó, porque el señor Loewenthal ya había muerto. No
supo nunca si alcanzó a comprender.

Los ladridos tirantes le recordaron que no podía, aún, descansar.
Desordenó el diván, desabrochó el saco del cadáver, le quitó los que-
155 vedos salpicados y los dejó sobre el fichero. Luego tomó el teléfono y
repitió lo que tantas veces repetiría, con esas y con otras palabras: *Ha
ocurrido una cosa que es increíble.... El señor Loewenthal me hizo
venir con el pretexto de la huelga.... Abusó de mí, lo maté.*

La historia era increíble, en efecto, pero se impuso a todos, por-
160 que sustancialmente era cierta. Verdadero era el tono de Emma Zunz,
verdadero el pudor, verdadero el odio. Verdadero también era el ultraje que había padecido: sólo eran falsas las circunstancias, la hora
y uno o dos nombres propios.

EJERCICIOS

Discusión

1. Describa a Emma Zunz y la clase de vida que lleva.
2. ¿Cuál es el acuerdo que Loewenthal tiene con Dios? ¿El que Emma Zunz tiene con Dios?
3. ¿Por qué motivo mata Emma a Loewenthal?
4. ¿Queda el lector convencido de que Loewenthal era el verdadero ladrón? ¿Por qué sí o por qué no?
5. ¿Qué circunstancias en la muerte de Loewenthal parecen confirmar la versión de Emma?
6. Si usted fuera detective, ¿cómo interpretaría «los quevedos salpicados . . . sobre el fichero?»
7. Vuelva usted a contar el cuento desde el punto de vista de un periodista de *La Prensa* que tiene una entrevista con Emma.
8. Prepare usted un reportaje de esta historia para ser usado en un programa de noticias de televisión.

Comente en sus propias palabras.
1. La carta
2. La prisión del padre
3. Loewenthal
4. El club de mujeres
5. El vapor de Malmö
6. La huelga
7. La muerte de Loewenthal
8. Las palabras de Emma
9. La verdad legal y moral
10. Jorge Luis Borges

Explique el sentido de las siguientes oraciones según su contexto en el cuento.
1. Emma recibió una carta por la que supo que su padre había muerto.
2. La muerte de su padre era lo único que había sucedido en el mundo, y seguiría sucediendo sin fin.
3. Emma llamó por teléfono a Loewenthal.
4. El marinero la condujo a un turbio cuarto.
5. Romper dinero es una impiedad, como tirar el pan.
6. Dio a entender varios nombres, y se cortó como si la venciera el temor.
7. Logró que Loewenthal saliera a buscar una copa de agua.
8. Apretó el gatillo dos veces.
9. Nunca supo si Loewenthal alcanzó a comprender.

10. Tomó el teléfono y repitió lo que tantas veces repetiría . . .

11. Sólo eran falsas las circunstancias.

Vocabulario

Construya una oración original original con cada uno de los siguientes verbos o modismos, de acuerdo con el tratamiento que se les da en el texto. Según sea necesario, úsense como modelos las oraciones del texto en que aparecen.

1. dejar caer (11)

2. de vuelta (44)

3. anteanoche (62)

4. optar por (76)

5. apenas (96)

6. apearse (en) (106)

7. apretar el gatillo (143)

8. hacer fuego (147)

Gabriel García Márquez
(1928–   )

Un día de éstos

Gabriel García Márquez, ganador del Premio Nobel de Literatura en 1982, nació en el pequeño pueblo de Aracataca en la costa de Colombia. Sus padres entregaron al niño al cuidado de los abuelos, y hasta la edad de ocho años Gabriel no volvió a ver a su madre. En cambio, recuerda con gran afecto al abuelo, quien lo llevaba al circo y le decía cuentos, creando así un mundo mágico para el niño que llegó a creer que el mundo de la imaginación era el mundo de la eternidad.

El joven García Márquez realizó estudios en Barranquilla y en las universidades de Bogotá y de Cartagena, pero no obtuvo título. En 1971 le otorgaron el doctorado en letras *honoris causa* en Columbia University, Nueva York. García Márquez ha dicho que recibió el impulso de escribir al leer a William Faulkner, cuyo oscuro mundo del Sur le fascinaba.

Comenzó su carrera literaria en 1947 con la publicación de relatos en *El Espectador* de Bogotá. Su primera novela, *La hojarasca*, apareció en 1955. Otras obras suyas que se publicaron en los años siguientes son: *El coronel no tiene quien le escriba*, 1961; *Los funerales de la Mamá Grande* (cuentos), 1962; *La mala hora*, 1962; *Cien años de soledad*, 1967; *La increíble* y *triste historia de la Cándida Eréndira y de su abuela desalmada: siete cuentos*, 1972; *El otoño del patriarca*, 1975; y *Crónica de una muerte anunciada*, 1981. Casi todas sus obras han sido traducidas al inglés y a varias otras lenguas. Hace algunos años el joven escritor se opuso fuertemente al régimen autocrático de Colombia y abandonó su país natal. Vivió algunos años en Europa (Italia y España), pero reside ahora en México.

La publicación de *Cien años de soledad* en 1967 le consagró como uno de los representantes más altos de la nueva novela latinoamericana. La novela gozó de un vasto e inmediato éxito, y «convirtió a García Márquez en el autor literario seguramente más popular en todos los países de habla española». Las invenciones más fantásticas aparecen en la novela como sucesos normales. *Cien años de soledad* es la historia simbólica de Latinoamérica: irónica, exagerada, grotesca, convincente. Los cuentos de García Márquez también combinan la realidad y la irrealidad, con la excepción de algunos relatos realistas que son viñetas de la vida colombiana. «Un día de éstos», que hemos incluido en esta colección, pertenece a este género. La prosa de García Márquez es expresiva y fuerte. En pocas palabras tersas, bien escogidas, describe los personajes y pinta la escena.

UN DÍA DE ÉSTOS

23

El lunes amaneció tibio y sin lluvia. Don Aurelio Escovar, dentista sin título y buen madrugador, abrió su gabiente a las seis. Sacó de la vidriera una dentadura postiza montada aún en el molde de yeso y puso sobre la mesa un puñado de instrumentos que ordenó de mayor
5 a menor, como en una exposición. Llevaba una camisa a rayas, sin cuello, cerrada arriba con un botón dorado, y los pantalones sostenidos con cargadores elásticos. Era rígido, enjuto, con una mirada que raras veces correspondía a la situación, como la mirada de los sordos.

Cuando tuvo las cosas dispuestas sobre la mesa rodó la fresa
10 hacia el sillón de resortes y se sentó a pulir la dentadura postiza. Parecía no pensar en lo que hacía, pero trabajaba con obstinación, pedaleando en la fresa incluso cuando no se servía de ella.

Después de las ocho hizo una pausa para mirar el cielo por la ventana y vio dos gallinazos pensativos que se secaban al sol en el
15 caballete de la casa vecina. Siguió trabajando con la idea de que antes del almuerzo volvería a llover. La voz destemplada de su hijo de once años lo sacó de su abstracción.

—Papá.

—Qué.
20 —Dice el alcalde que si le sacas una muela.

—Dile que no estoy aquí.

Estaba puliendo un diente de oro. Lo retiró a la distancia del brazo y lo examinó con los ojos a medio cerrar. En la salita de espera volvió a gritar su hijo.
25 —Dice que sí estás porque te está oyendo.

El dentista siguió examinando el diente. Sólo cuando lo puso en la mesa con los trabajos terminados, dijo:

—Mejor.

Volvió a operar la fresa. De una cajita de cartón donde guardaba
30 las cosas por hacer, sacó un puente de varias piezas y empezó a pulir el oro.

—Papá.

—Qué.

Aún no había cambiado de expresión.
35 —Dice que si no le sacas la muela te pega un tiro.

Sin apresurarse, con un movimiento extremadamente tranquilo, dejó de pedalear en la fresa, la retiró del sillón y abrió por completo la gaveta inferior de la mesa. Allí estaba el revólver.

From *Los funerales de la Mamá Grande* (Barcelona, 1974). Reprinted by permission of Agencia Literaria Carmen Balcells, Barcelona.

—Bueno —dijo—. Dile que venga a pegármelo.

Hizo girar el sillón hasta quedar de frente a la puerta, la mano 40
apoyada en el borde de la gaveta. El alcalde apareció en el umbral. Se
había afeitado la mejilla izquierda, pero en la otra, hinchada y dolo-
rida, tenía una barba de cinco días. El dentista vio en sus ojos mar-
chitos muchas noches de desesperación. Cerró la gaveta con la punta
de los dedos y dijo suavemente: 45

—Siéntese.

—Buenos días —dijo el alcalde.

—Buenos —dijo el dentista.

Mientras hervían los instrumentos, el alcalde apoyó el cráneo en
el cabezal de la silla y se sintió mejor. Respiraba un olor glacial. Era 50
un gabinete pobre: una vieja silla de madera, la fresa de pedal y una
vidriera con pomos de loza. Frente a la silla, una ventana con un cancel
de tela hasta la altura de un hombre. Cuando sintió que el dentista se
acercaba, el alcalde afirmó los talones y abrió la boca.

Don Aurelio Escovar le movió la cara hacia la luz. Después de 55
observar la muela dañada, ajustó la mandíbula con una cautelosa presión de los dedos.

—Tiene que ser sin anestesia —dijo.

—¿Por qué?

—Porque tiene un absceso. 60

El alcalde lo miró en los ojos.

—Está bien —dijo, y trató de sonreír. El dentista no le corres-
pondió. Llevó a la mesa de trabajo la cacerola con los instrumentos
hervidos y los sacó del agua con unas pinzas frías, todavía sin apresurarse. Después rodó la escupidera con la punta del zapato y fue a 65
lavarse las manos en el aguamanil. Hizo todo sin mirar al alcalde. Pero
el alcalde no lo perdió de vista.

Era una cordal inferior. El dentista abrió las piernas y apretó la
muela con el gatillo caliente. El alcalde se aferró a las barras de la
silla, descargó toda su fuerza en los pies y sintió un vacío helado en 70
los riñones, pero no soltó un suspiro. El dentista sólo movió la muñeca.
Sin rencor, más bien con una amarga ternura, dijo:

—Aquí nos paga veinte muertos, teniente.

El alcalde sintió un crujido de huesos en la mandíbula y sus ojos
se llenaron de lágrimas. Pero no suspiró hasta que no sintió salir la 75
muela. Entonces la vio a través de las lágrimas. Le pareció tan extraña
a su dolor, que no pudo entender la tortura de sus cinco noches anteriores. Inclinado sobre la escupidera, sudoroso, jadeante, se desa-
botonó la guerrera y buscó a tientas el pañuelo en el bolsillo del pantalón. El dentista le dio un trapo limpio. 80

—Séquese las lágrimas —dijo.

El alcalde lo hizo. Estaba temblando. Mientras el dentista se la-
vaba las manos, vio el cielorraso desfondado y una telaraña polvo-

rienta con huevos de araña e insectos muertos. El dentista regresó
secándose las manos. «Acuéstese —dijo— y haga buches de agua de
sal». El alcalde se puso de pie, se despidió con un displicente saludo
militar, y se dirigió a la puerta estirando las piernas, sin abotonarse
la guerrera.

—Me pasa la cuenta —dijo.

—¿A usted o al municipio?

El alcalde no lo miró. Cerró la puerta, y dijo, a través de la red
metálica.

—Es la misma vaina.[1]

---

[1] la misma vaina   *the same damn thing*

EJERCICIOS

Discusión

1. Describa el gabinete de don Aurelio Escovar.
2. ¿Cómo es el dentista? Hable de la conversación que tiene con su hijo.
3. ¿Quién es el alcalde? ¿Qué podemos inferir de él? ¿de las condiciones en el país?
4. Compare este cuento con «Espuma y nada más». ¿Qué diferencias hay entre el dentista y el barbero?
5. ¿Cómo presenta el cuento el conflicto entre dos grupos sociales?
6. Vuelva usted a contar el cuento desde el punto de vista de:
   a. el dentista, **b.** el alcalde, **c.** el hijo.

Comente en sus propias palabras.
1. El modo de trabajar del dentista
2. La barba del alcalde
3. El absceso
4. El crujido de huesos
5. El revólver
6. La telaraña
7. La cuenta
8. Gabriel García Márquez

Explique el sentido de las siguientes oraciones según su contexto en el cuento.
1. Parecía no pensar en lo que hacía.
2. Dos gallinazos pensativos que se secaban al sol ...
3. Dice que sí estás porque te está oyendo.
4. Dile que venga a pegármelo.
5. Muchas noches de desesperación.
6. Cerró la gaveta con la punta de los dedos.
7. El alcalde afirmó los talones.
8. Tiene que ser sin anestesia.
9. Trató de sonreír.
10. Sintió un vacío helado en los riñones.
11. Aquí nos paga veinte muertos.
12. Es la misma vaina.

Vocabulario

Construya una oración original con cada uno de los siguientes verbos o modismos, de acuerdo con el tratamiento que se les da en el texto. Según sea necesario, úsense como modelos las oraciones del texto en que aparecen.

1. sin título (1–2)
2. servirse de (12)
3. volver a (16)
4. a medio cerrar (23)
5. dejar de (37)
6. frente a (40 y 52)
7. tratar de (62)
8. ponerse de pie (86)

Emilia Pardo Bazán

*(1852–1921)**

AFRA

24

La primera vez que asistí al teatro de Marineda —cuando me destinaron con mi regimiento a la guarnición de esta bonita capital de provincia— recuerdo que asesté los gemelos a la triple hilera de palcos, para enterarme bien del mujerío y las esperanzas que en él podía
5 cifrar un muchacho de veinticinco años no cabales.

    Gozan las marinedinas fama de hermosas, y vi que no usurpada. Observé también que su belleza consiste principalmente en el color. Blancas (por obra de naturaleza, no del perfumista), de bermejos labios, de floridas mejillas y mórbidas carnes, las marinedinas me pa
10 recieron una guirnalda de rosas tendida sobre un barandal de terciopelo obscuro. De pronto, en el cristal de los anteojos que yo paseaba lentamente por la susodicha guirnalda, se encuadró un rostro que me fijó los gemelos en la dirección que entonces tenían. Y no es que aquel rostro sobrepujase en hermosura a los demás, sino que se diferenciaba
15 de todos por la expresión y el carácter.

    En vez de una fresca encarnadura y un plácido y picaresco gesto, vi un rostro descolorido, de líneas enérgicas, de ojos verdes, coronados por cejas negrísimas, casi juntas, que les prestaban una severidad singular; de nariz delicada y bien diseñada, pero de alas movibles, reve
20 ladoras de la pasión vehemente; una cara de corte severo, casi viril, que coronaba un casco de trenzas de un negro de tinta; pesada cabellera que debía de absorber los jugos vitales y causar daño a su poseedora. . . Aquella fisonomía, sin dejar de atraer, alarmaba, pues era de las que dicen a las claras desde el primer momento a quien las
25 contempla: «Soy una voluntad. Puedo torcerme, pero no quebrantarme. Debajo del elegante maniquí femenino escondo el acerado resorte de un alma».

    He dicho que mis gemelos se detuvieron, posándose ávidamente en la señorita pálida del pelo abundoso. Aprovechando los movimien
30 tos que hacía para conversar con unas señoras que la acompañaban, detallé su perfil, su acentuada barbilla, su cuello delgado y largo, que parecía doblarse al peso del voluminoso rodete, su oreja menuda y apretada, como para no perder sonido. Cuando hube permanecido así un buen rato, llamando sin duda la atención por mi insistencia en

---

* Veáse la nota biográfica para «El encaje roto».

considerar a aquella mujer, sentí que me daban un golpecito en el ₃₅
hombro, y oí que me decía me compañero de armas Alberto Castro:

—¡Cuidadito!

—Cuidadito ¿por qué? —respondí bajando los anteojos.

—Porque te veo en peligro de enamorarte de Afra Reyes, y si está
de Dios que ha de suceder, al menos no será sin que yo te avise y te ₄₀
entere de su historia. Es un servicio que los hijos de Marineda debemos a los forasteros.

—¿Pero tiene historia? —murmuré haciendo un movimiento de
repugnancia; porque, aun sin amar a una mujer, me gusta su pureza,
como agrada el aseo de casas donde no pensamos vivir nunca. ₄₅

—En el sentido que se suele dar a la palabra historia, Afra no la
tiene... Al contrario, es de las muchachas más formales y menos coquetas que se encuentran por ahí. Nadie se puede alabar de que Afra
le devuelva una miradita, o le diga una palabra de esas que dan ánimos. Y si no, haz la prueba: dedícate a ella; mírala más; ni siquiera se ₅₀
dignará volver la cabeza. Te aseguro que he visto a muchos que an-
duvieron locos y no pudieron conseguir ni una ojeada de Afra Reyes.

—Pues entonces... ¿qué? ¿Tiene algo... en secreto? ¿Algo que
manche su honra?

—Su honra, o si se quiere, su pureza... repito que ni tiene ni ₅₅
tuvo. Afra, en cuanto a eso... como el cristal. Lo que hay te lo diré...
pero no aquí; cuando se acabe el teatro saldremos juntos, y allá por
el espolón, donde nadie se entere... Porque se trata de cosas
graves..., de mayor cuantía.

Esperé con la menor impaciencia posible a que terminasen de ₆₀
cantar *La bruja*, y así que cayó el telón, Alberto y yo nos dirigimos de
bracero hacia los muelles. La soledad era completa, a pesar de que la
noche tibia convidaba a pasear, y la luna plateaba las aguas de la
bahía, tranquila a la sazón como una balsa de aceite, y misteriosa-
mente blanca a lo lejos. ₆₅

—No creas —dijo Alberto— que te he traído aquí sólo para que
no me oyese nadie contarte la historia de Afra. También es que me
pareció bonito referirla en el mismo escenario del drama que esta
historia encierra. ¿Ves este mar tan apacible, tan dormido, que produce ese rumor blando y sedoso contra la pared del malecón? ¡Pues ₇₀
sólo este mar..., y Dios, que lo ha hecho, pueden alabarse de conocer
la verdad entera respecto a la mujer que te ha llamado la atención en
el teatro! Los demás la juzgamos por meras conjeturas..., ¡y tal vez
calumniamos al conjeturar! Pero hay tan fatales coincidencias; hay
apariencias tan acusadoras en el mundo..., que no podría disiparlas ₇₅
sino la voz del mismo Dios, que ve los corazones y sabe distinguir al
inocente del culpado.

«Afra Reyes es hija de un acaudalado comerciante; se educó algún

tiempo en un colegio inglés, pero su padre tuvo quiebras, y por dis-
80 minuir gastos recogió a la chica, interrumpiendo su educación. Con
todo, el barniz de Inglaterra se le conocía: traía ciertos gustos de in-
dependencia y mucha afición a los ejercicios corporales. Cuando llegó
la época de los baños no se habló en el pueblo sino de su destreza y
vigor para nadar; una cosa sorprendente.
85   «Afra era amiga íntima, inseparable, de otra señorita de aquí,
Flora Castillo; la intimidad de las dos muchachas continuaba la de sus
familias. Se pasaban el día juntas; no salía la una si no la acompañaba
la otra; vestían igual y se enseñaban, riendo, las cartas amorosas que
las escribían. No tenían novio, ni siquiera demostraban predilección
90 por nadie. Vino del Departamento cierto marino muy simpático, de
hermosa presencia, primo de Flora, y empezó a decirse que el marino
hacía la corte a Afra, y que Afra le correspondía con entusiasmo. Y lo
notamos todos: los ojos de Afra no se apartaban del galán, y al hablarle, la emoción profunda se conocía hasta en el anhelo de la respi-
95 ración y en lo velado de la voz. Cuando a los pocos meses se supo que
el consabido marino realmente venía a casarse con Flora, se armó un
caramillo de murmuraciones y chismes y se presumió que las dos
amigas reñirían para siempre. No fue así; aunque desmejorada y triste,
Afra parecía resignada, y acompañaba a Flora de tienda en tienda a
100 escoger ropas y galas para la boda. Esto sucedía en Agosto.
        «En Septiembre, poco antes de la fecha señalada para el enlace,
las dos amigas fueron, como de costumbre, a bañarse juntas allí . . .,
¿no ves? en la playita de San Wintila, donde suele haber mar brava.
Generalmente las acompañaba el novio, pero aquel día sin duda tenía
105 que hacer, pues no las acompañó.
        «Amagaba tormenta; la mar estaba picadísima; las gaviotas chi-
llaban lúgubremente, y la criada que custodiaba las ropas y ayudaba
a vestirse a las señoritas, refirió después que Flora, la rubia y tímida
Flora, sintió miedo al ver el aspecto amenazador de las grandes olas
110 verdes que rompían contra el arenal. Pero Afra, intrépida, ceñido ya
su traje marinero, de sarga azul obscura, animó con chanzas a su
amiga. Metiéronse mar adentro cogidas de la mano, y pronto se las
vio nadar, agarradas también, envueltas en la espuma del oleaje.
        «Poco más de un cuarto de hora después salió a la playa Afra
115 sola, desgreñada, ronca, lívida, gritando, pidiendo socorro, sollozando
que a Flora la había arrastrado el mar . . .
        «Y tan de verdad la había arrastrado, que de la linda rubia sólo
reapareció, al otro día, un cadáver desfigurado, herido en la frente . . .
El relato que de la desgracia hizo Afra entre gemidos y desmayos, fue
120 que Flora, rendida de nadar y sin fuerzas, gritó 'me ahogo'; que ella,
Afra, al oírlo, se lanzó a sostenerla y salvarla; que Flora, al forcejear
para no irse a fondo, se llevaba a Afra al abismo; pero que, aun así,
hubiesen logrado quizá salir a tierra, si la fatalidad no las empuja

hacia un transatlántico fondeado en bahía desde por la mañana. Al chocar con la quilla, Flora se hizo la herida horrible, y Afra recibió 125 también los arañazos y magulladuras que se notaban en sus manos y rostro . . .

«¿Que si creo que Afra . . .?

«Sólo añadiré que al marino, novio de Flora, no volvió a vérsele por aquí; y Afra, desde entonces, no ha sonreído nunca . . . 130

«Por lo demás, acuérdate de lo que dice la Sabiduría: el corazón del hombre . . . selva obscura. ¡Figúrate el de la mujer!»

EJERCICIOS

Discusión

1. Describa a Afra Reyes. ¿Por qué no se parece ella a las demás marinedinas?
2. ¿Qué tipo de educación recibió Afra y cómo afectó esto su personalidad?
3. ¿Por qué no volvió a verse nunca más al novio en Marineda?
4. ¿Por qué no se había vuelto Afra a sonreir desde la muerte de Flora? Dé dos interpretaciones.
5. ¿Podrá Afra ser feliz algún día? ¿Por qué sí o por qué no?
6. Vuelva usted a contar el cuento desde el punto de vista de: **a.** el novio de Flora, **b.** Afra.

Comente en sus propias palabras.

1. Marineda
2. El narrador del cuento
3. El aspecto físico de Afra Reyes
4. Alberto Castro
5. Flora Castillo
6. El marino, primo de Flora
7. La reacción de Afra
8. La tormenta
9. El relato de Afra
10. La conclusión del episodio

Explique el sentido de las siguientes oraciones según su contexto en el cuento.

1. Aquella fisonomía, sin dejar de atraer, alarmaba.
2. ¡Cuidadito! Porque te veo en peligro de enamorarte de Afra Reyes.
3. Cuando se acabe el teatro saldremos juntos.
4. Cuando llegó la época de los baños no se habló en el pueblo sino de su destreza y vigor para nadar.
5. Las dos amigas se pasaban el día juntas.
6. A los pocos meses se supo que el marino venía a casarse con Flora.
7. En esta playa suele haber mar brava.
8. Metiéronse mar adentro cogidas de la mano.
9. Poco más de un cuarto de hora después salió a la playa Afra sola, desgreñada, lívida, gritando . . .
10. Al chocar con la quilla, Flora se hizo la herida horrible.
11. Al marino no volvió a vérsele por aquí.

Vocabulario

Construya una oración original con cada uno de los siguientes verbos o modismos, de acuerdo con el tratamiento que se les da en el texto. Según sea necesario, úsense como modelos las oraciones del texto en que aparecen.

1. susodicho (12)
2. diferenciarse de (14–15)
3. llamar la atención (34 y 72)
4. así que (61)
5. afición a (82)
6. apartarse de (93)
7. armarse (96)
8. como de costumbre (102)

Jorge Luis Borges
(1900–   )*

EL MILAGRO SECRETO   25

> Y Dios lo hizo morir durante cien años
> y luego lo animó y le dijo:
> —¿Cuánto tiempo has estado aquí?
> —Un día o parte de un día —respondió.
>
> Alcorán, II, 261

5

La noche del catorce de marzo de 1939, en un departamento de la Zeltnergasse de Praga, Jaromir Hladík, autor de la inconclusa tragedia *Los enemigos*, de una *Vindicación de la eternidad* y de un examen de las indirectas fuentes judías de Jakob Boehme, soñó con un largo aje-
10 drez. No lo disputaban dos individuos sino dos familias ilustres; la partida había sido entablada hace muchos siglos; nadie era capaz de nombrar el olvidado premio, pero se murmuraba que era enorme y quizás infinito; las piezas y el tablero estaban en una torre secreta; Jaromir (en el sueño) era el primogénito de una de las familias hostiles;
15 en los relojes resonaba la hora de la impostergable jugada; el soñador corría por las arenas de un desierto lluvioso y no lograba recordar las figuras ni las leyes del ajedrez. En ese punto, se despertó. Cesaron los estruendos de la lluvia y de los terribles relojes. Un ruido acompasado y unánime, cortado por algunas voces de mando, subía de la Zeltner-
20 gasse. Era el amanecer; las blindadas vanguardias del Tercer Reich entraban en Praga.
El diecinueve, las autoridades recibieron una denuncia; el mismo diecinueve, al atardecer, Jaromir Hladík fue arrestado. Lo condujeron a un cuartel aséptico y blanco, en la ribera opuesta del Moldau. No
25 pudo levantar uno solo de los cargos de la Gestapo:[1] su apellido materno era Jaroslavski, su sangre era judía, su estudio sobre Boehme era judaizante, su firma dilataba el censo final de una protesta contra el Anschluss. En 1928, había traducido el *Sepher Yezirah*[2] para la editorial Hermann Barsdorf; el efusivo catálogo de esa casa había exa-

---

* Véase la nota biográfica para «Emma Zunz».

[1] No pudo . . . Gestapo *He could not refute a single one of the Gestapo's charges.*

[2] Sepher Yezirah (*Literally*: The Book of Creation), *Hebrew religious treatise and book of magic written in 2 B.C.(?)*

From *Ficciones* (Buenos Aires: © Emecé Editores, S.A., 1956). Reprinted by permission.

gerado comercialmente el renombre del traductor; ese catálogo fue ³⁰ hojeado por Julius Rothe, uno de los jefes en cuyas manos estaba la suerte de Hladík. No hay hombre que, fuera de su especialidad, no sea crédulo; dos o tres adjetivos en letra gótica bastaron para que Julius Rothe admitiera la preeminencia de Hladík y dispusiera que lo condenaran a muerte, *pour encourager les autres.*³ Se fijó el día veinti- ³⁵ nueve de marzo, a las nueve a.m. Esa demora (cuya importancia apreciará después el lector) se debía al deseo administrativo de obrar impersonal y pausadamente, como los vegetales y los planetas.

El primer sentimiento de Hladík fue de mero terror. Pensó que no lo hubieran arredrado la horca, la decapitación o el degüello, pero ⁴⁰ que morir fusilado era intolerable. En vano se redijo que el acto puro y general de morir era lo temible, no las circunstancias concretas. No se cansaba de imaginar esas circunstancias: absurdamente procuraba agotar todas las variaciones. Anticipaba infinitamente el proceso, desde el insomne amanecer hasta la misteriosa descarga. Antes del día pre- ⁴⁵ fijado por Julius Rothe, murió centenares de muertes, en patios cuyas formas y cuyos ángulos fatigaban la geometría, ametrallado por soldados variables, en número cambiante, que a veces lo ultimaban desde lejos; otras, desde muy cerca. Afrontaba con verdadero temor (quizá con verdadero coraje) esas ejecuciones imaginarias; cada simulacro ⁵⁰ duraba unos pocos segundos; cerrado el círculo, Jaromir interminablemente volvía a las trémulas vísperas de su muerte. Luego reflexionó que la realidad no suele coincidir con las previsiones; con lógica perversa infirió que prever un detalle circunstancial es impedir que éste suceda. Fiel a esa débil magia, inventaba, *para que no sucedieran,* ⁵⁵ rasgos atroces; naturalmente, acabó por temer que esos rasgos fueran proféticos. Miserable en la noche, procuraba afirmarse de algún modo en la sustancia fugitiva del tiempo. Sabía que éste se precipitaba hacia el alba del día veintinueve; razonaba en voz alta: *Ahora estoy en la noche del veintidós; mientras dure esta noche (y seis noches más) soy* ⁶⁰ *invulnerable, inmortal.* Pensaba que las noches de sueño eran piletas hondas y oscuras en las que podía sumergirse. A veces anhelaba con impaciencia la definitiva descarga, que lo redimiría, mal o bien, de su vana tarea de imaginar. El veintiocho, cuando el último ocaso reverberaba en los altos barrotes, lo desvió de esas consideraciones abyec- ⁶⁵ tas la imagen de su drama *Los enemigos.*

Hladík había rebasado los cuarenta años. Fuera de algunas amistades y de muchas costumbres, el problemático ejercicio de la literatura constituía su vida; como todo escritor, medía las virtudes de los otros por lo ejecutado por ellos y pedía que los otros lo midieran por ⁷⁰ lo que vislumbraba o planeaba. Todos los libros que había dado a la estampa le infundían un complejo arrepentimiento. En sus exámenes

³ pour encourager les autres *for encouraging others*

de la obra de Boehme, de Abenesra y de Fludd, había intervenido esencialmente la mera aplicación; en su traducción del *Sepher Yezirah*, la
75 negligencia, la fatiga y la conjetura. Juzgaba menos deficiente, tal vez, la *Vindicación de la eternidad:* el primer volumen historia las diversas eternidades que han ideado los hombres, desde el inmóvil Ser de Parménides hasta el pasado modificable de Hinton; el segundo niega (con Francis Bradley) que todos los hechos del universo integran una serie
80 temporal. Arguye que no es infinita la cifra de las posibles experiencias del hombre y que basta una sola «repetición» para demostrar que el tiempo es una falacia. . . . Desdichadamente, no son menos falaces los argumentos que demuestran esa falacia; Hladík solía recorrerlos con cierta desdeñosa perplejidad. También había redactado una serie de
85 poemas expresionistas; éstos, para confusión del poeta, figuraron en una antología de 1924 y no hubo antología posterior que no los heredara. De todo ese pasado equívoco y lánguido quería redimirse Hladík con el drama en verso *Los enemigos.* (Hladík preconizaba el verso, porque impide que los espectadores olviden la irrealidad, que es con-
90 dición del arte.)

Este drama observaba las unidades de tiempo, de lugar y de acción; transcurría en Hradcany, en la biblioteca del barón de Roemerstadt, en una de las últimas tardes del siglo diecinueve. En la primera escena del primer acto, un desconocido visita a Roemerstadt. (Un reloj
95 da las siete, una vehemencia de último sol exalta los cristales, el aire trae una apasionada y reconocible música húngara.) A esta visita siguen otras; Roemerstadt no conoce las personas que lo importunan, pero tiene la incómoda impresión de haberlos visto ya, tal vez en un sueño. Todos exageradamente lo halagan, pero es notorio —primero
100 para los espectadores del drama, luego para el mismo barón— que son enemigos secretos, conjurados para perderlo. Roemerstadt logra detener o burlar sus complejas intrigas; en el diálogo, aluden a su novia, Julia de Weidenau, y a un tal Jaroslav Kubin, que alguna vez la importunó con su amor. Éste, ahora, se ha enloquecido y cree ser
105 Roemerstadt. . . . Los peligros arrecian; Roemerstadt, al cabo del segundo acto, se ve en la obligación de matar a un conspirador. Empieza el tercer acto, el último. Crecen gradualmente las incoherencias: vuelven actores que parecían descartados ya de la trama; vuelve, por un instante, el hombre matado por Roemerstadt. Alguien hace notar que
110 no ha atardecido: el reloj da las siete, en los altos cristales reverbera el sol occidental, el aire trae una apasionada música húngara. Aparece el primer interlocutor y repite las palabras que pronunció en la primera escena del primer acto. Roemerstadt le habla sin asombro; el espectador entiende que Roemerstadt es el miserable Jarolslav Kubin.
115 El drama no ha ocurrido; es el delirio circular que interminablemente vive y revive Kubin.

Nunca se había preguntado Hladík si esa tragicomedia de errores era baladí o admirable, rigurosa o casual. En el argumento que he

bosquejado intuía la invención más apta para disimular sus defectos
y para ejercitar sus felicidades, la posibilidad de rescatar (de manera 120
simbólica) lo fundamental de su vida. Había terminado ya el primer
acto y alguna escena del tercero; el carácter métrico de la obra le
permitía examinarla continuamente, rectificando los hexámetros, sin
el manuscrito a la vista. Pensó que aún le faltaban dos actos y que
muy pronto iba a morir. Habló con Dios en la oscuridad: *Si de algún* 125
modo existo, si no soy una de tus repeticiones y erratas, existo como
autor de Los enemigos. *Para llevar a término ese drama, que puede*
justificarme y justificarte, requiero un año más. Otórgame esos dias,
Tú de quien son los siglos y el tiempo. Era la última noche, la más
atroz, pero diez minutos después el sueño lo anegó como un agua 130
oscura.

Hacia el alba, soñó que se había ocultado en una de las naves de
la biblioteca del Clementinum. Un bibliotecario de gafas negras le
preguntó: *¿Qué busca?* Hladík le replicó: *Busco a Dios.* El bibliotecario
le dijo: *Dios está en una de las letras de una de las páginas de uno de* 135
los cuatrocientos mil tomos del Clementinum. Mis padres y los padres
de mis padres han buscado esa letra; yo me he quedado ciego buscán-
dola. Se quitó las gafas y Hladík vio los ojos, que estaban muertos. Un
lector entró a devolver un atlas. *Este atlas es inútil,* dijo, y se lo dio a
Hladík. Éste lo abrió al azar. Vio un mapa de la India, vertiginoso. 140
Bruscamente seguro, tocó una de las mínimas letras. Una voz ubicua
le dijo: *El tiempo de tu labor ha sido otorgado.* Aquí Hladík se despertó.

Recordó que los sueños de los hombres pertenecen a Dios y que
Maimónides ha escrito que son divinas las palabras de un sueño,
cuando son distintas y claras y no se puede ver quién las dijo. Se vistió; 145
dos soldados entraron en la celda y le ordenaron que los siguiera.

Del otro lado de la puerta, Hladík había previsto un laberinto de
galerías, escaleras y pabellones. La realidad fue menos rica: bajaron
a un traspatio por una sola escalera de hierro. Varios soldados
—algunos de uniforme desabrochado— revisaban una motocicleta y 150
la discutían. El sargento miró el reloj: eran las ocho y cuarenta y
cuatro minutos. Había que esperar que dieran las nueve. Hladík, más
insignificante que desdichado, se sentó en un montón de leña. Advirtió
que los ojos de los soldados rehuían los suyos. Para aliviar la espera,
el sargento le entregó un cigarrillo. Hladík no fumaba; lo aceptó por 155
cortesía o por humildad. Al encenderlo, vio que le temblaban las manos.
El día se nubló; los soldados hablaban en voz baja como si él ya estuviera muerto. Vanamente, procuró recordar a la mujer cuyo símbolo
era Julia de Weidenau. . . .

El piquete se formó, se cuadró. Hladík, de pie contra la pared del 160
cuartel, esperó la descarga. Alguien temió que la pared quedara ma-
culada de sangre; entonces le ordenaron al reo que avanzara unos
pasos. Hladík, absurdamente, recordó las vacilaciones preliminares
de los fotógrafos. Una pesada gota de lluvia rozó una de las sienes de

165 Hladík y rodó lentamente por su mejilla; el sargento vociferó la orden final.

El universo físico se detuvo.

Las armas convergían sobre Hladík, pero los hombres que iban a matarlo estaban inmóviles. El brazo del sargento eternizaba un ade- 170 mán inconcluso. En una baldosa del patio una abeja proyectaba una sombra fija. El viento había cesado, como en un cuadro. Hladík ensayó un grito, una sílaba, la torsión de una mano. Comprendió que estaba paralizado. No le llegaba ni el más tenue rumor del impedido mundo. Pensó *estoy en el infierno, estoy muerto*. Pensó *estoy loco*. Pensó *el* 175 *tiempo se ha detenido*. Luego reflexionó que en tal caso, también se hubiera detenido su pensamiento. Quiso ponerlo a prueba: repitió (sin mover los labios) la misteriosa cuarta égloga de Virgilio. Imaginó que los ya remotos soldados compartían su angustia; anheló comunicarse con ellos. Le asombró no sentir ninguna fatiga, ni siquiera el vértigo 180 de su larga inmovilidad. Durmió, al cabo de un plazo indeterminado. Al despertar, el mundo seguía inmóvil y sordo. En su mejilla perdu- raba la gota de agua; en el patio, la sombra de la abeja; el humo del cigarrillo que había tirado no acababa nunca de dispersarse. Otro «día» pasó, antes que Hladík entendiera.

185 Un año entero había solicitado de Dios para terminar su labor: un año le otorgaba su omnipotencia. Dios operaba para él un milagro secreto: lo mataría el plomo germánico, en la hora determinada, pero en su mente un año transcurriría entre la orden y la ejecución de la orden. De la perplejidad pasó al estupor, del estupor a la resignación, 190 de la resignación a la súbita gratitud.

No disponía de otro documento que la memoria; el aprendizaje de cada hexámetro que agregaba le impuso un afortunado rigor que no sospechan quienes aventuran y olvidan párrafos interinos y vagos. No trabajó para la posteridad ni aun para Dios, de cuyas preferencias 195 literarias poco sabía. Minucioso, inmóvil, secreto, urdió en el tiempo su alto laberinto invisible. Rehizo el tercer acto dos veces. Borró algún símbolo desmasiado evidente: las repetidas campanadas, la música. Ninguna circunstancia lo importunaba. Omitió, abrevió, amplificó; en algún caso, optó por la versión primitiva. Llegó a querer el patio, el 200 cuartel; uno de los rostros que lo enfrentaban modificó su concepción del carácter de Roemerstadt. Descubrió que las arduas cacofonías que alarmaron tanto a Flaubert son meras supersticiones visuales: debi- lidades y molestias de la palabra escrita, no de la palabra sonora. . . . Dio término a su drama: no le faltaba ya resolver sino un solo epíteto. 205 Lo encontró; la gota de agua resbaló en su mejilla. Inició un grito enloquecido, movió la cara, la cuádruple descarga lo derribó.

Jaromir Hladík murió el veintinueve de marzo, a las nueve y dos minutos de la mañana.

EJERCICIOS

Discusión

1. Hable del juego de ajedrez en el sueño de Hladík.
2. Dé las razones que encuentra Julius Rothe para condenar a muerte a Hladík.
3. Describa las «vacilaciones preliminares» de los soldados encargados de ejecutar a Hladík.
4. Explique lo que es el «milagro secreto».
5. Cuente usted la historia de *Los enemigos* desde el punto de vista de:
   a. Julia de Weidenau,   **b.** Kubin.
6. Vuelva usted a contar el cuento desde el punto de vista de:
   a. Julius Rothe,   **b.** el sargento del piquete.

Comente en sus propias palabras.
1. Jaromir Hladík
2. El juego de ajedrez
3. Praga
4. La denuncia
5. Los pensamientos de Hladík
6. *Los enemigos*
7. Lo que pide Hladík
8. Los soldados
9. El tiempo detenido

Explique el sentido de las siguientes oraciones según su contexto en el cuento.
1. Hladík soñó con un largo ajedrez.
2. Era el amanecer; las blindadas vanguardias del Tercer Reich entraban en Praga.
3. Hladík fue arrestado.
4. Antes del día prefijado murió centenares de muertes.
5. Hladík escribía en verso.
6. El tiempo de tu labor ha sido otorgado.
7. Dos soldados entraron en la celda y le ordenaron que los siguiera.
8. Pensó *el tiempo se ha detenido.*
9. Quiso ponerlo a prueba.
10. Al despertar, el mundo seguía inmóvil y sordo.
11. Dios operaba para él un milagro secreto.
12. Rehizo el tercer acto dos veces.

Vocabulario

Construya una oración original con cada uno de los siguientes verbos o modismos, de acuerdo con el tratamiento que se les da en el texto.

Según sea necesario, úsense como modelos las oraciones del texto en que aparecen.

1. entrar en (21)
2. cansarse de (43)
3. fuera de (67)
4. dar la hora (95 y 110)
5. verse en la obligación de (106)
6. hacer notar (109)
7. quitarse (138)
8. dar término (204)

Manuel Gutiérrez Nájera
(1859–1895)*

RIP-RIP

Este cuento yo no lo vi; pero creo que lo soñé.

¡Qué cosas ven los ojos cuando están cerrados! Parece imposible que tengamos tanta gente y tantas cosas dentro . . . porque, cuando los párpados caen, la mirada como una señora que cierra su balcón, entra a ver lo que hay en casa. Pues bien, esta casa mía, esta casa de la ⁵ señora mirada que yo tengo, o que me tiene, es un palacio, es una quinta, es una ciudad, es un mundo, es el universo . . . pero un universo en el que siempre están presentes el presente, el pasado y el futuro. A juzgar por lo que miro cuando duermo, pienso para mí, y hasta para ustedes, mis lectores: ¡Jesús! ¡qué de cosas han de ver los ciegos! Esos ¹⁰ que siempre están dormidos ¡qué verán! El amor es ciego, según cuentan. Y el amor es el único que ve a Dios.

¿De quién es la leyenda de Rip-Rip? Entiendo que la recogió Washington Irving, para darle forma literaria en alguno de sus libros. Sé que hay una ópera cómica con el propio título y con el mismo ¹⁵ argumento. Pero no he leído el cuento del novelador e historiador norteamericano, ni he oído la ópera . . . pero he visto a Rip-Rip.

Si no fuera pecaminosa la suposición, diría yo que Rip-Rip ha de haber sido hijo del monje Alfeo. Este monje era alemán, cachazudo, flemático y hasta presumo que algo sordo; pasó cien años, sin sentirlos, ²⁰ oyendo el canto de un pájaro. Rip-Rip fue más yankee, menos aficionado a músicas y más bebedor de whiskey; durmió durante muchos años.

Rip-Rip, el que yo vi, se durmió, no sé por qué, en alguna caverna en la que entró . . . quién sabe para qué. ²⁵

Pero no durmió tanto como el Rip-Rip de la leyenda. Creo que durmió diez años . . . tal vez cinco . . . acaso uno . . . en fin su sueño fue bastante corto: durmió mal. Pero el caso es que envejeció dormido, porque eso pasa a los que sueñan mucho. Y como Rip-Rip no tenía reloj, y como aunque lo hubiese tenido no le habría dado cuerda cada ³⁰ veinticuatro horas; como no se habían inventado aún los calendarios, y como en los bosques no hay espejos, Rip-Rip no pudo darse cuenta de las horas, los días o los meses que habían pasado mientras él dormía, ni enterarse de que era ya un anciano. Sucede casi siempre: mu-

---

* Véase la nota biográfica para «La mañana de San Juan».

35 cho tiempo antes de que uno sepa que es viejo, los demás lo saben y lo dicen.

Rip-Rip, todavía algo soñoliento y sintiendo vergüenza por haber pasado toda una noche fuera de su casa —él que era esposo creyente y practicante— se dijo, no sin sobresalto: —¡Vamos al hogar!

40 Y allá va Rip-Rip con su barba muy cana (que él creía muy rubia) cruzando a duras penas aquellas veredas casi inaccesibles. Las piernas flaquearon; pero él decía: —¡Es efecto del sueño!

¡Y no, era efecto de la vejez, que no es suma de años, sino suma de sueños!

45 Caminando, caminando, pensaba Rip-Rip: —¡Pobre mujercita mía! ¡Qué alarmada estará! Yo no me explico lo que ha pasado.

Debo de estar enfermo . . . muy enfermo. Salí al amanecer . . . está ahora amaneciendo . . . de modo que el día y la noche los pasé fuera de casa. Pero ¿qué hice? Yo no voy a la taberna: yo no bebo. . . . Sin

50 duda me sorprendió la enfermedad en el monte y caí sin sentido en esa gruta. . . . Ella me habrá buscado por todas partes. . . . ¿Cómo no, si me quiere tanto y es tan buena? No ha de haber dormido. . . . Estará llorando. . . . ¡Y venir sola, en la noche, por estos vericuetos! Aunque sola . . . no, no ha de haber venido sola. En el pueblo me quieren bien,

55 tengo muchos amigos . . . principalmente Juan, el del molino. De seguro que, viendo la aflicción de ella, todos la habrán ayudado a buscarme. Juan principalmente. Pero ¿y la chiquita? ¿Y mi hija? ¿La traerán? ¿A tales horas? ¿Con este frío? Bien puede ser, porque ella me quiere tanto y quiere tanto a su hija y quiere tanto a los dos, que no

60 dejaría por nadie sola a ella, ni dejaría por nadie de buscarme. ¡Qué imprudencia! ¿Le hará daño? . . . En fin, lo primero es que ella . . . pero, ¿cuál es ella? . . .

Y Rip-Rip andaba, andaba . . . y no podía correr.

Llegó por fin, al pueblo, que era casi el mismo . . . pero que no

65 era el mismo. La torre de la parroquia le pareció como más blanca; la casa del Alcalde, como más alta; la tienda principal, como con otra puerta; y las gentes que veía, como con otras caras. ¿Estaría aún medio dormido? ¿Seguiría enfermo?

Al primer amigo a quien halló fue al señor Cura. Era él: con su

70 paraguas verde: con su sombrero alto, que era lo más alto de todo el vecindario; con su Breviario siempre cerrado; con su levitón que siempre era sotana.

—Señor Cura, buenos días.

—Perdona, hijo.

75 —No tuve yo la culpa, señor Cura . . . no me he embriagado . . . no he hecho nada malo. . . . La pobrecita de mi mujer. . . .

—Te dije ya que perdonaras. Y anda; ve a otra parte, porque aquí sobran limosneros.

¿Limosneros? ¿Por qué le hablaba así el Cura? Jamás había pe-

80 dido limosna. No daba para el culto, porque no tenía dinero. No asistía

a los sermones de cuaresma, porque trabajaba en todo tiempo de la noche a la mañana. Pero iba a la misa de siete todos lo:; días de fiesta, y confesaba y comulgaba cada año. No había razón para que el cura lo tratase con desprecio. ¡No la había!

Y lo dejó ir sin decirle nada, porque sentía tentaciones de pe- 85 garle . . . y era el Cura.

Con paso aligerado por la ira siguió Rip-Rip su camino. Afortunadamente la casa estaba muy cerca. . . . Ya veía la luz de sus ventanas. . . .Y como la puerta estaba más lejos que las ventanas, acercóse a la primera de éstas para llamar, para decirle a Luz: —¡Aquí estoy! 90 ¡Ya no te apures!

No hubo necesidad de que llamara. La ventana estaba abierta: Luz cosía tranquilamente, y, en el momento en que Rip-Rip llegó, Juan —el del molino— la besaba en los labios.

—¿Vuelves pronto, hijito? 95

Rip-Rip sintió que todo era rojo en torno suyo. ¡Miserable! ¡Miserable! . . . Temblando como un ebrio o como un viejo entró en la casa. Quería matar pero estaba tan débil, que al llegar a la sala en que hablaban ellos, cayó al suelo. No podía levantarse, no podía hablar; pero sí podía tener los ojos abiertos, muy abiertos para ver cómo 100 palidecían de espanto la esposa adúltera y el amigo traidor.

Y los dos palidecieron. Un grito de ella —¡el mismo grito que el pobre Rip-Rip había oído cuando un ladrón entró en el la casa!— y luego los brazos de Juan que lo enlazaban, pero no para ahogarlo, sino piadosos, caritativos, para alzarlo del suelo. 105

Rip-Rip hubiera dado su vida, también por poder decir una palabra, una blasfemia.

—No está borracho, Luz, es un enfermo.

Y Luz, aunque con miedo todavía, se aproximó al desconocido vagabundo. 110

—¡Pobre viejo! ¿Qué tendrá? Tal vez venía a pedir limosna y se cayó desfallecido de hambre.

—Pero si algo le damos, podría hacerle daño. Lo llevaré primero a mi cama.

—No, a tu cama no, que está muy sucio el infeliz. Llamaré al 115 mozo, y entre tú y él lo llevarán a la botica.

La niña entró en esos momentos.

—¡Mamá, mamá!

—No te asustes, mi vida, si es un hombre.

—¡Qué feo, mamá! ¡Qué miedo! ¡Es como el coco! 120

Y Rip oía.

Veía también; pero no estaba seguro de que veía. Esa salita era la misma . . . la de él. En ese sillón de cuero y otate se sentaba por las noches cuando volvía cansado, después de haber vendido el trigo de su tierrita en el molino de que Juan era administrador. Esas cortinas 125 de la ventana eran su lujo. Las compró a costa de muchos ahorros y de muchos sacrificios. Aquél era Juan, aquélla, Luz . . . pero no eran los mismos. ¡Y la chiquita no era la chiquita!

¿Se había muerto? ¿Estaría loco? ¡Pero él sentía que estaba vivo!
130 Escuchaba . . . veía . . . como se oye y se ve en las pesadillas.

Lo llevaron a la botica en hombros, y allí lo dejaron, porque la niña se asustaba de él. Luz fue con Juan . . . y a nadie extrañó que fueran del brazo y que ella abandonara, casi moribundo, a su marido. No podía moverse, no podía gritar, decir: ¡Soy Rip!
135 Por fin, lo dijo, después de muchas horas, tal vez de muchos años o quizá de mucho siglos. Pero no lo conocieron, no lo quisieron conocer.

—¡Desgraciado! ¡es un loco! —dijo el boticario.

—Hay que llevarlo al señor alcalde, porque puede ser furioso —
140 dijo otro.

—Sí, es verdad, lo amarraremos si resiste.

Y ya iban a liarlo; pero el dolor y la cólera habían devuelto a Rip sus fuerzas. Como rabioso can acometió a sus verdugos, consiguió desasirse de sus brazos, y echó a correr. Iba a su casa . . . ¡iba a matar!
145 Pero la gente lo seguía lo acorralaba. Era aquello una cacería y era él la fiera.

El instinto de la propia conservación se sobrepuso a todo. Lo primero era salir del pueblo, ganar el monte, esconderse y volver más tarde, con la noche, a vengarse, a hacer justicia.
150 Logró por fin burlar a sus perseguidores. ¡Allá va Rip como lobo hambriento! ¡Allá va por lo más intrincado de la selva! Tenía sed . . . la sed que han de sentir los incendios. Y se fue derecho al manatial . . . a beber, a hundirse en el agua y golpearla con los brazos . . . acaso, acaso a ahorgarse. Acercóse al arroyo, y allí a la superficie, salió la
155 muerte a recibirlo. ¡Sí; porque era la muerte en figura de hombre, la imagen de aquel decrépito que se asomaba en el cristal de la onda! Sin duda venía por él ese lívido espectro. No era de carne y hueso, ciertamente; no era un hombre, porque se movía a la vez que Rip, y esos movimientos no agitaban el agua. No era un cadáver, porque sus
160 manos y brazos se torcían y retorcían ¡Y no era Rip, no era él! Era como uno de sus abuelos que se le aparecían para llevarlo con el padre muerto. —Pero ¿y mi sombra? —pensaba Rip.

—¿Por qué no se retrata mi cuerpo en ese espejo? ¿Por qué veo y grito, y el eco de esa montaña no repite mi voz sino otra voz desco-
165 nocida?

¡Y allá fue Rip buscarse en el seno de las ondas! Y el viejo, seguramente, se lo llevó con el padre muerto, porque Rip no ha vuelto!

* * * *

¿Verdad que éste es un sueño extravagante?

Yo veía a Rip muy pobre, lo veía rico, lo miraba joven, lo miraba
170 viejo; a ratos en una choza de leñador, a veces en una casa cuyas

ventanas lucían cortinas blancas; ya sentado en aquel sillón de otate y cuero; ya en un sofá de ébano y raso ... no era un hombre, eran muchos hombres ... tal vez todos los hombres. No me explico cómo Rip no pudo hablar; ni cómo su mujer y su amigo no lo conocieron, a pesar de que estaba tan viejo; ni por qué antes se escapó de los que 175 seproponían atarlo como a loco; ni sé cuántos años estuvo dormido o aletargado en esa gruta.

¿Cuánto tiempo durmió? ¿Cuánto tiempo se necesita para que los seres que amamos y que nos aman nos olviden? ¿Olvidar es delito? ¿Los que olvidan son malos? Ya veis qué buenos fueron Luz y Juan 180 cuando socorrieron al pobre Rip que se moría; la niña se asustó; pero no podemos culparla: no se acordaba de su padre, todos eran inocentes, todos eran buenos ... y sin embargo, todo esto da mucha tristeza.

Hizo muy bien Jesús de Nazareno en no resucitar más que a un 185 solo hombre, y eso a un hombre que no tenía mujer, que no tenía hijas y que acababa de morir. Es bueno echar mucha tierra sobre los cadáveres.

EJERCICIOS

Discusión

1. Cuente la historia de Rip Van Winkle. ¿Qué diferencias hay entre el cuento de Rip Van Winkle y el de Rip-Rip?
2. ¿Qué efectos tiene el paso del tiempo sobre el protagonista de este cuento?
3. ¿Qué efectos tiene el paso del tiempo sobre el protagonista de «El milagro secreto»?
4. Explique el uso del futuro de probabilidad en el pasaje que comienza: «Caminando, caminando. . . .»
5. ¿Por qué es triste este cuento?
6. Vuelva usted a contar el cuento desde el punto de vista de: **a.** Juan, **b.** Rip, **c.** la niña, **d.** Luz.

Comente en sus propias palabras.
1. ¿Quién era el monje Alfeo?
2. Los efectos de la vejez
3. Las reacciones de Rip-Rip al entrar en el pueblo
4. **a.** La reacción de la mujer al ver a Rip-Rip
   b. La reacción de la hija
5. Su mejor amigo Juan
6. La cacería y la fiera
7. La figura de la muerte
8. Luz y Juan son malos

Explique el sentido de las siguientes oraciones según su contexto en el cuento.
1. Parece imposible que tengamos tanta gente y tantas cosas dentro . . .
2. El caso es que envejeció dormido . . .
3. Ni enterarse de que era ya un anciano.
4. Él que era esposo creyente y practicante.
5. Ella me habrá buscado por todas partes.
6. Rip-Rip andaba, andaba . . . y no podía correr.
7. Aquí sobran limosneros.
8. Sentía tentaciones de pegarle.
9. La besaba en los labios.
10. ¡Pobre viejo! ¿Qué tendrá?
11. Lo amarraremos si resiste.
12. Rip no ha vuelto.
13. Es bueno echar mucha tierra sobre los cadáveres.

Vocabulario

Construya una oración original con cada uno de los siguientes verbos o modismos, de acuerdo con el tratamiento que se les da en el texto. Según sea necesario, úsense como modelos las oraciones del texto en que aparecen.

1. pensar para sí (9)
2. darse cuenta de (32–33)
3. ser viejo (35)
4. explicarse (46)
5. sin sentido (50)
6. embriagarse (75)
7. asustarse (de) (119 y 132)
8. estar viejo (175)

Carlos E. Zavaleta
(1928–   )

La rebelde

Carlos Eduardo Zavaleta nació en el pueblo peruano Callejón de Huaylas. Estudió en dos colegios provinciales, y luego se trasladó a Lima, donde ingresó en la Facultad de Ciencias para seguir la carrera de médico, pero a los dos años abandonó esta idea para dedicarse exclusivamente a la literatura. En 1954 se graduó de bachiller en Humanidades con una tesis sobre William Faulkner. «Ha seguido estudios de postgraduado en los Estados Unidos, asistiendo a cursillos y breves ciclos de literatura en las Universidades de North Carolina, Kansas, Washington y en la de Columbia, en Nueva York. Posteriormente se trasladó a España». En los últimos años ha llegado a ser uno de los cuentistas más leídos y más admirados de su país.

Los cuentos de Zavaleta a veces recuerdan los de Faulkner, Conrad y Kafka, pero el escritor peruano nunca produce pálidas imitaciones de modelos extranjeros. Domina la técnica del cuento, y con frecuencia presenta sus personajes llevando doble vida en dos niveles de existencia. Zavaleta es gran admirador de Güiraldes, Rómulo Gallegos, Manuel Rojas, Ciro Alegría y Alfredo Díez-Canseco, pero se distingue de todos ellos en el realismo esquemático de sus cuentos y novelas, por su preocupación psicológica, y por su sentido de la angustia. Quiere profundizar en los fundamentales problemas sociales y psicológicos de su país. Desprecia el costumbrismo pintoresco y superficial; lo que le atrae más hondamente es la condición del hombre crucificado por las presiones de su época.

La descomunal mansión irradiaba luces por doquiera. Huéspedes trajeados con elegancia rumoreaban en los amplios salones. Entre las voces, los chillidos, el color misterioso de los vasos y la fragancia del humo y de las mujeres, todos sonreían a sus vecinos, iban de la sala al vestíbulo, y de allí al fresco *living* de paredes cristalinas. Al azar, 5 subían torneadas escaleras de cedro y se derramaban dichosos por el segundo piso; o salían a la terraza y miraban abajo el jardín, sembrado de mesas y parejas. Y así vivían de las músicas de dos orquestas y miraban a esa muchacha que, cantando en el jardín (el cual circundaba una laguna artificial y luminosa), parecía un cisne salido de las aguas. 10

—Señorita . . ., señorita. . . . —De todas partes, Hilda se sentía llamada. Los dueños de casa pugnaban con los jóvenes a fin de agasajarla: sus voces la perseguían adonde fuera—. ¿Bailamos? ¿Qué se sirve usted? ¡La he estado buscando toda la noche! Sonría . . ., ¿por qué tal seriedad? 15

Hilda no se resistió. Con liviandad de pájaro, sonrió y se revolvió en su traje largo. Aun hizo platicar a sus manos, se dejó conducir por los gestos de los hombres y devolvió la alegría y los vasos.

Pero, llegado un instante, se dijo que uno de los hombres no la dejaba en paz. No le disgustó el asedio, no; le mortificó el que ese 20 hombre no fuera joven.

—Bailemos, Hilda —pidió él.

Bailaron.

—¿Fumas, Hilda? —añadió al cesar la música; ella tomó un cigarrillo ante los ojos del caballero. 25

—Hilda, salgamos al jardín. Quiero hablarte a solas.

Pensó que la tuteaba muy pronto y que sus ademanes al cogerla o susurrar en sus oídos la llevaban a cierta complicidad. Ahora mismo, tras ella, y fingiendo desasosiego, le echaba todo su cuerpo y presionaba cálidamente sus carnes. 30

Después, el hombre la hizo volverse.

—Aquí es imposible —dijo, mirándola de nuevo, como si ya fueran cómplices, y la invitó a salir mientras añadía que los dos eran de otra especie.

—¿Qué dirá su esposa? —preguntó ella—. Usted da la fiesta y no 35 puede irse.

—Nada vale como tú —replicó. De pronto, la hundió bajo una enramada e hizo un ademán que Hilda se dio en contener—. Lo doy todo por ti —susurró lascivamente—. Es cierto, Hilda; es *realmente* cierto. 40

Ella pensó en sus padres; en Marta, su hermana; pensó en su esposo y en sus hijos. Estaba sola en este aire que convidaba dulce-

mente a reir y a suponer que existía el olvido. Allá en su recuerdo, toda su familia seguía viviendo en una casa de apenas dos dormitorios:
45 su afición por estas fiestas le había impedido auxiliar a sus padres. Su sueldo de secretaria era tan solo suyo. Se había adueñado de uno de los dormitorios y se había comprado hermosos muebles. Ahora no dejaba que nadie ingresara en él y no quería pensar que por las noches su familia se apiñaba en la otra habitación. Sin dar cabida al arrepen-
50 timiento, sabía que en su casa la odiaban.

—Le he dicho que soy casada —se defendió—. Soy feliz con mi marido y mis dos hijos.

—Tú sólo serás feliz conmigo —repuso el hombre. Avanzó con ademán grosero y cogió partes de su cuerpo que sólo eran de su es-
55 poso. Rechazándolo, Hilda oyó la música y sintió que los perfumes y la alegría de los huéspedes la ungían para un sueño de veleidades.

—Tuve un hermano —habló ella de pronto—. Recuerdo que sólo llegó a los cinco años: murió cuando no pudimos pagarnos un viaje hasta aquí. Vivíamos en un pueblo donde no había médicos ...
60 —Luego, pensativa, se detuvo—: ¿Cuántos años tiene esta casa?

Febril, el hombre no la había escuchado. Ella aferró sus manos.

—¿Cuántos años hace que es de usted?

—Siempre —dijo él—. Pero sólo tú ...

—¿O sea que esta casa ya existía cuando mi marido se iba a pie
65 a su trabajo y yo cosía para mis hijos?

El la besó furiosamente. Empezó a acezar y a desbocarse con lascivia que no asombró a Hilda, puesto que ella misma, traicionada por su cuerpo, acogía gustosa las caricias.

—Recuerdo que no tengo a nadie —dijo ésta, llegada una tre-
70 gua—. Todos han muerto: mis padres, mi marido y mis hijos.

—Pues entonces vivirás conmigo —habló él.

«Pero él es casado —pensó Hilda—. Ofrece ponerme una casa y dar rienda suelta a la inmundicia; pero aun así, no faltará quienes me envidien ...»
75 —Todos en mi casa se lo pasaban siempre riñendo —prosiguió Hilda; a fin de ser escuchada, tomó la cabeza del hombre y acercó sus ojos a los de él—. Óyeme —dijo—. Mi padre, mi madre y mi esposo soñaron toda la vida con una casa como ésta. ¿Dices que estuvo aquí, a un costado de la avenida? ...
80 —Sí, sí, siempre ... —Volvió él a acariciarla—. Hemos debido conocernos hace tiempo ... Has debido caminar por delante de mi casa ... Entonces, lo nuestro hubiera empezado hace años y no esta noche.

Ella desvió sus ojos.
85 —Tal vez. Pero mi familia no seguiría viviendo.

—¡Cómo! ¿No has dicho que no tienes a nadie, que ya murieron *todos?*

—¡Ah! —se espantó ella—. Yo no dije que hubieran muerto. ¡Eres tú el que quiere matarlos! —chilló—. ¿Por qué los odias? . . .

—¿Yo, mujer? —trató él de sonreir. 90

Juzgando que era una broma, salió de la enramada y se acercó al borde de la terraza.

—Ven —llamó a Hilda, mirando hacia abajo—. Oye cantar a esa muchacha en el jardín. ¡Y mira cómo baila!

Hilda aguardó a que él estuviese de espaldas. Recordó a Marta, 95 su hermana, a su marido y a sus dos hijos; y después, repentina, sosegado ya un enloquecedor movimiento de sus brazos, vio que el hombre yacía junto a la voz de la muchacha, junto al cisne que cantaba sobre la pequeña laguna, y que todas las parejas del jardín corrían alarmadas hacia él. Y aun escuchó a Grimanesa, su compañera de 100 oficina.

—¡Hilda! —le decía ella—. ¿Qué has hecho? ¡Lo has matado! ¿Entiendes, Hilda?

Al punto se vio rodeada por los huéspedes.

—Mató a mi marido —explicó—. Mató a mis dos hijos y a toda 105 mi familia. Fue un canalla.

—¡Pero, Hilda . . .! —se escandalizó Grimanesa, y no se atrevió a tocarla—. Tú no tienes marido. No te has casado nunca y ni siquiera tienes hijos. Tus padres y tus hermanos murieron hace tiempo, y ya van para cinco años que vivimos juntas las dos en un departamento. 110 ¿Qué tienes, Hilda?

Ella se abrió paso entre los huéspedes.

—¡Usted no se mueve de aquí! —se plantó un hombre en su camino.

—Mató a mi esposo y a mis hijos —volvió a decir. 115

—Hilda, entiende . . . —mendigó Grimanesa—: no te has casado nunca . . .

—Pero mi hermana sí —habló Hilda—; y a veces mi hermana soy yo misma de tanto quererla. Ella se casó y tuvo dos hijos . . . Ahora él los ha matado . . . 120

—¡Pero si están vivos! —chilló Grimanesa, casi llorando—. ¿Qué has hecho? ¡Tu hermana Marta y los niños están vivos!

—Él iba a matarlos un día —repuso Hilda—. Los estaba matando a poco, sin conocerlos, tan sólo con no importarle que estuviesen vivos o muertos; y estaba matando a mi esposo, para evitar que yo lo en- 125 cuentre y me case con él. Estaba matando a mis hijos, cuando ni siquiera habían nacido, y me propuso engañar a mi esposo, a quien ni siquiera conozco. ¿No fue el peor de los canallas? Este hombre rico quiso matar y comprar la vida que aún no tengo.

—¡HILDA! —exclamó su amiga. 130

Y la abrazó protegiéndola.

EJERCICIOS

Discusión

1. Describa a Hilda. Hable de su vida cotidiana.
2. Describa al hombre rico. ¿Qué notas de crítica social se encuentran en el cuento?
3. ¿Por qué se llama este cuento «La rebelde»?
4. ¿Qué signos de locura se ven en Hilda? ¿Es ella responsable de lo que ha hecho?
5. Vuelva usted a contar el cuento desde el punto de vista de:
   a. Hilda, **b.** Grimanesa, **c.** la esposa del hombre rico.

Comente en sus propias palabras.

1. La fiesta
2. La familia de Hilda
3. Hilda
4. Un canalla
5. La actitud de Hilda hacia la casa
6. El marido de Hilda
7. Grimanesa
8. El porvenir de Hilda
9. Carlos E. Zavaleta

Explique el sentido de las siguientes oraciones según su contexto en el cuento.

1. Hilda no se resistió.
2. Le mortificó el que ese hombre no fuera joven.
3. ¿Qué dirá su esposa?
4. Su afición por estas fiestas le había impedido auxiliar a sus padres.
5. Soy feliz con mi marido y mis dos hijos.
6. ¿Cuántos años tiene esta casa?
7. Aun así, no faltará quienes me envidien . . .
8. ¡Eres tú el que quiere matarlos!
9. Oye cantar a esa muchacha en el jardín.
10. Al punto se vio rodeada por los huéspedes.
11. Tú no tienes marido.
12. Este hombre rico quiso matar y comprar la vida que aún no tengo.

Vocabulario

Construya una oración original con cada uno de los siguientes verbos o modismos, de acuerdo con el tratamiento que se les da en el texto. Según sea necesario, úsense como modelos las oraciones del texto en que aparecen.

1. al azar (5)
2. dejar en paz (20)
3. pensar en (41)
4. ser feliz (51)
5. dar rienda suelta (a) (73)
6. tratar de (90)
7. de espaldas (95)
8. un canalla (106)

Juan Rulfo

(1918–   )

No oyes ladrar los perros

Juan Rulfo nació en el pequeño pueblo de Sayula, Jalisco. Como otros muchos pueblos mexicanos, Sayula fue abandonada durante la época de la Revolución. En los recuerdos de Rulfo representa un paraíso perdido de la juventud idealizada. El autor cree que la esterilidad iniciada por aquellos años de violencia ha sido irreversible. La niñez de Rulfo también fue estéril; los padres lo abandonaron y tuvo que vivir sucesivamente con los abuelos y luego en una casa de huérfanos mantenida por la iglesia. En 1933 el joven Rulfo se estableció en la capital mexicana, donde trabajó primero en la oficina de Migración y después con la Compañía Goodrich. En 1942 apareció su primer cuento en la revista *América*, y en los años siguientes se publicaron otros cuentos suyos en varios periódicos y revistas de la república. En 1953, reconocido su talento, recibió una beca Rockefeller.

Rulfo ha publicado muy poco. Su productividad literaria se limita a dos pequeños libros: *El llano en llamas*, 1953, una colección de quince cuentos; y en 1955 su única novela, *Pedro Páramo*. En su obra Rulfo busca las raíces de la identidad mexicana. Describe en términos tersos y subjetivos la vida desolada de los pequeños pueblos de su país. El ambiente que rodea a sus personajes es áspero, estéril, hostil y penetrado de un rencor vivo. En la novela *Pedro Páramo* Rulfo sigue a William Faulkner «en la intersección de planos cronológicos, la narración de un hecho desde varios puntos de vista, el culto de la violencia, y el ordenamiento caprichoso del relato».

Al hablar de los cuentos de Juan Rulfo el crítico Luis Leal ha escrito: «El interés lo encontramos en el modo de desarrollar la trama, en lo recio de la caracterización, en los ambientes mágicos, en las emociones que comunica, y en el terso estilo, que refleja el lenguaje popular. No es, sin embargo, un lenguaje fielmente reproducido, como en Azuela, sino elevado a un nivel artístico». Los pueblos de Rulfo, poblados de fantasmas, son lugares donde anidan la tristeza y la soledad en un tiempo fijo, eterno, predestinado. Todos representan la subconciencia mexicana, un río oscuro que maneja y controla la vida humana.

NO OYES LADRAR LOS PERROS

—Tú que vas allá arriba, Ignacio, dime si no oyes alguna señal de algo o si ves alguna luz en alguna parte.

—No se ve nada.

—Ya debemos estar cerca.

5 —Sí, pero no se oye nada.

—Mira bien.

—No se ve nada.

—Pobre de ti, Ignacio.

La sombra larga y negra de los hombres siguió moviéndose de
10 arriba abajo, trepándose a las piedras, disminuyendo y creciendo según avanzaba por la orilla del arroyo. Era una sola sombra, tambaleante.

La luna venía saliendo de la tierra, como una llamarada redonda.

—Ya debemos estar llegando a ese pueblo, Ignacio. Tú que llevas
15 las orejas de fuera, fíjate a ver si no oyes ladrar los perros. Acuérdate que nos dijeron que Tonaya estaba detrasito del monte. Y desde qué horas que hemos dejado el monte. Acuérdate, Ignacio.

—Sí, pero no veo rastro de nada.

—Me estoy cansando.

20 —Bájame.

El viejo se fue reculando hasta encontrarse con el paredón y se recargó allí, sin soltar la carga de sus hombros. Aunque se le doblaban las piernas, no quería sentarse, porque después no hubiera podido levantar el cuerpo de su hijo, al que allá atrás, horas antes, le habían
25 ayudado a echárselo a la espalda. Y así lo había traído desde entonces.

—¿Cómo te sientes?

—Mal.

Hablaba poco. Cada vez menos. En ratos parecía dormir. En ratos parecía tener frío. Temblaba. Sabía cuándo le agarraba a su hijo el
30 temblor por las sacudidas que le daba, y porque los pies se le encajaban en los ijares como espuelas. Luego las manos del hijo, que traía trabadas en su pescuezo, le zarandeaban la cabeza como si fuera una sonaja.

Él apretaba los dientes para no morderse la lengua y cuando
35 acababa aquello le preguntaba:

—¿Te duele mucho?

—Algo —contestaba él.

From *El llano en llamas* (México: Fondo de Cultura Económica, 1953). Reprinted by permission.

Primero le había dicho: «Apéame aquí ... Déjame aquí ... Vete tú solo. Yo te alcanzaré mañana o en cuanto me reponga un poco». Se lo había dicho como cincuenta veces. Ahora ni siquiera eso decía. 40

Allí estaba la luna. Enfrente de ellos. Una luna grande y colorada que les llenaba de luz los ojos y que estiraba y oscurecía más su sombra sobre la tierra.

—No veo ya por dónde voy —decía él.

Pero nadie le contestaba. 45

El otro iba allá arriba, todo iluminado por la luna, con su cara descolorida, sin sangre, reflejando una luz opaca. Y él acá abajo.

—¿Me oíste, Ignacio? Te digo que no veo bien.

Y el otro se quedaba callado.

Siguió caminando, a tropezones. Encogía el cuerpo y luego se 50 enderezaba para volver a tropezar de nuevo.

—Éste no es ningún camino. Nos dijeron que detrás del cerro estaba Tonaya. Ya hemos pasado el cerro. Y Tonaya no se ve, ni se oye ningún ruido que nos diga que está cerca. ¿Por qué no quieres decirme que ves, tú que vas allá arriba, Ignacio? 55

—Bájame, padre.

—¿Te sientes mal?

—Sí.

—Te llevaré a Tonaya a como dé lugar.[1] Allí encontraré quien te cuide. Dicen que allí hay un doctor. Yo te llevaré con él. Te he traído 60 cargando desde hace horas y no te dejaré tirado aquí para que acaben contigo quienes sean.

Se tambaleó un poco. Dio dos o tres pasos de lado y volvió a enderezarse.

—Te llevaré a Tonaya. 65

—Bájame.

Su voz se hizo quedita, apenas murmurada:

—Quiero acostarme un rato.

—Duérmete allí arriba. Al cabo te llevo bien agarrado.

La luna iba subiendo, casi azul, sobre un cielo claro. La cara del 70 viejo, mojada en sudor, se llenó de luz. Escondió los ojos para no mirar de frente, ya que no podía agachar la cabeza agarrotada entre las manos de su hijo.

—Todo esto que hago, no lo hago por usted. Lo hago por su difunta madre. Porque usted fue su hijo. Por eso lo hago. Ella me recon- 75 vendría si yo lo hubiera dejado tirado allí, donde lo encontré, y no lo hubiera recogido para llevarlo a que lo curen, como estoy haciéndolo. Es ella la que me da ánimos, no usted. Comenzando porque a usted no le debo más que puras dificultades, puras mortificaciones, puras vergüenzas. 80

---

[1] a como dé lugar *at any cost.*

Sudaba al hablar. Pero el viento de la noche le secaba el sudor. Y sobre el sudor seco, volvía a sudar.

—Me derrengaré, pero llegaré con usted a Tonaya, para que le alivien esas heridas que le han hecho. Y estoy seguro de que, en cuanto
85 se sienta usted bien, volverá a sus malos pasos. Eso ya no me importa. Con tal que se vaya lejos, donde yo no vuelva a saber de usted. Con tal de eso . . . Porque para mí usted ya no es mi hijo. He maldecido la sangre que usted tiene de mí. La parte que a mí me tocaba la he maldecido. He dicho: «¡Que se le pudra en los riñones la sangre que yo le
90 di!» Lo dije desde que supe que usted andaba trajinando por los caminos, viviendo del robo y matando gente . . . Y gente buena. Y si no, allí está mi compadre Tranquilino. El que lo bautizó a usted. El que le dio su nombre. A él también le tocó la mala suerte de encontrarse con usted. Desde entonces dije: «Ese no puede ser mi hijo».
95 —Mira a ver si ya ves algo. O si oyes algo. Tú que puedes hacerlo desde allá arriba, porque yo me siento sordo.

—No veo nada.

—Peor para ti, Ignacio.

—Tengo sed.
100 —¡Aguántate! Ya debemos estar cerca. Lo que pasa es que ya es muy noche y han de haber apagado la luz en el pueblo. Pero al menos debías de oír si ladran los perros. Haz por oír.

—Dame agua.

—Aquí no hay agua. No hay más que piedras. Aguántate. Y aunque
105 la hubiera, no te bajaría a tomar agua. Nadie me ayudaría a subirte otra vez y yo solo no puedo.

—Tengo mucha sed y mucho sueño.

—Me acuerdo cuando naciste. Así eras entonces. Despertabas con hambre y comías para volver a dormirte. Y tu madre te daba agua,
110 porque ya te habías acabado la leche de ella. No tenías llenadero. Y eras muy rabioso. Nunca pensé que con el tiempo se te fuera a subir aquella rabia a la cabeza . . . Pero así fue. Tu madre, que descanse en paz, quería que te criaras fuerte. Creía que cuando tú crecieras irías a ser su sostén. No te tuvo más que a ti. El otro hijo que iba a tener
115 la mató. Y tú la hubieras matado otra vez si ella estuviera viva a estas alturas.

Sintió que el hombre aquel que llevaba sobre sus hombros dejó de apretar las rodillas y comenzó a soltar los pies, balanceándolos de un lado para otro. Y le pareció que la cabeza, allá arriba, se sacudía
120 como si sollozara.

Sobre su cabello sintió que caían gruesas gotas, como de lágrimas.

—¿Lloras, Ignacio? Lo hace llorar a usted el recuerdo de su madre, ¿verdad? Pero nunca hizo usted nada por ella. Nos pagó
125 siempre mal. Parece que, en lugar de cariño, le hubiéramos retacado

el cuerpo de maldad. ¿Y ya ve? Ahora lo han herido. ¿Qué pasó con sus amigos? Los mataron a todos. Pero ellos no tenían a nadie. Ellos bien hubieran podido decir: «No tenemos a quién darle nuestra lástima». ¿Pero usted, Ignacio?

Allí estaba ya el pueblo. Vio brillar los tejados bajo a luz de la luna. Tuvo la impresión de que lo aplastaba el peso de su hijo al sentir que las corvas se le doblaban en el último esfuerzo. Al llegar al primer tejabán, se recostó sobre el pretil de la acera y soltó el cuerpo, flojo, como si lo hubieran descoyuntado.   130

Destrabó difícilmente los dedos con que su hijo había venido sosteniéndose de su cuello y, al quedar libre, oyó cómo por todas partes ladraban los perros.   135

—¿Y tú no los oías, Ignacio? —dijo—. No me ayudaste ni siquiera con esta esperanza.

EJERCICIOS

Discusión

1. ¿Quién es Ignacio? ¿Qué le ha pasado?
2. Hable de la actitud del padre hacia Ignacio. ¿Qué sabemos de la madre de Ignacio?
3. ¿A dónde lleva el padre a Ignacio? ¿Para qué?
4. ¿Qué podemos inferir de la actitud de Ignacio hacia el padre?
5. Vuelva a contar el cuento desde el punto de vista de Ignacio.

Comente en sus propias palabras.
1. La niñez de Ignacio
2. El carácter del padre
3. La muerte de Tranquilino
4. El paisaje
5. La dificultad de llevar a Ignacio
6. Las gotas que caían sobre el cabello
7. El ladrar de los perros

Explique el sentido de las siguientes oraciones según su contexto en el cuento.
1. Nos dijeron que Tonaya estaba detrasito del monte.
2. Bájame.
3. No veo ya por dónde voy.
4. Siguió caminando, a tropezones.
5. Allí encontraré quien te cuide.
6. Lo hago por su difunta madre.
7. Volverá a sus malos pasos.
8. Ése no puede ser mi hijo.
9. . . .y yo solo no puedo.
10. El otro hijo que iba a tener la mató.
11. ¿Lloras, Ignacio?
12. Destrabó difícilmente los dedos.

Vocabulario

Construya una oración original con cada uno de los siguientes verbos o modismos, de acuerdo con el tratamiento que se les da en el texto. Según sea necesario, úsense como modelos las oraciones del texto en que aparecen.

1. cada vez menos (28)
2. en ratos (28)
3. al cabo (69)
4. hacer por (74)
5. en cuanto (84)
6. en lugar de (125)

José Martínez Ruiz (Azorín)
(1874–1967)

Una lucecita roja

Azorín era el nombre de pluma de José Martínez Ruiz, uno de los más famosos ensayistas de la generación de 1898. Nació en Monóvar, Alicante (España), y era él que definió esta generación, caracterizándose a sí mismo: «el amor a los viejos pueblos y a los poetas primitivos, la admiración hacia El Greco y la afinidad con Larra». Sus primeras obras importantes fueron *Alma castellana*, 1900; *La voluntad*, 1902; y *Las confesiones de un pequeño filósofo*, 1904.

Azorín publicó novelas, pero siempre más ensayista que novelista; en todo lo que escribía procuraba capturar «la esencia de las cosas». Tenía aficiones descriptivas, y a veces se excedía en detalles que parecían insignificantes, pero tenía una habilidad extraordinaria para buscar «en lo menudo y fugaz valores que son grandes y significativos». En todos sus ensayos hay poca acción y mucha emoción, una emoción poetizada y depurada.

En sus ensayos sobre tierras, ciudades y lugares de España *Los pueblos*, 1905, y *Castilla*, 1912, «recrea los valores eternos del alma española». En esto tiene cierto parentesco con el gran novelista norteamericano Thomas Wolfe, para quien cada momento es una ventana que da a la eternidad. Al descubrir uno de los viejos pueblos de Castilla, Azorín dice: «He vuelto a oir el susurro del agua, los gritos de las golondrinas que cruzan raudas por el cielo, las campanadas del viejo reloj que marca sus horas, rítmico, eterno, indiferente a los dolores de los hombres . . .»

> De los oios tan fuerte mientre
> lorando . . .
>
> *Poema del Cid*

Si queréis ir allá, a la casa del Henar, salid del pueblo por la calle de
Pellejeros, tomad el camino de los molinos de Iban-grande, pasad junto
a las casas de Marañuela y luego comenzad a ascender por la cuesta
de Navalosa. En lo alto, asentada en una ancha meseta, está la casa.
La rodean viejos olmos; dos cipreses elevan sobre la fronda sus cimas
rígidas, puntiagudas. Hay largos y pomposos arriates en el jardín. Hay
en la verdura de los rosales, rosas bermejas, rosas blancas, rosas
amarillas. Desde lo alto se descubre un vasto panorama: ahí tenéis a
la derecha, sobre aquella lomita redonda, la ermita de Nuestra Señora
del Pozo Viejo: más lejos, cierra el horizonte una pincelada zarca de
la sierra; a la izquierda, un azagador hace serpenteos entre los re-
cuestos y baja hasta el río, a cuya margen, entre una olmeda, aparecen
las techumbres rojizas de los molinos. Mirad al cielo: está limpio, radiante, azul; unas nubecillas blancas y redondas caminan ahora lentamente por su inmensa bóveda. Aquí en la casa, las puertas están
cerradas; las ventanas cerradas también. Tienen las ventanas los cristales rotos y polvorientos. Junto a un balcón hay una alcarraza col-
gada. En el jardín, por los viales de viejos árboles avanzan las hierbas
viciosas de los arriates. Crecen los jazmineros sobre los frutales; se
empina una pasionaria hasta las primeras ramas de los cipreses y
desde allí deja caer flotando unos floridos festones.

Cuando la noche llega, la casa se va sumiendo poco a poco en la
penumbra. Ni una luz ni un ruido. Los muros desaparecen esfumados
en la negrura. A esta hora, allá abajo, se escucha un sordo, formidable
estruendo que dura un breve momento. Entonces, casi inmediatamente, se ve una lucecita roja que aparece en la negrura de la noche
y desaparece en seguida. Ya sabréis lo que es; es un tren que todas las
noches, a esta hora, en este momento, cruza el puente de hierro tendido sobre el río y luego se esconde tras una loma.

La casa ha abierto sus puertas y sus ventanas. Vayamos desde el
pueblo hasta las alturas del Henar. Salgamos por la calle de Pellejeros;
luego tomemos el camino de los molinos de Iban-grande; después pa-
semos junto a las casas de Marañuela; por último ascendamos por
la cuesta de Navalosa. El espectáculo que descubramos desde arriba
nos compensará de las fatigas del camino. Desde arriba se ven los banca-
les y las hazas como mantos diminutos formados de distintos retazos

—retazos verdes de los sembrados, retazos amarillos de los barbechos—. 40
Se ven las chimeneas de los caseríos humear. El río luce como una
cintita de plata. Las sendas de los montes suben y bajan, surgen y se
esconden como si estuvieran vivas. Si marcha un carro por un camino
diríase que no avanza, que está parado: lo miramos y lo miramos
y siempre está en el mismo sitio. 45

 La casa está animada. Viven en ella. La habitan un señor, pálido,
delgado, con una barba gris, una señora y una niña. Tiene el pelo
flotante y de oro la niña. Las hierbas que salían de los arriates sobre
los caminejos han sido cortadas. Sobre las mesas de la casa se ven
redondos y esponjados ramos de rosas; rosas blancas, rosas bermejas, 50
rosas amarillas. Cuando sopla el aire, se ve en los balcones abiertos
cómo unas blancas, nítidas cortinas salen hacia afuera formando como
la vela abombada de un barco. Todo es sencillo y bello en la casa.
Ahora en las paredes, desnudas antes, se ven unas anchas fotografías,
que representan catedrales, ciudades, bosques, jardines. Sobre la mesa 55
de este hombre delgado y pálido, destacan gruesas rimas de cuartillas
y libros con cubiertas amarillas, rojas y azules. Este hombre todas las
mañanas se encorva hacia la mesa y va llenando con su letra chiquita
las cuartillas. Cuando pasa así dos o tres horas, entran la dama y la
niña. La niña pone suavemente su mano sobre la cabeza de este 60
hombre; él se yergue un poco y entonces ve una dulce, ligeramente
melancólica sonrisa en la cara de la señora.

 A la noche, todos salen al jardín. Mirad qué diafanidad tiene el
cielo. En el cielo diáfano se perfilan las dos copas agudas de los
cipreses. Entre las dos copas fulge —verde y rojo— un lucero. Los 65
rosales envían su fragancia suave a la noche. Prestad atentos el oído:
a esta hora se va a escuchar el ronco rumor del paso del tren —allá
lejos, muy lejos— por el puente de hierro. Luego brillará la lucecita
roja del furgón y desaparecerá en la noche obscura y silenciosa.

 (En el jardín. De noche. Se percibe el aroma suave de las rosas. 70
Los dos cipreses destacan sus copas alargadas en el cielo diáfano.
Brilla un lucero entre las dos alongadas manchas negras.

 —Ya no tardará en aparecer la lucecita.

 —Pronto escucharemos el ruido del tren al pasar por el puente.

 —Todas las noches pasa a la misma hora. Alguna vez se retrasa 75
dos o tres minutos.

 —Me atrae la lucecita roja del tren.

 —Es cosa siempre la misma y siempre nueva.

 —Para mí tiene un atractivo que casi no sabré definir. Es esa
lucecita como algo fatal, perdurable. Haga el tiempo que haga, in- 80
vierno, verano, llueva o nieve, la lucecita aparece todas las noches a
su hora, brilla un momento y luego se oculta. Lo mismo da que los
que la contemplen desde alguna parte estén alegres o tristes. Lo mismo

da que sean los seres más felices de la tierra o los más desgraciados:
85 la lucecita roja aparece a su hora y después desaparece.
La voz de la niña: Ya está ahí la lucecita.)

La estación del pueblo está a media hora del caserío. Rara vez
desciende algún viajero del tren o sube en él. Allá arriba queda la casa
del Henar. Ya está cerrada, muda. Si quisiéramos ir hasta ella ten-
90 dríamos que tomar el camino de los molinos de Iban-grande, pasar
junto a las casas de Marañuela, ascender por la pendiente de Navalosa.
Aquí abajo, a poca distancia de la estación, hay un puente de hierro
que cruza un río; luego se mete por el costado de una loma.

Esta noche a la estación han llegado dos viajeros: son una señora
95 y una niña. La señora lleva un ancho manto de luto; la niña viste un
traje también de luto. Casi no se ve, a través del tupido velo, la cara
de esta dama. Pero si la pudiéramos examinar, veríamos que sus ojos
están enrojecidos y que en torno de ellos hay un círculo de sombra.
También tiene los ojos enrojecidos la niña. Las dos permanecen si-
100 lenciosas esperando el tren. Algunas personas del pueblo las acom-
pañan.

El tren silba y se detiene un momento. Suben a un coche las
viajeras. Desde allá arriba, desde la casa ahora cerrada, muda, si es-
peráramos el paso del tren, veríamos cómo la lucecita roja aparece y
105 luego, al igual que todas las noches, todos los meses, todos los años,
brilla un momento y luego se oculta.

EJERCICIOS

Discusión

1. El autor describe el camino del pueblo hasta la casa de Henar tres veces.
   a. ¿Qué tiempo del verbo usa en cada descripción?
   b. ¿Qué otras variaciones hay en la forma del verbo?
   c. ¿Cómo puede el lector percibir el transcurso del tiempo?
2. ¿Cómo es la casa de Henar cuando el autor la describe la primera vez?
   a. ¿La segunda vez?   b. ¿La tercera vez?
3. ¿Cómo se relaciona la lucecita roja con la casa? ¿Con los habitantes de la casa?
4. Vuelva usted a contar el cuento desde el punto de vista de:
   a. la niña,   b. la madre,   c. el conductor del tren que pasa por el pueblo cada noche.

Comente en sus propias palabras.
1. La casa del Henar
2. El jardín de la casa
3. El panorama desde lo alto
4. Los habitantes de la casa
5. La lucecita roja y el lucero
6. La señora y la niña en la estación
7. Todas las noches

Explique el sentido de las siguientes oraciones según su contexto en el cuento.
1. La casa se va sumiendo poco a poco en la penumbra.
2. La casa está animada.
3. Sobre la mesa . . . destacan gruesas rimas de cuartillas.
4. El puente de hierro.
5. A la noche, todos salen al jardín.
6. Tiene un atractivo que casi no sabré definir.
7. La señora lleva un ancho manto de luto.
8. Suben a un coche las viajeras.
9. Luego se oculta.

Vocabulario

Construya una oración original con cada uno de los siguientes verbos o modismos, de acuerdo con el tratamiento que se les da en el texto. Según sea necesario, úsense como modelos las oraciones del texto en que aparecen.
1. a la derecha (la izquierda) (11–12 y 14)
2. de noche (70)
3. lo mismo da (82)
4. descender del tren (88)
5. subir a o en el tren (88)
6. de luto (96)
7. en torno de (98)
8. al igual que (105)

Mario Benedetti
(1920-   )

Sábado de Gloria

Mario Benedetti, poeta, periodista, cuentista, dramaturgo, novelista, ensayista y director editorial, nació en Montevideo (Uruguay). Ha colaborado en varias revistas hispanoamericanas: *Marcha, Marginalia* y *Número,* de Montevideo; *Sur* y *Mundo Argentino,* de Buenos Aires; y *Revista Mexicana de Literatura,* de México. En tres ocasiones ganó el Premio del Ministerio de Educación Pública. Desempeñó, en distintas épocas, la dirección de la revista *Marginalia* y la de la sección literaria de *Marcha.* En 1950 fue nombrado codirector de la revista *Número,* y en 1955 fue elegido presidente de la Sociedad de Escritores Independientes (SEI). En 1958, a invitación del Departamento de Estado, visitó los Estados Unidos, donde dio conferencias sobre la literatura hispanoamericana.

Benedetti es el novelista de la vida cotidiana de la ciudad, de Montevideo. Hace vivir a sus tipos «de una manera única dentro de esa atmósfera cotidiana, revelando aquellos matices que constituyen su originalidad, su humana condición. Quizás esa condición pueda parecer irrisoria y hasta anodina —el autor la caricaturiza con cierta crueldad— pero por debajo de su monotonía y su mediocridad siempre se halla el rasgo que la humaniza y la hace rescatable para el arte». Al pintar las pequeñas tragedias de la ciudad Benedetti domina la acción con maestría y demuestra una penetración psicológica admirable.

Entre las obras más importantes de Benedetti se encuentran las siguientes: *Esta mañana* (cuentos), 1949; *Marcel Proust y otros ensayos,* 1951; *El último viaje y otros cuentos,* 1951; *Quién de nosostros* (1953); *Montevideanos* (cuentos), 1959; *La tregua (novela),* 1963; y *Literatura uruguaya, siglo* XX (1963). Benedetti es, sin duda, uno de los más altos valores de la literatura uruguaya de nuestra época.

SÁBADO DE GLORIA

30

Desde antes de despertarme, oí caer la lluvia. Primero pensé que serían las seis y cuarto de la mañana y debía ir a la oficina, pero había dejado en casa de mi madre los zapatos de goma y tendría que meter papel de diario en los otros zapatos, los comunes, porque me pone fuera de mí sentir cómo la humedad me va enfriando los pies y los 5 tobillos. Después creí que era domingo y me podía quedar un rato bajo las frazadas. Eso —la certeza del feriado— me proporciona siempre un placer infantil. Saber que puedo disponer del tiempo como si fuera libre, como si no tuviera que correr dos cuadras, cuatro de cada seis mañanas, para ganarle al reloj en que debo registrar mi llegada. Saber 10 que puedo ponerme grave y pensar en temas importantes como la vida, la muerte, el fútbol y la guerra. Durante la semana no tengo tiempo. Cuando llego a la oficina me esperan cincuenta o sesenta asuntos a los que debo convertir en asientos contables, estamparles el sello de *contabilizado en fecha* y poner mis iniciales con tinta verde. A las doce 15 tengo liquidados aproximadamente la mitad y corro cuatro cuadras para poder introducirme en la plataforma del ómnibus. Si no corro esas cuadras vengo colgado y me da náusea pasar tan cerca de los tranvías. En realidad no es náusea sino miedo, un miedo horroroso.

Eso no significa que piense en la muerte sino que me da asco 20 imaginarme con la cabeza rota o despanzurrado en medio de doscientos preocupados curiosos que se empinaran para verme y contarlo todo, al día siguiente, mientras saborean el postre en el almuerzo familiar. Un almuerzo familiar semejante al que liquido en veinticinco minutos, completamente solo, porque Gloria se va media hora antes a 25 la tienda y me deja todo listo en cuatro viandas sobre el primus a fuego lento, de manera que no tengo más que lavarme las manos y tragar la sopa, la milanesa, la tortilla y la compota, echarle un vistazo al diario y lanzarme otra vez a la caza del ómnibus. Cuando llego a las dos, escrituro las veinte o treinta operaciones que quedaron pen- 30 dientes y a eso de las cinco acudo con mi libreta al timbrazo puntual del vicepresidente que me dicta las cinco a seis cartas de rigor que debo entregar, antes de las siete, traducidas al inglés o al alemán.

Dos veces a la semana, Gloria me espera a la salida para divertirnos y nos metemos en un cine donde ella llora copiosamente y yo 35 estrujo el sombrero o mastico el programa. Los otros días ella va a ver a su madre y yo atiendo la contabilidad de dos panaderías, cuyos propietarios —dos gallegos y un mallorquín— ganan lo suficiente fabricando bizcochos con huevos podridos, pero más aún regenteando las amuebladas más concurridas de la zona sur. De modo que cuando 40 regreso a casa, ella está durmiendo o —cuando volvemos juntos— cenamos y nos acostamos en seguida, cansados como animales. Muy pocas noches nos queda cuerda para el consumo conyugal y así, sin

leer un solo libro, sin comentar siquiera las discusiones entre mis
45 compañeros o las brutalidades de su jefe, que se llama a sí mismo un
pan de Dios y al que ellas denominan pan duro, sin decirnos a veces
buenas noches, nos quedamos dormidos sin apagar la luz, porque ella
quería leer el crimen y yo la página de deportes.

Los comentarios quedan para un sábado como éste. (Porque en
50 realidad era un sábado, el final de una siesta de sábado.) Yo me levanto
a las tres y media y preparo el té con leche y lo traigo a la cama y ella
se despierta entonces y pasa revista a la rutina semanal y pone al día
mis calcetines antes de levantarse a las cinco menos cuarto para escuchar la hora del bolero. Sin embargo, este sábado no hubiera sido
55 de comentarios, porque anoche después del cine me excedí en el elogio
de Margaret Sullavan y ella, sin titubear, se puso a pellizcarme y, como
yo seguía inmutable, me agredió con algo tanto más temible y solapado
como la descripción simpática de un compañero de la tienda, y es una
trampa, claro, porque la actriz es una imagen y el tipo ese todo un
60 baboso de carne y hueso. Por esa estupidez nos acostamos sin hablar-
nos y esperamos una media hora con la luz apagada, a ver si el otro
iniciaba el trámite reconciliatorio. Yo no tenía inconveniente en ser el
primero, como en tantas otras veces, pero el sueño empezó antes de
que terminara el simulacro de odio y la paz fue postergada para hoy,
65 para el espacio blanco de esta siesta.

Por eso, cuando vi que llovía, pensé que era mejor, porque la
inclemencia exterior reforzaría automáticamente nuestra intimidad y
ninguno de los dos iba a ser tan idiota como para pasar de trompa y
en silencio una tarde lluviosa de sábado que necesariamente debe-
70 ríamos compartir en un departamento de dos habitaciones, donde la
soledad virtualmente no existe y todo se reduce a vivir frente a frente.
Ella se despertó con quejidos, pero yo no pensé nada malo. Siempre
se queja al despertarse.

Pero cuando se despertó del todo e investigué en su rostro, la
75 noté verdaderamente mal, con el sufrimiento patente en las ojeras. No
me acordé entonces de que no nos hablábamos y le pregunté qué le
pasaba. Le dolía algo en el costado. Le dolía muy fuerte y estaba asus-
tada.

Le dije que iba a llamar a la doctora y ella me dijo que sí, que la
80 llamara en seguida. Trataba de sonreir pero tenía los ojos tan hundi-
dos, que yo vacilaba entre quedarme con ella o ir a hablar por teléfono.
Después pensé que si no iba se asustaría más y entonces bajé y llamé
a la doctora.

El tipo que atendió dijo que no estaba en casa. No sé por qué se
85 me ocurrió que mentía y le dije que no era cierto, porque yo la había
visto entrar. Entonces me dijo que esperara un momento y al cabo de
cinco minutos volvió al aparato e inventó que yo tenía suerte, porque

en este momento había llegado. Le dije mire qué bien[1] y le hice anotar la dirección y la urgencia.

Cuando regresé, Gloria estaba mareada y aquello le dolía mucho 90 más. Yo no sabía qué hacer. Le puse una bolsa de agua caliente y después una bolsa de hielo. Nada la calmaba y le di una aspirina. A las seis la doctora no había llegado y yo estaba demasiado nervioso como para poder alentar a nadie. Le conté tres o cuatro anécdotas que querían ser alegres, pero cuando ella sonreía con una mueca me daba 95 bastante rabia porque comprendía que no quería desanimarme. Tomé un vaso de leche y nada más, porque sentía una bola en el estómago. A las seis y media vino al fin la doctora. Es una vaca enorme, demasiado grande para nuestro departamento. Tuvo dos a tres risitas estimulantes y después se puso a apretarle la barriga. Le clavaba los 100 dedos y luego soltaba de golpe. Gloria se mordía los labios y decía que sí, que ahí le dolía, y allí un poco más, y allá más aún. Siempre le dolía más.

La vaca aquella seguía clavándole los dedos y soltando de golpe. Cuando se enderezó tenía ojos de susto ella también y pidió alcohol 105 para desinfectarse. En el corredor me dijo que era peritonitis y que había que operar de inmediato. Le confesé que estábamos en una mutualista y ella me aseguró que iba a hablar con el cirujano.

Bajé con ella y telefoneé a la parada de taxis y a la madre. Subí por la escalera porque en el sexto piso habían dejado abierto el ascen- 110 sor. Gloria estaba hecha un ovillo y, aunque tenía los ojos secos, yo sabía que lloraba. Hice que se pusiera mi sobretodo y mi bufanda y eso me trajo el recuerdo de un domingo en que se vistió de pantalones y campera, y nos reíamos de su trasero saliente, de sus caderas poco masculinas.

115

Pero ahora ella con mi ropa era sólo una parodia de esa tarde y había que irse en seguida y no pensar. Cuando salíamos llegó su madre y dijo pobrecita y abrígate por Dios. Entonces ella pareció comprender que había que ser fuerte y se resignó a esa fortaleza. En el taxi hizo unas cuantas bromas sobre la licencia obligada que le darían en la 120 tienda y que yo no iba a tener calcetines para el lunes y, como la madre era virtualmente un manantial, ella le dijo si se creía que esto era un episodio de radio. Yo sabía que cada vez le dolía más fuerte y ella sabía que yo sabía y se apretaba contra mí.

Cuando la bajamos en el sanatorio no tuvo más remedio que que- 125 jarse. La dejamos en una salita y al rato vino el cirujano. Era un tipo alto, de mirada distraída y bondadosa. Llevaba el guardapolvo desabrochado y bastante sucio. Ordenó que saliéramos y cerró la puerta.

---

[1] mire qué bien *well, how nice* (ironic)

La madre se sentó en una silla baja y lloraba cada vez más. Yo me
130 puse a mirar la calle; ahora no llovía. Ni siquiera tenía el consuelo de
fumar. Ya en la época de liceo era el único entre treinta y ocho que
no había probado nunca un cigarrillo. Fue en la época de liceo que
conocí a Gloria y ella tenía trenzas negras y no podía pasar cosmografía. Había dos modos de trabar relación con ella. O enseñarle cos-
135 mografía o aprenderla juntos. Lo último era lo apropiado y, claro,
ambos la perdimos.

Entonces salió el médico y me preguntó si yo era el hermano o
el marido. Yo dije que el marido y él tosió como un asmático. «No es
peritonitis», dijo, «la doctora esa es una burra». «Ah». «Es otra cosa.
140 Mañana lo sabremos mejor». Mañana. Es decir que: «Lo sabremos
mejor si pasa esta noche. Si la operábamos, se acaba. Es bastante
grave, pero si pasa de hoy, creo que se salva». Le agradecí —no sé qué
le agradecí— y él agregó: «La reglamentación no lo permite, pero esta
noche puede acompañarla».

145 Primero pasó una enfermera con mi sobretodo y mi bufanda.
Después pasó ella en una camilla, con los ojos cerrados, inconsciente.

A las ocho pude entrar en la salita individual donde habían puesto
a Gloria. Además de la cama había una silla y una mesa. Me senté a
horcajadas sobre la silla y apoyé los codos en el respaldo. Sentía un
150 dolor nervioso en los párpados, como si tuviera los ojos excesivamente
abiertos. No podía dejar de mirarla. La sábana continuaba en la palidez de su rostro y la frente estaba brillante, cerosa. Era una delicia
sentirla respirar, aun así, con los ojos cerrados. Me hacía la ilusión de
que no me hablaba sólo porque a mí me gustaba Margaret Sullavan,
155 de que yo no le hablaba porque su compañero era simpático. Pero, en
el fondo, yo sabía la verdad y me sentía como en el aire, como si este
insomnio forzado fuera una lamentable irrealidad que me exigía esta
tensión momentánea, una tensión que de un momento a otro iba a
terminar.

160 Cada eternidad sonaba a lo lejos un reloj y había transcurrido
solamente una hora. Una vez me levanté, salí al corredor y caminé
unos pasos. Me salió un tipo al encuentro, mordiendo un cigarrillo y
preguntándome con un rostro gesticuloso y radiante: «¿Así que usted
también está de espera?» Le dije que sí, que también esperaba. «Es el
165 primero», agregó, «parece que da trabajo». Entonces sentí que me
aflojaba y entré otra vez en la salita a sentarme a horcajadas en la
silla. Empecé a contar las baldosas y a jugar juegos de superstición,
haciéndome trampas. Calculaba a ojo el número de baldosas que había
en una hilera y luego me decía que si era impar se salvaba. Y era
170 impar. También se salvaba si sonaban las companadas del reloj antes
de que contara diez. Y el reloj sonaba al contar cinco o seis. De pronto
me hallé pensando: «Si pasa de hoy...» y me entró el pánico. Era

preciso asegurar el futuro, imaginarlo a todo trance. Era preciso fabricar un futuro para arrancarla de esta muerte en cierne. Y me puse a pensar que en la licencia anual iríamos a Floresta, que el domingo 175 próximo —porque era necesario crear un futuro bien cercano— iríamos a cenar con mi hermano y su mujer, y nos reiríamos con ellos del susto de mi suegra, que yo haría pública mi ruptura formal con Margaret Sullavan, que Gloria y yo tendríamos un hijo, dos hijos, cuatro hijos y cada vez yo me pondría a esperar impaciente en el corredor. 180

Entonces entró una enfermera y me hizo salir para darle una inyección. Después volví y seguí formulando ese futuro fácil, transparente. Pero ella sacudió la cabeza, murmuró algo y nada más. Entonces todo el presente era ella luchando por vivir, sólo ella y yo y la amenaza de la muerte, sólo yo pendiente de las aletas de su nariz que 185 benditamente se abrían y se cerraban, sólo esta salita y el reloj sonando.

Entonces extraje la libreta y empecé a escribir esto, para leérselo a ella cuando estuviéramos otra vez en casa, para leérmelo a mí cuando estuviéramos otra vez en casa. Otra vez en casa. Qué bien sonaba. Y 190 sin embargo parecía lejano, tan lejano como la primera mujer cuando uno tiene once años, como el reumatismo cuando uno tiene veinte, como la muerte cuando sólo era ayer. De pronto me distraje y pensé en los partidos de hoy, en si los habrían suspendido por la lluvia, en el juez inglés que debutaba en el Estadio, en los asientos contables 195 que escrituré esta mañana. Pero cuando ella volvió a penetrar por mis ojos, con la frente brillante y cerosa, con la boca seca masticando su fiebre, me sentí profundamente ajeno en ese sábado que habría sido el mío.

Eran las once y media y me acordé de Dios, de mi antigua espe- 200 ranza de que acaso existiera. No quise rezar, por estricta honradez. Se reza ante aquello en que se cree verdaderamente. Yo no puedo creer verdaderamente en él. Sólo tengo la esperanza de que exista. Después me di cuenta de que yo no rezaba sólo para ver si mi honradez lo conmovía. Y entonces recé. Una oración aplastante, llena de escrú- 205 pulos, brutal, una oración como para que no quedasen dudas de que yo no quería ni podía adularlo, una oración a mano armada. Escuchaba mi propio balbuceo mental, pero escuchaba sólo la respiración de Gloria, difícil, afanosa. Otra eternidad y sonaron las doce. Si pasa de hoy. Y había pasado. Definitivamente había pasado y seguía respi- 210 rando. Seguíamos respirando y me dormí. No soñé nada.

Alguien me sacudió el brazo y eran las cuatro y diez. Ella no estaba. Entonces el médico entró y le preguntó a la enfermera si me lo había dicho. Yo grité que sí, que me lo había dicho —aunque no era cierto— y que él era un animal, un bruto más bruto aún que la doctora, 215 porque había dicho que si pasaba de hoy y sin embargo. Le grité, creo que hasta lo escupí, frenético, y él me miraba bondadoso, odiosamente comprensivo, y yo sabía que no tenía razón, porque el culpable era yo por haberme dormido, por haberla dejado sin mi única mirada, sin su futuro imaginado por mí, sin mi oración hiriente, castigada.

Y entonces pedí que me dijeran en donde podía verla. Me sostenía una insulsa curiosidad por verla desaparecer, llevándose consigo todos mis hijos, todos mis feriados, toda mi apática ternura hacia Dios.

EJERCICIOS

Discusión

1. Describa la vida cotidiana de los protagonistas.
2. ¿Cuáles son las preocupaciones que tiene el protagonista?
3. ¿Qué hacen los sábados Gloria y su marido? ¿Por qué se titula este cuento «Sábado de Gloria»?
4. ¿Por qué se enoja el protagonista con tanta facilidad?
   a. ¿Por qué le grita al doctor? **b.** ¿Cuál es su actitud hacia Dios?
5. Vuelva usted a contar el cuento desde el punto de vista de:
   a. el médico, **b.** la madre de Gloria.

Comente en sus propias palabras.

1. Una siesta de sábado
2. El elogio de Margaret Sullavan
3. La hora del bolero
4. La llamada a la doctora
5. La doctora
6. La conversación en el taxi
7. La madre de Gloria
8. La época de liceo
9. El cirujano
10. Los juegos de superstición
11. La oración
12. El futuro imaginado

Explique el sentido de las siguientes oraciones según su contexto en el cuento.

1. Saber que puedo ponerme grave y pensar en temas importantes . . .
2. Eso no significa que piense en la muerte.
3. Dos veces a la semana, Gloria me espera a la salida.
4. Siempre se queja al despertarse.
5. Hice que se pusiera mi sobretodo.
6. Ella pareció comprender que había que ser fuerte.
7. Lo sabremos mejor si pasa esta noche.
8. Era una delicia sentirla respirar.
9. Era preciso asegurar el futuro.
10. Entonces extraje la libreta y empecé a escribir esto . . .
11. El culpable era yo.

Vocabulario

Construya una oración original con cada uno de los siguientes verbos o modismos, de acuerdo con el tratamiento que se les da en el texto. Según sea necesario, úsense como modelos las oraciones del texto en que aparecen.

1. echar un vistazo (28)
2. a eso de (31)
3. meterse en (35)
4. no tener inconveniente (62)
5. reducirse a (71)
6. resignarse a (119)
7. a horcajadas (148–149)
8. calcular a ojo (168)

Ricardo Güiraldes
(1886–1927)

Rosaura

Ricardo Güiraldes nació en Buenos Aires y vivió algunos años en el pago de San Antonio de Areco, donde se hizo gaucho y donde conoció a don Segundo Ramírez, prototipo de *Don Segundo Sombra*. Viajó por Europa, y residió largo rato en París, donde murió a la edad de 41 años. La publicación de su obra maestra, *Don Segundo Sombra*, en 1926, le dio casi en seguida una reputación universal. Esta novela gauchesca, escrita en un estilo sumamente poético, ya es un libro clásico de las letras hispanoamericanas.

Güiraldes escribió tres o cuatro novelas, dos libros de cuentos y algunas poesías. El autor «no concede gran valor a la ficción sino que confía en el encanto de la remembranza». Acerca de sus cuentos él mismo escribió: «Son en realidad anécdotas oídas y escritas por cariño a las cosas nuestras. He intitulado *Cuentos* no teniendo pretensión de exactitud histórica». Güiraldes conocía bien la vida campesina de su país, pero la pintaba con ojos de poeta, idealizada.

Sus primeros cuentos eran tan violentos y crudos que la madre de la familia prohibió que las hijas los leyeran. Tampoco fueron bien recibidos por la crítica, y Güiraldes mismo quedó tan avergonzado que tiró toda la edición al pozo, creyendo destrozarla. Algunos ejemplares fueron sacados y salvados. «Rosaura» (1922), cuento largo o novela corta, «fue escrita para satisfacer el deseo de las jovencitas de la familia, que reprochaban a Güiraldes escribir cosas que todavía no les era permitido leer. Con honda ternura se solazó Ricardo en tratar el romance cursi, volcando en él toda la humanidad con que estaba cargado su gran corazón». El símbolo del tren, personificación de la vida mecánica y la industrialización del país, aparece contrastado con la figura frágil, romántica, poetizada de Rosaura, evocación destilada de la hermosura ingenua y primitiva de la pampa. Si es verdad lo que ha dicho el gran novelista francés Marcel Proust, «sólo la metáfora puede dar una suerte de eternidad al estilo», el lenguaje de «Rosaura», con su trabazón de brillantes imágenes, representa algo único en la literatura de su generación.

ROSAURA

31

I

Lobos es un pueblo tranquilo, en medio de la pampa.

Por sus calles, franjeadas de árboles, vaga un aburrimiento indiferente. Pocos peatones asonan en sus veredas pasos delatores como
lonjazos, y salvo la hora del tren o los estivales paseos por la plaza,
5 fresca de quietud nocturna, nada se estr₂mece en la seria siesta que
una moral de solterona impone a las expansiones francas.

Como todos nuestros pueblos Lobos posee una plaza, donde se
encuentra la Iglesia de estilo colonial. Frente al templo, plaza de por
medio, está la comisaría. En una de las esquinas la sucursal del Banco
10 de la Nación mira de arriba, pues tiene dos pisos. En la segunda,
invitan a hacer la tarde las gastronómicas vidrieras de la confitería
del Jardín, que los parroquianos designan familiarmente por «lo del
Vasco». Y mientras en la tercera ríen las percalinas claridades de la
tienda, en la cuarta la botica recuerda que existen dolores.

15 Es cuanto requiere la comarca: justicia, dinero, ropa, vicio e ideal
en módicas dosis.

Lobos tuvo su alma sencilla y primordial como el macachín de
otoño. Lobos pensaba, amaba, vivía a su modo. Mas vino la paralela
infinitud de los rieles veloces, y el tren, pasando férreo de indiferencia,
20 de horizonte a horizonte, de desconocido a desconocido, esfumó sobre
el caserío su penacho pasajero.

Lobos padeció de aquel veneno.

II

Venía esa tarde, en un vagón del F.C.S., un joven vestido a la
europea, irreprochablemente: corbata-cuello, sombrero de castor y
25 traje de briches, que aunque gastado, guardaba en el revés de un bolsillo interior la fecha de entrega y el membrete de la casa Poole. Casi
hasta las rodillas, sus piernas se encañutaban en botas de curva impecable. A su lado tambaleaba una valija de gran casa londinense,
policromada de papeles rectangulares que indicaban residencias en
30 playas y balnearios de moda. Colgando de la incómoda percha, venía
el gabán.

La prestancia del mozo, decía su educación ultramarina. Su tez
mate, dividida por nariz descarnada, sus pómulos cetrinos, su porte
de ósea rectitud, delataban un puro origen castizo; algo de silencioso

---

Some lengthy descriptive passages have been omitted from this story.

224

y hurgador en las pupilas, decía varias generaciones de espectante 35
vida pampeana; y una ingenua alegría de raza nueva hacía robusta su
risa fácil.

El inspector lo llamó don Carlos, al pedirle los boletos. Su edad
podía avaluarse de fuerte, oscilando al parecer entre los veinte y cinco
y treinta años. Su actitud era displicente, pues miraba en un diario 40
los precios de las ventas en corrales.

Dieron los vagones una zamarreada a descompás, calló el asmático jadear de la máquina, pasó un farol amarillo fajado de un letrero
ilegible, alzó el nivel de la tierra el andén limitado por un rango de
plátanos, detúvose el tren frente al iluminado corredor de la estación, 45
quedando así apartada la noche.

«LOBOS»

Bajó gente, subió gente. La caldera chistaba con alivio de globo
que se deshincha. Un zumbido de avispero se exhalaba del gentío:
políticos en campaña, mozos elegantes de orión gris y capellada clara,[1] 50
personajes luciendo sus personalidades oficiales, compadritos de
chambergo listo a escurrirse por la frente y melena engrasada de perfumes pringosos, cocheros esperando viajes, peones en busca de correspondencia o encomiendas, mientras como flores de aroma entre
el bosque bruto, las exuberantes muchachas de Lobos iban y volvían, 55
con discretos recatos o exageradas risas, nerviosas quién sabe por qué.

Tres pasaron del brazo marchando con pausa: una de celeste caramelo, otra de rosa caramelo, otra de amarillo caramelo. Hacia la
ventanilla de Carlos miraron con tan descarada curiosidad, que éste
se sintió molesto, pronto a erguir el pecho y congestionarse en agre- 60
sivas violencias de pavo. Para defenderse fijó la vista en una de entre
ellas, pensando intimidarla, pero la chica aguantó la fuerza de sus
pupilas, como una madera aguanta una cuña.

Alejábanse ya. Dos o tres veces recorrieron el andén de punta a
punta, ablandando el andar con muelle pereza de engatusadoras. Car- 65
los no se ofendió más por si broma había, y se satisfizo en amontonar
su vista sobre aquel cuerpito ondeante que se alejaba como a disgusto,
o en concentrar sus ojos en las pupilas que se hacían penetrables y
mansas.

Y es que ella también se sorprendía de sentir sus ojos así abiertos, 70
como ventanas descuidadas, y su cuerpo oprimido por extraña aureola
de languidez.

Pero todo era broma y cuando el tren arrancó tras anuncio de

---

[1] mozos elegantes . . . clara *young men in gray felt hats and high patent-leather
shoes with chamois ankle covers*

pito y campana, como el mozo elegante les insinuara un saludo, rieron
75 francamente corrigiendo tal incorrección con una escasa reverencia
de cabeza que se desmaya hacia el hombro, casi como un abandono.

El furgón pasó ligero, golpeando los vidrios de la estación con
vibrante eco cercano.

III

Se llamaba Rosaura Torres y era hija del viejo Crescencio, dueño
80 de la más acaudalada cochería del pueblo.

Se llamaba Rosaura Torres y era bonita. Sus zapatillas le golpea-
ban los talones con indolencia de babuchas árabes; sus manos eran
hábiles, su risa golosa, sus sueños sencillos; la vida esperaba curiosa,
detrás de su boca infranqueada.

85 Para ella la mañana era alegre, vivir un regalo de todos los días,
las flores hermosas, las tardes risueñas y quietas con algo de cuna que
mece el cansancio.

Rosaura era bonita y esperaba meter las manos hábiles en la vida,
como en su matinal canasto de flores.

90 Rosaura salía a eso de las cinco y media con su traje de amarillo
caramelo, empolvada sin reparos y muy contenta de gozar los repetidos incidentes de su peregrinación hasta el andéncorso, donde esperaba como todos el paso del expreso de las seis y treinta y cinco.

La estación es a Lobos lo que Hyde Park es a Londres, el Retiro
95 a Madrid, las Aguas Dulces de Asia a Constantinopla. Si existe modesta
y desconocida, culpa suya no es.

Pero llega de afuera el primer tren. Son las seis, hora de apogeo
hasta las seis y treinta y cinco, que marcará el paso del importante,
del surtidor de emociones bonearenses.

100 Paseábase la gente, criticábase la gente y una maraña de roman-
ticismos ceñíase exigente sobre el elemento joven.

Golpeábanse los minutos, barranca abajo del reloj que siempre
camina.

Rosaura vio muchas veces pasar aquel mozo elegante. Las amigas
105 siempre la embromaron por las miradas insistentes que ellas tal vez
deseaban y la chica sintió algo extraño nublarle agradablemente la
razón, cuando Carlos la miraba sonriente, espiando la posibilidad de
un saludo.

Crecía en Rosaura la emoción de un suspiro, más grande que su
110 pecho henchido en la blusa de amarillo caramelo.

Barranca abajo de los días que siempre caminan, repítense las
horas y entre ellas la que trae al gran expreso. Sobre el flanco polvoriento de los coches podrían entrelazarse las iniciales de un idilio y
Rosaura puso su nombre en aquel vagón-comedor que traía al elegante
115 de la broma.

¡Oh, maligna sugestión de la indiferente máquina viajadora, para cuyo ojo ciclópeo el horizonte no es un ideal! ¡Tren despiadado que pasa abandonando al repetido aburrimiento del pueblito, la soñadora fantasía de la sentimental Rosaura que escribió en sus flancos su destino! 120

Pero la pequeña enamorada pertenecía demasiado al asombro del presente, para presentir el desacuerdo de la gente estable con las grandes fuerzas que pasan. Y una tarde, como Carlos bajara so pretexto de caminar un poco y pasara a su lado, muy cerca, parecióle que iba a caer inexplicablemente arrastrada por el leve aire que lo seguía. 125

IV

Jardincito con parra pequeña, jazmines olorosos, laureles blancos y fríos, y claveles sexuales, algo está presente en ti para llenarte de tiernas eclosiones. En Rosaura, la simple pueblerita de alma pastoral, florece el milagro de un gran amor.

Rosaura vive cerrando los ojos para mejor poseerse en sus más 130 intensas emociones. Ya no son inútiles sus coqueterías: es para él que sus brazos caen significando consentimiento; es para él que sus pupilas sufren como dos concentraciones sentimentales; es para él que el cuerpo se ablanda de pasividades ignotas, cuando camina absorta por turbadores ensueños; es para él también que el pecho se hace grande 135 como un mundo.

¡Qué inmenso es ese mundo insospechado! A veces Rosaura piensa y teme: ¿Qué será de su vida desde ahora? ¿Es eso amor? ¿La querrá también aquel mozo inverosímilmente elegante y distinguido? Piensa y teme y deja irresueltos esos problemas que vagan imposibles de fijar. 140

Rosaura cierra los ojos para mejor poseerse en sus más intensas emociones.

Ya no son monótonos los días ni largas las horas en el pequeño jardín insospechado, allí en la pampa que canta su eterno cantar de horizonte. 145

V

Rosaura espera en inquieto pasear el inconsútil idilio de las miradas declaratorias. ¿Vendrá? ¿No vendrá?

Y una tarde ¡qué extraño! mientras buscaba en el marco de la ventanilla el perfil considerado como un ideal intangible que pasa sin más misión que sugerir novelas irrealizables, lo vio bajar con gran 150 valija, cruzar entre el gentío del andén para tomar uno de los coches del viejo Torres, con ademán de patrón que entra en sus bienes.

Rosaura sintió en su alma punzar angustias de virgen poseída.

No gustó de las bromas agresivas, directas y ahora con causa de

155 sus amigas. Dejólas sin mayores cariños y risas recamar las veredas
de insípidos saludos y conversaciones, para entrar en su casa sor-
prendida, temerosa como una torcaza encandilada.

VI

Por suerte no duró aquel estado de cosas. Rosaura se hubiera
muerto de pesar. No era posible llorar así durante días y días enros-
160 trándose culpas tan grandes.

Carlos había partido al amanecer siguiente de aquella tarde para
él incomprensible.

No quedaba sino llorar, siempre llorar, sobre esos recuerdos de
su vida rota.

165 Rosaura hubiera muerto pensando que el hermoso y elegante Carlos del vagón-comedor no volvería nunca más, o pasaría en el tren
indiferente a ella como el ojo ciclópeo de la locomotora al ideal del
horizonte.

Sonaron secos golpes de nudillos en la puerta anunciando la pru-
170 dencia de alguna visita. Rosaura ordenó de prisa el patético desorden
de su semblante y entró Carmen, la amiga de rosa caramelo tanto
tiempo abandonada en el desconsuelo del quebranto amoroso. Y como
el abrazo de Rosaura lleno de estrujones apasionados fuera una confesión, Carmen encantadora de consuelos habló sin disimulo:

175 —¡Ave María, estate quieta! . . . ¡si te traigo una noticia que te
va a hacer reir!

Rosaura, vuelta hacia el muro para esconder sus lágrimas, vibraba de hombros a pies con temblores a veces sacudidos por hondos
hipos de congoja.

180 —No llorés así . . . Mejor sería que te ocuparas en prepararte un
vestido bien paquete para el baile que da el Clu la semana que viene . . .
¿No te importa?

—No estoy para bromas, Carmen.

—¿Bromas? Sentate y escuchame que te voy a dar datos de pri-
185 mera . . . Ya sé quién es, lo que piensa de vos, para qué ha venido y
una punta de cosas más.

—¿Y quién te ha contado todo eso?

—González, que fue el que le ofertó las vacas para Lorenzo Ramallo.

190 —¿Y qué tiene que ver con Ramallo?

—Poquita cosa, que es el hijo dél no más.

Lejos de desesperarse por aquel nombre conocido entre los más
copetudos estancieros, Rosaura exaltó su pasión con aquel nuevo imposible. Mientras Carlos pasara en el tren, mientras viniera de vez en
195 cuando al perdido pueblito de Lobos y la mirara como hasta entonces,
su amor no encontraría sino motivos para crecer.

—¿Qué más te ha dicho? —musitó palpitante.

—Que sos una maravilla y que va a venir al baile del Clu para conocerte. ¡Ahora llorá si querés!

Rosaura no lloraba pero empalidecía inverosímilmente. Sufría la 200 tortura del placer y era dolorosa como una preñez aquella plenitud. Más que nunca alucináronsele las ojeras bajo los párpados medio caídos, y mientras Carmen parloteaba con alegres comentarios, una sonrisa le ascendió a los labios desde el fondo calmo de su inmenso amor en contemplación. 205

VII

Era la hora. Caminó hacia el espejo saboreando en las medidas genuflexiones del paso, la sutileza apenas tangible de las telas huyentes; caminó perfilada, con liviandades de aparición, sonrió apenas, alzando en desconcertado asombro sus cejas inquietas; y pensó que gustaría por aquella inefable docilidad de sus ojos anunciadores de 210 milagro.

Era la hora y estaba lista, pura y vibrante como un cristal herido por la nota lejana de un campanazo broncíneo. Casi desfallecía en virginales madureces de sacrificio, sintiéndose así adorada por las intactas telas, solemnes en su pompa de ornatos requeridos para la 215 ofrenda. «Oh sí, toda de él». Y una momentánea pérdida de conocimiento la tambaleó hasta el apoyo de la cómoda, donde quedó su mano exangüe y fría como un marfil sobre la roja lucidez de la caoba.

—¡Vamos, vamos! . . . Abríase la puerta, arrojando al cuarto breve y sonante vocerío. Eran las de Gómez que pasaban a buscarla según 220 convenio, Rosaura se cerró sobre sí misma, celosa como una sensitiva.

En el salón de fiestas del Club Social, inconsideradamente detallado por la crudeza hiriente de las luces, la comisión receptora, solemne de distinción, esgrimía un idioma de circunstancia.

Carlos, conociendo ya el recato enguantado de aquellas fiestas, 225 había llegado temprano, para estarse cómodo en los rincones desapercibidos.

Dominaba ya un espíritu de ingenua cordialidad, y era mayor la costumbre del traje ocasional, cuando el rematador González, pasando su mano de izquierda a derecha pronunció quedo los nombres: 230

—El señor Carlos Ramallo, la señorita Rosaura Torres.

Para Rosaura, aquel acoplamiento de sus nombres cobró la significación de una pregunta ante el altar.

—Mucho gusto, señor —dijo, y le pareció haberlo dicho todo. Él le ofreció el brazo como debía ser: 235

—Por mi parte confieso que era casi una necesidad hablar con Vd., considerándola ya como una amiga de mucho tiempo.

Sonrojábase Rosaura:

—Es verdad, nos hemos visto tanto.

240 ¡Oh el musical encanto de caminar así, los brazos unidos y la palabra emocionada, en proximidades de confesión!

¡Y todo Lobos que los veía!

—¿Quiere que nos sentemos?

—Como guste.

245 Salieron hacia el zaguán, rumbo a un banco entrevisto en el patio, de pronto engrandecido de luminosas elaboraciones estelares, allí, muy lejos en el cielo infinito recuadrado por la ingenua cornisa de color plomizo.

—Aquí se está bien.

250 Sintiéronse aliviados de ficciones; la noche nada sabe de etiquetas y el amor está en todo, naturalmente.

Callaron. Rosaura, quedamente, mirando el broche de su guante puesto para la fiesta, interrogó en el tono fraternal que la noche imponía:

255 —Yo quisiera saber algo de Vd. ¿No le incomoda contarme? He vivido tan solita aquí.

Permanecía Carlos en silencio. Narrar a la pequeña Lobera, sencilla como los macachines del otoño, sus complicadas aventuras de elegante, fuera sacrilegio de Tenorio barato.

260 —No creo que valgan gran cosa mis diversiones.

—¿Pero, y todo lo que ha viajado por esas tierras de Dios?

—De algunas tengo buenos recuerdos.

Y dejándose resbalar en fantasías sugeridas por Rosaura, atenta en espera de fantásticos relatos, parecióle encontrar recién a las cosas 265 lejanas sus verdaderos encantos.

Sorprendióse al oir su voz pronunciar con sincero acento:

—Esos viajes entristecen cuando uno los hace solo.

¿Qué ridiculeces más iba a decir?

Pero Rosaura columbrando una indirecta alusión jugó más atenta 270 que antes con el broche de su guante, comprado para la fiesta.

Maliciando una moda, otras parejas siguieron a Carlos y Rosaura hacia el patio, y la noche, quebrada en su silencio, perdió imperio. Carlos recordó otras escenas donde también gorjeaban risas y mareaban perfumes.

275 —¿No quiere bailar?

Pero un mozo reclamó de Rosaura el compromiso para aquella polca. Carlos se encontró de pronto solo y como pasara cerca su amigo el rematador, rogóle que le presentara niñas, diciéndose que así disimularía el motivo de su asistencia a la fiesta.

280 La hija de Barros era una hermosa guarangota de voz llamativa, de cuya rolliza delantera de paloma buchona salían en balumba los más desconcertadores discursos.

Qué descanso, qué placer, cuando nuevamente se encontró con la

simple Rosaura, toda amor, en un banco del patio ahora desierto por
la gula que despierta el ambigú, donde se engulle gratis.   285

—¡Oh, señorita, cómo me cansan sus amigas!

—No me diga señorita.

—Gracias Rosaura, cómo me aburren todas estas personitas de
fiesta. Si no me fuera casi necesario sentirme amigo al lado suyo,
escaparía a todo galope. Quédese conmigo un rato, tan largo como   290
quiera o pueda sin compromisos, y le agradeceré.

—Ya ve qué pronto nos entendemos —rio Rosaura—. Pero, des-
graciadamente, tendría mucho que sufrir del chisme, si me quedara
con usted el tiempo que quisiera.

—¿Y es mucho ese tiempo?   295

Rosaura volvió a absorberse, atenta al broche de su guante y
callaron subyugados por lo que recíprocamente se adivinaban.

Y fuerza es, cuando no quiere decirse lo que el alma dicta, tocar
puntos sencillos para no distraerse de lo que en uno canta.

—¿Siempre se aburre, Rosaura?   300

—Antes no. Me bastaba con los quehaceres y los paseos a la estación o la plaza, donde me encontraba con mis amigas y nos divertía-
mos con bromas y pavadas. Ahora me faltan otra porción de cosas.
Me parece tan triste el pueblo y pienso que Vd. corre tanto mundo,
conoce tanta cosa. . . .   305

—Y sin embargo ya ve que vengo al pueblo.

Por decir algo, sintiéndose aterrorizada por la consecuencia de
sus propias palabras, Rosaura murmuró:

—Algún motivo tendrá.

—¿Y no lo sabe?   310

—¿Cómo lo he de saber?

—Esas cosas se adivinan.

Esta vez Rosaura sufría. En las cejas de Carlos una contracción
decidida endurecía su expresión. Algo vago en la sonrisa presagió no
sé qué frase terrible.   315

—Por favor Carlos, cállese.

Descansaron las cejas, borróse la sonrisa forzada:

—No necesitamos decirnos mucho.

Era la verdad y como estuviera en pie difícil aquel diálogo fra-
ternalmente comenzado, Carlos volvió a contar cosas de su vida in-   320
quieta, ante la infantil atención de la pueblerita de ojos crédulos.

Pasado un grande rato fácil y de confiadas charlas, Carlos tomando rango de consejero dijo en chanza:

—Bueno y ahora vaya a bailar con sus amigos, si no van a decir
que somos novios.   325

—¡Ave María!

—De todos modos ya somos buenos amigos.

—Sí . . . ahora, vaya a saber cuándo vuelve.

—Ya verá . . . tengo arreglado un programa para que no sea tan
330 de tarde en tarde.

Rosaura entró al salón, separose de Carlos sin ocurrírsele una
pregunta explicativa.

Y esa noche concluyó la primera entrevista de la pequeña pueblera con el joven elegante del vagón-comedor, convertido ya en cor-
335 dial amigo, lo cual es mucho para un ideal que pasa sugiriendo grandes
ensoñaciones irrealizables.

VIII

Desde aquel día de fiesta, tan saturado de aproximaciones amorosas, el tren de las seis y treinta y cinco dejó de pasar como un ideal
intangible, al joven del vagón-comedor en el recuadro de su ventanilla
340 lumbrosa. Carlos había encontrado solución mejor, y haciendo el sacrificio de voltear perezas de mal dormido, a las cinco de la mañana
embarcábase para pasar el día en Lobos.

Los pretextos, aunque malos, eran suficientes: Ver a su amigo el
rematador González, asistir inútilmente a sus ferias o simplemente
345 cortar las seis monótonas horas de ferrocarril.

Pero: ¿Qué son los pretextos frente a la obligatoria confluencia
de dos vidas?

Blanqueba y muy arriba el sol, cuando Carlos descendía del tren
entorpecido por su valija londinense cuadriculada de avisos hoteleros.
350 Pocas personas en el andén, tan concurrido en la media hora
encerrada por el paso de los expresos, de las seis y seis treinta y cinco.
Un coche del viejo Torres lo llevaba hasta el Hotel de París, donde
«hacía la mañana» con González, Iturri y otros personajes de auge
momentáneo. Almorzaba con apetito de viajero y dormía una repo-
355 nedora siesta hasta las cuatro, hora en que tomaba té a la vera de la
calle empedrada, amagada de precursiones paseanderas.[2]

Y todo esto sólo por la media horita de la tarde, en el andén
populoso de la estación, abigarrada de compacta concurrencia: Políticos en campaña electoral, mozos de orión gris y capellada clara,
360 personajes luciendo sus personalidades oficiales, compadritos de
chambergo listo a escurrirse por la frente y melena engrasada de perfumes pringosos, cocheros esperando viajes, peones en busca de co-
rrespondencias o encomiendas. Mientras, como aromáticas flores entre
el bosque bruto, paseaban las muchachas de Lobos coquetas y bur-
365 lonas.

De punta a punta del andén, flanqueada de sus amigas la de rosa
caramelo y la de celeste caramelo, Rosaura marchaba con muelle pausa

[2] amagada de . . . paseanderas *which showed signs of the beginning of the promenade*

de engatusadora, respondiendo con sonrisas de flor que se abre a las miradas de Carlos, su amigo de cariñosas palabras.

Y Carlos amontonaba su vista en torno al cuerpito gentil y que- 370 rido que se alejaba como a disgusto, o concentraba sus ojos en las pupilas penetrables y mansas como ventanas abiertas para una cita de amor.

Pero llegaban los vagones del expreso zamarreados a descompás. Callaba el asmático jadear de la máquina. 375

Deteníase el tren luminoso frente al corredor techado, quedando así apartada la noche.

Subía gente, bajaba gente, golpeábanse los minutos barranca abajo del reloj que siempre camina; sobre los flancos polvorientos del vagón-comedor mientras decía sus últimas frases de discreta despe- 380 dida, Rosaura escribía entrelazadas iniciales de idilio. Y de improviso, haciendo una gran rasgadura de dolor en el alma de la pueblerita enamorada, anunciaba un chiflido brutal el arranque. Separábanse los coches como estiradas vértebras de reptil en fuga; sonaban desde la máquina al furgón los férreos tirones de las coyunturas y paragolpes. 385 Carlos saludaba de pronto empequeñecido por brusco distancia- miento. El furgón pasaba ligero, golpeando los vidrios con vibrante eco cercano.

Y era al frente la honda indiferencia de la noche estrellada, en la cual se apagaba dolorosamente el estrépito fugaz del tren, que se va 390 mirando con la blanca ceguera de su ojo ciclópeo el horizonte cuya atracción no entiende.

Pobre Rosaura, así abandonada con su pasión demasiado grande para ella, en el insípido aburrimiento del pueblito perdido en la pampa que ignora la vida de las pequeñas románticas pasionarias. 395

IX

Sin embargo, salvo los desconsoladores momentos de la partida dolorosa como un hecho definitivo, la existencia de Rosaura rebalsaba felicidad.

Inefablemente idénticos íbanse los días por el jardincito de la cochería de Torres, idealizados por el alma intensa de Rosaura, 400 siempre confiada en su Carlos que pasaría mañana, pasado mañana, o la semana entrante, para decirle a ella su amor con los ojos, darle la mano, un ramo de extrañas flores puebleras, e irse a la tarde en la angustia de una separación dolorosa como un hecho definitivo, pero para volver porque ése era su destino. 405

X

La noche que sabe de sortilegios, tornaba casi fantástica la insí- pida plaza del pueblo. La noche, el azul, los astros; la reducción del

mundo visible a unos cuantos charcos de luz llorados por los faroles,
tristes de inmóviles aislamientos, condenados a estar siempre allí mal-
410 grado el desesperante anhelo de ser estrella que da la primaveral infinitud del cielo tan inalcanzablemente profundo.

La gente limitada en sus cuerpos, va por la esclavitud de los caminos placeros, hechos para caminar, y no pueden evadirse en deseos
perdurables.

415 Por eso las almas se lanzan en locos futuros imposibles y migran
de amor en amor, como la luz de astro a astro, hollando el vacío interpuesto a la victoria de la materia.

La plaza empero es la de siempre. Los arbustos y los cercos tu-
sados como clines prolijas, forman geométricas figuras verdinegras,
20 curiosamente símiles a formas humanas. Los caminos hacen curvas,
a falta de mayor espacio para ser verdaderos caminos que saben
adonde van. Algunos árboles se enternecen reverdeciendo bajo aquella
benignidad primaveral, que vino a la hora de siempre.

Los grupos de muchachas son como grandes vidrieras de almas
125 que amarán y los hombres padecen el imposible anhelo de hacerlas
ramo entre sus manos fervorosas.

Carlos viene cuando puede a este dominguero desfile por la plaza
estirada en la noche estelar, bajo la santa vigilancia del campanario
colonial, desde el cual Dios bendice con infinitos perdones la pasajera
430 locura de sus borregos extraviados en tartamudeos sentimentales.

En la evidencia luminosa de las claras faldas y blusas y abanicos,
la más hermosa es Rosaura y también la más evadida de sí en grandes
aspiraciones de protagonista romántica, que languidece por el héroe
caído de un país inverosímil, con la aureola de un fantástico origen
435 ignoto.

¡Oh! . . . ser así de entre todas la elegida.

La noche que sabe de sortilegios, infiltra su palabra de tentación
en los corazones de aquella gente, que gracias a Dios posee su moral;
y por eso no concluye aquí, en la más natural de las soluciones amo-
440 rosas, este relato.

XI

Así llegó Rosaura al límite de su gloria. Los intervalos de su ausencia eran breves para saborear cada palabra, cada gesto; y en las
plenitudes de los diálogos cuando una mutua adivinación hacía su-
pérfluos los juramentos, un grande arrobo desleíase en torno a ellos,
445 como irradiación de sus sentimientos.

Mas parece que aquel estado de sus almas, hubiese llamado la
desgracia, como llaman el rayo las orantes cruces de las cúpulas.

Carlos, fingiendo no dar importancia a su revelación inesperada,
anunció a Rosaura un próximo viaje a Europa:

—... ¡Oh! Por muy poco tiempo; tres o cuatro meses cuando 450
más ... la duración del verano ... No puedo dejar de ir; mi padre ex-
trañaría si no lo hiciera y hasta es posible que se enojara ...

Rosaura mortalmente herida le oía hablar con angustia.

—Dígame Carlos. ¿No es el señor Ramallo el que lo manda?

—¡Vaya una idea m'hija!⌐ ¿Y por qué? 455

—No sé ... tal vez le hayan dicho que Vd. pierde el tiempo en un
pueblito por ahí.

—¡No, Rosaura, qué ocurrencia!

Carlos volvía a sus explicaciones. ¿Quién podía saber y en caso
de saberlo atribuir a nada malo sus visitas a Lobos? Era puramente 460
una satisfacción para el padre verle efectuar ese viaje a Inglaterra,
donde a su juicio aprendería mucho estudiando los más reputados
«Farms», en compañía de un hombre entendido.

—Tres meses o cuatro ... ¡me parece tan largo, Carlos!

Por primera vez respondió éste, con intención directa: 465

—Rosaura, créame que aunque fuesen seis, serían muy pocos para
borrar ciertas cosas.

—¿Seguro?

—Muy seguro.

Renacía el ánimo en la pequeña pueblera. Carlos hablaba con 470
tanta seguridad que le pareció más llevadera su ausencia, y la inflexión
especialmente tierna de aquella voz adorada, fue un lenitivo engañador para su alma sensible. Además, Rosaura poseía la grandeza de una
noble credulidad y un extraño, femenino, goce en sacrificarse a las
voluntades de su ídolo. Carlos no podía a su entender obrar sino bien. 475
Y esa pobre noche de separación, sus manos más que nunca se con-
fesaron amor por sobre todos los inconvenientes humanos.

XII

Caían las hojas, encogíanse los primeros fríos, sufría Rosaura
como los pequeños macachines del otoño, que se helaban faltos de sol.

¿No fue ilusión todo aquel romance? 480

Casi podía creerlo así la pobre chica, decepcionada diariamente
por el vacío de la ventanilla del vagón-comedor.

Pero no lo fue, porque una tarde como iba a descorazonarse, Carmen vino y tomándola del brazo le dijo temblorosa ante la magnitud
de la noticia: 485

—Vení m'hija, vení, ya lo he visto en otro coche.

¡Oh Rosaura! ¿Cómo no gritar en ese momento? Rehusábanse las
piernas a seguir adelante, mientras su amiga la arrastraba del brazo.
Era cierto, venía.

¡Carlos! ... ¡Oh caer sobre su pecho amado y decirle que nunca 490
dudó de su vuelta y luego tantas, tantas cosas más! Por una ventanilla

oscura le reconoció. Casi estirándole los brazos allí delante de todos, levantó su mentón sonriéndole con palideces vecinas a un desmayo; y él la saludó simplemente, como si nunca hubiera mediado entre ellos
495 sino una relación de paso.

XIII

Rosaura cayó en el coma de un dolor intenso. Todos en su casa supieron que algo extraño acontecía en ella y la madre se enteró del drama, en aquella noche de delirio que siguió al para otros imperceptible incidente de un saludo.
500 El amor de Rosaura, arraigado en ella como un organismo inseparable del suyo, la mataba al morirse.

Carmen, la amiga que antes le trajera las primicias de su amor, le trajo la lápida:

—Mirá, hija . . . no vale la pena sufrir por ese mal hombre.
505 —Por favor, Carmen, no hablemos más.

—Es que te voy a decir . . . si querés fijarte otro día cuando pase, verás que va con otra mujer, muy emperifollada, con esos trajes que te gustan a vos.

—Por Dios cayate, Carmen.
510 Ésta tragó los detalles que traía para aproximarse a su amiga, que lívida, con pucheros infantiles pero los ojos secos, comenzó a proferir un llanto largo, doloroso como entrañas de alma que le fuesen arrancadas despacio para intensificar el martirio.

XIV

Rosaura ha venido a la estación, en su traje de muselina floreada,
515 recuerdo de aquella noche inolvidable del Club Social. En su corpiño ha guardado la breve carta, única de Carlos, que decía un adiós y en sus manos convulsas hace cenizas los pétalos secos de las flores que guardaba porque él se las había dado.

Rosaura debe estar un poco loca para venir así vestida al andén.
520 ¿Pero qué le importa el decir de los otros?

Carmen la acompaña cuidándola como enfermera, inquieta de aquellas extrañas fantasías y está siempre vestida de rosa caramelo, no habiendo como su amiga sufrido la intensa influencia de las cosas exteriores.
525 De pronto, la mano de Rosaura se hunde en la carnosa blandura del brazo de su amiga.

—Vamos, Carmen, vamos por Dios que ya no puedo más.

Así unidas caminan hasta el límite del andén. Carlos (¡Oh la horrible inconsciencia!) viene en un compartimento, con la mujer extra-
530 ña y Rosaura no quiere verlo.

—Oh, ya no puedo más, no puedo más . . . y ahora déjame, te lo pido por lo que más quieras . . . déjame te pido por lo que más quieras . . . déjame, y volvé con todas allá que yo me voy a casa.

—¿Pero m'hija, no querés que te abandone así en ese estado, yorando como una perdida?[3]

—Sí, por lo que más quieras, déjame.

¿Qué potente sugestión ha hecho obedecer a Carmen?

El chiflido de la locomotora anuncia la partida. Carmen retorna hacia la estación.

Los hierros comienzan a sonar y bufa la máquina sus grandes penachos venenosos sobre Lobos, en jadeante esfuerzo de partida. El tren va a continuar su viaje de desconocido a desconocido, de horizonte a horizonte.

Entonces la pequeña Rosaura, vencida por una locura horrible, grita, llora, despedazando en los dientes convulsos de dolor sobrehumano, frases incomprensibles. Y como una mariposa primaveral y ligera lánzase a correr entre la paralela infinitud de los rieles, los brazos hacia adelante en una ofrenda inútil, clamando el nombre de Carlos, por quien es una voluptuosidad morir así, en el camino que lo lleva lejos de ello para siempre.

—¡Carlos! . . . ¡Carlos! . . .

El férreo estrépito se proxima. Nada son para la veloz victoria del tren sonante, los gritos de una pasión que supo llegar hasta la muerte.

—¡Carlos! . . .

Y como una pluma ligera y blanca, cede paso la fina figura despedazada en su muselina floreada, a la indiferente progresión de la máquina potente y ciega, para cuyo ojo ciclópeo el horizonte no es un ideal.

---

[3] ¿Pero m'hija . . . una perdida? *But my dear, you don't think I'm going to leave you in that condition, weeping like a lost soul?*

EJERCICIOS

Discusión

1. ¿Cómo es Lobos?
   a. ¿Qué influencia ha tenido el tren diario que pasa por el pueblo? **b.** ¿Qué importancia tiene la estación ferroviaria en la vida social de los lobeños?
2. Describa a Rosaura y diga algo de su vida cotidiana.
   a. Describa a Carlos. ¿Qué clase de vida lleva? **b.** ¿Cómo están separados los dos jóvenes por la posición social que ocupan?
3. ¿Cómo se conocieron Rosaura y Carlos?
   a. ¿Qué es lo que escribe Rosaura en el vagón-comedor la primera vez? ¿La segunda vez? **b.** ¿Cómo llega esto a ser simbólico?
4. ¿Qué clase de relaciones llegan a tener Rosaura y Carlos?
5. ¿Qué siente Carlos por Rosaura? ¿Ha tratado de crear falsas ilusiones en la joven?
6. ¿Qué defectos tiene el carácter de Rosaura?
   a. ¿Hay en Rosaura falta de sinceridad en cuanto a sí misma? **b.** ¿Está ella firmemente convencida de que Carlos la ama? **c.** ¿Qué concepto del amor tiene Rosaura?
7. ¿Habría sido feliz Rosaura si se hubiera casado con Carlos?
8. ¿Cómo influyen, directa o indirectamente, los siguientes elementos en la muerte de Rosaura:
   a. Carmen, **b.** el tren, **c.** la pampa, **d.** Carlos, **e.** la misma Rosaura?
9. Cuente usted la historia desde el punto de vista de:
   a. Carmen, **b.** Carlos, **c.** la esposa de Carlos.

Comente en sus propias palabras.
   1. El alma de Lobos
   2. El impacto del ferrocarril en la vida del pueblo
   3. La coquetería de Rosaura en la estación
   4. La primera reacción de Carlos al ver a Rosaura
   5. El milagro de un gran amor
   6. Las noticias que trae Carmen
   7. El baile en el Club Social
   8. La primera conversación entre Carlos y Rosaura
   9. Las intenciones de Carlos después de conocerla en el baile
   10. ¿Cómo pasaba Carlos el día en Lobos?
   11. El desfile dominguero por la plaza de Lobos
   12. El anuncio de Carlos de su visita a Europa

13. La vuelta de Carlos
14. La última visita de Rosaura a la estación
15. La personalidad del tren

Explique el sentido de las siguientes oraciones según su contexto en el cuento.

1. Justicia, dinero, ropa, vicio e ideal en módicas dosis.
2. Hacia la ventanilla de Carlos miraron con tan descarada curiosidad.
3. Para ella la mañana era alegre.
4. La estación es a Lobos lo que Hyde Park es a Londres . . .
5. ¡Maligna sugestión de la indiferente maquina viajadora, para cuyo ojo ciclópeo el horizonte no es un ideal!
6. Rosaura vive cerrando los ojos para mejor poseerse en sus más intensas emociones.
7. Te voy a dar datos de primera. . . .
8. Era la hora y estaba lista, pura y vibrante como un cristal herido por la nota lejana de un campanazo broncíneo.
9. —Esos viajes entristecen cuando uno los hace solo.
10. —No me diga señorita.
11. —Esas cosas se adivinan.
12. Sus últimas frases de discreta despedida.
13. ¡Oh! . . . ser así de entre todas la elegida.
14. Rosaura poseía . . . un extraño, femenino, goce en sacrificarse a las voluntades de su ídolo.
15. ¿No fue ilusión todo aquel romance?
16. Él la saludó simplemente, como si nunca hubiera mediado entre ellos sino una relación de paso.
17. —Por Dios cayate, Carmen.
18. Rosaura debe estar un poco loca para venir así vestida al andén.
19. Como una mariposa primaveral y ligera lánzase a correr entre la paralela infinitud de los rieles . . .

Vocabulario

Construya una oración original con cada uno de los siguientes verbos o modismos, de acuerdo con el tratamiento que se les da en el texto. Según sea necesario, úsense como modelos las oraciones del texto en que aparecen.

1. en medio de (1)
2. gustar de (154)
3. estar para (+*noun*) (183)
4. rumbo a (245)
5. pasado mañana (401)
6. la semana entrante (402)
7. cuando más (450)
8. valer la pena (504)

Miguel de Unamuno
(1864–1936)

Juan Manso

Miguel de Unamuno y Jugo fue sin duda el pensador más importante de la generación de 1898. Tras la niñez y la mocedad en tierras vizcaínas estudió filosofía y letras en Madrid. Durante varios años fue profesor de griego y luego rector de la Universidad de Salamanca. En sus ideas fue influido por Ángel Ganivet, Nietzsche y por el danés, Kierkegaard, pero la filosofía de Unamuno es muy suya y muy española a pesar de estos antecedentes. No es una filosofía bien desarrollada, sino más bien un testamento espiritual del hombre y de la raza. Poseedor de una gran cultura y lector infatigable, Unamuno «refleja casi siempre en sus escritos sus últimos estudios, lo cual es causa de las muchas contradicciones y paradojas que en él se notan». Ha sido un pensador azorante, disperso, lleno de dificultades y errores filosóficos, pero al mismo tiempo existen en su obra geniales adivinaciones y aciertos.

Unamuno y Ortega y Gasset son los dos grandes pensadores españoles del siglo veinte; el primero escribe con el alma, el segundo con el intelecto. Juntos representan los dos aspectos de la literatura española de esta época. Unamuno ha hecho su profesión de fe en varios de sus ensayos, especialmente en el titulado «Mi religión», donde ha escrito: «Mi religión es buscar la verdad en la vida y la vida en la verdad, aun a sabiendas de que no he de encontrarlas mientras viva; mi religión es luchar con Dios . . . Rechazo el eterno ignorabimus. Y en todo caso quiero trepar a lo inaccesible».

Con su espíritu combatiente y dinámico Unamuno se opuso a todas las tendencias dogmáticas y científicas de la filsosfía moderna. También criticó severamente las instituciones contemporáneas de su país: la monarquía en sus últimos tiempos, la dictadura de Primo de Rivera (por esto fue exiliado), la república española por sus excesos políticos y su falta de orden, y el movimiento nacionalista del General Franco por sus violencias y arbitrariedades. En todas sus críticas de las realidades pasajeras Unamuno siempre procuró «afirmar su anhelo de eternidad».

Los cuentos, las novelas, los dramas, las poesías y los ensayos de Unamuno constituyen una vigorosa literatura de pasión y búsqueda espiritual. Los personajes suyos representan símbolos o puntos de vista más bien que tipos de carne y hueso. Las mejores obras del autor son: *En torno al casticismo* (1902), *La vida de don Quijote y Sancho* (1905), *Del sentimiento trágico de la vida* (1912), *Niebla* (1914) y *Abel Sánchez* (1917). Las últimas dos obras son novelas (Unamuno dice «nivolas») recargadas de realidades íntimas. La autobiografía póstuma del autor, *Mi vida y otros recuerdos personales*, fue publicada en 1960.

JUAN MANSO

32

Cuento de Muertos

Y va de cuento . . .

Era Juan Manso en esta pícara tierra un bendito de Dios, una mosquita muerta que en su vida rompió un plato. De niño, cuando jugaban al burro sus compañeros, de burro hacía él; más tarde fue el confidente de los amoríos de sus camaradas, y cuando llegó a hombre ⁵ hecho y derecho le saludaban sus conocidos con un cariñoso: ¡Adiós, Juanito!

Su máxima suprema fue siempre la del chino: no comprometerse y arrimarse al sol que más calienta.

Aborrecía la política, odiaba los negocios, repugnaba todo lo que ₁₀ pudiera turbar la calma chicha de su espíritu.

Vivía de unas rentillas, consumiéndolas íntegras y conservando entero el capital. Era bastante devoto, no llevaba la contraria a nadie y como pensaba mal de todo el mundo, de todos hablaba bien.

Si le hablabas de política, decía: ₁₅

—Yo no soy nada; ni fu ni fa; lo mismo me da Rey que Roque; soy un pobre pecador que quiere vivir en paz con todo el mundo.

No le valió, sin embargo, su mansedumbre y al cabo se murió, que fue el único acto comprometedor que efectuó en su vida.

*   *   *   *

Un ángel armado de flamígero espadón hacía el apartado de las ₂₀ almas, fijándose en el señuelo con que las marcaban ángeles y demonios en un registro por donde tenían que pasar al salir del mundo. La entrada al registro parecía taquilla de expendeduría en día de corrida mayor. Era tal el remolino de gente, tantos los empellones, tanta la prisa que tenían todos por conocer su destino eterno, y tal el barullo ₂₅ que imprecaciones, ruegos y disculpas en las mil y una lenguas, dialectos y jergas del mundo armaban, que Juan Manso se dijo:

—¿Quién me manda meterme en líos? Aquí debe de haber hombres muy brutos.

Esto lo dijo para el cuello de su camisa, no fuera que se lo oyesen. ₃₀

El caso es que el ángel del flamígero espadón maldito el caso que hizo de él, y así pudo colarse camino de la Gloria.

Iba solo y pian pianito. De vez en vez pasaban alegres grupos, cantando letanías y bailando a más y mejor algunos, cosa que le pa-
35 reció poco decente en futuros bienaventurados.

Cuando llegó al alto se encontró con una larga cola de gente a lo largo de las tapias del Paraíso, y unos cuantos ángeles que, cual *guindillas* en la tierra, velaban por el orden.

Colocóse Juan Manso a la cola de la cola. A poco llegó un humilde
40 franciscano, y tal maña se dio, tan conmovedoras razones adujo sobre la prisa que le corría por entrar cuanto antes, que nuestro Juan Manso le cedió su puesto, diciéndose:

—Bueno es hacerse amigos hasta en la Gloria eterna.

El que vino después, que ya no era franciscano, no quiso ser
45 menos, y sucedió lo mismo.

En resolución, no hubo alma piadosa que no birlara el puesto a Juan Manso, la fama de cuya mansedumbre corrió por toda la cola y se transmitió como tradición flotante sobre el continuo fluir de gente por ella. Y Juan Manso, esclavo de su buena fama.
50 Así pasaron siglos al parecer de Juan Manso, que no menos tiempo era preciso para que el corderito empezara a perder la paciencia. Topó por fin cierto día con un santo y sabio obispo, que resultó ser tataranieto de un hermano de Manso. Expuso éste sus quejas a su tatarasobrino y el santo y sabio obispo le ofreció interceder por él junto
55 al Eterno Padre, promesa en cuyo cambio cedió Juan su puesto al obispo santo y sabio.

Entro éste en la Gloria y, como era de rigor, fue derechito a ofrecer sus respetos al Padre Eterno. Cuando hubo rematado el discursillo, que oyó el Omnipotente distraído, díjole éste:
60 —¿No traes postdata? —mientras le sondeaba el corazón con su mirada.

—Señor, permitidme que interceda por uno de sus siervos que allá, a la cola de la cola. . . .

—Basta de retóricas —dijo el Señor con voz de trueno—. ¿Juan
65 Manso?

—El mismo, Señor Juan Manso que. . . .

—¡Bueno, bueno! Con su pan se lo coma, y tú no vuelvas a meterte en camisa de once varas.

Y volviéndose al ángel introductor de almas, añadió:
70 —¡Que pase otro!

Si hubiera algo capaz de turbar la alegría inseparable de un bienaventurado, diríamos que se turbó la del santo y sabio obispo. Pero, por lo menos, movido de piedad, acercóse a las tapias de la Gloria, junto a las cuales se extendía la cola, trepó a aquéllas, y llamando a
75 Juan Manso, le dijo:

—¡Tataratío, cómo lo siento! ¡Cómo lo siento, hijito mío! El Señor me ha dicho que te lo comas con tu pan y que no vuelva a meterme en

camisa de once varas. Pero . . . ¿sigues todavía en la cola de la cola?
Ea, ¡hijito mío!, ármate de valor y no vuelvas a ceder tu puesto.

—¡A buena hora, mangas verdes! —exclamó Juan Manso, derra- 80
mando lagrimones como garbanzos.

Era tarde, porque pesaba sobre él la tradición fatal y ni le pedían
ya el puesto, sino que se lo tomaban.

Con la orejas gachas abandonó la cola y empezó a recorrer las
soledades y baldíos de ultratumba, hasta que topó con un camino donde 85
iba mucha gente, cabizbajos todos. Siguió sus pasos y se halló a las
puertas del Purgatorio.

—Aquí será más fácil entrar —se dijo— y una vez dentro y puri-
ficado me expedirán directamente al cielo.

—Eh, amigo, ¿adónde va? 90

Volvióse Juan Manso y hallóse cara a cara con un ángel, cubierto
con una gorrita de borla, con una pluma de escribir en la oreja, y que
le miraba por encima de las gafas. Después que le hubo examinado de
alto a bajo, le hizo dar vuelta, frunció el entrecejo y le dijo:

—¡Hum, *malorum causa*.[1] Eres gris hasta los tuétanos. . . . Temo 95
meterte en nuestra lejía, no sea que te derritas. Mejor harás ir al
Limbo.

—¡Al Limbo!

Por primera vez se indignó Juan Manso al oir esto, pues no hay
varón tan paciente y sufrido que aguante el que un ángel le trate de 100
tonto de capirote.

Desesperado tomó camino del Infierno. No había en éste cola ni
cosa que lo valga. Era un ancho portalón de donde salían bocanadas
de humo espeso y negro y un estrépito infernal. En la puerta un pobre
diablo tocaba un organillo y se desgañitaba gritando: 105

—Pasen ustedes, señores, pasen. . . . Aquí verán ustedes la comedia humana. . . . Aquí entra el que quiere. . . .

Juan Manso cerró los ojos.

—¡Eh, mocito, alto! —le gritó el pobre diablo.

—¿No dices que entra el que quiere? 110

—Sí, pero ya ves —dijo el pobre diablo poniéndose serio y aca-
riciándose el rabo—, aun nos queda una chispita de conciencia . . . y
la verdad . . . tú. . . .

¡Bueno! ¡Bueno! —dijo Juan Manso volviéndose porque no podía
aguantar el humo. 115

Y oyó que el diablo decía para su capote:

—¡Pobrecillo!

—¡Pobrecillo! Hasta el diablo me compadece.

Desesperado, loco, empezó a recorrer, como tapón de corcho en

---

[1] malorum causa   *the root of all evil*

120 medio del Océano, los inmensos baldíos de ultratumba, cruzándose de cuando en cuando con el alma de Garibay.

Un día que atraído por el apetitoso olorcillo que salía de la Gloria se acercó a las tapias de ésta a oler lo que guisaban dentro, vio que el Señor, a eso de la caída de la tarde, salía a tomar el fresco por los
125 jardines del Paraíso. Le esperó junto a la tapia, y cuando vio su augusta cabeza, abrió sus brazos en ademán suplicante y con tono un tanto despechado le dijo:

—¡Señor, Señor! ¿No prometiste a los mansos vuestro reino?

—Sí; pero a los que embisten, no a los embolados.[2]
130 Y le volvió la espalda.

*   *   *   *

Una antiquísima tradición cuenta que el Señor, compadecido de Juan Manso, le permitió volver a este pícaro mundo; que de nuevo en él, empezó a embestir a diestro y siniestro con toda la intención de un pobrecito infeliz; que muerto de segunda vez atropelló la famosa cola
135 y se coló de rondón en el Paraíso.

Y que en él no cesa de repetir:

—¡Milicia es la vida del hombre sobre la tierra!

---

[2] los embolados   *bulls with wooden balls placed on their horns to render them harmless* (mansos)

EJERCICIOS

Discusión

1. ¿Qué clase de vida lleva Juan Manso la primera vez que vive? ¿La segunda vez?
2. ¿Por qué no puede Juan Manso entrar:
   a. en la Gloria? **b.** en el Purgatorio? **c.** en el Infierno?
3. Explique el sentido de las palabras del Señor: «Sí, pero a los que embisten, no a los embolados».
4. ¿Qué título daría usted a este cuento en inglés? Explique en español el sentido del título.
5. Vuelva usted a contar el cuento desde el punto de vista de:
   a. Juan Manso, **b.** su tatarasobrino.

Comente en sus propias palabras.
1. La vida de Juan Manso
2. La máxima suprema de Juan Manso
3. El ángel del flamígero espadón
4. La cola de la cola
5. El franciscano
6. El tatarasobrino
7. El Limbo
8. Los embolados
9. Las tapias del Paraíso

Explique el sentido de las siguientes oraciones según su contexto en el cuento.
1. Adiós, Juanito.
2. Y como pensaba mal de todo el mundo, de todos hablaba bien.
3. El único acto comprometedor de su vida.
4. Así pudo colarse camino de la Gloria.
5. Bueno es hacerse amigos.
6. Esclavo de su buena fama.
7. Expuso éste sus quejas ...
8. Ármate de valor...
9. Temo meterte en nuestra lejía.
10. Aquí entra el que quiere.
11. ¿No prometiste a los mansos vuestro reino?
12. Empezó a embestir.

Vocabulario

Construya una oración original con cada uno de los siguientes verbos o modismos, de acuerdo con el tratamiento que se les da en el texto.

Según sea necesario, úsense como modelos las oraciones del texto en que aparecen.

FRASES HECHAS	NEAREST ENGLISH EQUIVALENT
1. Y va de cuento (1)	Once upon a time
2. un bendito de Dios (2)	a simpleton
3. una mosquita muerta (2–3)	a deadpan, hypocrite (a person who hides his feelings)
4. que en su vida rompió un plato (3)	who never in his life hurt a fly
5. un hombre hecho y derecho (5–6)	a full–grown man
6. arrimarse al sol que más calienta (9)	to know what side your bread is buttered on
7. ni fu ni fa (16)	neither fish nor fowl
8. decir para el cuello de su camisa (30)	to say to himself
9. maldito el caso que hizo de él (31–32)	paid very little attention to him
10. con su pan se lo coma (67)	he made his own bed, let him lie in it
11. meterse en camisa de once varas (67–68)	to meddle in other people's business
12. a buena hora mangas verdes (80)	too little and too late
13. tonto de capirote (101)	a complete idiot
14. ni cosa que lo valga (102–103)	nor anything like it
15. el alma de Garibay (121)	the soul of Garibay (who was supposedly barred from both Heaven and Hell)

Julio Cortázar
(1914–   )

Axolotl

Julio Cortázar nació en Bruselas, hijo de padres argentinos. La familia regresó a la Argentina, y Julio se crió en este país. El joven Cortázar pasó cinco años enseñando en una escuela preparatoria de Buenos Aires. Luego aceptó una posición como profesor en la Universidad de Cuyo, en Mendoza. Cuando llegó Perón al poder Cortázar renunció su profesorado y volvió a Buenos Aires. Pronto después se marchó a París, donde reside todavía.

Cortázar «se dio a conocer como cuentista en 1951 con *Bestiario*, una colección de ocho relatos en los que predomina la técnica de convertir al personaje en animal». La influencia de Franz Kafka in evidente en este libro, y en toda la obra de Cortázar. La destrucción de la realidad y del tiempo también caracterizan los cuentos de Cortázar; las emociones y la imaginación lo controlan todo. La segunda colección de cuentos del autor, *Final del juego*, 1956, fue aclamada por los críticos literarios y Cortázar llegó a ser uno de los cuentistas más conocidos de Latinoamérica. Este libro en seguida apareció en una traducción inglesa. Tres años más tarde el autor publicó *Las armas secretas*, cinco relatos narrados desde varios puntos de vista, y en 1962 apareció *Historias de cronopios y de famas*, su cuarta colección de cuentos. En este libro Cortázar presenta un mundo fantástico caracterizado «por la invención de personajes irreales, completamente despegados del mundo familiar». El quinto libro de cuentos de Cortázar, *Todos los fuegos el fuego*, 1966, es una colección de ocho hermosos relatos de gran interés dramático.

En 1977 publicó *Alguien que anda por ahí*, una colección de relatos traducida al inglés con el titulo, *A Change of Light and Other Stories*. La más reciente colección, *Queremos tanto a Glenda y otros relatos*, apareció en 1980. Entre sus novelos, *Rayuela* (1963) es la más conocida en los Estados Unidos, traducida con el título *Hopscotch*.

Cortázar es un escritor cosmopolita; su obra no refleja nada del regionalismo de la generación anterior de escritores. Delineados sobre un fondo urbano, Buenos Aires y París, sus personajes llevan sus vidas complejas, simbólicas, desarraigadas. Todos se encuentran *situados* entre la desesperación, la esperanza y la nada.

Cortázar y su esposa se ganan la vida trabajando como traductores en la UNESCO de París. Pasan las vacaciones en el sur de Francia, donde tienen una casa de verano, o en Venecia, ciudad que les encanta. En la biblioteca personal del escritor el 60 por ciento de los libros son de autores franceses, el 30 por ciento de autores ingleses y norteamericanos, y sólo el 10 por ciento de autores españoles e hispanoamericanos

Hubo un tiempo en que yo pensaba mucho en los axolotl. Iba a verlos al acuario del *Jardin des Plantes* y me quedaba horas mirándolos, observando su inmovilidad, sus oscuros movimientos. Ahora soy un axolotl.

5 El azar me llevó hasta ellos una mañana de primavera en que París abría su cola de pavorreal después de la lenta invernada. Bajé por el bulevar de Port-Royal, tomé St. Marcel y L'Hôpital, vi los verdes entre tanto gris y me acordé de los leones. Era amigo de los leones y las panteras, pero nunca había entrado en el húmedo y oscuro edificio
10 de los acuarios. Dejé mi bicicleta contra las rejas y fui a ver los tulipanes. Los leones estaban feos y tristes y mi pantera dormía. Opté por los acurios, soslayé peces vulgares hasta dar inesperadamente con los axolotl. Me quedé una hora mirándolos y salí, incapaz de otra cosa.

En la biblioteca Sainte-Geneviève consulté un diccionario y supe
15 que los axolotl son formas larvales, provistas de branquias de una especie de batracio del género amblistoma. Que eran mexicanos lo sabía ya por ellos mismos, por sus pequeños rostros rosados aztecas y el cartel en lo alto del acuario. Leí que se han encontrado ejemplares en África capaces de vivir en tierra durante los períodos de sequía, y
20 que continúan su vida en el agua al llegar la estación de los lluvias. Encontré su nombre español, ajolote, la mención de que son comestibles y que su aceite se usaba (se diría que no se usa más) como el de hígado de bacalao.

No quise consultar obras especializadas, pero volví al día si-
25 guiente al *Jardin des Plantes*. Empecé a ir todas las mañanas, a veces de mañana y de tarde. El guardián de los acuarios sonreía perplejo al recibir el billete. Me apoyaba en la barra de hierro que bordea los acuarios y me ponía a mirarlos. No hay nada de extraño en esto, porque desde un primer momento comprendí que estábamos vinculados,
30 que algo infinitamente perdido y distante seguía sin embargo uniéndonos. Me había bastado detenerme aquella primera mañana ante el cristal donde unas burbujas corrían en el agua. Los axolotl se amontonaban en el mezquino y angosto (sólo yo puedo saber cuán angosto y mezquino) piso de piedra y musgo del acuario. Había nueve ejem-
35 plares, y la mayoría apoyaba la cabeza contra el cristal, mirando con sus ojos de oro a los que se acercaban. Turbado, casi avergonzado, sentí como una impudicia asomarme a esas figuras silenciosas e inmóviles aglomeradas en el fondo del acuario. Aislé mentalmente una, situada a la derecha y algo separada de las otras, para estudiarla me-

From *Final del juego* (Buenos Aires, 1957). Reprinted by permission of Agencia Alia, Paris.

jor. Vi un cuerpecito rosado y como translúcido (pensé en las esta- 40
tuillas chinas de cristal lechoso), semejante a un pequeño lagarto de
quince centímetros, terminado en una cola de pez de una delicadeza
extraordinaria, la parte más sensible de nuestro cuerpo. Por el lomo
le corría una aleta transparente que se fusionaba con la cola, pero lo
que me obsesionó fueron las patas, de una finura sutilísima, acabadas 45
en menudos dedos, en uñas minuciosamente humanas. Y entonces descubrí sus ojos, su cara. Un rostro inexpresivo, sin otro rasgo que los
ojos, dos orificios como cabezas de alfiler, enteramente de un oro transparente, carentes de toda vida pero mirando, dejándose penetrar por
mi mirada que parecía pasar a través del punto áureo y perderse en 50
un diáfano misterio interior. Un delgadísimo halo negro rodeaba el
ojo y lo inscribía en la carne rosa, en la piedra rosa de la cabeza vagamente triangular pero con lados curvos e irregulares, que le daban una
total semejanza con una estatuilla corroída por el tiempo. La boca
estaba disimulada por el plano triangular de la cara, sólo de perfil se 55
adivinaba su tamaño considerable; de frente una fina hendedura ras-
gaba apenas la piedra sin vida. A ambos lados de la cabeza, donde
hubieran debido estar las orejas, le crecían tres ramitas rojas como
de coral, una excrecencia vegetal, las branquias, supongo. Y era lo
única vivo en él, cada diez o quince segundos las ramitas se endere- 60
zaban rígidamente y volvían a bajarse. A veces una pata se movía
apenas, y veía los diminutos dedos posándose con suavidad en el
musgo. Es que no nos gusta movernos mucho, y el acuario es tan
mezquino; apenas avanzamos un poco nos damos con la cola a la cabeza de otro de nosotros; surgen dificultades, peleas, fatiga. El tiempo 65
se siente menos si nos estamos quietos.

Fue su quietud lo que me hizo inclinarme fascinado la primera
vez que vi a los axolotl. Oscuramente me pareció comprender su voluntad secreta, abolir el espacio y el tiempo con una inmovilidad indiferente. Después supe mejor, la contracción de las branquias, el tan- 70
teo de las finas patas en las piedras, la repentina natación (algunos de
ellos nadan con la simple ondulación del cuerpo) me probó que eran
capaces de evadirse de ese sopor mineral en que pasaban horas enteras. Sus ojos, sobre todo, me obsesionaban. Al lado de ellos, en los
restantes acuarios, diversos peces me mostraban la simple estupidez 75
de sus hermosos ojos semejantes a los nuestros. Los ojos de los axolotl
me decían de la presencia de una vida diferente, de otra manera de
mirar. Pegando mi cara al vidrio (a veces el guardián tosía, inquieto)
buscaba ver mejor los diminutos puntos áureos, esa entrada al mundo
infinitamente lento y remoto de las criaturas rosadas. Era inútil gol- 80
pear con el dedo en el cristal, delante de sus caras; jamás se advertía
la menor reacción. Los ojos de oro seguían ardiendo con su dulce,
terrible luz; seguían mirándome desde una profundidad insondable que me daba vértigo.

Y sin embargo estaban cerca. Lo supe antes de esto, antes de ser 85

un axolotl. Lo supe el diá en que me acerqué a ellos por primera vez. Los rasgos antropomórficos de un mono revelan, al revés de lo que cree la mayoría, la distancia que va de ellos a nosotros. La absoluta falta de semejanza de los axolotl con el ser humano me probó que mi
90 reconocimiento era válido, que no me apoyaba en analogías fáciles. Sólo las manecitas . . . Pero una lagartija tiene también manos así, y en nada se nos parece. Yo creo que era la cabeza de los axolotl, esa forma triangular rosada con los ojillos de oro. Eso miraba y sabía. Eso reclamaba. No eran *animales*.
95 Parecía fácil, casi obvio, caer en la mitología. Empecé viendo en los axolotl una metamorfosis que no conseguía anular una misteriosa humanidad. Los imaginé conscientes, esclavos de su cuerpo, infinitamente condenados a un silencio abisal, a una reflexión desesperada. Su mirada ciega, el diminuto disco de oro inexpresivo y sin embargo
100 terriblemente lúcido, me penetraba como un mensaje; «Sálvanos, sálvanos». Me sorprendía musitando palabras de consuelo, transmitiendo pueriles esperanzas. Ellos seguían mirándome, inmóviles; de pronto las ramillas rosadas de las branquias se enderezaban. En ese instante yo sentía como un dolor sordo; tal vez me veían, captaban mi esfuerzo
105 por penetrar en lo impenetrable de sus vidas. No eran seres humanos, pero en ningún animal había encontrado una relación tan profunda conmigo. Los axolotl eran como testigos de algo, y a veces como horribles jueces. Me sentía innoble frente a ellos; había una pureza tan espantosa en esos ojos transparentes. Eran larvas, pero larva quiere
110 decir máscara y también fantasma. Detrás de esas caras aztecas, inexpresivas y sin embargo de una crueldad implacable, ¿qué imagen esperaba su hora?
Les temía. Creo que de no haber sentido la proximidad de otros visitantes y del guardián, no me hubiese atrevido a quedarme solo con
115 ellos. «Usted se los come con los ojos», me decía riendo el guardián, que debía suponerme un poco desequilibrado. No se daba cuenta de que eran ellos los que me devoraban lentamente por los ojos, en un canibalismo de oro. Lejos del acuario no hacía más que pensar en ellos, era como si me influyeran a distancia. Llegué a ir todos los días, y de
120 noche los imaginaba inmóviles en la oscuridad, adelantando lentamente una mano que de pronto encontraba la de otro. Acaso sus ojos veían en plena noche, y el día continuaba para ellos indefinidamente. Los ojos de los axolotl no tienen párpados.
Ahora sé que no hubo nada de extraño, que eso tenía que ocurrir.
125 Cada mañana, al inclinarme sobre el acuario, el reconocimiento era mayor. Sufrían, cada fibra de mi cuerpo alcanzaba ese sufrimiento amordazado, esa tortura rígida en el fondo del agua. Espiaban algo, un remoto señorío aniquilado, un tiempo de libertad en que el mundo había sido de los axolotl. No era posible que una expresión tan terrible
130 que alcanzaba a vencer la inexpresividad forzada de sus rostros de

piedra, no portara un mensaje de dolor, la prueba de esa condena eterna, de ese infierno líquido que padecían. Inútilmente quería probarme que mi propia sensibilidad proyectaba en los axolotl una conciencia inexistente. Ellos y yo sabíamos. Por eso no hubo nada de extraño en lo que ocurrió. Mi cara estaba pegada al vidrio del acuario, 135 mis ojos trataban una vez más de penetrar el misterio de esos ojos de oro sin iris y sin pupila. Veía de muy cerca la cara de un axolotl inmóvil junto al vidrio. Sin transición, sin sorpresa, vi mi cara contra el vidrio, en vez del axolotl vi mi cara contra el vidrio, la vi fuera del acuario, la vi del otro lado del vidrio. Entonces mi cara se apartó y yo 140 comprendí.

Sólo una cosa era extraña: seguir pensado como antes, saber. Darme cuenta de eso fue en el primer momento como el horror del enterrado vivo que despierta a su destino. Afuera, mi cara volvía a acercarse al vidrio, veía mi boca de labios apretados por el esfuerzo 145 de comprender a los axolotl. Yo era un axolotl y sabía ahora instantáneamente que ninguna comprensión era posible. Él estaba fuera del acuario, su pensamiento era un pensamiento fuera del acuario. Conociéndolo, siendo él mismo, yo era un axolotl y estaba en mi mundo. El horror venía —lo supe en el mismo momento— de creerme prisi- 150 onero en un cuerpo de axolotl, transmigrado a él con mi pensamiento de hombre, enterrado vivo en un axolotl, condenado a moverme lúcidamente entre criaturas insensibles. Pero aquello cesó cuando una pata vino a rozarme la cara, cuando moviéndome apenas a un lado vi a un axolotl junto a mí que me miraba, y supe que también él sabía, 155 sin comunicación posible pero tan claramente. O yo estaba también en él, o todos nosotros pensábamos como un hombre, incapaces de expresión, limitados al resplandor dorado de nuestros ojos que miraban la cara del hombre pegada al acuario.

Él volvió muchas veces, pero viene menos ahora. Pasa semanas 160 sin asomarse. Ayer lo vi, me miró largo rato y se fue bruscamente. Me pareció que no se interesaba tanto por nosotros, que obedecía a una costumbre. Como lo único que hago es pensar, pude pensar mucho en él. Se me ocurre que al principio continuamos comunicados, que él se sentía más que nunca unido al misterio que lo obsesionaba. Pero los 165 puentes están cortados entre él y yo, porque lo que era su obsesión es ahora un axolotl, ajeno a su vida de hombre. Creo que al principio yo era capaz de volver en cierto modo a él —ah, sólo en cierto modo— y mantener alerta su deseo de conocernos mejor. Ahora soy definitivamente un axolotl, y si pienso como un hombre es sólo porque todo 170 axolotl piensa como un hombre dentro de su imagen de piedra rosa. Me parece que de todo esto alcancé a comunicarle algo en los primeros días, cuando yo era todavía él. Y en esta soledad final, a la que él ya no vuelve, me consuela pensar que acaso va a escribir sobre nosotros, creyendo imaginar un cuento va a escribir todo esto sobre los axolotl. 175

EJERCICIOS

Discusión

1. ¿Cómo vino a conocer a los axolotl el narrador? ¿Cómo reaccionó?
2. Hable de los axolotl. ¿Son animales? Describa sus ojos y su cola. ¿Cómo son sus patas?
3. ¿Qué llegó a imaginar el narrador sobre la vida interior de los axolotl? ¿Qué mensaje creía que los axolotl transmitían?
4. Describa el momento de metamorfosis que sufre el narrador.
5. Explique la reacción del narrador al darse cuenta de que es un axolotl.
6. Vuelva a contar el cuento desde el punto de vista de:
   a. el guardián, **b.** un axolotl.
7. ¿En qué sentido se parece este cuento a «El milagro secreto»? ¿En qué sentido no se parecen los dos cuentos?

Comente en sus propias palabras.
1. Los ejemplares de axolotl de África
2. El rostro de los axolotl
3. El temperamento de los axolotl
4. El temperamento del narrador
5. Los semejanzas entre los seres humanos y:
   a. los monos, **b.** las lagartijas, **c.** los axolotl
6. La metamorfosis
7. El cuento como una forma de comunicación
8. Julio Cortázar

Explique el sentido das las siguientes oraciones según su contexto en el cuento.
1. Ahora soy un axolotl.
2. Me apoyaba en la barra de hierro que bordea los acuarios.
3. Comprendí que estábamos vinculados.
4. Sólo yo puedo saber cuán angosto y mezquino.
5. La parte más sensible de nuestro cuerpo.
6. Le crecían tres ramitas rojas.
7. Abolir el espacio y el tiempo con una inmovilidad indiferente.
8. «Sálvanos, sálvanos».
9. Una pureza espantosa en esos ojos transparentes.
10. Los ojos no tienen párpados.
11. Entonces mi cara se apartó.
12. El horror del enterrado vivo.

13. Todos nosotros pensábamos como un hombre, incapaces de expresión.

14. Acaso va a escribir sobre nosotros.

Vocabulario

Construya una oración original con cada uno de los siguientes verbos o modismos, de acuerdo con el tratamiento que se les da en el texto. Según sea necesario, úsense como modelos las oraciones del texto en que aparecen.

1. capaz de (19, 168)

2. bastar (31)

3. acercarse a (36, 86, 145)

4. asomar (37, 161)

5. semejante a (41)

6. al lado de (74)

7. pegar a (78, 135, 159)

8. atreverse a (114)

Enrique Amorim
(1900–1960)

Miss Violet March

Enrique Amorim nació en el Salto, Uruguay, pero pronto se trasladó a la Argentina, donde estudió y publicó la mayor parte de su obra literaria. En Buenos Aires fue profesor de literatura, y conoció a casi todos los escritores de la gran capital argentina. También viajó mucho en Europa y en América. Escritor de temperamento inquieto y curioso, sigue en algunas obras las tendencias criollistas, y en otras presenta episodios cosmopolitas inspirados en la vida urbana. Vivió muchos años en Buenos Aires y algunos en su casa de campo en el Salto. Fue gran admirador del cine y realizó algunas películas con bastante éxito.

En las palabras de Alberto Lasplaces, uno de sus críticos, la primera novela de Amorim, *Tangarupá* «llamó la atención por la fidelidad y la crudeza de las escenas de campo uruguayo en ella descritas, lo que se repitió en *La carreta*, novela posterior en la que cargó aun más las tintas sombrías, que han amenguado, considerablemente, en sus dos últimas novelas: *El paisano Aguilar* y *El caballo y su sombra*. Al mismo tiempo que novelas, Amorim publicaba cuentos, género para el que creo está mejor dotado, y en el que ha llagado a producir algunas pequeñas obras maestras. . . .» Amorim mismo ha dicho que el realismo en cualquiera de sus formas es la única corriente que apunta hacia el porvenir. Siempre fue fiel a este credo literario.

El caballo y sus sombra, la mejor novela de Amorim, fue traducida al inglés por Richard O'Connell y James Graham Luján (New York, Scribner's, 1943). El cuento «Miss Violet March» es el estudio psicológico de un carácter femenino. En él se revela el Amorim refinado, equilibrado y curioso —el escritor que se vale de un espisodio aparentemente insignificante para delinear su protagonista.

MISS VIOLET MARCH

34

No podía haber escogido un sitio menos propicio al reposo que la
estancia de los Melideo. Para descanso de los ojos, estaba el campo
abierto, pero había que ir en su busca, atravesando una enmarañada
arboleda. Luego de media hora de marcha hacia el norte, como un
galgo cansado durmiendo al sol, aparecía la llanura, la estirada llanu- 5
ra por donde dejar correr los ojos, prisioneros de la arboleda selvática
y del abigarrado caserío; víctimas de los anchos muros encalados,
cubiertos de retratos, fotografías, estampas, cuando no con asomadas
cabezas de jabalí y de claveteados cueros de nutrias, jaguares y lobos.
Viejos arcabuces, látigos antiguos y escopetas modernas en siniestro 10
desfile. Desde las paredes a la llanura, había un lapso nada fácil de
atravesar. Y, en este tiempo, bien podía oirse la voz de Victoria, de
tono varonil, o el tintineo metálico de las pulseras de los inquietos
brazos de Sofía, o percibir la sombra melancólica de los ojos de Mila,
o aparecer de pronto los labios humedecidos de «rouge» de miss Violet 15
March. Miss Violet March, siempre surgiendo de la espesura verde o
amaneciendo detrás de un fondo de helechos que quedaban vibrando
a sus espaldas.

A miss Violet March le infundía terror la llanura desolada. Prefería jugar a las escondidas con su sombra entre la fronda siempre 20
húmeda de la ribera de la laguna. No podía galopar con la pampa ante
sus ojos, porque le daba la sensación del vacío, casi del vértigo.

Victoria, Sofía, Mila, hermanas de escasos años de diferencia
entre ellas, giraban como satélites alrededor de la magia de los 20.
Tres haces de luz que sabían avanzar impunemente por la llanura 25
desierta.

En los paseos desiertos, desde una legua les agradaba volver la
mirada sobre el monte, isla de verdura en la desolación circundante,
donde se guarecía la casa. Tres amazonas hacia el norte, primero.
Luego, tres imantados rayos, atraídos por el compacto macizo de la 30
población. Los caballos se estiraban en el galope a la querencia y,
silenciosas, las tres muchachas les dejaban correr a su albedrío. Entonces las tres cabelleras rubias se alzaban a un mismo tiempo en el
galope uniforme. Parecía que los caballos jugasen con las amazonas.
A veces se escalonaban los saltos. Uno, dos, tres... Victoria, Sofía, 35
Mila... Uno, dos, tres.... Y en algunos segundos, cuando la cabeza
de Sofía ascendía, las de fuera bajaban a un tiempo. Resultaba un
juego delicioso e imprevisto. Los caballos se entretenían con aquel oro
al sol, tres saltarinas monedas áureas... O quizás jugasen con la sombra de las muchachas que surcaban los pastos abundosos del suelo. 40

Yo me quedaba en la estancia. Yo era el hombre que se enredaba en el monte. Yo era el hombre que buscaba reposo absoluto. Yo era el que vivía apartando ramas, acechado por viejos arcabuces y retratos desvanecidos como mi alma.

45 ¡Estancia de los Melideo! ... Amontonamiento de apolillados álbumes, pilas de manuscritos amarillos, desfile constante de fotografías, de pájaros disecados; danza de muebles rengos, de sofás modernos junto a trajinadas cunas. De patios con madreselvas exuberantes y geranios y malvones y tinajas de bocas cachadas. Caídas ramas de 50 limoneros, luchando con palmeras y sikas oprimidas, esgrimiendo estoques. Movible alegría de perros ladradores; zarabanda de troncos centenarios; desordenada multitud de árboles descarados, ramas, sarmientos, hojarasca. A unas seis cuadras de las casas, se remansaba una perozosa laguna, poblada de camalotes, bajo la sombra persistente 55 de los sauces. Laguna no, garganta afónica de agua, atragantada de espadañas y maleza. Sonora moneda, para mi capricho, caída entre pajonales; opaca moneda herrumbrada.

Así la veía yo al asomarme a sus aguas, que no espejeaban el cielo en ocasiones, pues apenas cabía allí la pequeña nube viajera y sólo 60 hallaban cómoda ubicación las estrellas, salpicando en diminutos círculos cristalinos.

Para ver campo abierto, había que andar media hora por senderos viboreantes. Sólo se hallaba espacio en lo alto, siempre un cielo limitado de copas suntuosas, y de suave movimiento.

65 Victoria, Sofía, Mila, avanzaban en busca de la pampa y la encontraban. Luego, ya de regreso, aterrorizadas de aquellos espacios abiertos, penetraban en la selva, exaltadas, alzando pájaros que al volar sorprendidos dejaban en el aire de la tarde alguna plumita indecisa. En fila india, por los senderos, al trote inglés, avanzaban las 70 erguidas amazonas. Tres antorchas más de una vez vi por el sendero en el crepúsculo, al volver de la laguna fatigado, apartando zarzas, soportando la clásica rebeldía de las ramas. Miss Violet March, pobrecita, salía de una mata de achiras, con la boca recién pintada, impecable. Con las faldas abundantes, conseguía dar a las plantas ese 75 temblor que sólo los pájaros pueden provocar con naturalidad. ... No podía ser sombría la estancia de los Melideo con aquellas cuatro rubias, mis primas y la inglesita, cuya única misión era la de darles el diapasón a las voces de las muchachas. Estaba para eso, para darles el tono a las palabras de su idioma que Victoria, Sofía y Mila conocían 80 perfectamente. Tenía un acento singular, una inflexión de voz que bien valía el sueldo que la señora Melideo le dejaba semanalmente en un sobre gris con timbradas letras verdes, sobre su velador. Costumbres americanas. Los Melideo volvían de los Estados Unidos con muy buenas prácticas, pero las niñas con un acento desastroso. Ese acento 85 yanqui, que lucha en las fosas nasales. Miss March acabaría por darles el tono natural, de legítimo inglés correcto.

* * * *

Nos introducíamos en la espesura del bosque, horas enteras dedicados a la búsqueda de nidos, en despertar somnolientas palomas. Jamás cazábamos. Nos estaba prohibido. Y nos fatigábamos hasta llegar al borde de la selva, allí donde comenzaba el campo abierto y se 90 divisaban los animales y las nubes parecían pequeñas y el círculo del horizonte infundía pavor a miss March.

—Y más allá . . . ¿qué hay? —preguntó un día la inglesita.

— Nada, la nada —le respondimos.

—¡Oh! Y esto, ¿cómo termina? ¿Con montañas? ¿Con mar? . . . 95

—No lo sabemos —se adelantó Victoria—. Es más lindo no saberlo. Me gusta ignorarlo . . .

Miss Violet March dio espaldas a la llanura, como quien cierra un libro cuyo contenido no puede explicárselo o no le interesa profundizar. 100

Se internó en el monte por uno de los tantos caminitos sinuosos y en zig-zag, seguida de Sofía y Mila.

—Podían haber trazado avenidas rectas, amplias —dijo Victoria—, desde la estancia al borde de las plantaciones de la selva. Algo así como soles que dibujan los niños resultaría este plan que imagino. 105

Me bastó aquella manera infantil, escasa, de expresarse, para que yo la entendiese. El lector, de la misma manera, se imaginará el tipo físico, la fisonomías y todo aquello que necesite, de cada una de las chicas de Melideo, con el detalle nimio de sus cabelleras rubias. Así como a mí me alcanzó la explicación personalísima de Victoria en su 110 plan de urbanización de la estancia, al lector le debe ser suficiente el color de los cabellos de mis primas y sus prácticas de equitación para imaginárselas . . .

Victoria se quedó a conversar conmigo. Me dijo que al día siguiente llegaba el novio de Sofía. Conversábamos, oyendo al principio 115 las voces de sus hermanas practicando el inglés con miss March, que se fueron alejando por la floresta para dar paso luego a los trinos, ondulando en el silencio del mediodía.

Victoria esgrimía una rama, con la que a intervalos castigaba mis manos inquietas o se obstinaba en destruir una flor silvestre, cuando 120 no se le ocurría hacer trepar por ella la hormiga perdida o un escarabajo serio y parsimonioso que hundía su punto de luto entre las hierbas alegres . . .

Charlamos de cosas inesperadas que se nos ocurrían a granel. De la pampa, de la desolación, del amor, por fin, para terminar hablando 125 de nosotros, de cuanto podíamos amarnos, si nos amásemos . . . Reímos de todo aquello.

—Se diría que no estoy para esas cosas . . . —decía coqueteando Victoria—. El amor es, para mí, tan sólo el «flirt». Y es flor de tran-

130 sátlanticos; perfume en el «hall» de los grandes hoteles; entusiasmo
en las rutas de asfalto, a 150 kilómetros por hora.

Yo combatía su aparente frivolidad. Y ante mi argumentación
favorable a un amor más bien nutrido, ella hizo esta reflexión:

—Sería sencillamente pavoroso amar frente a esta naturaleza ...
135 Se me ocurre que hasta los árboles se burlarían de nuestra pequeñez ...

Pasaron las horas, porque llegamos a tener las manos juntas y
nos ayudaron largos silencios, con la llanura a los pies y su vasto
paisaje vacío más arriba de las miradas.
140 Se nos hizo tarde. Avanzábamos apresurados, cuando Victoria me
obligó a consultar mi reloj de oro, que se abrió como una flor dorada,
entre las ramas de los arbustos.

—La una menos cinco —respondí.

—Hay que buscar un pretexto, una excusa, algo que justifique
145 esta demora. Papá perdona todo, menos las faltas de puntualidad. Es
su única manía ... Lo saca de quicio una falta semejante.

A mí no se me ocurrió nada.

—¿A ti te interesa el cinematógrafo europeo? —me preguntó alocadamente.
150 —Mucho, mucho —le respondí en igual tren de exaltación.

—Pues a mí me parece un mamarracho. Discutamos entonces ese
punto. Sólo viéndome entusiasmada discutir algo, mi padre disculpará
esta falta de respeto a las horas de las comidas.

Dicho y hecho. Al avanzar por el último sendero, Victoria ejer-
155 citaba mil argumentos en favor de la industria yanqui y yo presentaba
algunos aspectos del arte cinematográfico europeo. Combatía el uso
del «back-ground», la falta de aire que hace irrespirable la atmósfera
del cinematógrafo americano.

El señor de Melideo, desde la terraza oía mis argumentos, seguía
160 la discusión. Había mudado su fisonomía, la que reservaba para las
faltas de sus hijas y que Victoria conocía perfectamente. La disculpaba
por aquel tema que, según su íntimo pensamiento, habríamos hecho
harapos y trizas en el camino de regreso, como una veste entre zarzas.

Todo el mundo cayó en la trampa. La coartada no podía ser más
165 terminante. Tan sólo sonrió, enigmática, miss March, como para dejar
establecido que no hallaba muy clara la excusa. Sonrió desde un extremo de las mesa, desdoblando a un tiempo la servilleta.

Sonó una hora, que pesó sobre mi pobre existencia de hombre en
vacaciones.
170 El novio de Sofía practicaba la equitación con riguroso método.
Atravesaba el macizo de árboles con el apresuramiento de un explorador que regresa. Y se abandonaba en la pampa, a la deriva como
barcos en el mar. Victoria y Mila a corta distancia, acompañaban.
Sobre todo por las riberas de la laguna ... Si corrían por el campo,
175 no reparaban en ello. Difícil perderse en la llanura ... Si eran invisi-

bles las patas de los caballos y se esfumaban sus siluetas, se les podía ver de pronto tornarse nítidas y al instante advertir el galope de los caballos que agrandaban las figuras. Yo les espiaba desde la arboleda. Los cuatro jinetes: Mila y Victoria adelante, Sofía y su novio, a pocos cuerpos, poseídos del papel de amantes de la equitación. Detrás de 180 ellos, el enorme bostezo del horizonte, la indiferencia y la mudez del campo, bobalicón inmenso.

Metido entre los árboles, no podían distinguirme. Pero Mila, ella solamente me divisó desde lejos ...

* * * *

—¿No te parece —inquirió Mila —que Sofía no ama a su novio? 185
—Opino como tú —la dije—. Sofía, por lo menos no se siente atraída por ese muchacho.
—Jamás discuten —observó Mila—; las ideas de su novio, jamás le producen la más mínima impresión. Si se convirtiese al budismo, Sofía no pondría reparos ... 190
—Creo que eres un espíritu observador —dije suavemente.

Mila es la hermana más tierna y la menor. Victoria, la más resuelta, la mayor. Mila se parece tanto a una hoja de malva como Victoria a un chorro cristalino que quiere subir más y más en el aire circular de la fuente. Mila ofrece caminos para llegar a su alma, rectos 195 caminos como los que imagina Victoria, en la urbanización de su heredad. Victoria, en cambio, tiene sus sendas dispuestas con altos álamos pero que no sólo en la perspectiva se unen, se cierran como dos paralelas en la distancia ... También se cierran porque Victoria tiene misterio y Mila no ha aprendido a manejar las sombras ... 200

Victoria y Mila y esos dos novios indiferentes. Miss March y mis vacaciones prontas a extinguirse.

Conversamos con Mila de cosas tiernas. Recuerdo algunas de las que nos dijimos. Pocas palabras, pero de una contenida emoción ... Dieciocho años tenía Mila y eran las doce y cuarenta y cinco minu- 205 tos ...

—¡Qué horror? —exclamó mi pequeña prima, sacudiéndose el brazo—. ¡Cómo ganar este tiempo perdido!...—sonrió con malicia—. O perder este maravilloso tiempo ganado contigo ...
—¿Estás contenta, primita? 210
—¡Ay, mucho, mucho; tanto como quisiera haber nacido en estos campos!

Y corrimos por los senderos dando saltos, contentos de haber nacido en cualquier lado.

—Oye —la detuve—. A tí qué te gusta más, ¿París o Nueva York? 215
—A mí: ¡París! ¡París! —respondióme llena de gozo.
—Pues escucha. Yo defenderé a la ciudad americana contra tus ataques de entusiasta parisina. Y explicaremos que esta ardua discusión nos ha tomado el tiempo.

220   —Eso es, eso es lo más atinado —gritó Mila inocentemente—. ¡Qué buena excusa la que se te acaba de ocurrir! ...

Esta vez en fila, en la terraza, nos estaban esperando Victoria, la madre y miss March. No se habían sentado aún a la mesa. Mi tía dijo sentenciosa:

225   —Siempre el mismo tú. Discutiendo tonterías y el padre, malhumorado en la mesa.

Victoria me miró implacable, encendiendo su mirada rubia. Unos pasos más atrás miss Violet March, impenetrablemente hermosa, dijo para que yo sólo la oyese:

230   —Please! ...

Evidentemente, ella no podía tolerar el que yo la engañara con tanta facilidad. Sentíase herida en su amor propio y, como mal herida, saltaba por arriba de su discreción.

En la almuerzo me dije: «Victoria es más inteligente que Mila, 235 pero la pequeña es mucho más buena y menos suspicaz».

Los novios entretenían al señor Melideo hablando de equitación y de no sé qué frenos y riendas que usaba el príncipe de Gales ... Mis pobres ojos andaban por los muros sin saber dónde reposar. De la fronda tupida llegaba un atropellado desenfado de trinos. La prima-
240 vera halló de par en par las ventanas y pudo instalarse entre los álbumes y las armas viejas; en una flor para cada vaso y un perfume extendido en los tapices.

         *   *   *   *

—Miss Violet March —me dijo el hombre en vacaciones— me destinó una pérfida jugada. Miss March, estés donde estés —con-
245 tinuó— es necesario que sepas que no te olvidaré jamás. Jamás dejaré de sopesar tu refinada femenidad, si no fue aquello la venganza de tu amor propio herido.

Miss March, con su acento maravilloso de mujer bien educada, pudo ser menos cruel con un hombre en vacaciones que no cabalga
250 para hallar el desierto y volcar en cansancio ciudadano, exhausto en sus ausentes posibilidades de jinete. Miss March, con su boca impecablemente pintada, sacándole partido a la levísima ondulación de sus labios, pudo perdonarme las excusas falsas destinadas a conquistar clemencia de un tío maniático con las horas de las comidas. Muchacha
255 inglesa a quien yo admiraba porque a alejarse de los jazmineros en flor los dejaba como si de ellos partiese una bandada de palomas. Quiso ejercitar conmigo su dormida juego de coquetería ...

Estaba yo en la laguna, inclinada al borde del agua, e intentaba arrancar una flor para Mila, cuando siento que se escurren del bolsillo
260 de mi chaleco cadena y reloj. Vi hundirse en el agua mi reloj de oro, el oro bruñido de su caja penetrar en las turbias aguas. En el paraje la profundidad excedía a tres varas. Mi desesperación tenía tanta .o

más hondura. No atiné a nada y me quedé pensativo ante aquel evidente suicidio de una cosa inanimada, de un objeto tan querido. Llegó miss March en ese momento. La vi reflejada con un fondo de nubes 265 grises, en el agua tranquila, tumba de mi reloj. Eran las seis de la tarde. En esa hora se habrían detenido las agujas, se había ahogado la maquinaria. Minutos antes consulté por última vez su dorada amistad.

Nos hablamos con miss March, por las sombras. Ambos nos veía- 270 mos en la superficie del agua.

—¿Qué pasa? . . . ¡Tan triste! . . .

—He visto caer mi reloj al agua —dije acongojado. Y como me parecía un poco ridículo hablar así continué—: Seguido de su cadena, como un perrito que se escapa de su dueño . . . 275

¿Cómo rescatar mi reloj? Confieso que la inglesita se ingenió más que yo, porque estaba menos impresionada, sin duda alguna. Trajo ramas, improvisó aparejos, manipuleó alambres, hasta me prometió lanzarse al agua, zambullir si yo me alejaba un poco del lugar.

Aquello nos hizo mucho gracia a los dos. Ella, con su impecable 280 boca pintada a la perfección, podía darle más color a la risa. Cruzaban pájaros sobre nuestras cabezas. La laguna, a pesar de mi desgraciado accidente, se me ocurrió más bella. Descubrí su hermosura gracias a la alegría de miss March. Y fue tan grato el encuentro y las ocurrencias de la dama de compañía, que se nos pasó el tiempo. Cuando nos de- 285 cidimos a tomar el sendero de vuelta, caía la tarde, anochecía. Miss Violet March, vaporosa, de ropas amplias y blancas. Comenzaba ya el verano. A su alrededor, pude observarlo, vibraban los arbustos y los altos pastos. Cada vez que alzaba un poco las faldas para dar un paso mayor, se agitaban las hojas. 290

Regresamos con la noche tendida largo a largo sobre los campos. Claro que había una razón en nuestra demora que justificaba cualquier retardo. ¡Nada menos que mi reloj de oro! . . .

En el último recodo del camino divisé la terraza de la estancia iluminada como para una fiesta. La claridad me dio la impresión de 295 una verdadera alarma. Así era. Todos se extrañaban a un tiempo. Las gentes, calculando lo que nos había pasado. Las luces, alargando su claridad como para buscarnos en lo intrincado del monte. Las dos hermanas de blanco, mis primas Victoria y Mila, aguardaban, inmóviles. Más atrás los novios, cubriendo con sus cuerpos un cuadro an- 300 tiguo, retrato de un antepasado, bisabuelo gruñón, cuya protesta en ese momento era justificable al verse rodeado de un absurdo marco dorado.

Al subir los primeros peldaños de la escalinata, sentí a Miss March a mi vera. Marcaba los mismos pasos que yo. Me acompañaba. 305

Victoria parecía buscar algo en el rostro de la inglesita. Mila se compadecía piadosa, del sufrimiento de mi cara, bañada por la luz irritante de la terraza.

No sé si alguien oyó la voz grave de Victoria, que me salió al paso
310 como un lebrel:

—¿Qué tema discutían? . . .

Yo no comprendí la intención, el alcance rápido de la pregunta.

—¡Intentamos pescar mi reloj de oro, mi dorado reloj de oro, que
se arrojó, el muy villano a la laguna! —dije con énfasis burlón.

315 Nadie me presentó las condolencias. Mila sabía mi apego a aquella
joya, pero nada agregó. Concentraron las miradas en la inglesita. Ante
esta actitud general, inexplicable para mí, decidí mirarla a mi vez.
Miss Violet March, la fría e impenetrable miss March, no había per-
donado mis dos excusas, que ella consideraba falsas, presentadas para
320 vencer la terca manía de los horarios, vallas insalvables de mis vacaciones.

Con una naturalidad inusitada e irritante, mientras sacaba un
espejo de su bolso e iba organizando la armonía de su melena con la
punta de los dedos, la inglesita dijo con aire teatral:

325 —A pesar de todos sus argumentos, señor, los mejores relojes, no
me lo discuta usted, no se compran en Suiza, así como las mejores
naranjas no están en el Paraguay y las americanas más bellas no se
hallan en los Estados Unidos. Todo lo bueno se exporta, sale del país . . .
¡No me lo discuta usted!

330 Era tal el tono hipócrita de su charla, que no sé aún cómo me
contuve. La imprevista e innecesaria excusa, me tomó tan desapreve-
nido que no atiné nada más que a mirarla.

La miramos todos a un tiempo. Miss March presentaba ante los
ojos severos de la familia desparramado el «rouge» de su boca.

335 ¿Qué beso había alterado el dibujo de aquellos labios, ejemplo y
modelo de labios tranquilos? ¿Qué boca masculina, había hecho correr
su carmín? Miss Violet March, se miró solapadamente al pequeño espejo de su bolso, en una maniobra intencionada, de falso disimulo
teatral. Con un pañuelito azul repasó los contornos de sus labios. La
340 elocuencia del ademán fue de terrible eficacia. Todos se dieron por
enterados . . .

Sólo ella y yo sabíamos el alcance de su mentira.

Separé los ojos de aquella pesadilla. Los novios habíanse alejado
y, en su sitio, aparecía la cara gruñona del bisabuelo, con la mirada
345 inquisidora. Aunque no tenía ya mi viejo reloj, lo sentí latir en el bolsillo del chaleco como en las horas de fiebre y soledad, cuando me
acompañaba su tic tac desde el velador.

Fiebre, fiebre me da al recordar aquellas vacaciones en la estancia de los Melideo, tropezando con los muebles y ramas; llevándome
350 por delante horarios, viejos atriles con álbumes, pájaros disecados y
sonrisas de muchachas rubias. En el fondo de la laguna duerme la
única excusa seria de mi vida, que se convirtió en farsa desleal.

El hombre de las vacaciones lindando con la pampa terminó su
historia y se tornó pensativo, como si la contemplase.

EJERCICIOS

Discusión

1. ¿Cómo era la estancia de los Melideo? Describa usted la pampa y la arboleda alrededor de la casa.
2. Hable de la relación entre Sofía y su novio.
3. ¿Qué concepto del amor tiene Victoria (según ella)? ¿Qué es lo que nos indica que no está diciendo la verdad?
4. ¿Cuál de estas dos mujeres es la más inteligente: Miss March o Mila? ¿Por qué?
5. Describa usted la reacción de cada una de estas personas hacia la pampa:
   a. Victoria, **b.** Miss March, **c.** el protagonista.
6. Vuelva usted a contar el cuento desde el punto de vista de:
   a. Miss March, **b.** Victoria, **c.** Mila, **d.** Sofía.

Comente en sus propias palabras.
1. Victoria, Sofía, Mila
2. Miss Violet March y su papel en la familia
3. El problema con las horas de comidas
4. La coquetería de miss March
5. El rescato del reloj del narrador
6. La innecesaria excusa de miss March
7. El «rouge» de miss March
8. El temperamento del narrador
9. La verdadera relación entre el narrador y miss March

Explique el sentido de las siguientes oraciones según su contexto en el cuento.
1. No podía haber escogido un sitio menos propicio al reposo que la estancia de los Melideo.
2. No podía galopar con la pampa ante sus ojos.
3. Tres amazonas hacia el norte. . .
4. Yo me quedaba en la estancia.
5. Ese acento yanqui, que lucha en las fosas nasales.
6. ¿A ti te interesa el cinematógrafo europeo?
7. Tan sólo sonrió, enigmática, miss March . . .
8. Si se convirtiese al budismo, Sofía no pondría reparos. . .
9. —Please!. . .
10. . . . es necesario que sepas que no te olvidaré jamás.
11. Confieso que la inglesita se ingenió más que yo . . .
12. Sólo ella y yo sabíamos el alcance de su mentira.
13. En el fondo de la laguna duerme la única excusa seria de mi vida.

Vocabulario

Construya una oración original con cada uno de los siguientes verbos o modismos, de acuerdo con el tratamiento que se les da en el texto. Según sea necesario, úsense como modelos las oraciones del texto en que aparecen.

1. obstinarse en (120)
2. hacérsele tarde (140)
3. sacar de quicio (146)
4. dicho y hecho (154)
5. a la deriva (172)
6. poner reparos (a) (190)
7. de par en par (240)
8. sacar partido (252)

Rafael Arévalo Martínez
(1884–1975)

El hombre que parecía un caballo

Rafael Arévalo Martínez era el más distinguido poeta y prosista guatemalteco de su generación. Durante su larga vida fue maestro de escuela, embajador de su país a la Unión Panamericana, periodista y Director de la Biblioteca Nacional (1926–46). Al contrario de la mayoría de los escritores hispanoamericanos siempre admiró a los Estados Unidos. Por ejemplo, ha dicho: «En los Estados Unidos se encuentran todas las excelencias. Subido nivel de civismo, el más alto que ha conocido la humanidad, el de los Estados Unidos. Merece el primado del mundo; y nunca se debe desesperar de él. Este noble pueblo ama la justicia por sobre todas las cosas. Toda superioridad tiene aquí su asiento».

En sus ficciones Arévalo Martínez sorprende resortes nuevos y echa el ancla en mares desconocidos. Ha sido una personalidad única en la literatura hispanoamericana. «Ha creado un tipo muy suyo de novela cerebral, introspectiva, que aun con el antecedente de Huysmans resulta lleno de novedad. La más famosa de esas novelas, *El hombre que parecía un caballo* (1914), con su complemento *El trovador colombiano* (1922), es el retrato psicológico de ese hombre contradictorio y extraño que se llamó Miguel Ángel Osorio . . .» Osorio fue un poeta colombiano de violentos impulsos sensuales que era conocido en el mundo de las letras por el nombre *Ricardo Arenales*. En su historia Arévalo Martínez le apellida «el señor de Aretal» y presenta una disección simbólica de su carácter.

Para comprender bien esta historia es preciso conocer el simbolismo modernista en el que las piedras preciosas representan las nuevas poesías de precioso lenguaje. Hay muchos otros símbolos mitológicos, estéticos y psicológicos que el estudiante debe buscar antes de interpretar las ideas del autor.

Arévalo Martínez era también un distinguido poeta; sus libros de verso son: *Maya* (1911), *Los atormentados* (1914) y *Las rosas de Engaddí* (1915), caracterizados todos ellos «por un lirismo muy personal y muy hondo». Entre sus novelas largas, tal vez la más conocida es *Viaje a Ipanda* (1939), historia de una utopía imaginaria.

EL HOMBRE QUE PARECÍA UN CABALLO

35

En el momento en que nos presentaron, estaba en un extremo de la habitación, con la cabeza ladeada, como acostumbran a estar los caballos, y con aire de no fijarse en lo que pasaba a su alrededor. Tenía los miembros duros, largos y enjutos, extrañamente recogidos, tal
5 como los de uno de los protagonistas en una ilustración inglesa del libro de Gulliver. Pero mi impresión de que aquel hombre se asemejaba por misterioso modo a un caballo, no fue obtenida entonces sino de una manera subconsciente, que acaso nunca surgiese a la vida plena del conocimiento, si mi anormal contacto con el héroe de esta historia
10 no se hubiese prolongado.

En esa misma prístina escena de nuestra presentación, empezó el señor de Aretal a desprenderse, para obsequiarnos, de los traslúcidos collares de ópalos, de amatistas, de esmeraldas y de carbunclos que constituían su íntimo tesoro. En un principio de deslumbra-
15 miento, yo me tendí todo, yo me extendí todo, como una gran sábana blanca, para hacer mayor mi superficie de contacto con el generoso donante. Las antenas de mi alma se dilataban, lo palpaban, y volvían trémulas y conmovidas y regocijadas a darme la buena nueva: —«Éste es el hombre que esperabas; éste es el hombre por el que te asomabas
20 a todas las almas desconocidas, porque ya tu intuición te había afirmado que un día serías enriquecido por el advenimiento de un ser único. La avidez con que tomaste, percibiste y arrojaste tantas almas que se hicieron desear y defraudaron tu esperanza, hoy será ampliamente satisfecha: inclínate y bebe de esta agua».

25 Y cuando se levantó para marcharse, lo seguí aherrojado y preso como el cordero que la zagala ató con lazos de rosas. Ya en el cuarto de habitación de mi nuevo amigo, éste, apenas traspuestos los umbrales que le daban paso a un medio propicio y habitual, se encendió todo él. Se volvió deslumbrador y escénico como el caballo de un em-
30 perador en una parada militar. Los faldones de su levita tenían vaga semejanza con la túnica interior de un corcel de la edad media, enjaezado para un torneo. Le caían bajo las nalgas enjutas, acariciando los remos finos y elegantes. Y empezó su actuación teatral.

Después de un ritual de preparación cuidadosamente observado,
35 caballero iniciado de un antiquísimo culto, y cuando ya nuestras almas se habían vuelto cóncavas, sacó el cartapacio de sus versos con la misma mesura unciosa con que se acerca el sacerdote al ara. Estaba tan grave que imponía respeto. Una risa hubiera sido acuchillada en el instante de nacer.

Sacó su primer collar de topacios, o mejor dicho, su primera serie 40
de collares de topacios, traslúcidos y brillantes. Sus manos se alzaron
con tanta cadencia que el ritmo se extendió a tres mundos. Por el
poder, del ritmo, nuestra estancia se conmovió toda en el segundo piso,
como un globo prisionero, hasta desasirse de sus lazos terrenos y lle-
varnos en un silencioso viaje aéreo. Pero a mí no me conmovieron sus 45
versos, porque eran versos inorgánicos. Eran el alma traslúcida y radiante de los minerales: eran el alma simétrica y dura de los minerales.

Y entonces el oficiante de las cosas minerales sacó un segundo
collar. ¡Oh, esmeraldas, divinas esmeraldas! Y sacó el tercero. ¡Oh,
diamantes, claros diamantes! Y sacó el cuarto y el quinto, que fueron 50
de nuevo topacios, con gotas de luz, con acumulamientos de sol, con
partes opacamente radiosas. Y luego el séptimo: sus carbunclos. Sus
carbunclos casi eran tibios; casi me conmovieron como granos de
granada o como sangre de héroes; pero los toqué y los sentí duros. De
todas maneras, el alma de los minerales me invadía; aquella aristo- 55
cracia inorgánica me seducía raramente, sin comprenderla por completo. Tan fue esto así que no pude traducir las palabras de mi Señor
interno, que estaba confuso y hacía un vano esfuerzo por volverse duro
y simétrico y limitado y brillante, y permancecí mudo. Y entonces, en
imprevista explosión de dignidad ofendida, creyéndose engañado, el 60
Oficiante me quitó su collar de carbunclos, con movimiento tan lleno
de violencia, pero tan justo, que me quedé más perplejo que dolorido.
Si hubiera sido el Oficiante de las Rosas, no hubiera procedido así.

Y entonces, como a la rotura de un conjuro, por aquel acto de
violencia, se deshizo el encanto del ritmo; y la blanca navecilla en que 65
voláramos por el azul del cielo, se encontró sólidamente aferrada al
primer piso de una casa.

Después, nuestro común presentante, el señor de Aretal, y yo,
almorzamos en los bajos del hotel.

Y yo, en aquellos instantes, me asomé al pozo del alma del Señor 70
de los topacios. Vi reflejadas muchas cosas. Al asomarse, instintivamente, había formado mi cola de pavo real; pero la había formado sin
ninguna sensualidad interior, simplemente solicitado por tanta belleza
percibida y deseando mostrar mi mejor aspecto, para ponerme a tono
con ella. 75

¡Oh las cosas que vi en aquel pozo! Ese pozo fue para mí el pozo
mismo del misterio. Asomarse a un alma humana, tan abierta como
un pozo, que es un ojo de la tierra, es lo mismo que asomarse a Dios.
Nunca podemos ver el fondo. Pero nos saturamos de la humedad del
agua, el gran vehículo del amor; y nos deslumbramos de la luz refle- 80
jada.

Este pozo reflejaba el múltiple aspecto exterior en la personal
manera del señor de Aretal. Algunas figuras estaban más vivas en la
superficie del agua: se reflejaban los clásicos, ese tesoro de ternura y
de sabiduría de los clásicos; pero sobre todo se reflejaba la imagen de 85

un amigo ausente, con tal pureza de líneas y tan exacto colorido, que
no fue uno de los menos interesantes atractivos que tuvo para mí el
alma del señor de Aretal, este paralelo darme el conocimiento del alma
del señor de la Rosa, el ausente amigo tan admirado y tan amado. Por
90 encima de todo se reflejaba Dios. Dios, de quien nunca estuve menos
lejos. La gran alma que a veces se enfoca temporalmente. Yo comprendí, asomándome al pozo del señor de Aretal, que éste era un mensajero divino. Traía un mensaje a la humanidad: el mensaje humano,
que es el más valioso de todos. Pero era un mensajero inconsciente.
95 Prodigaba el bien y no lo tenía consigo.

Pronto interesé sobremanera a mi noble huésped. Me asomaba
con tanta avidez al agua clara de su espíritu, que pudo tener una
imagen exacta de mí. Me había aproximado lo suficiente, y además, yo
también era una cosa clara que no interceptaba la luz. Acaso lo ofus-
100 qué tanto como él a mí. Es una cualidad de las cosas alucinadas el ser
a su vez alucinadoras. Esta mutua atracción nos llevó al acercamiento
y estrechez de relaciones. Frecuenté el divino templo de aquella alma
hermosa. Y a su contacto empecé a encenderme. El señor de Aretal
era una lámpara encendida y yo era una cosa combustible. Nuestras
105 almas se comunicaban. Yo tenía las manos extendidas y el alma de
cada uno de mis diez dedos era una antena por la que recibía el conocimiento del alma del señor de Aretal. Así supe de muchas cosas
antes no conocidas. Por raíces aéreas, ¿qué otra cosa son los dedos?,
u hojas aterciopeladas, ¿qué otra cosa que raíces aéreas son las hojas?,
110 yo recibía de aquel hombre algo que me había faltado antes. Había
sido un arbusto desmedrado que prolonga sus filamentos hasta encontrar el humus necesario en una tierra nueva. ¡Y cómo me nutría! Me
nutría con la beatitud con que las hojas trémulas de clorofila se ex-
tienden al sol; con la beatitud con que una raíz encuentra un cadáver
115 en descomposición; con la beatitud con que los convalecientes dan sus
pasos vacilantes en las mañanas de primavera, bañadas de luz; con la
beatitud con que el niño se pega al seno nutricio y después, ya lleno,
sonríe en sueños a la visión de una urbe nívea. ¡Bah! Todas las cosas
que se completan tienen beatitud así. Dios, un día, no será otra cosa
120 que un alimento para nosotros: algo necesario para nuestra vida. Así
sonríen los niños y los jóvenes, cuando se sienten beneficiados por la
nutrición.

Además me encendí. La nutrición es una combustión. Quién sabe
qué niño divino regó en mi espíritu un reguero de pólvora, de nafta,
125 de algo fácilmente inflamable, y el señor de Aretal, que había sabido
aproximarse hasta mí, le había dado fuego. Yo tuve el placer de arder:
es decir, de llenar mi destino. Comprendí que era una cosa esencialmente inflamable. ¡Oh padre fuego, bendito seáis! Mi destino es arder.
El fuego es también un mensaje. ¿Qué otras almas arderían por mí?
130 ¿A quién comunicaría mi llama? ¡Bah! ¿Quién puede predecir el porvenir de una chispa?

Yo ardí y el señor de Aretal me vio arder. En una maravillosa armonía, nuestros dos átomos de hidrógeno y de oxígeno habían llegado tan cerca, que prolongándose, emanando porciones de sí, casi llegaron a juntarse en alguna cosa viva. A veces revolaban como dos mariposas que se buscan y tejen maravillosos lazos sobre el río y en el aire. Otras se elevaban por la virtud de su propio ritmo y de su armoniosa consonancia, como se elevan las dos alas de un dístico. Una estaba fecundando a la otra. Hasta que . . .

¿Habéis oído de esos carámbanos de hielo que, arrastrados a aguas tibias por una corriente submarina, se desintegran en su base, hasta que perdiendo un maravilloso equilibrio, giran sobre sí mismos en una apocalíptica vuelta, rápidos, inesperados, presentando a la faz del sol lo que antes estaba oculto entre las aguas? Así, invertidos, parecen inconscientes de los navíos que, al hundirse su parte superior, hicieron descender al abismo. Inconscientes de la pérdida de los nidos que ya se habían formado en su parte vuelta hasta entonces a la luz, en la relativa estabilidad de esas dos cosas frágiles: los huevos y los hielos.

Así, de pronto, en el ángel transparente del señor de Aretal, empezó a formarse una casi inconsistente nubecilla obscura. Era la sombra proyectada por el caballo que se acercaba.

¿Quién podría expresar mi dolor cuando en el ángel del señor de Aretal apareció aquella cosa obscura, vaga e inconsistente? Había mi noble amigo bajado a la cantina del hotel en que habitaba. ¿Quién pasaba? ¡Bah! Un obscuro ser, poseedor de unas horribles narices aplastadas y de unos labios delgados. ¿Comprendéis? Si la línea de su nariz hubiese sido recta, también en su alma se hubiese enderezado algo. Si sus labios hubiesen sido gruesos, también su sinceridad se hubiese acrecentado. Pero no. El señor de Aretal le había hecho un llamamiento. Ahí estaba . . . Y mi alma, que en aquel instante tenía el poder de discernir, comprendió claramente que aquel homecillo, a quien hasta entonces había creído un hombre, porque un día vi arrebolarse sus mejillas de vergüenza, no era sino un homúnculo. Con aquellas narices no se podía ser sincero.

Invitados por el señor de los topacios, nos sentamos a una mesa. Nos sirvieron coñac y refrescos, a elección. Y aquí se rompió la armonía. La rompió el alcohol. Yo no tomé. Pero tomó él. Pero estuvo el alcohol próximo a mí, sobre la mesa de mármol blanco. Y medió entre nosostros y nos interceptó las almas. Además, el alma del señor Aretal ya no era azul como la mía. Era roja y chata como la del compañero que nos separaba. Entonces comprendí que lo que yo había amado más en el señor Aretal era mi propio azul.

Pronto el alma chata del señor de Aretal empezó a hablar de cosas bajas. Todos sus pensamientos tuvieron la nariz torcida. Todos sus pensamientos bebían alcohol y se materializaban groseramente. Nos contó de una legión de negras de Jamaica, lúbricas y semidesnudas,

corriendo tras él en la oferta de su odiosa mercancía por cinco centavos. Me hacía daño su palabra y pronto me hizo daño su voluntad.
180 Me pidió insistentemente que bebiera alcohol. Cedí. Pero apenas consumado mi sacrificio sentí claramente que algo se rompía entre nosotros. Que nuestros señores internos se alejaban y que venía abajo, en silencio, un divino equilibrio de cristales. Y se lo dije: —Señor de Aretal, usted ha roto nuestras divinas relaciones en este mismo ins-
185 tante. Mañana usted verá en mí llegar a su aposento sólo un hombre y yo sólo encontraré un hombre en usted. En este mismo instante usted me ha teñido de rojo.

El día siguiente, en efecto, no sé qué hicimos el señor de Aretal y yo. Creo que marchamos por la calle en vía de cierto negocio. Él iba
190 de nuevo encendido. Yo marchaba a su vera apagado ¡y lejos de él! Iba pensando en que jamás el misterio me había abierto tan ancha rasgadura para asomarme, como en mis relaciones con mi extraño acompañante. Jamás había sentido tan bien las posibilidades del hombre; jamás había entendido tanto al dios íntimo como en mis re-
195 laciones con el señor de Aretal.

Llegamos a su cuarto. Nos esperaban sus formas de pensamiento. Y yo siempre me sentía lejos del señor de Aretal. Me sentí lejos muchos días, en muchas sucesivas visitas. Iba a él obedeciendo leyes inexorables. Porque era preciso aquel contacto para quemar una parte en
200 mí, hasta entonces tan seca, como que se estaba preparando para arder mejor. Todo el dolor de mi sequedad hasta entonces, ahora se regocijaba de arder; todo el dolor de mi vacío hasta entonces, ahora se regocijaba de plenitud. Salí de la noche de mi alma en una aurora encendida. Bien está. Bien está. Seamos valientes. Cuando más secos
205 estemos arderemos mejor. Y así iba a aquel hombre y nuestros Señores se regocijaban. ¡Ah! ¡Pero el encanto de los primeros días! ¿En dónde estaba?

Cuando me resigné a encontrar un hombre en el señor de Aretal, volvió de nuevo el encanto de su maravillosa presencia. Amaba a mi
210 amigo. Pero me era imposible desechar la melancolía del dios ido. ¡Traslúcidas, diamantinas alas perdidas! ¿Cómo encontrarnos los dos y volver donde estuvimos?

Un día, el señor de Aretal encontró propicio el medio. Eramos varios sus oyentes; en el cuarto encantado por sus creaciones habi-
215 tuales, se recitaron versos. Y de pronto, ante unos más hermosos que los demás, como ante una clarinada, se levantó nuestro noble huésped, piafante y elástico. Y allí, y entonces, tuve la primera visión: *el señor de Aretal estiraba el cuello como un caballo.*

Le llamé la atención: —Excelso huésped, os suplico que adoptéis
220 esta y esta actitud. Sí, era cierto: *estiraba el cuello como un caballo.*

Después, la segunda visión: el mismo día. Salimos a andar. Y de pronto percibí, lo percibí: *el señor de Aretal caía como un caballo.* Le faltaba de pronto el pie izquierdo y entonces sus ancas casi tocaban tierra, como un caballo claudicante. Se erguía luego con rapidez; pero ya me había dejado la sensación. ¿Habéis visto caer a un caballo? 225

Luego la tercera visión, a los pocos días. Accionaba el señor de Aretal sentado frente a sus monedas de oro, y de pronto lo vi mover los brazos como mueven las manos los caballos de pura sangre, sacando las extremidades de sus miembros delanteros hacia los lados, en esa bella serie de movimientos que tantas veces habréis observado 230 cuando un jinete hábil, en un paseo concurrido, reprime el paso de un corcel caracoleante y espléndido.

Después, otra visión: *el señor de Aretal veía como un caballo.* Cuando lo embriagaba su propia palabra, como embriagaba al corcel noble su propia sangre generosa, trémulo como una hoja, trémulo 235 como un corcel montado y reprimido, trémulo como todas esas formas vivas de raigambres nerviosas y finas, inclinaba la cabeza, ladeaba la cabeza, y así veía, mientras sus brazos desataban algo en el aire como las manos de un caballo. —¡Qué cosa más hermosa es un caballo! ¡Casi se está sobre dos pies! —Y entonces yo sentía que lo cabalgaba el 240 espíritu.

Y luego cien visiones más. El señor de Aretal se acercaba a las mujeres como un caballo. En las salas suntuosas no se podía estar quieto. Se acercaba a la hermosa señora recién presentada, con movimientos fáciles y elásticos, baja y ladeada la cabeza, y daba una 245 vuelta en torno de ella y daba una vuelta en torno de la sala.

Veía así, de lado. Pude observar que sus ojos se mantenían inyectados de sangre. Un día se rompió uno de los vasillos que los coloreaban con trama sutil; se rompió el vasillo y una manchita roja había coloreado su córnea. Se lo hice observar. 250

«Bah —me dijo—, es cosa vieja. Hace tres días que sufro de ello. Pero no tengo tiempo para ver a un doctor».

Marchó al espejo y se quedó mirando fijamente. Cuando al día siguiente volví, encontré que una virtud más lo ennoblecía. Le pregunté: ¿Qué lo embellece en esta hora? Y él respondió: «un matiz». Y 255 me contó que se había puesto una corbata roja para que armonizara con su ojo rojo. Y entonces yo comprendí que en su espíritu había una tercera coloración roja y que estas tres rojeces juntas eran las que me habían llamado la atención al saludarlo. Porque el espíritu de cristales del señor de Aretal se teñía de las cosas ambientes. Y eso eran sus 260 versos: una maravillosa cristalería teñida de las cosas ambientes: esmeraldas, rubíes, ópalos . . .

Pero esto era triste a veces porque a veces las cosas ambientes eran oscuras o de colores mancillados: verdes de estercolero, palideces verdes de plantas enfermas. Llegué a deplorar el encontrarlo acom- 265 pañado, y cuando esto sucedía, me separaba con cualquier pretexto del señor de Aretal, si su acompañante no era persona de colores claros.

Porque indefectiblemente el señor de Aretal reflejaba el espíritu

270 de su acompañante. Un día lo encontré, ¡a él, el noble corcel!, enano
y meloso. Y como en un espejo, vi en la estancia a una persona enana
y melosa. En efecto, allí estaba: me la presentó. Era una mujer como
de cuarenta años, chata, gorda y baja. Su espíritu también era una
cosa baja. Algo rastreante y humilde; pero inofensivo y deseoso de
275 agradar. Aquella persona era el espíritu de la adulación. Y Aretal también sentía en aquellos momentos una pequeña alma servil y obse-
quiosa. ¿Qué espejo cóncavo ha hecho esta horrorosa trasmutación?
me pregunté yo, aterrorizado. Y de pronto todo el aire transparente
de la estancia me pareció un transparente vidrio cóncavo que defor-
280 maba los objetos. ¡Qué chatas eran las sillas . . . ! Todo invitaba a sentarse sobre ello. Aretal era un caballo de alquiler más.

Otra ocasión, y a la mesa de un bullanguero grupo que reía y
bebía, Aretal fue un ser humano más, uno más del montón. Me acerqué
a él y lo vi catalogado y con precio fijo. Hacía chistes y los blandía
285 como armas defensivas. Era un caballo de circo. Todos en aquel grupo
se exhibían. Otra vez fue un jayán. Se enredó en palabras ofensivas
con un hombre brutal. Parecía una vendedora de verduras. Me hubiera
dado asco; pero lo amaba tanto que me dio tristeza. Era un caballo
que daba coces.

290 Y entonces, al fin, apareció en el plano físico una pregunta que
hacía tiempo formulaba: ¿Cuál es el verdadero espíritu del señor de
Aretal? Y la respondí pronto. El señor de Aretal, que tenía una elevada
mentalidad, no tenía espíritu: era amoral. Era amoral como un caballo
y se dejaba montar por cualquier espíritu. A veces, sus jinetes tenían
295 miedo o eran mezquinos y entonces el señor de Aretal los arrojaba
lejos de sí, con un soberbio bote. Aquel vacío moral de su ser se llenaba, como todos los vacíos, con facilidad. Tendía a llenarse.

Propuse el problema a la elevadísima mente de mi amigo y ésta
lo aceptó en el acto. Me hizo una confesión: —Sí: es cierto. Yo, a usted
300 que me ama, le muestro la mejor parte de mí mismo. Le muestro a mi
dios interno. Pero, es doloroso decirlo, entre dos seres humanos que
me rodean, y tiendo a colorearme del color del más bajo. Huya de mí
cuando esté en una mala compañía.

Sobre la base de esta percepción, me interné más en su espíritu.
305 Me confesó un día, dolorido, que ninguna mujer lo había amado. Y
sangraba todo él al decir esto. Yo le expliqué que ninguna mujer lo
podía amar, porque él no era un hombre, y la unión hubiera sido
monstruosa. El señor de Aretal no conocía el pudor, y era indelicado
en sus relaciones con las damas como un animal. Y él:
310 —Pero yo las colmo de dinero.
—También se lo da una valiosa finca en arrendamiento.
Y él:
—Pero yo las acaricio con pasión.
—También las lamen las manos sus perrillos de lanas.

Y él: 315
—Pero yo las soy fiel y generoso; yo las soy humilde; yo las soy abnegado.
—Bien; el hombre es más que eso. Pero ¿las ama usted?
—Sí, las amo.
—Pero ¿las ama usted como un hombre? No, amigo, no. Usted 320 rompe en esos delicados y divinos seres mil hilos tenues que constituyen toda una vida. Esa última ramera que le ha negado su amor y ha desdeñado su dinero, defendió su única parte inviolada: su señor interno; lo que no se vende. Usted no tiene pudor. Y ahora oiga mi profecía; una mujer lo redimirá. Usted, obsequioso y humilde hasta la 325 bajeza con las damas; usted, orgulloso de llevar sobre los lomos una mujer bella, con el orgullo de la hacanea favorita, que se complace en su preciosa carga, cuando esa mujer bella lo ame, se redimirá: conquistará el pudor.

Y otra hora propicia a las confidencias: 330
—Y no he tenido nunca un amigo—. Y sangraba todo él al decir esto. Yo le expliqué que ningún hombre le podría dar su amistad, porque él no era un hombre, y la amistad hubiese sido monstruosa. El señor de Aretal no conocía la amistad y era indelicado en sus relaciones con los hombres, como un animal. Conocía sólo el camade- 335 rismo. Galopaba alegre y generoso en los llanos, con sus compañeros; gustaba de ir en manadas con ellos; galopaba primitivo y matinal, sintiendo arder su sangre generosa que lo incitaba a la acción, embriagándose de aire y de verde y de sol; pero luego se separaba indiferente de su compañero de una hora lo mismo que de su compañero 340 de un año. El caballo, su hermano, muerto a su lado, se descomponía bajo el dombo del cielo, sin hacer asomar una lágrima a sus ojos . . . Y el señor de Aretal, cuando concluí de expresar mi último concepto, radiante:
—Ésta es la gloria de la naturaleza. La materia inmortal no muere. 345 ¿Por qué llorar a un caballo cuando queda una rosa? ¿Por qué llorar a una rosa cuando queda un ave? ¿Por qué lamentar a un amigo cuando queda un prado? Yo siento la radiante luz del sol que nos posee a todos, que nos redime a todos. Llorar es pecar contra el sol. Los hombres, cobardes, miserables y bajos, pecan contra la Naturaleza, 350 que es Dios.

Y yo, reverente, de rodillas ante aquella hermosa alma animal, que me llenaba de la unción de Dios:
—Sí, es cierto: pero el hombre es una parte de la naturaleza; es la naturaleza evolucionada. ¡Respeto a la evolución! Hay fuerza y hay 355 materia: ¡respeto a las dos! Todo no es más que uno.
—Yo estoy más allá de la moral.
—Usted está más acá de la moral: usted está bajo la moral. Pero el caballo y el ángel se tocan, y por eso usted a veces me parece divino.

360 San Francisco de Asís amaba a todos los seres y a todas las cosas, como usted; pero además, las amaba de un modo diferente; pero las amaba después del círculo, no antes del círculo como usted.

Y él entonces:

—Soy generoso con mis amigos, los cubro de oro.

365 —También se los da una valiosa finca en arrendamiento, o un pozo de petróleo, o una mina en explotación.

Y él:

—Pero yo les presto mil pequeños cuidados. Yo he sido enfermero del amigo enfermo y buen compañero de orgía del amigo sano.

370 Y yo:

—El hombre es más que eso: el hombre es la solidaridad. Usted ama a sus amigos, pero ¿los ama con amor humano? No; usted ofende en nosostros mil cosas impalpables. Yo, que soy el primer hombre que ha amado a usted, he sembrado los gérmenes de su redención. Ese 375 amigo egoísta que se separó, al separarse de usted, de un bienhechor, no se sintió unido a usted por ningún lazo humano. Usted no tiene solidaridad con los hombres.

—. . .

—Usted no tiene pudor con las mujeres, ni solidaridad con los 380 hombres, ni respeto a la Ley. Usted miente, y encuentra en su elevada mentalidad, excusa para su mentira, aunque es por naturaleza verídico como un caballo. Usted adula y engaña y encuentra en su elevada mentalidad, excusa para su adulación y su engaño, aunque es por naturaleza noble como un caballo. Nunca he amado tanto a los caballos 385 como al amarlos en usted. Comprendo la nobleza del caballo: es casi humano. Usted ha llevado siempre sobre el lomo una carga humana: una mujer, un amigo . . . ¡Qué hubiera sido de esa mujer y de ese amigo en los pasos difíciles sin usted, el noble, el fuerte, que los llevó sobre sí, con una generosidad que será su redención! El que lleva una carga, 390 más pronto hace el camino. Pero usted las ha llevado como un caballo. Fiel a su naturaleza, empiece a llevarlas como un hombre.

*   *   *   *

Me separé del señor de los topacios, y a los pocos días fue el hecho final de nuestras relaciones. Sintió de pronto el señor de Aretal que mi mano era poco firme, que llegaba a él mezquino y cobarde, y 395 su nobleza de bruto se sublevó. De un bote rápido me lanzó lejos de sí. Sentí sus cascos en mi frente. Luego un veloz galope rítmico y marcial, aventando las arenas del Desierto. Volví los ojos hacia donde estaba la Esfinge en su eterno reposo de misterio, y ya no la vi. ¡La Esfinge era el señor de Aretal! que me había revelado su secreto, que 400 era el mismo del Centauro!

Era el señor de Aretal que se alejaba en su veloz galope, con rostro humano y cuerpo de bestia.

EJERCICIOS

Discusión

1. ¿En qué aspectos se parece el señor de Aretal a un caballo?
2. Dé el significado de las siguientes imágenes:
   a. carbunclos, **b.** pozo, **c.** raíces, **d.** ardor, **e.** rojo, **f.** azul.
3. ¿Qué tiene que ver el señor de Aretal con la moral?
4. ¿Cómo son sus relaciones con las mujeres? ¿Cómo son sus relaciones con los hombres?
5. ¿Qué importancia tiene el amor en este cuento? ¿Qué importancia tiene la religión?
6. Vuelva usted a contar el cuento desde el punto de vista de:
   a. el señor de Aretal, **b.** un psiquíatra.

Comente en sus propias palabras.

1. La reacción inicial del narrador al conocer al señor de Aretal
2. Las cosas vistas en el pozo del alma del señor de Aretal
3. El amigo ausente
4. El efecto del alcohol en la relación entre el señor de Aretal y el narrador
5. Las visiones en que el narrador ve en el señor de Aretal movimientos de un caballo
6. El señor de Aretal como:
   a. un caballo de alquiler, **b.** un caballo de circo
7. La amoralidad
8. La naturaleza
9. El señor de Aretal no conocía el pudor
10. La solidaridad con los hombres
11. El señor de Aretal como un Centauro
12. Lo que ha aprendido el narrador
13. El estilo de narrar usado en este cuento; el uso de metáforas

Explique el sentido de las siguientes oraciones según su contexto en el cuento.

1. «Éste es el hombre que esperabas ... un día serías enriquecido por el advenimiento de un ser único».
2. Una risa hubiera sido acuchillada en el instante de nacer.
3. Pero a mí no me conmovieron sus versos, porque eran versos inorgánicos.
4. El alma de los minerales me invadía.
5. Prodigaba el bien y no lo tenía consigo.
6. Yo recibía de aquel hombre algo que me había faltado antes.

7. Mi destino es arder. El fuego es también un mensaje.
8. ¿Quién puede predecir el porvenir de una chispa?
9. . . . no era sino un homúnculo.
10. Entonces comprendí que lo que yo había amado más en el señor Aretal era mi propio azul.
11. ¡Pero el encanto de los primeros días! ¿En dónde estaba?
12. El espíritu de cristales del señor de Aretal se teñía de las cosas ambientes.
13. Era una mujer como de cuarenta años, chata, gorda y baja.
14. El señor de Aretal, que tenía una elevada mentalidad, no tenía espíritu: era amoral.
15. Y ahora oiga mi profecía; una mujer lo redimirá.
16. ¿Por qué llorar a un caballo cuando queda una rosa?
17. —Yo estoy más allá de la moral.
18. El caballo y el ángel se tocan.
19. Fiel a su naturaleza, empiece a llevarlas como un hombre.
20. ¡La Esfinge era el señor de Aretal!

Vocabulario

Construya una oración original con cada uno de los siguientes verbos o modismos, de acuerdo con el tratamiento que se les da en el texto. Según sea necesario, úsense como modelos las oraciones del texto en que aparacen.

1. desprenderse de (12)
2. desasirse de (44)
3. por encima de (89–90)
4. a veces (91)
5. regocijarse (206)
6. tender a (302)
7. complacerse en (327)
8. concluir de (343)

Bibliografía

Aguilera Malta, Demetrio. *El cuento actual en latinoamérica*. México: Ediciones de Andrea, 1973.

Alegría, Fernando. *Historia de la novela hispanoamericana*, 4th ed. México: Ediciones de Andrea, 1974.

Anderson Imbert, Enrique. *El cuento español*. Buenos Aires: Columba, 1959.

———. *Historia de la literatura hispanoamericana*, 2 vols. México: Fondo de Cultura, 1961.

Baquero Goyanes, Mariano. *El cuento español en el siglo XIX*. Madrid: Consejo Superior de Investigaciones Científicas, Instituto «Miguel de Cervantes», 1949.

Barja, César. *Libros y autores modernos*. Los Angeles: privately printed, 1933.

Bazán, Armando. *Antología del cuento peruano*. Santiago: Zig-Zag, 1942.

Castro Arenas, Mario. *El cuento en hispanoamérica*. Lima: Studium, 1974.

Chandler, Richard E., and Kessel Schwartz. *A New History of Spanish Literature*. Baton Rouge: Louisiana State University Press, 1961.

Englekirk, John E., ed. *An Outline History of Spanish American Literature*, 4th ed. New York: Irvington, 1980.

Flores, Ángel, ed. *Spanish Stories*, 21st printing (13 stories from Spain and Spanish America in both Spanish and English). New York: Bantam Books, 1981.

———. *Historia y antología del cuento y la novela en hispanoamérica*. New York: Las Américas, 1959.

Henríquez Ureña, Max. *Breve historia del modernismo*. México: Fondo de Cultura Económica, 1962.

Howes, Barbara. *The Eye of the Heart* (42 Latin American short stories in English). New York: Avon, 1974.

Latcham, Ricardo. *Antología del cuento hispanoamericano*. Santiago: Zig-Zag, 1962.

Leal, Luis. *Historia del cuento hispanoamericano*. México: Studium, 1966.

Mancini, Pat McNees. *Contemporary Latin American Short Stories* (35 Latin American short stories in English). Greenwich, Connecticut: Fawcett Publications, 1974.

Menton, Seymour. *El cuento hispanoamericano*. México: Fondo de Cultura Económica, 1980.

Mullen, Edward. *El cuento hispánico*. New York: Random House, 1980.

Río, Ángel del. *Historia de la literatura española*, 2 vols. New York: Holt, Rinehart and Winston, 1948.

Schwartz, Kessel. *A New History of Spanish American Literature*, 2 vols. Coral Gables, Florida: University of Miami Press, 1972.

Stamm, James R. *A Short History of Spanish Literature*, 2nd ed. New York: New York University Press, 1979.

VOCABULARIO

The vocabulary is intended to aid the student in understanding the text. Omitted from it are most cognates, days of the weeks and months of the year, the most common prepositions, diminutives that present no problems in comprehension, proper names except those with historical significance, superlatives, and numerals. Masculine and feminine are indicated only for those nouns that do not end in o (m.), a (f.), dad (f.), or ión (f.). A list of abbreviations used throughout the vocabulary follows:

adj.	adjective	*inf.*	infinitive
adv.	adverb	*Lat.*	Latin
Arg.	Argentine	*m.*	masculine
aux.	auxiliary	*Mex.*	Mexican
coll.	colloquial	*naut.*	nautical
f.	feminine	*neut.*	neuter
fig.	figurative	*pl.*	plural
Fr.	French	*p.p.*	past participle
Gal.	Galician	*sing.*	singular
Ger.	German	*Val.*	Valencian

A

abajo down, downward; below, underneath; **allá abajo** down there; **venirse abajo** to collapse, tumble down

abandonar to abandon, give up, leave; **abandonarse** to give oneself over to

abandono ease, abandon

abanico fan; **en abanico** fan-shaped

abarcar to encompass, include, take in

abastecido stocked, supplied

abatido discouraged

abatimiento dejection, discouragement

abatir to fold down, knock down, fell; to discourage; to abate, subdue; **abatirse** to calm down

abdicar to renounce, relinquish

abeja bee

Abenesra = Aben-Ezra, Abraham *(1092?–1167) Spanish-Jewish rabbi, astronomer, and commentator on the Bible*

abierto open, opened

abigarrado motley, alive with, colorful

abisal abyssal

abismo abyss, chasm

ablandar to soften

abnegación abnegation, self-denial

abnegar to abnegate, deny oneself

abochornarse to wilt, become flushed *(with fever)*

abofetear to slap

abogado lawyer

abolir to revoke

abombado convex, billowing

abordaje *m.* boarding

abordar to board; to approach

aborrecer to abhor, hate

abrasador burning

abrasar to burn

abrazar to embrace

abrazo embrace

abrevarse to water *(cattle)*; to drink

abreviar to shorten, abbreviate

abrigarse to wrap oneself up

abrir to open; **abrirse** to open up; **abrirse camino (paso)** to open the way, make one's way; **un abrirse paso** a way through, an opening

abrochar to button, hook

absoluto absolute; complete; **en absoluto** absolutely

absorber to absorb; **absorberse** to preoccupy; to become absorbed, engrossed

absorto absorbed in thought; amazed, entranced

abstraído withdrawn, absorbed in thought

abuelo grandfather; *pl.* grandparents; **abuela** grandmother

abultado large, bulky

abundancia abundance

abundar to abound, be numerous

abundante abundant; *pl.* numerous, many

abundoso abundant

aburrimiento boredom

aburrir to bore; **aburrirse (de)** to get bored (with)

abusar de to take advantage of; to betray

abuso abuse, overuse

abyecto abject

acá here, around here; **las de acá** those from around here; **más acá de** closer to; **venga para acá** come here

acabamiento end; exhaustion

acabar to end, finish; to die; **acabar de** + *inf.* to have just + *p.p.;* **acabar por** + *inf.* to end in; **acabarse** to be finished, be exhausted; **acabarse** + *dative* to run out of **(se me acabó:** I ran out of)

acaecido: lo acaecido what happened

acaparar to seize; to monopolize

acariciador caressing

acariciar to caress; to cherish; to pat

acaso maybe, perhaps; **por si acaso** (just) in case; **si acaso** perhaps

acaudalado rich

acceso fit, attack

accidente *m.* accident

acción action

accionar to gesticulate

acechar to spy on

aceite *m.* oil

acelerar to accelerate, hasten

acentuar to accent, emphasize

aceptar to accept

acequia irrigation ditch

acera sidewalk

acerado sharp

acerca de about, concerning

acercamiento closeness, rapprochement

acercar to bring near; **acercarse a** to approach, come near

acerico pincushion

acero steel; razor

acertar (ie) to succeed; **acertar a** to succeed in

acezar to gasp, pant

acíbar bitter, sour

acierto triumph, success; lucky hit

aclarar to clarify

aclimatación acclimatization

acodar to lean *(on the elbows)*

acogedor kindly

acoger to welcome, accept

acometer to attack

acompañante *m. & f.* companion

acompañar to accompany, go with

acompasado rhythmic, regular

acondicionar to arrange

acongojado grieved

aconsejar to advise

acontecer to happen

acontecimiento happening, event

acopio gathering; **hacer acopio** to gather

acoplamiento coupling

acordar (ue) to decide; to grant; **acordarse de** to remember

acorde *m.* chord, sound

acorralar to corner; to intimidate

acortar to shorten

acostumbrado accustomed, customary

acostumbrar to accustom, get used to; **acostumbrar a** + *inf.* to be accustomed to + *inf.;* **acostumbrarse a** to get used to

acrecentar (ie) to increase

acreditar to accredit, substantiate

acreedor deserving

actitud *f.* attitude

actividad activity

acto act; event; deed; **acto continuo** right afterward; **en el acto** at once

actriz (*pl.* **actrices**) *f.* actress

actuación performance

actual present, present-day, at this time

actuar to act; to move about

acuario aquarium

acuchillado stabbed to death

acudir to come, respond; to attend

acullá over there

acumulación accumulation

acumulamiento accumulation

acurrucarse to huddle up

acusación accusation

acusador accusing

acusar to accuse

acuse *m.* acknowledgement

achacoso sickly, ailing

achaque *m.* indisposition

achira *South American aquatic plant with an edible tuber*

adecuado fitting, suitable

adelantar(se) to move forward, advance

adelante ahead, forward; **en adelante** in the future; **hacia adelante** forward

adelanto advance payment

adelgazar to get thin

ademán *m.* gesture, attitude

además besides, moreover; **además de** in addition to

adentro inside, within; **hacia adentro** inside

aderezo *(set of)* jewels

adherido adhering

adhesión adherence, espousal

adiestrado trained

adinerado rich, moneyed

adiós good-bye

adiposo adipose, fatty, fat

adivinación intuitive guess

adivinar to guess, divine, make out

adivinatorio inspired

adjetivo adjective

administrador *m.* administrator

administrativo administrative

admirador *m.* admirer

admirar to admire

admitir to admit; to accept

adolescente adolescent

adonde where; **¿adónde?** where?

adoptar to adopt

adoración adoration

adorador *m.* adorer

adorar to adore, worship

adormecerse to go to sleep, fall asleep

adornar to adorn

adorno adornment

adquirir (ie) to acquire

aduana customs, customhouse

adueñar to take possession

adujo *(inf.* **aducir)** he adduced

adulación adulation

adular to flatter, adulate

adulterado adulterated

adulterio adultery

adúltero adulterous

adusto gloomy

advenimiento coming, arrival

adversario adversary

advertir (ie, i) to warn; to notice

aéreo aerial

afabilidad affability

afable affable

afán *m.* anxiety, eagerness

afanoso laborious

afección affection

afectar to affect, pretend

afecto affection

afectuoso affectionate(ly)

afeitar to shave

aferrar to seize, grasp; **aferrarse a** to stick to

afición a fondness, liking, taste for
aficionado a fond of
afiebrado feverish
afinar to sing
afirmar to affirm; to secure, steady
aflicción affliction, grief
aflojar to relax, let go
afónico aphonic, soundless
afortunado fortunate
afrontar to confront, defy
afuera outside; *f. pl.* outskirts, suburbs
agachado crouched
agachar to lower
agarrarse to grasp *(each other)*; **agarrarse a** to seize
agarrotar to squeeze tightly
agasajar to entertain, shower with attention
agasajo attention, kindness
agente *m.* agent
ágil agile
agilidad agility
agitación agitation
agitar to agitate, shake; **agitarse** to get excited
aglomerado agglomerate
agosto August; harvest, harvest time
agotar to wear out, exhaust
agradable agreeable
agradar to please
agradecimiento thanks
agrado pleasure, liking
agrandar to enlarge
agravar to make worse; **agravarse** to become worse
agraz: en agraz quite short
agredir to attack; to insult
agregar to add
agresivo aggressive, offensive
agreste rustic
agua water
aguacero shower; heavy rain
aguamanil *m.* washstand
aguantar to tolerate, stand, endure; **¡aguántate!** hang on!
aguardar to await, wait (for)
agudo acute, sharp
Águeda Agatha

aguja needle; sailfish; hand *(of a clock, watch)*
agujerear to pierce
aguzamiento sharp twinge
aherrojado fettered
ahí there; **no pasaba de ahí** did not go beyond that; **por ahí** around there
ahincar to urge, hasten
ahíto disgusted, fed up
ahogar to drown; to smother, suffocate, choke
ahondar to prove
ahora now; **ahora mismo** right now; **por ahora** for the present
ahorcarse to hang oneself
ahorradora saver
ahorrar to save
ahorro economy; *m. pl.* savings
ahuecar to hollow out; to evanesce
ahumado smoked
aínda *(Gal.)* **aún; aínda que** though
airado angry; wild; violent
aire *m.* air; **al aire libre** in the open air; **levantar por los aires** to lift
airecillo breeze, air, attitude
airoso light, graceful
aislamiento isolation
aislar to isolate, detach
ajedrez *m.* chess
ajenjo absinthe
ajeno another's, foreign; out of place
ajime *m.* mullioned window
ajolote (axolotl) *m.* mud puppy *(genus of American Salamander)*
ajuar *m.* trousseau
ajustar to adapt, adjust; to fasten
ala wing; nostril
alabar to praise; **alabarse** to boast
alambre *m.* wire
alameda tree-lined walk
álamo poplar *(tree)*
alarde *m.* display
alargar to stretch, extend; to hand; to increase
alarido shout, scream
alarma alarm
alarmante alarming
alarmar to alarm

alba dawn
albedrío free will, fancy
alberca pool, pond
alborozado joyful
alborozo joy
álbum *m.* album
alcaide *m.* warden
alcalde *m.* mayor
alcaldía town hall, city hall
alcance *m.* reach, range; extent; **al alcance de** within reach of
alcanzar to reach, attain; to overtake; **alcanzar a** + *inf.* to manage to
alcarraza jug
alcoba bedroom
Alcorán *m.* Koran *(the Mohammedan scriptures)*
aldea village
aldeana village girl
alegar to allege
alegrar to cheer, make glad; to brighten; **alegrarse (de)** to be glad (of)
alegre glad, joyful, cheerful
alegría joy, gaiety
alejarse to move away
alemán German
alentar (ie) to encourage, inspire; to breathe; to give life to
alenzón *m.* lace *(from the French town of Alençon)*
aletargado benumbed, lethargic
aleta fin, wing; *pl.* nostrils
aletear to flutter, flap
aleteo fluttering
Alfeo Alpheus
alfiler *m.* pin
alfombra carpet
algazara uproar
algo something; *adv.* somewhat, rather
alguien someone
algún, alguno some, any; not any
aliento breath; **sin aliento** breathless
alimentar to nourish, sustain
alimento food, nourishment
alineado lined up

alisar to smooth; to iron, press
aliviar to alleviate, lighten, relieve
alivio alleviation, relief; ease
alma soul; heart
almacén *m.* shop, department store
almadreña wooden shoe
Almagro *area of Buenos Aires*
almendro almond tree
almidonado starched
almohada pillow, cushion
almohadón *m.* large pillow
almorzar (ue) to have lunch
almuerzo lunch
alocadamente wildly; foolishly
alojamiento lodging
alojarse to lodge
alongado extended
alpargata sandal
alquilar to rent
alquiler *m.* rent; **de alquiler** rented
alrededor around; **a su alrededor** around him or her; *pl.* environs, outskirts
alsaciano Alsatian
alterado altered
alternar to alternate
altivez *f.* pride
altivo haughty
alto high, upper; tall; loud; late *(hour)*; prominent; **¡alto!** halt!, stop!; **de alto a bajo** from head to foot; **en alto** up high; **en lo alto** on top of; **lo alto** the heavens; **los altos** upstairs, the upper floor(s); *m.* floor, story
altura height, altitude; heaven; **hasta media altura** halfway up
alucinación hallucination
alucinadora hallucinatory, delusive
alucinar to hallucinate, delude; **alucinarse** to be deluded
aludir to allude
alumbrado lighting system; lighted
alumbrar to light, illuminate
alumno student
alusión allusion
alzar to raise; **alzarse** to rise, get up
allá there; **allá él (ella,** *etc.* **)** that's his business, let him be

amabilidad amiability, friendliness
amable kind, affable
amagar to threaten; to show signs of, hint
amalgar to amalgamate
amanecer to dawn; to awake; *m.* dawn, daybreak; **al amanecer** at daybreak
amante *m. & f.* lover; *adj.* **amante de** fond of
amanuense *m. & f.* secretary
amapola poppy
amar to love
amargo bitter
amargura bitterness
amarillear to yellow
amarillento yellowish
amarillo yellow
amarra cable, tie
amarrar to lash, tie up
amarteladísimo very much in love
amasar to knead
amatista amethyst
amazona horsewoman
ámbar *m.* amber
ambición ambition
ambicionar to strive for, desire earnestly
ambicioso ambitious, pretentious
ambiente *m.* atmosphere
ambigú *m.* refreshment bar, buffet
ámbito limit, scope
amblístoma *m.* Amblystoma *or* Ambystoma *(genus of American salamander, which includes the axolotl)*
ambos both
ambulancia ambulance
ambular to walk, wander
amedrentar to frighten
amenaza threat
amenazador threatening
amenazar to threaten
ameno pleasant
ametrallar to machine-gun
amigo friend; **amigo de mi vida** my dear friend; **hacerse amigo de** to become friends with; **ser amigo de** to be fond of

amiguita little friend
amistad friendship
amistoso friendly
amo master, landlord, proprietor
amoníaco ammonia
amontonamiento accumulation
amontonar to concetrate; **amontonarse** to gather, crowd
amor *m.* love, beloved; *pl.* love affair; **amor propio** self-esteem
amoral amoral, unmoral
amoratar to turn purple
amordazar to muzzle, gag
amorío love affair
amoroso loving, affectionate; amorous
amortajado shrouded
amortiguamiento dimming, lessening
amortiguar to dim, lessen
amoscarse to become annoyed
amotinado milling about
amparar to protect, shelter
amparo refuge, shelter
ampliar to amplify
amplio ample, roomy; bold; magnanimous
amplificar to amplify
amputar to amputate
amuebladas furnished houses
amueblar to furnish
anales *m. pl.* annals; **anales ferroviarios** railroad history
análisis *m. & f.* analysis
analizar to analyze
analogía analogy
anatomía anatomy
anca rump, buttocks
anciano old; *n.* old man, old woman
ancla anchor
ancho broad, wide; **a mis anchas** in comfort
anchuroso spacious
andamio scaffold
andanza escapade
andar to walk; to run; to go; to be; to pass; **anda** come now; *m.* walk, pace; **andar bien** to go well

andén *m.* railway platform
andrajo rag, tatter
anécdota anecdote
anegar to flood, wash away
anejo annexed, attached
anestesia anesthesia
angélico angelic
Angol *city in the central part of Chile*
angosto narrow
ángulo angle, corner
anguloso angular
angustia anguish, distress, suffering
angustioso distressed
anhelante panting, yearning
anhelar to desire greatly; **anhelar + inf.** to long to + *inf.*
anhelo yearning, longing
anheloso eager
anidar to nest, to build a nest
anilla ring, hoop
ánima soul, spirit
animosamente bravely
animar to animate, enliven, encourage; **animarse** to become enlivened
ánimo spirit; mind; courage; **dar ánimos** to encourage; **templar el ánimo** to bolster up one's courage
aniquilar to destroy, annihilate
anoche last night
anochecer to grow dark; *m.* nightfall
anónimo anonymous; *m.* anonymous letter
anormal abnormal
anotación annotation, note
anotar to note
Anschluss *(Ger.) movement for the annexation of Austria to Germany*
ansia anxiety, anguish, longing
ansiedad anxiety, worry
ansioso anxious, anguished; yearning
antaño long ago
ante before, in the presence of; **ante todo** first of all

anteanoche night before last
antebrazo forearm
anteojos glasses, spectacles
antepalco antechamber *(of a box in the theater)*
antepasado ancestor
anterior anterior, previous, preceding
antes before, formerly, previously; sooner; **antes bien** rather, on the contrary; **antes de** before; **cuanto antes** as soon as possible
antesala sitting room
antevíspera two days before
anticipadamente in advance
anticipar to anticipate, hasten
antiguo old, ancient
antigüedad seniority; antiquity
antipatía dislike, antipathy
antiquísimo very old
antojadizo capricious
antojarse to have a notion to; to seem
antología anthology
antorcha torch
antropológico anthropological
antropomórfico anthropomorphic
anual annual
anudar to knot, tie; **anudarse** to get knotted
anular to annul, remove
anunciador announcing, revealing
anunciar to announce
anuncio announcement
anzuelo fishhook
añadir to add
añagaza trick
año year; **llevar veinte años de unión conyugal** to have been married for twenty years
añoranza longing
añoso old, aged
apacible peaceful
apagado weak, listless, dull
apagar to put out, turn off; **apagarse** to be extinguished; to calm down; to muffle
apalear to beat
aparato apparatus, device

aparcero sharecropper
aparecer to appear; to turn up
aparejos gear; implements
aparición apparition
apariencia appearance
apartado distant, remote; *m.* distribution, allocation
apartar to separate, remove; to set aside; **apartarse** to move away
aparte apart, aside; **aparte de** aside from
apasionado passionate; tender(ly), fond(ly)
apasionamiento passion; enthusiasm
apático apathetic
apearse to get off
apedrear to stone; to hail *(weather)*
apego fondness
apelar to appeal; to have recourse
apelotonado curled up
apellido surname
apenar to grieve
apenas hardly, scarcely; with difficulty; **apenas si** hardly, as soon as; **unos cuantos apenas** just a few
apéndice *m.* appendix
apendicitis *f.* appendicitis
apetecer to long for, crave
apetito appetite
apilar to drift
apiñarse to crowd, gather
aplacado placated
aplastante astounding
aplastar to flatten, crush
aplaudir to applaud
aplauso applause
aplazar to postpone
aplicación application
aplicar to apply
aplomo aplomb; self-possession
apocado vacillating, of little courage
apocalíptico apocalyptic
apocamiento bashfulness
apoderarse de to take hold of, take possession of
apogeo apogee, height of glory
apolillado moth-eaten
aporcelanado enameled

aporrear to beat
aportar to bring
aposento room
apóstol *m.* apostle
apostura bearing
apoyar to lean, rest, support; to stress
apoyo support, prop
apreciar to appreciate
aprehendido apprehended
aprehensor *m.* captor
apremiante urgent
aprender to learn
aprendiz *m.* apprentice
aprendizaje *m.* apprenticeship
aprensión apprehension
aprestarse a to get ready, prepare to
apresuradamente hurriedly
apresuramiento haste
apresurar to hurry, quicken; **apresurarse a** + *inf.* to hurry to + *inf.*
apretadamente tightly
apretar to tighten, squeeze, hold tight; to hurry; to pursue, press on
apretón *m.* handshake
aprisionar to imprison
aprobar (ue) to approve
apropiado appropriate, fitting
aprovechar(se) to make use of; to take advantage of; to benefit
aproximación proximity, closeness
aproximadamente approximately
aproximarse to come near, approach
apto apt
apuesto handsome, good-looking
apuntar to point out, note
apurar to hurry, press; to exhaust; **apurarse** to worry
apuro need; haste
aquel, aquella that
aquél, aquélla that one, the former
aquello that, that affair
aquí here; **de aquí** hence, from here; **por aquí** around here
ara altar
árabe Arabic
arabesco arabesque

arañazo scratch
araucano Araucanian *(pertaining to the Araucanian Indians of Chile)*
arbitrariamente arbitrarily
arbitrio expedient
árbol *m.* tree
arboleda grove
arbusto shrub
arcabuz *m.* harquebus
arcada arcade
arcaico archaic
arcángel *m.* archangel; **arcángel caído** fallen angel
arco arch
archivar to file away
archivero archivist, filing clerk
arder to burn
ardid *m.* trick
ardiente burning
ardor *m.* ardor; eagerness
ardoroso fiery
arduo arduous
arena sand
arenal *m.* sandy ground
arengar to scold, harangue
arequipeñita girl from Arequipa (Peru)
argumentación argumentation, plea
argumento argument
arguye *(from* **arguir** to argue*)*
aristocracia aristocracy
aristocrático aristocratic
aritmética arithmetic
arma arm, weapon; **arma arrojadiza** a weapon to throw *(at someone)*; **arma de dos filas** two-edged sword
armadura armor
armar to arm; to stir up, cause; to equp
armario wardrobe, closet
armonía harmony
armónico harmonic
armonioso harmonious
arqueólogo archeologist
arrabal *m.* outskirts, suburb
arraigado rooted
arrancar to root up, tear away; to start up

arranque *m.* sudden start
arrasar to fill to the brim
arrastrar to drag, drag along (down)
arrebatar to snatch, carry away, stir, move
arrebato rate, fury; ecstasy
arrebolarse to redden
arreciar to grow worse
arredrar to frighten
arreglar to arrange, put in order
arrellanarse to loll
arrendamiento rent
arrepentimiento repentance
arrepentirse to repent
arrestar to arrest
arresto arrest, imprisonment
arriar to lower; to slacken
arriate *m.* border *(of a garden)*
arriba up, upward; above, high; **¡arriba!** up!, get up!; **de arriba** up, above
arribado arrived
arrimar to move close to, bring close
arrobado entranced
arrobo ecstasy
arrodillarse to kneel down
arrogante arrogant
arrojadizo easily thrown
arrojar to throw, hurl; to spout
arrollado rolled, wrapped
arrostrar to face
arroyo stream, brook
arroz *m.* rice
arruga wrinkle
arrugar to wrinkle; to crumple; to crease
arrullo lull, strain *(of a melody)*
arte *m. & f.* knack; skill
arteria artery
artero artful, sly
articular to articulate
artículo article
artificio artifice, device
artificioso cunning, tricky
artimaña trick
artista *m. & f.* artist
artístico artistic
arzadú *m.* a red flower

asaltar to assault, assail
ascendente ascending
ascender to ascend, go up; to rise
ascensor *m.* elevator
asco loathing, disgust, nausea; **dar asco** to nauseate, make sick
ascua ember
asediar to besiege
asedio siege
asegurar to assure; to make secure; to assert; to fasten; **asegurarse** to make sure
asentar (ie) to place; to seat; to hone, sharpen
asentir (ie, i) to assent, agree
aseo cleanlinees
aséptico aseptic
asequible obtainable
aserín *m.* sawdust
asesino assassin, murderer
asestar to aim, deal a blow
asfalto asphalt
asfixiar to asphyxiate, suffocate
así so, thus; **así que** as soon as; **algo así como** something like; **no así** not that way
asiduidad persistence
asiento cost; entry *(bookkeeping)*; seat; **asientos contables** entries *(in ledger)*
asignar to assign
asimismo in like manner
asir to grasp, seize
Asís = San Francisco de Asís Saint Francis of Assisi
asistencia attendance
asistir to assist; **asistir a** to attend, be present
asmático asthmatic
asnal asinine
asomar to appear, show; to look out of; to lean out of
asombrar to astonish; to shade
asombro surprise; astonishment; fear
asombroso astonishing, amazing
asomo sign, appearance
asonar (ue) to sound, make a sound
aspaviento excitement

aspecto aspect
aspereza roughness
áspero rough, harsh
aspirante *m. & f.* candidate
aspirar to aspirate, aspire; to inhale
aspirina aspirin
astral astral, heavenly
astro star
asunto affair, business matter
asustar to scare, frighten; **asustarse** to be scared, frightened
ataque *m.* attack
atar to tie, fasten; to paralyze
atardecer to get late *(in the afternoon)*; *m.* late afternoon
atareado busy
atarearse to work, move
ataviado dressed, attired
atención attention; **prestar atención** to pay attention; *pl.* favors, courtesies
atender (ie) to attend to, take care of
atenerse a to rely on
atento attentive, kind
aterciopelado velvety
aterrador frightening
aterrar to frighten, terrify
aterrorizado terrified
atestado crowded
atezado tanned
atinado wise
atinar a to succeed in, manage
atisbar to observe
Atlántida Atlantis *(mythical continent in the Atlantic Ocean)*
atlético athletic
atmósfera atmosphere
atolondrar to amaze
atónito aghast
atontado stupefied
atorrante good-for-nothing, vagrant
atrabiliario ill-humored
atraer to attract
atragantado choked
atrás back, previously; **echar(se) atrás** to lean back, back out; **hacia atrás** backward
atrasado behind, retarded; **lo atrasado** the arrears

atravesar to go through, go across; to pierce; **atravesarse** to interrupt, meddle

atreverse a to dare to

atrevido bold, impudent

atribuir to attribute

atril *m.* lectern

atropellado tumultuous

atropellar to run into, run over

atroz (*pl.* **atroces**) atrocious

aturdido reckless; bewildered, stunned

aturdimiento amazement, confusion

aturdir to bewilder; to amaze, stun

audaz bold

auditorio audience, assembly of listeners

auge *m.* vogue, popularity

aula classroom

aullido howl

aumentar to augment, increase

aumento increase; access

aun even, still

aún yet, still, as yet

aunque although, even though, even if

aura aura, atmosphere

áureo golden

aureola halo

aurora dawn

ausencia absence

ausente absent, missing

austral austral, southern

austríaco Austrian

auto car; sentence, edict

autómata *m.* automaton

autoridad authority

auxiliar to aid, help

auxilio help

avalorado encourage

avaluar to evaluate, estimate

avanzar to advance; to increase

avaro miserly; *m.* miser

ave *f.* bird; **Ave María** Hail Mary

avenida avenue

avenirse to agree

aventar to fan, winnow

aventura adventure; **aventura galante** escapade, love affair

aventurar to risk, hazard

avergonzar to shame; **avergonzarse** to be ashamed, embarrassed

averiado damaged

averiguar to find out, ascertain

avidez *f.* avidity, greediness

ávido avid, greedy

avinagrado soured

avisar to inform, warn, advise

aviso notice, information

avispero swarm of wasps

axioma *m.* axiom, maxim

axolotl (ajolote) *m.* mud puppy, salamander

ayer yesterday

ayuda help, assistance

ayudar (a) to help, aid

azafate *m.* tray

azagador *m.* path *(for cattle)*

azahar *m.* orange blossom

azar *m.* chance; **al azar** at random

ázoe *m.* nitrogen

azogado quivering, shaking

azornate disturbing

azotar to whip, beat; to lash

azúcar *m. & f.* sugar

azufre *m.* sulphur

azul blue

azuleado bluish

azuzado incited

B

babear to drivel; to foam, froth

baboso fool; **un baboso de carne y hueso** an old fool

babuchas slippers

bacalao codfish

bacanal *f.* bacchanal, orgy

badana sheepskin, strop *(of sheepskin, for sharpening a razor)*

bagatela trinket

bahía bay

bailar to dance

baile *m.* dance

bajar to go down; to descend, lower, get off

bajeza servility

bajo low, lower; short; *adv.* below, in a low voice; *prep.* under; *m.* basement
bala bullet
baladí trivial
balancear to balance, swing
balandrán *m.* cassock
balazo bullet wound
balbucear to stammer
balbuceo stammering
balbuciente stammering
balcón *m.* balcony, balcony window
balde *m.* bucket, pail
baldío uncultivated *(area)*
baldosa paving stone, floor tile
balneario spa, bathing resort
balsa pool
balumba bundle *(of many miscellaneous things)*; **en balumba** in great number
ballenato young whale
banca bank
bancada seat, bench
bancal *m.* orchard
banco bench; bank
banda band; group; side *(of a boat)*
bandada flock, group
bandera flag, banner
bandido bandit
bando group
banquete *m.* banquet
banquero banker
bañar to bathe, wash; **bañarse** to go bathing, swimming
bañero bathhouse attendant
bañista *m. & f.* bather
baño bath; **baños de sol** sun baths
barandal *m.* balustrade, railing
barandilla railing
baratija trifle
barato cheap; shoddy
barba beard, whiskers; chin; **y con toda la barba** and in full possession of their faculties; **reírse en sus barbas** to laugh in their faces
barbecho fallow
barbilla *(tip of)* chin
barbudo bearded
barca bark, small boat

barco boat, ship
barniz *m.* cosmetic; polish
barnizador *m.* varnisher
barra bar
barranca ravine
barrer to sweep
barriga belly
barrio neighborhood, district
barro clay
barrote *m.* heavy bar, cross brace
bartola: a la bartola carelessly
barullo tumult, uproar
bastante enough; *adv.* enough, rather
bastar to be enough; **¡basta!** stop!, enough!
bastidor *m.* frame, stretcher
basto course
bastón *m.* cane, walking stick
bata smock; dressing gown
bataclánico burlesque, striptease
batir to beat
batracio batrachian, amphibian
baúl *m.* trunk
bautismo baptism
bautizo baptism
bayeta cleaning rag
beatita little saint
beatitud *f.* beatitude
bebé *m.* baby
bebedor *m.* drinker
beber to drink; **beberse** to drink up
Beethoven, Ludwig van *(1770–1827), German composer*
bellaco sly
belleza beauty
bello beautiful
bellota acorn
bendecir to bless
benefición blessing; **dar la bendición** to bless
bendiga *see* **bendecir**
bendito blessed; **un bendito de Dios** a simple-minded soul
beneficiado benefitted
beneficio benefit
benignidad benignity, favor
berlina: en berlina in a ridiculous position
bermejo bright red, vermilion

bermellón *m.* vermilion
berrear to bellow *(like a calf)*
berrido screech, bellow
berrinche *m.* rage, tantrum
besar to kiss
beso kiss
bestia beast; **bestia de trabajo** workhorse
bibelot *(Fr.)* small, valuable decorative object
biblioteca library
bibliotecario librarian
bichito little beast
bien well; very; fine, good; properly; **más bien** rather; **no bien** as soon as; **si bien** while, though; *m.* possession; **no saben su bien** don't know how lucky they are; *m. pl.* property, riches, possession
bien aventurado blissful, blessed
bienestar *m.* well-being
bienhechor beneficent; *m.* benefactor
bifronte double-faced
bigote *m.* mustache
billete *m.* bill *(paper money)*
birlar to filch, swipe
bisabuelo great-grandfather
bisturí *m.* bistoury, surgical knife
bizcar to wink
bizcocho biscuit, cake
blanco white; *m.* target
blancura whiteness
blandir to brandish, swing
blando soft
blanducho softish, whitish
blandura softness
blanquear to whiten, turn white
blanquecino whitish
blasfemar to blaspheme, curse
blasfemia blasphemy, insult
blasonado emblazoned
blindado armored
blusa blouse; student smock
bobalicón stupid
boca mouth; **boca abajo** face down; **boca del estomago** pit of the stomach; **a pedir de boca** to one's heart's content, ideal; **reír**

con toda la boca to laugh heartily
bocacalle *f.* corner, intersection
bocado bite, mouthful
bocanada whiff
bocina horn
bochorno embarrassment, humiliation
boda, bodas wedding
bodega hold *(of a ship)*
Boehme, Jakob *(1575–1624), German mystic*
bofetoncito pat on the face
boj *m.* boxwood; spindle *or* bobbin *(made of boxwood)*
bola ball; lump
bolchevique *m. f.* Bolshevik
bolero bolero *(music)*
boletero ticket agent
boleto ticket
bolita little ball
bolsa bag; **bolsa de agua caliente** hot-water bottle; **bolsa de hielo** ice bag
bolsillo pocket; coin purse
bolso purse
bomba bomb, pump
bombeado bulging
bombilla light bulb
bombón *m.* bonbon, candy
bonachón good-natured
bondad kindness, goodness; **tener la bondad de** please
bondadoso kind, good
bonaerenses from Buenos Aires
bonito pretty
borbotón *m.* bubbling; **a borbotones** in torrents
borda gunwale *(of boat or ship)*
bordado embroidered; *m.* embroidery
bordadora embroiderer
bordar to embroider
borde *m.* edge, border
bordear to border
bordo *(naut.)* board; **a bordo** on board
borla tassel
borona corn bread
borrar to erase, blot out

borracho drunk; *m.* drunkard
borraja borage *(herb)*
borrego lamb
borrico donkey
borriquillo little donkey
borrón *m.* blot, ink blot
borroneado scribbled
borroso blurred
boscaje *m.* thicket, grove
bosque *m.* forest, woods
bosquear to sketch, outline
bostezar to yawn
bostezo yawn
bota shoe, boot
botar to hurl, throw
bote *m.* boat; thrust; prance
botica pharmacy, drugstore
boticario pharmacist
botón *m.* button
boutonnière *(Fr.) m.* flower *(worn on lapel)*
bóveda dome *or* vault *(of heaven)*
boya buoy
bracero: de bracero arm in arm
bracito small arm
Bradley, Francis *(1848–1924), English philosopher and author of* Appearance and Reality
branquia gill
brasa live coal
Brasil, el Brazil
bravío wild
bravo wild, fierce; rough *(sea)*
brazalete *m.* bracelet
brazo arm; **de brazo** arm in arm
bregar to work
breve short, brief
breviario breviary
briche: traje de briches riding habit
bridge *m.* bridge *(card game)*
brillar to shine, sparkle
brillo brilliance, luster; **sacar brillo** to polish
brinco leap, jump
brindar to offer; to invite; to drink a toast, toast
brío spirit, determination
brisa breeze
brocha brush

broche *m.* hook and eye, clasp
broma joke
bromear to joke
bromista *m. & f.* joker
broncíneo bronzelike
brotar to shoot forth, gush, burst out, spring
bruja witch
brujo sorcerer
brújula compass, magnetic needle
bruma mist, fog; particle
bruñido polished
brusco brusque, sudden; abrupt
brusquedad roughness, rudeness
bruto rough, brutish, brutal; *m.* brute
bucle *m.* curl
buche *m.* mouthful, bag
buchona: paloma buchona pouter pigeon
budismo Buddhism
buen, bueno good, kind, well; **buenos estaban ellos para** they were in no mood to; **¡buena la haría!** a fine mess I'd be in!
buenamente easily, freely
buey *m.* ox
bufanda scarf, muffler
bufar to puff, chug
bufete *m.* desk
buffet *(Fr.) m.* refreshment table, party
bufido snorting
buhardilla garret, attic
bujía candle
bulevar *m.* boulevard
bulto piece of baggage
bullanguero turbulent; *m.* disturber of peace
bullicioso bustling
bullir to swarm, rustle; to bubble up
buque *m.* ship
burbuja bubble
burguesía media middle class
burla trick, joke
burlador *m.* rake, seducer
burlar to outwit, elude; **burlarse de** to make fun of, scoff at

burlesco comic
burlón joking
burra female jackass
burro burro, donkey·
busca search; **en busca de** in search of
buscar to look for, search
búsqueda hunt, search
busto torso
butaca orchestra seat
buzón *m.* letter box, letter drop

C

cabal complete; exact; **a carta cabal** in every respect; **no cabal** not completed
cabalgar to ride horseback, ride
caballería mule, mount
caballero gentleman; **caballero de industria** adventurer
caballete *m.* ridge *(of roof)*
caballo horse
cabaña cabin; **La Cabaña** *fortress in Havana harbor*
cabecera bedside
cabecita little head
caber to fit; **no cabe duda** there is no doubt; **no caber en sí** to be beside oneself
cabellera head of hair, hair
cabello hair
cabeza head
cabezal *m.* small pillow
cabida space, room; **dar cabida a** to make room for
cabildo cathedral chapter
cabizbajo crestfallen, dejected
cabo cape; captain; **al cabo** at last, finally; **al cabo de** after; **doblar el cabo de la felicidad** to be perfectly happy
cabra goat
cacería hunt; hunting party
cacerola pan
cacofonía cacophony, repetition of a harsh sound
cacha: las dos cachas the handle *(of a razor)*
cachado broken

cacharro earthen pot; casserole
cachazudo slow, phlegmatic
cacho selection, choice
cachorro cub
cachucho rowboat
cada each, every; **cada cual** each one
cadena chain
cadencia cadence
cadera hip
caer to fall; to become, get to be; **caer mal** to create a bad impression, be unbecoming
café *m.* coffee
caído fallen; *f.* fall; **a la caída de la tarde** in the late afternoon
caja box, case
cajero cashier
cajón *m.* drawer; stall, booth
calabozo prison, cell
calandria lark
calar to cut; **calarse** to slip on
calabozo prison, cell
calcetín *m.* sock
calcular to calculate, reckon
cálculo calculation, reflection
caldera boiler *(of a ship or steam engine)*
caldo broth
calendario calendar
calentar (ie) to warm
calidad quality; capacity; importance
cálido warm
caliente hot, warm
calificación grade, mark
calma calm, tranquility
calmar to calm, quiet, abate; **calmarse** to calm down
calor *m.* heat, warmth; **hacer un calor de todos los demonios** to be blazing hot
calumniar to slander
caluroso warm, hot
calvicie *f.* baldness
calvo bald
calzada sidewalk
calzado shod
calzoncillos underwear

callar to silence; **callarse** to become silent, be (keep) quiet; to stop talking; to keep *(something)* to oneself

calle *f.* street; **calle abajo** down the street

calleja alley, side street

callejuela side street, alley

callo callus

cama bed; **cama de dobleces** folding bed; **caer en cama** to fall sick

camalote *m. South American aquatic plant*

camarada *m.* comrade

camaraderismo comradeship, friendship

camarera chambermaid

camarote *m.* stateroom, cabin

camastro rickety old bed

cambiante changing

cambiar to change, exchange; **cambiar de** to change

cambio change; **a cambio de** in return for; **en cambio** on the other hand

camilla stretcher

caminante *m. & f.* walker, passer-by

caminar to walk; to go (by); to move (along)

caminejo walk, path

camino road, way; **camino de** on the way to; **a mitad del camino** halfway; **abrir camino** to get ahead, make one's way; **ir camino adelante** to go in the opposite direction, to strike out

camisa shirt; nightshirt; **meterse en camisa de once varas** to meddle in other people's business

camiseta undershirt

campana bell

campanada ringing of a bell, stroke of a bell

campanario belfry, bell tower

campanazo bell stroke

campanudo pompous

campaña campaign

campera country clothes

campesino peasant, rustic; *m.* peasant, farmer

campestre rustic, rural, country

campo country, field; **campo de lucha** battlefield

can *m.* dog

Canadá = el Canadá Canada

canal *m.* canal, channel

canalla *m.* cur, cad

canario canary

canasto large basket; **¡canastos!** gracious!, confound it!

cancel *m.* screen door

cancela front door, gate

canción song

cancha roasted beans; ground, terrain

candidato candidate

cándido innocent; white

cano gray, gray-haired; **canas** gray hair

cangilón *m.* a large jug *or* bucket

canibalismo cannibalism

canónigo canon *(churchman)*

canoso gray

cansancio tiredness, fatigue

cansar to tire; **cansarse** to get tired

cantar to sing, sing out; to chant

cantidad quantity

cantiga song, poem *(of Galicia)*

cantina restaurant, lunchroom

cantinela old song; **conozco la cantinela** I know that old story

canto song

cañaveral *m.* canebrake

cañón *m.* well *(of a staircase)*

cañutillo twisted silver thread

caoba mahogany

caos *m.* chaos

capa cape; coat; layer

capacidad capacity

capacitar to enable

capataz *m.* foreman

capaz capable; **capaz de** capable of

capcioso deceptive

capellada cap *or* toepiece *(of a shoe)*

capilla chapel

capirote *m.* hood; dunce cap

capital *m.* capital *(money)*; *f.* capital *(city)*

capitanear to lead, command
capitanía harbor master's office
capote *m.* cloak; **decir para su capote** to say to oneself
capricho whim, caprice
caprichoso capricious, willful
captar to catch, capture
capuchino Capuchin (*monk*)
capullo bud (*flower*); **capullo a medio abrir** half-opened bud
cara face
caracol *m.* snail
caracoleante prancing
carácter *m. (pl.* **caracteres**) character; characteristic; letter (*printing*)
¡caramba! confound it!
carámbano icicle
caramelo sweet; light
caramillo heap; **se armó un caramillo de chismes y murmuraciones** stirred up a heap of gossip
carátula face (*of a watch*)
¡caray! confound it!
carbunclo ruby
carcajada burst of laughter; **reír a carcajadas** to laugh heartily
cárcel *f.* jail, prison
carcomer to undermine
cardíaco cardiac
carecer (de) to lack
carencia lack
carente lacking
careta mask
carga cargo, load; burden; responsibility, charge; **volver a la carga** to persist, persevere
cargador *m.* suspenders; stevedore
cargar to load; to raise (*naut.*)
cargo burden, duty; position; **cargo de conciencia** sense of guilt
caricia caress
caridad charity
carilla page
cariño affection, love; **tomarle cariño a** to become fond of; *pl.* affectionate words, farewell
cariñoso affectionate, loving

carita little face
caritativo charitable
carmín *m.* carmine, redness; **había hecho correr su carmín** had smeared her lipstick
carne *f.* meat, flesh
carnicero butcher
carnoso fleshy
caro dear, expensive
carpintero carpenter
carrera run, race
carretela calash, carriage
carretelero driver (*of a calash*)
carretera road
carrilano track
carro cart, car
carruaje *m.* carriage
carta letter; official document, papers; **a carta cabal** in every respect; **cartas tirabuzón** gouging letters
cartapacio notebook
cartear to correspond, write letters
cartel *m.* placard
cartero postal clerk, mailman
cartón *m.* cardboard
cartulina card, postcard
casa house, home; **casa solariega** manor house; **poner (una) casa** to set up housekeeping
casada married woman
casarse (con) to get married
cascada cascade, waterfall
cáscara shell
casco crown, headpiece; hoof
caserío group of houses, hamlet; country house
caserón *m.* big run-down house
casi almost, nearly
caso case, event; **darse el caso** to occur, happen; **en todo caso** in any case; **hacer caso (a)** to pay attention (to); **maldito el caso que hizo de él** paid absolutely no attention to him
castaño chestnut-colored
castellano Castilian, Spanish
castigar to punish
castigo punishment

castizo pure-blooded, native
casto chaste
castor *m.* beaver, beaver cloth
casual accidental, casual
casualidad chance, accident; **por casualidad** by chance
casuca cottage
catalogar to catalog
catarata cataract, cascade
catarro head cold
catástrofe *m.* catastrophe
catecismo catechism
catecúmeno catechumen
cátedra professorship
catedral *f.* cathedral
categoría category; quality; status; **de categoría** of importance
catequista *m. & f.* teacher of catechumens
catequizar to catechise, convert
caucho rubber
caudaloso copious, carrying much water
causa cause; **a causa de** on account of
causante *m. & f.* cause, originator
causar to cause, bring about
cauteloso cautious
cautivador captivating
cautivar to captivate, attract
cautivo captive
caverna cavern
cayate *(Arg.)* = **cállate** be quiet
cayendo falling
caza chase, pursuit
cazar to hunt
cabado baited
Ceca: andar de Ceca en Meca to go from place to place, hither and yon
ceder to cede, yield, give up
cedro cedar
cegar (ie) to blind
ceguera blindness
ceja eyebrow, brow
cejar to cease, slacken
celda cell
celebrar to celebrate, hold *(a meeting)*; to be famous *(well-known)*; to praise

célebre famous
celeste sky-blue; heavenly
celo zeal; *pl.* jealousy
celoso zealous; jealous; suspicious
celta *m. & f.* Celt
cementerio cemetery
cena supper
cenar to have supper
ceniciento gray, ashen; contemptuous
cenital zenith
ceniza ashes, cinders
censo census
centavo cent
centella flash, spark
centellear to flash, sparkle
centelleo flashing
centenar *m.* hundred
centenario centenarian
centímetro centimeter *(.393 inches)*
centolla spider crab
centro center, middle; downtown
centurión *m.* captain
ceñir (i) to surround; to fasten; to encircle
cepillo brush
cera wax
cerca near, close by; **cerca de** near; **de cerca** at close range, closely
cercano near, close, nearby
cercar to surround, crowd around
cercenado trimmed; lopped off, severed
cerco edge, border
cerda bristle
cerdo pig
cerebro cerebrum
ceremonia ceremony; **dispensarse de ceremonias** to dispense with formalities
ceroso waxy, waxen
cerrado closed; thick, close
cerradura lock, keyhole
cerrar (ie) to close, shut; to obstruct; to enclose
cerro hill
certamen *m.* contest, match
certeramente accurately
certeza certainly
certidumbre *f.* certainty

cesar (de) to cease, stop
césped *m.* grass, lawn
cestita little basket
cesto basket, pile; **cesto de la compra** shopping basket
cestón *m.* large basket, pannier
cetrino sallow
cetro sceptre
cicatriz *f.* scar
ciclópeo Cyclopean, one-eyed
Cid: el Cid Campeador *Rodrigo Díaz de Vivar (1040?–1099), semihistorical, semilegendary military figure of Spain, protagonist of the epic* Poema de Mío Cid
ciego blind
cielo sky, heaven; **cielo de tempestad** stormy sky; **ganar el cielo** to win a place in Heaven
cieloraso ceiling
cien hundred
ciencia science; knowledge
científico scientific
cierne budding; **en cierne** incipient
cierto certain, a certain
cifra cipher, number
cifrar to calculate
cigarra locust
cigarrillo cigarette
cigarro cigar
cima top
cinc *m.* zinc
cincelado carved
cine *m.* movie
cinematográfico *(adj.)* motion-picture
cinematógrafo motion pictures
cínico cynical
cintita little ribbon
cintura waist
cinturrón *m.* belt
ciprés *m.* cypress
circo circus
circulación circulation
circular to circulate, run
círculo circle
circundante surrounding
circundar to surround
circunstante *m.* bystander, onlooker

cirio wax candle
ciruela plum
cirujano surgeon
cisne *m.* swan
cita engagement, appointment; tryst
ciudad city
ciudadano urban; *n.* citizen, urbanite
clamar to cry out
clandestino clandestine, secret
claridad clarity, light
clarín *m.* clarion *(trumpet)*
clarinada clarion call
claro clear, bright; light, obvious; **a las claras** openly, publicly; **poner en claro** to clear up; *adv.* clearly; **¡claro!** of course!
clase *f.* class, kind
clausurar to close, conclude
clavar to nail; to fix, stick; to dig in
clave *f.* key
clavel *m.* carnation; **clavel del aire** *parasitic plant, similar to Spanish or Florida moss, that hangs from trees*
claveteado studded *(with gold or silver tacks)*
clavo nail
clérigo cleric, clergyman, priest
cliente *m. & f.* customer
clientela customers
clima *m.* climate
clin *f.* mane
clorofila chlorophyll *(green)*
cloroformizar to chloroform
cloroformo chloroform
clu = club *m.* club
coartada alibi
cobarde cowardly
cobardía cowardice
cobrar to acquire, get
cobre *m.* copper
cocer to bake
coces *f. pl.* kicks; **dar coces** to kick
cocina kitchen
cocinero cook
coco bogeyman
coche *m.* car, carriage
cochería livery stable
cochero driver

cochino nasty, dirty
codicia covetousness, greed
codiciado coveted
codicioso covetous
código code
codo elbow; **comerse los codos** to be starving; **romperse los codos estudiando** to study like crazy
coger to take hold of, take up, take; to catch, seize
cogote *m.* back of the neck
cohibir to restrain, inhibit
coincidencia coincidence
coincidir to coincide
cojear to limp, halt
cojín *m.* cushion
cola tail, line; **a la cola de la cola** at the tail end of the line
colarse to sneak in; to pass through
colcha bedspread
colección collection
coleccionador *m.* collector
colega *m. & f.* colleague
colegio academy; elementary school
cólera anger
colérico irritable, angry
coleto *(coll.)* one's body, self; **para su coleto** to oneself
colgante hanging
colgar (ue) to hang
colina hill
colmar to fill; to heap; **colmar de** to shower, overwhelm
colmena beehive
colmo height, limit; **para colmo de** to top off
colocación place, location
colocar to place, put; to set
Colón = Cristóbal Colón Christopher Columbus (1451–1506)
colonia colony
color *m.* color
colorado reddish, colored; blushing
colorear to color; to redden
colorete *m.* rouge
columbrar to perceive, detect
columna column
columpiarse to shake

collar *m.* necklace, chain
coma comma; coma
comadre *f.* gossip *(person)*, friend
comarca region
combate *m.* combat
combatiente *m.* combatant, fighter
combatir to combat, fight; to argue against
combinación combination; plan
combinar to combine; to work out
comedia comedy; play; drama
comedor *m.* dining room
comentar to comment on, expound
comentario commentary; *m. pl.* chit–chat
comenzar (ie) to begin, start
comer to eat; **comerse** to eat up
comerciante *m.* businessman
comercio commerce; store, shop
cometer to commit
cómico comic
comida dinner; meal; food
comidilla snack; talk; gossip
comienzo beginning, start
comisaria police station
comisión commission; **comisión receptora** reception committee
como like; as; how; **así como** as soon as; **así como así** just like that; **como si tal cosa** as if nothing had happened
¿cómo? how?, why?, what?
cómoda chest of drawers
comodidad comfort, convenience
cómodo comfortable
compacto compact, dense
compadecer to pity, feel sorry for; **compadecerse** to sympathize
compadre *m.* friend, companion; pal
compadrito young dandy *(usually of lower urban class)*
campañero companion, mate; **compañero de armas** companion at arms
compañía company; society
comparación comparison
comparar to compare
comparecer to appear
compartir to share, divide

compasivo compassionate
compendio; en compendio in brief
compensar to make up for, compensate for
competencia competence; competition; adequacy
complacencia pleasure
complacer to accommodate; **complacerse (en)** to be pleased (with)
complejo complex
completar to complete, perfect
completo complete; **por completo** completely
complexión complexion; constitution
cómplice *m. & f.* accomplice
complicidad complicity
componerse to dress up, primp
compota compote, stewed fruit
compra shopping, purchase
comprador *m.* shopper, buyer
comprar to buy; to shop
comprender to understand, comprehend; to comprise
comprensión comprehension, understanding
comprensivo understanding
comprobar (ue) to verify; to prove; to check
comprometedor compromising
comprometer to compromise; **comprometerse** to become involved
compromiso compromise; engagement; date; betrothal; embarrassment; **contraer compromiso** to become engaged
comulgar to take communion
común common
comunal common, community
comunicar to communicate
con with; to; by
cóncavo concave, hollow
concebir (i) to conceive
conceder to concede, grant
concentrar(se) to concentrate, fix *(one's eyes)*
concepto concept, opinion

concerniente a concerning
conciencia conscience, consciousness; **a conciencia** conscientiously; **de conciencia** conscientious
concierto concert
concluir (de) to conclude, finish
concluyente conclusive
concretarse to limit oneself, confine oneself
concreto concrete; specific
concurrencia gathering; contest
concurrido crowded, frequented
concurrir to attend
concurso gathering
condenado accursed, damned
condenar to condemn
condesa countess
condescendencia acquiescence
condición condition, state; nature
conducir to conduct, lead, guide; to transport, carry
conducta conduct
conducto: por conducto de by means of, through
confeccionar to make
confesar(se) (ie) to confess, go to confession
confesionario confessional
confesor *m.* confessor *(priest)*
confiado confiding; confident
confianza confidence
confiar to trust, entrust; to confide
confidente *m. & f.* confidant(e), close friend
confinado confined
confirmar to confirm
confite *m.* delicacy *(candy)*
confitería ice-cream parlor
confluencia confluence, coming together
conformarse to limit *or* resign oneself
conforme as; **conforme a** according to; **conforme con** in accordance with
conformidad conformity; **de conformidad con** in accordance with

confortar to console, comfort
confundir to mix, jumble
confuso confused
congestionarse to become congested; to get upset
congoja anguish
congregarse to gather
conjetura conjecture
conjeturar to conjecture, guess
conjurar to ward off; to conspire
conjuro spell, exorcism
conmigo with me
conmovedor moving
conmover (ue) to move, stir, touch; to shake, upset; **conmoverse** to be moved, touched
conmutable commutable
conocedor *m.* expert
conocer to know, meet; **conocerse** to know *(one another)*; to meet
conocido acquaintance
conocimiento knowledge, understanding, consciousness, acquaintance; *pl.* knowledge
conquista conquest
conquistar to conquer; to win
consabido above-mentioned; well-known
consciente conscious
consecuencia consequence; **en consecuencia** accordingly
consecutivo consecutive, following
conseguir (i) to obtain, get, succeed in
consejero counselor, adviser
consejo council, advice
consentido tolerated
consentimiento consent
consentir (i) to consent
conservación preservation
conservar to conserve; to hold, keep
considerar to consider
consigna sign
consignar to consign; to assign
consiguiente; por consiguiente therefore
consistir en to consist in
consistorio consistory, council
consolar (ue) to console, comfort

consonancia agreement, consonance
consorte *m. & f.* consort
constar to be evident, clear, on record; **constar de** to consist of
constituir to build construct
consuelo consolation
consumar to consummate; to commit
consumir to consume; **a medio consumir** half-consumed; **consumirse** to waste away
consumo consummation
contabilidad bookkeeping
contabilizado: contabilizado en fecha posted as of current date
contable countable
contacto contact
contado few
contagiarse to become affected by
con tal que provided that
contar (ue) to count; to tell, relate; **contar . . . años (de edad)** to be . . . year old; **contar con** to count on, take into consideration
contemporización temporization, compliance
contener to contain; to restrain
contenido moderate, restrained; *m.* content(s)
contentar to please; **contentarse** to content oneself, be satisfied with
contento happy, satisfied; *m.* joy
contera: por contera on top of everything else
conterráneo countryman
contestación answer
contestar to answer
contiguo adjacent
continuar to continue
continuo continuous, continual; **decontinuo** continuously
contoneo strutting, strut
contorno contour, outline
contra against
contrabando: de contrabando smuggled, forbidden
contracción contraction
contraer to contract, tighten; to catch

contrario contrary; **al** *or* **por el contrario** on the contrary; *f.* opposite; **llevar la contraria** to disagree with

contrata contract

contratar to rent, engage

contratiempo mishap

contrato contract

contribuir to contribute

contrincante *m.* opponent

control *m.* check, verification

convalecer to convalesce, recover

convencer to convince

convenientemente appropriately

convenio agreement; **según convenio** as agreed upon

convenir to be necessary, be suitable; **convenir en** to agree on *or* to

conventillo tenement house

convento convent, monastery

convergir to converge, aim, point at

conversar to converse, chat

convertir (ie, i) to change, convert; **convertirse en** to become, turn into

convicción conviction, belief

convidar to invite

convivir to live together

convoy *m.* train

convulso convulsed

conyugal conjugal, marital; **unión conyugal** marriage

cónyuges *m. pl.* husband and wife, couple

coñac *m.* brandy

copa goblet; cup; crown; top of a tree

copetudo snobbish

copia copy

copiar to copy

copiosamente abundantly

copla couplet, ballad; song

copo de nieve snowflake

coqueta flirtatious, coquettish

coquetear to flirt

coquetuela flirtatious, coquettish

coquetería coquetry

coraje *m.* courage; anger

corazón *m.* heart; courage

corbata necktie; **usar corbata** to wear a tie

corcel *m.* steed, charger

corcho cork

cordaje *m.* rigging

cordal *f.* wisdom tooth

corderillo, corderito lamb, little lamb

cordero lamb, little lamb

corear to repeat, to join in, answer in chorus

corium: in corium *(Lat.)* = **en cueros** stark naked

córnea cornea *(of the eye)*

cornisa cornice, edge

corola corolla *(petals of a flower)*

corona crown

coronar to crown

coronel *m.* colonel

corpiño bodice

corporal bodily, physical

corpulento corpulent, stout

corral *m.* barnyard; porch, platform

corredizo slip

corredor *m.* porch, gallery; corridor

corregir (i) to correct

correo mail; **echar al correo** to mail; *pl.* post office

correr to run; to extend; to pass; to blow *(breeze)*

correrías adventures, escapades

correspondencia correspondence; mail

corresponder to correspond; to respond; to suit; to belong

correspondiente corresponding

corretear to race around

corrida bullfight

corrido: de corrido fluently, right off

corriente running *(water)*; *m.* current month; *f.* current, stream; **estar al corriente (de)** to be informed (about)

corro circle *(of people)*

corroído corroded

corso promenade

cortar to cut, cut off

corte *f.* a length of material; outline; **hacer la corte** to court *(a woman)*

cortejar to court *(a woman)*
cortés polite, gracious
cortesía courtesy, politeness
corteza bark *(of a tree)*
cortina curtain
cortinón *m.* curtain, drape
corto brief, short
Coruña, La *seaport in Galicia*
corva bend of knee; *adj.* bent
cosa thing; **¿cosa formal?** a serious matter?; **cosa rara** strange thing; **cosas de** things *or* tricks of; **no … gran cosa** not very much; **otra cosa** something (anything) else
coscorrón *m.* bump *(on the head)*
cosecha harvest, crop
cosechar to reap
coser to sew
cosmografía cosmography *(science describing order of universe)*
costa coast, cost; **a su costa** at your own expense; **a toda costa** at any price
costado side; **de costado** on the side; **a los costados** along the sides; **por los cuatro costados** by birth *(i.e.* on both sides of the family)
costar (ue) to cost
costilla rib
costoso costly
costumbre *f.* custom, habit; **como de costumbre** as usual; **de costumbre** usually, always; **tomar la costumbre** to acquire the habit
costura sewing
cotidiano daily
coyuntura hitch *(between railroad cars)*
cráneo skull, cranium
Creador, el the Creator
crear to create
crecer to grow, grow up; **crecerse** to get bolder
creces *f. pl.* increase; **con creces** with interest
crecido grown, long, large
creciente growing

credo Creed *(prayer from the Mass)*
credulidad credulity, believing
crédulo credulous, trustful
creer to believe; to think
creencia belief
crenchas locks of hair
crepitar to crackle; to resound
crepúsculo twilight
crespo curly
cresta crest
cretona cretonne *(a fabric)*
criada maid; **de criada** as a maid
criado servant
crianza breeding
criatura child
crimen *m.* crime; crime page of newspaper
crispado braced
cristal *m.* crystal; windowpane, glass; **de cristal** crystal clear
Cristo Christ; **¡Cristo!** Heavens!
criterio opinion
criticar to criticize; to find fault with gossip
crítico critical
crónico chronic
cruces *f. pl.* crosses
crucifijo crucifix
crudeza crudeness, harsness
crudo crude; harsh
crueldad cruelty
crujido crunch
crujiente creaking
crujir to creak, rustle
cruzar to cross, exchange; **cruzarse con** to meet, encounter
cuadra block; **a media cuadra escasa** within a scant half–block
cuadrado at attention
cuadrarse to come to attention
cuadriculado stamped
cuadrilla work gang
cuadrito: a cuadritos checked *(as in a fabric)*
cuadro picture, painting
cuádruple quadruple
cuajado decorated, ornamented; dumbfounded
cuajar to condense; to appear; to curdle

cuajo: arrancar de cuajo to tear completely off

cual which, who, such, such as, as like; one; **cual si** as if; **por lo cual** for which reason

¿cuál? which, which one, who

cualidad quality, characteristic

cualquier any one, whichever, any, anybody

cuán how

cuando when, during; **cuando más** at most; **cuando menos** at least; **de cuando en cuando** from time to time

¿cuándo? when?

cuantía importance

cuantiosa substantial

cuanto as much as, all that; **cuanto antes** as soon as possible; **en cuanto** as soon as; **en cuanto a** as for; **unos cuantos** some, a few

¿cuánto? how much? how?; **cuánto gusto (de)** what pleasure; *pl.* how many?

cuaresma Lent

cuartel *m.* jail; barracks

cuartelazo coup d'état

cuartilla sheet of paper

cuarto room; quarter; fourth

cubierta deck of ship; top of table; book cover; **cubierta de mesa** table cover

cubierto covered; **a cubierto** sheltered, protected

cubrir (de) to cover (with); **cubrirse** to become covered

cucharada spoonful

cuchicheo whispering

cuchillo knife

cuco crafty; *m.* cuckoo

cucurucho paper cone

cuello neck; collar; **decir para el cuello (de su camisa)** to say to oneself

cuenco earthen bowl

cuenta bill, account; bead; **a cuenta** on account; **caer en la cuenta** to realize, **dar cuenta** to account, report; **darse cuenta de** to realize; **en resumidas cuentas** in short; **hagan de cuenta** just imagine; **llevar la cuenta** to keep count; **tomar en cuenta** ᴛᴏ take into account; **por nuestra cuenta** by our way of thinking

cuento story, tale; **cuentos de ánimas** ghost stories; **sin cuento** countless; **y va de cuento** once upon a time

cuerda rope, line; *(fig.)* strength; **dar cuerda** to wind; **quedar cuerda** to have enough energy

cuerdo sane

cuerno horn; **cuerno de la abundancia** horn of plenty

cuero leather, hide; **en cueros** stark naked

cuerpo body, corpse; **a pocos cuerpos** a few feet away

cuesta hill, slope; **a cuestas** on one's back

¡cuidadito! careful!

cuidado care, solicitude; worry; attention; **¡cuidado!** be careful!; **tener cuidado** to be careful

cuidadosamente carefully

cuidar to take care of, look after, be careful with

culebra snake

culebreo zigzag

culminante culminating

culpa blame, guilt, fault, sin; **tener la culpa (de)** to be to blame (for)

culpable guilty; *m. & f.* guilty one

culpado guilty *(person)*

culpar to blame

cultivar to cultivate

culto religion; cult

cumplimiento fulfillment; courtesy, correctness

cumplir to fulfill, complete; satisfy; to do one's duty; **cumplir . . . años** to be . . . years old; **cumplir con** to fulfill one's obligation to

cuna cradle

cuña wedge

cuñado brother–in–law

Cupido Cupid

cúpula cupola, dome
cura *m.* priest; *f.* cure
curandero witch doctor, healer
curar to heal; to comfort
curiosear to pry, snoop
cursi cheap, vulgar
curso course; academic year
curtido tanned
curvo curve, bend
custodiar to guard, take care of
custodio guard; **ángel custodio**
    guardian angel
cuyo whose, which

Ch

chacra small farm
cháchara idle talk, chatter
chaleco vest
chambergo *man's hat with soft*
    crown
champaña champagne
chamusquina scorched
chanza joke; **en chanza** jokingly
chápiro: ¡voto al chápiro! by golly!
chapotear to moisten, to splash
chaquet *m.* jacket, suit coat
chaqueta jacket, suit coat
charco pool, puddle
charla chat, conversation, talk
charlar to talk, chat
charlatán *m.* charlatan; gossip
charol *m.* patent leather
chasqueado tricked
chasquear to clack *(the tongue)*
chasquido creak; clack *(of the*
    tongue)
chato commonplace; short
chico small; *m.* boy; **chica** girl
chicuelo little boy
chicha: calma chicha complete calm
chiflado crank, "nut"
chiflido whistle
Chilotas, Islas *archipelago off the*
    southern coast of Chile between
    Valdivia and Patagonia
chilotes *natives of the province of*
    Chiloé in southern Chile
chillar to screech, scream
chillido scream, shriek

chillón loud
chimenea chimney; fireplace
chino Chinese
chiquillo little boy
chiquito very small; *m.* little boy;
    chiquita little girl
chirimbolo container
chisme *m.* gossip
chispa spark; small particle
chispita little spark; **una chispita de**
    conciencia a shred of
    conscience
chisporroteante sparkling,
    sputtering
chisporroteo sparking, sputter
chistar to hiss
chiste *m.* joke
chistera top hat
chocar to hit, strike; to collide
chocarrero vulgar, coarse
chocho doting
Chopin = Frédéric Chopin *(1809–*
    1849), Polish composer
chopo black poplar tree; **chopera**
    grove of black poplars
chorro spurt, stream; **a chorros** in
    abundance, copious(ly)
choza hut
chucho dog; down! *(said to dog)*
chupar to suck

D

dádiva gift
dama lady
damiselilla girl; little girl
danza dance; disorderly collection
danzar to dance
dañar to hurt, harm
daño hurt, harm; **hacer daño** to
    hurt; **hacerse daño** to hurt
    oneself
dar to give; to lead; to cause; to
    strike *(hour)*; to hit; **dar a** to
    face, overlook; **dar a entender**
    to suggest; **dar con** to find,
    come across, hit upon; **lo mismo**
    da it amounts to the same
    (thing); **darse a** to devote
    oneself to; **darse por** to

consider oneself as, be considered as

dardo dart, lance

datar to date (from)

dato fact, datum, information

de of, from, by, with, than

debajo (de) under, underneath

debatirse to struggle

deber to owe; *aux.* must; **deber de** must; *m.* duty

debidamente properly

debido proper; **debido a** due to

débil weak, feeble

debilidad weakness

debilitar to weaken

debutar to begin

decaer to decay; to decline

decapitar to behead, decapitate

decente decent, proper; respectable

decepcionado disappointed

decidir to decide; **decidir a** to persuade; **decidirse a** to make up one's mind, decide to

decir to say, tell; to speak; **es decir** that is to say; **por decirlo así** so to speak; **por mejor decir** rather, in other words; **decir que sí** to say yes; *m.* opinion; story; **en un decir Jesús** in an instant

declaración declaration *(of love)*

declarar to declare

declaratorio declaratory, amorous

declinar to descend, diminish; to turn down

decoro decorum, respect

decreciente deteriorating

decrépito decrepit

decretar to decree

dedicar to dedicate; **dedicarse** to devote oneself

dedicatoria inscription

dedo finger; **dedo gordo** thumb; **chupar los dedos** to lick one's fingers

defender (ie) to defend, protect

deferente deferential *(to another's opinion)*

definir to define, fix

definitivo definitive; **en definitiva** in short

defraudar to disappoint, cheat

degollar (üe) to cut somebody's throat

degüello beheading

deidad *f.* deity

dejame *(Arg)* = **déjame**

dejar to leave, allow, leave alone, abandon; **dejar caer** to drop, let fall; **dejar de** to stop, fail to

dejo trace, touch

delantal *m.* apron

delante de in front of, before

delantera chest; front; **rolliza delantera de paloma buchona** rounded pouter pigeon chest

delantero front, forward

delatar to give away, reveal; to denounce

delator informing, tattling, betraying; *m.* informer

deletrear to spell

delgado slender, thin

delicadeza attention

delicia delight

delicioso delightful, delicious

delirio delirium, rapture

delito crime, transgression

demacrado wasted away

demanda petition; **en demanda de** looking for

demás other, rest of the; **lo demás** the rest; **los demás** the others; **por lo demás** furthermore

demasiado too much; *pl.* too many; *adv.* too

demonio demon, devil; **¡que vaya al demonio!** the devil with it!

demontre: al demontre to the devil

demora delay, procrastination

demorar to delay

demostrar (ue) to demonstrate

demudar to change color *or* countenance suddenly

denegador obstinate, negative

denominar to call; to name

denso dense; thick; dark

dentadura set of teeth

dentellada bite
dentro (de) inside (of), within
denuncia denunciation
deparar to provide
departamento apartment; rooms; compartment *(railroad cars)*; naval district
depender (de) to depend (on)
dependiente *m. & f.* employee, clerk
deporte *m.* sport
depositar to put
depuesto having set aside
derechito right away, directly
derecho right, straight; **tomar a la derecha** to turn to the right; *adv.* directly, right away; *m.* law, right; **derecho de prioridad** priority
deriva: a la deriva adrift
derivar to derive
derramar to shed; **derramarse** to spill, overflow
derredor; en derredor suyo around him
derrengar to cripple; to make crooked
derretir (i) to melt
derribar to cut down, knock down
derrochar to waste
derrota defeat
derrumbarse to collapse
desabotonar to unbutton
desabrochar to unbutton
desacuerdo forgetfulness
desaforadamente wildly; excessively
desagradable disagreeable
desagrado displeasure
desahogarse to unburden oneself
desaire *m.* rebuff
desalentado discouraged
desaliento dismay, discouragement
desamor *m.* indifference, coldness
desanimar to discourage; **desanimarse** to become discouraged
desaparecer to disappear
desapercibido inconspicuous
desarmar to take apart, disarm
desarrapado ragged, tattered
desarrollar to develop

desarrollo development
desarticular to disjoint, take apart
desasirse (de) to free oneself (from)
desasosegar to worry; to upset
desasosiego anxiety
desastroso disastrous
desatado loosened
desatar to undo, let loose
desatinado wild; foolish
desatracar to push off
desayunarse to have breakfast
desazonar to annoy
desbarajuste *m.* confusion
desbocarse to lose control of oneself; to swear, curse
descalzo barefoot
descansar to rest
descanso rest, quiet
descarado bold, fresh, impudent
descarga firing *(of a gun)*
descargado unloaded; not loaded
descarnado lean, thin
descartado discarded, rejected
descendente downward
descender (ie) to descend, go down, get
descifrar to decipher
descolorido discolored, faded
descompás: a descompás discordantly
descomponerse to decompose
descomposición decomposition
descompuesto angry
descomunal enormous
desconcertador disconcerting
desconcertar (ie) to disturb, baffle, confuse
desconchar to chip, peel
desconocer to not know, be ignorant of
desconocido unknown
desconsoladamente disconsolately
desconsolador discouraging, disconsolate
desconsuelo grief
descontento discontented; *m.* displeasure; discontent
descorazonarse to become disheartened
descortés rude

descoser to unstitch, rip
descoyuntar to dislocate
descreído unbelieving
describir to describe
descubierto uncovered, bare; **al descubierto** exposed
descubridor *m.* discoverer
descubrimiento discovery
descubrir to discover; to reveal; to find out
descuento discount
descuidar to neglect
descuido mistake
desde since, from, after: **desde ahora** from now on; **desde entonces** ever since, since then; **desde hace** for; **desde luego** of course; **desde que** since
desdén *m.* scorn, disdain
desdeñar to disdain, scorn
desdeñoso scornful
desdibujado blurred
desdicha misfortune
desdichado unfortunate
desdoblar to unfold
desear to want, wish
desechar to cast off
desecho: de desecho discarded
desembocar to disembark, go ashore
desempeñar to fulfill, carry out *(a job)*
desempleado unemployed
desencajado contorted, run down
desencanto disenchantment, disillusion
desenfado ease, freedom
desenfrenado wanton, unbridled
desengaño disillusionment
desenvoltura ease, free and easy manner
desenvolver (ue) to unfold, cast
desenvuelto free, easy
deseo wish, desire
deseoso (de) anxious to
desequilibrado unbalanced, insane; *m.* madman
desesperación despair, desperation
desesperado desperate
desesperante despairing

desesperar to despair, lose hope
desestero removing mats *(from a room)*; time for removal of mats
desfachatez *f.* effrontery, impudence
desfalco embezzlement
desfallecer to faint
desfallecimiento weakening, decline
desfavorablemente unfavorably
desfigurar to disfigure, change
desfilar to pass by, pass through, file by
desfile *m.* row, file; procession, parade
desfondar to remove the bottom of
desgajar to disjoint, break off
desgañitarse to scream oneself hoarse, bawl
desgarradura laceration
desgarrar to claw; to rend
desgarrón *m.* tearing, ripping
desgracia misfortune, mishap; **por desgracia** unfortunately
desgraciado unfortunate; *m.* wretch
desgreñado disheveled
desguazar to break up *(a ship)*, wreck
deshacer to undo; to diminish; to untie; **deshacerse de** to get rid of
deshecho undone; destroyed
deshonra dishonor
deshinchar to deflate
deshojar to tear out *(of a book)*, tear leaves off *(a plant)*
desierto deserted; *m.* desert
designar to designate, name, point out
desigual unequal, uneven
desintegrar(se) to disintegrate
desinteresado disinterested
desistir (de) to give up
desleal disloyal
desleír to emanate, dissolve; to diffuse
deslizar to slip, glide; **deslizarse** to glide, slip away
deslucido dull; worn
deslumbrador dazzling
deslumbramiento glare, dazzling
deslumbrante dazzling
deslumbrar to dazzle, bewilder

desmantelado run down
desmayarse to faint; to droop
desmayo faint, fainting fit
desmedrado wasted
desmejorar(se) to decline, lose one's
 health; to become thin
desmentir (ie, i) to belie
desmesurado excessive
desnudar to undress
desnudez *f.* nakedness
desnudo naked, bare
desobedecer to disobey
desocupado idle
desolado desolate; disconsolate
desorden *m.* disorder
desordenado disordered, unruly
desordenar to disarrange, muss
desoír to be deaf to; to be heedless of
desorientación confusion,
 disorientation
desorientado confused
despachar to send off
despacho office, study
despacio slowly
despacito slowly, gently
despampanante flashy
despanzurrado disemboweled
desparpajo flippancy
desparramar to spread, smear
despatarrar to dumbfound,
 overwhelm
despavorido terrified, frightened
despectivo contemptuous
despechado dejected
despecho dejection; **a despecho de**
 in spite of
despedazar to tear to pieces, cut to
 pieces
despedir (i) to see a person off *(on a
 journey)*; to give off; **despedirse
 (de)** to take leave (of), say good-
 bye (to)
despegar to open
despensa pantry
despeñar(se) to plunge downward
desperdicio rubbish
despertar (ie) to awaken;
 despertarse to wake up; *m.*
 awakening
despiadado merciless, pitiless

desplegar (ie) to display
desplomarse to collapse, fall over
despoblar to empty, rid
despojar to strip, deprive, divest
despojos *m. pl.* remains
despreciable despicable
despreciar to scorn
despreciativo contemptuous
desprecio scorn
desprenderse to come out; to part
 with; to loosen; **desprenderse de**
 to free oneself from, become
 detached
despreocupadamente unconcernedly
desprevenido off guard
después after, afterward, then,
 later, next; **después de** after;
 después que after
desquite *m.* exchange;
 compensation; revenge
destacar(se) to stand out; to project
destapado uncovered
destejer to unravel, unweave
destemplado agitated
desteñido, discolored
destilar to distil, exude
destinar to destine; to appoint,
 assign; to design
destinatorio addressee
destino destination, destiny
destrabar to separate
destreza skill, dexterity
destrozado worn out
destrozar to destory, annihilate
destrozo havoc, destruction
destruir to destroy, demolish
destruye *(see* **destruir***)*
desvaído dull, drab
desvanecer to vanish; **desvanecerse**
 to swoon, faint
desvanecimiento dizziness, faintness
desventurado unfortunate
desvestirse (i) to undress
desviar(se) to separate, part; to
 deviate, deflect, divert, avert
detallado detailed
detallar to examine in detail
detalle *m.* detail, particular
detener to detain, check; **detenerse**
 to stop, delay, halt, pause

detenido thorough, careful; *m.*
   prisoner
detenimiento care
determinado specified, definite
detestar to detest, abhor
detrás (de) behind, in back (of);
   detrasito right behind
devanarse: devanarse los sesos to
   rack one's brains
devoción piety, devotion; prayer;
   hacer sus devociones
   vespertinas to say her evening
   prayers
devolver (ue) to return, give back
devorar to devour
devoto devout
devuelto *see* **devolver**
día *m.* day; **día de fiesta** holy day,
   holiday; **día feriado** holiday; **al**
   otro día the next day; **dar un**
   buen día to say hello; **poner al**
   día to bring up to date; **todo el**
   día the whole day; **de día en día**
   from day to day
diafanidad transparency
diáfono diaphanous, clear, transparent
diagnóstico diagnosis
dialogar to converse, chat
diálogo dialogue, conversation
diamante *m.* diamond
diamantear to shine, sparkle
diamantino diamondlike
diaño *(Gal.)* **diablo** devil
diapasón *m.* diapason, pitch
diariamente daily
diario newspaper, daily; **a diario**
   daily
dibujar to draw
dibujo drawing, design; outline
dictar to dictate, prompt
dicha happiness, good, fortune
dicho *(p.p. of* **decir)** said; **dicho y**
   hecho no sooner said than done
dichoso happy, lucky
diente *m.* tooth; **de tan buen diente**
   of such a good appetite; **decir**
   (murmurar) entre dientes to
   mutter, mumble
diestro: a diestro y siniestro right
   and left: *f.* right *(hand)*

diferenciarse to differentiate, differ
diferir (ie, i) to be different
difícil difficult, hard
dificultad difficulty
difuso diffuse, wordy
dignarse to deign
dignificante dignifying
digno worthy
dilatar to dilate, spread
diligente prompt
diminuto tiny, very small
dinero money
dintel *m.* lintel, threshold
Dios God
diosa goddess
diputado congressman
dique *m.* pier, wharf
directo direct, straight
director *m.* principal *(of a school);*
   director de conciencia father
   confessor
dirigir to direct; to turn; to address;
   to aim; **dirigirse a** to address;
   to go to; **dirigirse hacia** to go
   toward
discernir to discern, distinguish
discípulo student, pupil; disciple
díscolo intractable, mischievous
discreto discreet, circumspect
disculpa exuse
disculpar to excuse
discurrir to plan; to roam
discurso speech
discutir to discuss, argue
disecado stuffed
diseñado outlined
disfrazar to disguise, misrepresent
disfrutar de to enjoy
disgustar to displease; to disgust
disgusto annoyance; disgust; dislike;
   a disgusto against one's will
disidencia dissent
disimuladamente furtively
disimulado hypocritical
disimular to dissimulate, disguise,
   make inconspicuous
disimulo dissimulation; indulgence
disipar to drive away; **disiparse** to
   vanish
dislocado dislocated, disjointed

disminuir to diminish, lessen
disolver (ue) to dissolve
disparar to discharge, explode; to hurl, throw
disparate *m.* foolish remark, blunder
disparo discharge, shot
dispensar to dispense; **dispensarse de** to excuse oneself from, dispense with
dispersar(se) to disperse
disperso dispersed, scattered
displicente ill-humored
disponer to dispose, arrange, take care of; to direct, order; **disponer de** to have at one's disposal, make use of; **disponer(se) a** to be (get) ready to, disposed to
dispositivo device
dispuesto ready, prepared, disposed
disputa argument, debate
disputar to dispute, argue over, fight for, contend
distanciamiento separation, distancing
dístico distich, couplet
distinguir to distinguish, show regard for; to single out; to esteem
distinto distinct, different
distracción distraction, amusement
distraer to distract; to divert, amuse
disuadir to dissuade
diván *m.* sofa
diverso diverse; *pl.* various, different
divertir (ie, i) to amuse; **divertirse** to have fun
dividir to divide
divisa emblem, banner
divisar to perceive *(at a distance)*, make out
divulgar to divulge, disclose
doblar to fold, double; to dub; to turn *(a cape or a corner)*; to toll *(a bell)*; **doblarse** to double *or* bend over; to bow
doble double
doblegar to bend, double over

doblez *m.* *fold*
docena dozen
dogal *m.* noose, hangman's rope
doler (ue) to ache, hurt, pain
dolor *m.* ache, pain; grief, sorrow
dolorido sore, painful, hurt, heartsick
doloroso painful, grief-stricken
dombo dome
domicilio residence
dominar to dominate, control
domingo Sunday
dominguero *adj.* Sunday
dominio dominion, control
don *m.* gift; Don *(title used before a masculine Christian name)*
donante *m & f.* donor, giver
donde where, in which, wherever; **por donde** where
¿dónde? where?; **¿a dónde?** where?; **¿de dónde?** where?, whence?
dondequiera anywhere, wherever
doña *title used before a feminine Christian name*
doquiera anywhere *(poetic)*
dorado golden, gilt
dorar to turn golden, gild
dormido asleep, dormant
dormir (ue,u) to sleep; **dormirse** to go to sleep
dormitar to doze
dormitorio bedroom
dorso back
dosel *m.* canopy
dosis *f.* dose
dotar to endow
dote *m. & f.* dowry; gift, talent
doublé *m.* gilt; overcoat
ducha shower
duda doubt
dudar (de) to doubt
dudoso dubious
dueña mistress *(of a house)*; matron, lady
dueño master, owner
dulce sweet; soft; pleasant; *m. pl.* candy
dulcificar to sweeten, soften
dulzura sweetness; mildness

durante during
durar to last
dureza hardness, harshness
durmiente *m. & f.* sleeper
duro hard, stubborn; *m. Spanish silver coin worth five pesetas*

E

e and
¡ea! hey!, here, now!
ébano ebony
ebrio drunk
eclosión beginning, manifestation, budding
economía economy
echar to throw, throw out, cast, fling; to dismiss, fire; **echar a** to start, begin to; **echar a perder** to spoil, ruin; **echarse** to lie down, stretch out; **echar(se) atrás** to back out, lean back
edad age
edificio building, structure
editor *m.* publisher
editorial *f.* publishing house
educación education; politeness, good breeding
efectivo actual, real, true
efecto effect, result; **en efecto** in fact, actually, as a matter of fact; *pl.* effects, belongings
efectuar to make, do; to carry out
eficacia effectiveness, efficacy
efigie *f.* efigy, image
efímero ephemeral, temporary
efluvio exhalation
efusión shedding, effusion
efusivo effusive, exaggerated
égloga eclogue, pastoral poem
egoísmo selfishness
egoísta selfish
¡eh! huh!
eje *m.* axle
ejecutar to carry out, execute, perform
ejemplar example, specimen
ejemplo example
ejercer to perform; to exert; to hold office

ejercicio exercise; study
ejercitar to practice, put into practice, bring out
elástico elastic, flexible, light, springy
elección choice
elegir (i) to choose, select
elevado high, noble
elevar to raise; **elevarse** to ascend
elogio praise
emanar to emanate, give off
embalsamado embalmed
embarazar to embarrass, inhibit
embarazo embarrassment
embarcación ship, embarcation
embarcar(se) to embark, go aboard
embargar to take possession, seize
embargo: sin embargo however, nevertheless
embarrado muddy
embebido absorbed
embelesado fascinated
embestir (i) to attack
embobar to fascinate; **embobarse** to be fascinated
embolado tricked, fooled; bull with wooden balls on horns
emborracharse to get drunk; **emborracharse con** to get drunk on
emboscarse to hide behind
embotado dull, stupefied
embriagar to intoxicate, enrapture, transport; **embriagarse** to intoxicate, get drunk
embrollado muddled
embromar to tease, make fun of
embrutecer to brutalize
embuste *m.* lie, fraud
emerger to emerge, surface
emigrante *m. & f.* emigrant
eminente eminent, prominent
emitir to emit, express
emocionado moving
empalagoso sickening, fawning
empalidecer to become pale
empalizada fence
empapar to drench, soak
empaque *m.* look, appearance

empaste *m.* covering; coloring
empedrado paved with stones
empellón *m.* push, shove
empenachado plumed; adorned
empeñarse en to insist on
empeño determination, desire;
  tomar empeño en to persist in,
  be determined to
empequeñecido diminished,
  belittled
emperejilarse to dress up
emperifollado very dressed up
empero however
empezar (ie) a to begin to
empinarse to stand on tiptoe, rise
  high, tower
emplazado summoned, called upon
empleado employee, clerk
emplear to use, employ
empleo job; use
empolvado dust-covered; powdered
emporio emporium, general store
empotrado embedded
emprender to undertake, engage in,
  start; **emprenderla con** to have
  it out with; to begin scrapping
  with
empresa undertaking, enterprise,
  company
empujar to push, shove, impel
empuñar to seize, clutch
emular con to vie with, compete
  with
en in, into, at, on
enajenar to alienate, take away
enamorado in love; *n.* sweetheart
enamoramiento being in love
enamorar to enamor, love;
  enamorarse de to fall in love
  with
enano dwarf, dwarfish
enardecimiento intense excitement,
  inflamed with passion
encabezamiento heading
encadenado chained
encadenamiento chain *(of events)*
encadenar to paralyze, tie down
encajarse to squeeze
encaje *m.* lace

encalado whitewashed
encalmar to calm down
encaminado directed
encaminarse to go toward
encandilado blinded, dazzled
encantado delighted, enchanted
encantador enchanting, charming
encantar to enchant, delight
encanto enchantment, charm; delight
encañutar to encase, put into
encaramarse to climb, climb over
encararse con to confront
encarecer to praise, extol
encargado in charge
encargar to order; **encargarse de** to
  be in charge of
encargo commission, job
encarnado red
encarnadura rosy complexion
encarnizado fierce, bitter
encarnizamiento cruelty
encarnizarse to become infuriated
enceguecedor blinding
encender (ie) to light, kindle;
  encenderse to ignite, catch fire;
  to become excited
encendido bright, inflamed, red;
  excited; flushed
encerado blackboard
encerrar (ie) to contain; to lock up,
  confine; to include; **encerrarse**
  to lock oneself in
encía gum *(of mouth)*
encima on top, above; on; **por
  encima de** in spite of, over,
  beyond
encinchar to harness
enclenque *m. & f.* weakling
encogerse to shrink, shrivel
encomendar (ie) to entrust
encomienda parcel post, package
encontrar (ue) to find, meet;
  encontrarse to be, be situated;
  to find oneself; **encontrarse con**
  to meet, run into
encopetado aristocratic; stuck up
encorvar to bend, curve; **encorvarse**
  to bend over
encuadrar to frame

encubrir to hide, conceal
encuentro meeting, encounter
encumbrado high, lofty
enderezar to straighten;
    enderezarse to straighten up
endiablado devilish
endomingado dressed up, in Sunday
    best
endulzado sweetened
endurecer to harden, inure
enemigo enemy
enérgico energetic, strong
enero January
enfermante consuming
enfermarse to get sick
enfermedad sickness, illness
enfermero, enfermera nurse
enfermizo unhealthy, morbid
enfermo sick, sickly; **ponerse**
    enfermo to get sick; *n.* sick
    person, patient
enfilado in a row
enfilar to go down, enter
enfocarse to focus
enfrascarse to become deeply
    involved *(in work)*
enfrentar to face, confront
enfrente in front, opposite; **de**
    enfrente opposite
enfriar to cool; **enfriarse** to cool off
enfurecerse to become enraged
engalanado bedecked, dressed in
    finery
enganchar to catch
engañador deceiving
engañar to deceive, fool, cheat;
    engañarse to be mistaken
engaño deception
engañoso deceptive
engatusador enticing, flirting
engranaje *m.* gears
engranar to link, interweave
engrandecido enlarged
engrasado greasy, oily
enguantado gloved
engullir to gorge, stuff oneself
enhorabuena all right; surely; well
    and good
enjabonado soapy

enjabonar to lather
enjaezar to adorn *(a horse)*
enjambre *f.* swarm
enjugar to dry, wipe off
enjuto lean, thin
enlace *m.* wedding
enlazar to link, embrace
enlodar to debase
enloquecedor maddening
enloquecer to madden, drive crazy;
    to distrust; **enloquecerse** to go
    mad
enlutado dressed in mourning
enmarañado entangled
enmohecido rusty
enmudecido speechless, hushed
enojar to annoy; **enojarse** to get
    angry
enojo anger
enojoso annoying, irritating
enorme enormous, huge
enramada arbor
enredarse to get entangled
enrevesado intricate, entangled
enriquecer to enrich
enrojecer to redden, blush
enrostrar to reproach
ensalzar to extol, exalt
ensanchar to grow larger, widen
ensayar to practice, try, attempt
ensayo experiment
enseñar to show; to teach
enseres *m. pl.* utensils, implements
ensillar to saddle
ensimismamiento self-absorption
ensombrecerse to darken
ensoñación daydream
ensueño dream; daydream
entablar to set up, start
enteco feeble
entender (ie) to understand;
    entenderse to get along; *m.*
    understanding; opinion
entendido expert, skilled
entendimiento understanding
enterado informed, aware; **darse**
    por enterado to be aware, know
enterar to inform, acquaint;
    enterarse de to find out about, learn

entereza firmness; confidence
enternecerse to touch, move to pity, soften
entero whole, complete, entire
enterrar to bury
entibiar to warm
entierro burial
entintar to dip in ink
entonar to intone, sing
entonces then; **en aquel entonces** at that time
entornar to half-close
entorpecer to obstruct
entrada entrance
entrante next, coming
entrar (en) to enter
entrañablemente deeply
entrañas *f. pl.* entrails; inmost recesses *(of one's being)*
entre between, among; **entre tanto** meanwhile
entreabierto half-open
entreabrir to half-open
entreacto intermission, interlude
entrecejo space between the eyebrows; **fruncir** *or* **plegar el entrecejo** to frown
entrecerrar (ie) to half-close
entrecortado intermittent, panting
entrecruzar to interweave
entrega delivery
entregar to deliver, hand over, surrender; **entregarse** to abandon oneself
entrelazar to interlace, entwine
entremezclar to intermingle
entrenamiento training
entrepuente *m.* half-deck
entretanto meanwhile
entretejer to interweave
entretener to entertain, amuse; to allay
entretenimiento entertainment, diversion
entrevista meeting
entrevisto glimpsed, half-seen
entristecer to sadden; **entristecerse** to become sad
entrometido busybody, meddler *(variant of* **entremetido***)*

entusiasmar to enthuse
entusiasta enthusiastic; *m. & f.* enthusiast
envalentonarse to become encouraged
envejecer to get old, age
enviar to send
envidia envy
envidiable enviable
envidiar to envy
envilecido degraded, debased
envío shipment, remittance
envoltorio bundle
envolver (ue) to surround; to wrap
epidermis *f.* skin
epílogo epilogue
episodio episode; **episodio de radio** soap opera
epístola epistle, letter
epíteto epithet
época epoch, time, period
equilibrio equilibrium, balance
equitación horseback riding, horsemanship
equivaler to be equivalent
equivocación mistake
equivocado mistaken
equivocarse to be mistaken
equívoco equivocal
erguir to straighten; to raise, rear; **erguirse** to straighten up
ermita shrine
errante nomadic
errar to wander
errata erratum, error
erróneo erroneous
erupción outpouring, eruption
esbelto slender; well built
esbozar to sketch, attempt
escala gangplank; stopover; **sin escala** nonstop
escalera stairway, stairs
escalinata front steps
escalofrío chill
escalonar to space out, stagger
escandalizarse to be scandalized
escándalo scandal
escapar to escape, run away; **escaparse de** to get away from

escaparate *m.* store window, showcase
escape *m.* escape; **a (todo) escape** at full speed
escarabajo beetle
escardar to dig out
escarlata scarlet
escarmentar to learn from experience
escarpado steep
escarpín *m.* dancing shoe *(opera pump)*
escaso scant, small; limited, slight; *pl.* few
escena scene, incident
escenario setting
escénico theatrical
esclarecerse to clear up, brighten up
esclavitud *f.* slavery
esclavo slave: **esclavo de** faithful to
escoba broom
escoger to choose, select
escoltado escorted
escombros debris, rubbish
esconder(se) to hide, conceal
escondidas: jugar a las escondidas to play hide-and-seek
escondite *m.* hiding place; **jugar al escondite** to play hide-and-seek
escopeta shotgun
escotado low-necked, cut low
escote *m.* low neck, décolleté
escotilla hatchway
escribiente *m.* clerk
escribir to write
escrito written; *m.* writing; **escrito a máquina** typewritten
escritor *m.* writer
escritorio office; desk
escritura deed, legal document
escriturar to record, enter *(for bookkeeping)*
escrúpulo scruple
escúchame *(Arg.)* = **escúchame** listen to me
escuchar to listen to, hear
escuela school
escultor *m.* sculptor
escultural sculpturesque

escupir to spit
escurrirse to slip out, escape, slip up and down
ese, esa *adj: (pl.* **esos, esas)** that one *(pl.* those)
ése, ésa *(pl.* **ésos, ésas)** that one *(pl.* those)
esencia perfume
esfera sphere; order of society, set
esfinge *m. & f.* sphinx
esforzarse (ue) en to try hard to, make an effort to, strive
esfuerzo effort
esfumado hazy, half-hidden; softened
esfumar to spread *(smoke);* **esfumarse** to vanish, fade away
esgrimir to wield, brandish
esmaltado enameled
esmaltar to veil, cover, adorn
esmalte *m.* enamel
esmeralda emerald
esmero care; **con esmero** painstakingly
eso *neut.* that; **a eso de** around, about; **por eso** therefore
espacio space, room, place; period
espada sword; **espada de Dámocles** sword of Damocles *(which hung over his head by a single thread)*
espadaña cattail, reed
espadón *m.* large sword
espalda(s) back, shoulders: **a espaldas de** back, behind *(a building);* **volver la espalda** to turn one's back
espantable frightful
espantarse to become frightened
espanto fear
espantoso frightful, dreadful
especie *f.* species, kind
espectante = **expectante** expectant
espectral spectral, ghostly
espectro spectre, ghost
espejeante shining
espejear to reflect; to shine
espejismo mirage
espejo mirror
espensas = **expensas** expense

espera wait, waiting
esperanza hope; **cifrar las esperanzas en** to place one's hopes in
esperar to hope, hope for; to wait; to expect
espesar to thicken
espeso thick, heavy
espesura thickness
espía *m. & f.* spy
espiar to spy (on); to wait (for); to watch
espiga spike
espina thorn
espinazo spine
espino hawthorne
espíritu *m.* spirit, soul
espolón *m.* sword (*of swordfish*); breakwater, jetty
esponjado fresh
esponjar to soak
espontáneo spontaneous
esposa wife
esposo husband
espuma foam; lather
espumoso foamy
esquela note, announcement
esquina corner
esquivar to evade
esquivez *f.* aloofness
estable stable, conservative
establecer to establish, set up
establecimiento establishment; store, place of business
establo stable
estación station; season; stop
estacionar to remain stationary
estada stay
estadio stadium
estado state, condition; status; **estado de cosas** state of affairs
estafar to swindle, overcharge
estallar to break out
estampa print; press; picture
estampar to stamp, print; to seal
estampido report (*of a gun*), explosion
estancia ranch; stay; room
estanciero rancher

estantería shelves
estar to be; **estar para** to be about to, be in the mood for
estatua statue
estatura stature, height (*of a person*)
este, esta (estos, estas) this (these)
éste, ésta (éstos, éstas) this one (these)
estelar starry, stellar
estera mat, matting
estereóscopo stereoscope
estéril sterile, futile
estibador *m.* stevedore
estilarse to be in style
estilo style; **algo por el estilo** something like that
estimar to esteem, be fond of; to think, believe
estimulante stimulating
estimular to stimulate
estímulo stimulus
estío summer
estipular to stipulate
estirar to stretch, stretch out, pull out
estival summer, summery
esto (*neut.*) this, this one
estómago stomach; **estómago de oro** excellent digestion
estoque *m.* rapier
estorbar to annoy, disturb
estornudo sneeze
estrado lecture platform
estrago damage
estrangular to strangle, choke
estratagema stratagem, trick
estrechar to tighten, bring together; to hold; to cement; to embrace
estrechez *f.* poverty, closeness; stinginess
estrecho narrow, close, limited; exact
estrella star
estrellarse to crush; to cover with stars
estremecer(se) to shake, tremble
estremecimiento trembling, shuddering
estrépito noise, uproar

estrepitoso noisy, boisterous
estribor *m.* starboard
estricto strict
estrofa stanza, strophe
estropeado damaged
estruendo din, crash, roar
estruendoso loud, roaring
estrujar to squeeze, crush
estrujón *m.* crush, squeeze, pressure
estuche *m.* case; container
estudiar to study
estudio study; studio; musical composition
estupefacto stupefied
estupidez *f.* stupidity
etapa stage
eternidad eternity
eternizar to perpetuate
etiópico Ethiopian
etiqueta formality
eu (*Gal.*) = **yo** I
eufónico euphonic, pleasant-sounding
evadirse to escape, evade
evangelizador evangelizing, evangelistic
evaporar(se) to evaporate, vanish
evidencia evidence; **poner en evidencia** to display, show off
evidenciar to make evident
evitar to avoid, prevent
evocación evocation, recalling
evocar to evoke, recall; to invoke
evolucionar to evolve, maneuver; to change
exacerbar to irritate, exasperate
exactitud *f.* exactness, accuracy
exagerado exaggerated
exaltación exaltation, excitement
exaltar to exalt; to glorify; to magnify; **exaltarse** to become excited
examen *m.* examination
exangüe bloodless, limp
exánime lifeless
exasperar to exasperate
exceder to exceed; **excederse** to outdo oneself
excelso noble, sublime

excitación excitation, excitement
excomulgar excommunicate
excrecencia excrescence
exculparse to exonerate
exhalar to exhale, emit
exhibir to exhibit, show off; **exhibirse** to show off, display oneself
exhortación admonition
exhortar to exhort, admonish
exigencia exigency, demand
exigente exigent, demanding
exigir to demand, require, exact
eximir to exempt
existir to exist
éxito success; **tener éxito** to be successful
expansión expansiveness, confidence
expediente *m.* expedient
expedir (i) to send, ship
expendeduría: taquilla de expendeduría ticket office
expender to sell
experiencia experiment
expiación expiation, atonement
explicar to explain; **explicarse** to understand
explicativo explanatory
explorador explorer
explotación exploitation, working; **en explotación** in operation
exponer to lay bare, expose, reveal, expound
expresionista expressionistic (*modern German artistic and literary movement*)
expreso express *(train)*
expuesto *(p.p. of* **exponer***)* exposed
expulsar to expel, throw out
extender(se) (ie) to stretch out, spread, spread out, extend
extensión extent; range; **en toda su extension** to the fullest extent
extenso extensive
extenuado emaciated
exterminio extermination
extinguirse to become extinguished, conclude
extraer to extract, take out

extranjero foreign; *n.* foreigner, stranger; **del extranjero** from abroad
extrañar(se) to wonder, be surprised
extrañeza surprise
extraño strange, foreign; *m.* stranger, foreigner
extravasarse to exude, reach out
extraviado gone astray
extremidad extremity, tip
extremo extreme, end; **en extremo** extremely

F

fa = llave de fa key of F
fábrica factory; work, product
fabricar to make; to construct, build; to invent
fábula story
facciones *f. pl.* features *(of the face)*
fácil easy
facilidad facility, ease
facilitar to facilitate
factura bill, invoice
facultades ability, intelligence
fachada façade
facha ugly-faced, ridiculous
faena job, work
fajado wrapped
falacia fallacy
falaz *(pl.* **falaces)** fallacious, deceptive
falda skirt
faldón *m.* coattail
falsía duplicity
falta lack, fault, shortcoming: **a falta de** for lack of; **hacer falta** to be lacking, be needed, be necessary; **sin falta** without fail
faltar to be lacking, be missing, need; **no faltaba más** that's all that's needed, of course *(sometimes ironic)*
falto (de) lacking (in)
faltriquera handbag
fallecer to die
fallecimiento death
fama fame, reputation, renown
famélico famished, starving
familiar familiar, family

fanega (de tierra) a land measure *(about 1.59 acres)*
fantasía imagination, fantasy
fantasioso imaginary
fantasma *m.* phantom
fardo package, bundle
farol *m.* light, streetlight
farsa farse, sham, pretense
fascinar to fascinate
fastidiado vexed, bothered, tired
fastidio nuisance, bother
fatal fatal, fateful
fatalidad fate
fatiga fatigue, weariness
fatigante tiring, fatiguing
fatigar to tire, make weary; to bother; **fatigarse** to get tired
fauces *f. pl.* fauces, jaws
favor *m.* favor; **hacer el favor** please; **por favor** please
faz *f.* face
fe *f.* faith
fealdad ugliness
febril feverish
fecundar to fertilize
fecundo fecund, fertile
fecha date; **a estas fechas** by this time
fechado dated
felicidad happiness; (good) luck
felicitación congratulations
felicitar to congratulate
feliz *(pl.* **felices)** happy, lucky
felpa plush, velvet
felpudo velvety
femenil feminine
fenómeno phenomenon
feo ugly
feria market; fair
feriado legal holiday
feroz *(pl.* **feroces)** ferocious, fierce
férreo *(made of)* iron, harsh
ferrocarril *m.* railroad, railroad travel
ferrocarrilero railroad employee
ferroviario railroad
fervoroso fervent
festejar to appear to enjoy
festón festoon, garland
fiar to entrust

fibra fiber
ficción fiction, pretense
fichero file cabinet
fidelidad loyalty, fidelity
fiebre *f.* fever; passion; excitement
fiel faithful
fiera wild animal
fierro = hierro iron
fiesta party; **hacer fiesta de** to make a show of
figón *m.* cheap restaurant, tavern
figura figure; face
figurar to appear; **figurarse** to imagine, figure, seem
fijar to fix, stare, establish, set, arrange; **fijarse (en)** to pay attention, take notice of, concentrate
fijo fixed, set
fila line, row; **en fila india** Indian file
filamento filament
filete *m.* ornamental edging
filigrana filigree
filo sharp edge
filósofo philosopher
filtración filtration, leak
filtrarse to filter
fin *m.* end; **a fin de** in order to; **al fin** finally, at last; **en fin** in short; **por fin** finally, in a word; **sin fin** endless, endlessly
finado terminated, deceased
final final; *m.* end
finamente delicately, carefully
finca plantation, farm
fincar to put, reside
fineza courtesy, kindness
fingido false, sham
fingir to pretend, feign
finlandés Finnish
fino fine, delicate
finura politeness, courtesy
firma signature
firmar to sign
firme firm, steady, solid, unswerving
firmeza firmness, constancy
fiscalización prying, inspection
fisgón *m.* busybody
físico physical; **física** physics

fisonomía physiognomy, countenance
fláccido flaccid, soft
flaco skinny
flamante shiny, brand new
flamígero flaming
flanco side
flanqueado (de) flanked by
flaquear to give way
flaqueza weakness
Flaubert, Gustave *(1821–1880), French novelist*
flauta flute
flemático phlegmatic, sluggish
flequillo bangs
flirt *m. & f.* flirt, flirting; person with whom one flirts
flirtear to flirt
flirteo flirting
flojo loose
flor *f.* flower; **recién abierta en flor la matinada** just after daybreak
floreado flowered
florecer to flourish, bloom
floresta woods, country
florete *m.* fencing foil
florido flowered, florid, flowery
flotante floating, flowing
flotar to float
Fludd, Robert *(1574–1637), English philosopher, proponent of Rosicrucian doctrine*
fluir flow
foco light *(bulb)*
fogarada bonfire
fogata bonfire
fogon *m.* stove
follaje *m.* foliage
fomentar to foment, promote
fonda inn, restaurant
fondeado anchored
fondil *(pertaining to)* restaurant, *or* dining room
fondo bottom, background, depths; **a fondo** thoroughly
forastero stranger, outsider
forcejear to struggle
forjar fo forge, fabricate, imagine
forma form, shape
formal formal, serious

formar to form; **formarse** to grow, develop

formol *m.* formol *(chemical solution)*

formular to formulate, make

fornido husky, robust

foro bar *(legal association)*

forrado lined, covered

forro lining

fortaleza fortitude, strength

fortificar to fortify, strengthen

fortuna fortune, means, wealth; **por fortuna** fortunately

forzar (ue) to force

forzosamente unavoidably

forzoso necessary; **es forzoso** it is necessary

fosas nasales nasal passages

fósforos matches

fotógrafo photographer

frac *m.* full dress coat, tails

fracaso failure

fragancia fragrance

fragante fragrant

fraile *m.* friar, priest

Francia France

franciscano *member of the order of St. Francis*

franco open, free, frank

francote open-hearted

franjeado edged, lined

franquear to open

franqueza directness, frankness; **tener franqueza** to be frank

frasco flask, bottle

frase *f.* phrase

frazada covers; blanket

frecuentar to frequent

fregar (ie) to scrub

frenesí *m.* frenzy

frenético frenetic, frenzied

freno bridle; brake

frente *f.* forehead, brow, front, face; **frente a** facing, in the face of, in front of; **frente a frente** face to face

fresa strawberry; dental drill

fresco fresh, cool; *m.* fresh air; **tomar el fresco** to get some fresh air

frescura freshness, coolness

frialdad coldness, frigidity

frío cold, frigid

frijol *m.* bean

friolento chilly

frisar en to border on

frito *(p.p. of* **freir)** fried, bored, fed up; **tenerle frito a uno** to be bored to death *(by someone)*

frívolo frivolous

frivolidad frivolousness

fronda frond *(of a plant),* foliage; leaf of a fern

frondoso leafy, woodsey

frontera opposite, facing

frontispicio frontispiece *of a book)*

frotar to rub

fruición delight, enjoyment

fruncir to wrinkle

frutal *m.* fruit tree

fruto fruit, result

fu: ni fu ni fa neither one thing nor the other

fuego fire; **dar fuego** to light, set on fire; **hacer fuego** to fire, shoot

fuente *f.* fountain; source

fuer: a fuer de in the function of, as a

fuera out, outside; **fuera de** outside of, except for; **fuera de sí** beside oneself; **desde fuera** from the outside

fuere, fueren *future subjunctive of* **ser**

fuero right, pride; **fuero interno** conscience, inmost heart

fuerte strong, heavy, severe, harsh

fuerza strength, force, power; **a fuerza de** by force of; **a viva fuerza** by main strength; **en fuerza de** on account of

fuga flight

fugaz transitory, fleeting

fugitivo fugitive, brief

fulgir to shine

fulgor *m.* splendor, brilliance

fulgurante flashing

fulminante striking

fulminar to fulminate, strike with lightning

fumar to smoke
función duty, obligation
funcionario official, functionary
funda holster
fundador founder
fundar to found
fundir to fuse, melt; to merge, blend
funesto ill-fated
furgón *m.* caboose; baggage car
fusil *m.* gun, rifle
fusilamiento shooting, execution
fusionar to fuse; to merge
fútbol *m.* soccer

G

gabán *m.* overcoat; **gabán de pieles** fur coat
gabinete *m.* study; office; **gabinete de lectura** reading room
gacho drooping, flopping
gafas eyeglasses, spectacles
galaico Galician
galán *m.* suitor
galante gallant
galantear to court, flirt
galas finery, regalia
galeote *m.* galley slave
galería gallery, corridor
Gales Wales
galgo greyhound
galicismo Gallicism *(the use of a French word in Spanish or the hispanicization of a French word)*
galoneado decorated with gold braid
galopar to gallop
galope *m.* gallop; **a todo galope** full speed
gallardía gracefulness, elegance; gallantry
gallardo elegant, graceful
gallego Galician
galleguita Galician girl
gallina hen
gallinazo turkey buzzard
gallo rooster
gana desire; **dar (tener) ganas** to feel like, want to; **de buena gana** willingly
ganado cattle

ganar(se) to earn; to reach; to win (over); **ganarle al reloj** to beat the clock *(arrive on time)*
ganchudo clawlike
garbanzo chickpea
garganta throat
garra claw
garrapatear to scribble
gárrulo garrulous, talkative
garzo blue
gasa veil, netting
gastar to spend, to waste; to wear out; **gastar manga ancha** to give more leeway, be more liberal
gatillo trigger; forceps
gasto expense
gato cat
gaveta drawer
gaviota sea gull
gemebundo groaning, moaning
gemelo cuff link; *pl.* opera glasses
gemido moan, groan
gemir (ie) to moan, groan
género type, kind; **género humano** mankind, human race
geniazo great genius *(ironic)*
genio temperment, genius
gente *f.* people; **gente evolucionada** enlightened people
gentil graceful, kind
gentileza gracefulness
gentío crowd
genuflexión curtsey
geranio geranium
gerente *m.* manager; director
germen *m.* germ, seed
gestapo *secret police of the Nazi party in Germany*
gesticulante grimacing, gesticulating
gesticuloso grimacing
gesto gesture; expression
gigante *m.* giant
girar to rotate, turn
giratorio revolving, rotary
giroflé *(Fr.) m.* clove; **Giroflé** *heroine of a French comic opera first performed in 1874*
girón *m.* tear, shred
gis *m.* chalk

glacé *(Fr.)* glazed
globo balloon, globe
glogotear to gurgle
gloria glory; **la Gloria** Heaven; **oler a gloria** to smell divinely
gobernación government office
gobierno government
goce *m.* enjoyment, joy
golondrina swallow
golosina sweets, candy
goloso greedy
golpe *m.* blow, knock; stroke; **de golpe** all of a sudden
golpear to hit, strike; to knock; to bump
gollería delicacy; **por gollería** in excess
goma rubber; gum
gomero rubber tree
gordo fat, stout; big
gorjear to warble, trill
gorjeo warble, trill
gorra cap
gorrión *m.* sparrow
gorro cap
gota drop
gotera spout, leak
gótico Gothic
gotoso gouty
gozar (de) to enjoy
gozo joy, pleasure
gozoso pleasurable, joyful
grabado engraving
gracia grace, charm; **hacer gracia** to amuse, strike as funny; *pl.* thanks; **dar las gracias** to give thanks
gracioso graceful, charming, amusing
grado degree
gran, grande great, large, grand, big
granada pomegranate
granate *m.* garnet, dark red
grandemente fully, highly
grandeza greatness, grandeur
granel: a granel at random
granizo hail
grano grain; seed; bead; **ir al grano** to come to the point
grasa grease

grato pleasing; **a su grata** to your (pleasant) letter
gratis gratis, free
gratuito gratuitous, free
grave grave serious; deep
gravedad gravity, seriousness
graznar to caw; to not know what one is talking about **¿Qué andas graznando?** What are you talking about?
griego Greek
grieta crack
grillo cricket
grima: dar grima to be disgusting, annoying
gris gray
gritar to cry out, shout, scream
griterío outcry, uproar
grito scream, cry, shout; **a gritos** loudly; **dar gritos** to scream
grosería coarseness, crudeness
grosero coarse, gross, crude, vulgar
grueso thick, heavy; big
grulla crane
grumete *m.* cabin boy
grumo blob, clot
gruñir to grunt, grumble
gruñón grumpy, grouchy
gruta grotto
guante *m.* glove
guapetona big and good-looking
guapo good-looking
guarangota wench
guarda: ángel de la guarda guardian angel
guardagujas *m.* switchman
guardapolvo white medical coat; laboratory coat
guardar to guard, keep, protect; **me guardaré mucho** I'll take good care not to
guardia: de guardia on duty
guardián *m.* guard; guardian; officer
guarecer to shelter
guarén *corruption of* **guardián**
guarnición garrison
guedeja long lock *(of hair)*
guerra war
guerrera military jacket
guerrillero guerrilla leader

guía guidebook, timetable; *(m. & f.)* guide
guiar to guide
guindilla *m.* policeman
guiñar to wink
guiño wink
guión *m.* scenario
guirnalda wreath, garland
guisante *m.* pea
guisar to cook
guiso *(cooked)* food
gula gluttony
Gulliver: Libro de Gulliver
 Gulliver's Travels
gustar to taste; to please, like; **gustar de** to like
gusto taste; flavor; **a gusto** to one's taste
gustoso willingly, with pleasure

H

Habana(s), la(s) Havana
haber to have; to be; **haber de** must, to have to; **había** there was, there were; **habrá** there will be, there probably is; **haber que** to be necessary; **ha habido** there has been; **hay mucho que hacer** there's a lot to do
hábil skilled, skillful
habilidad skill, ability
habitación room; dwelling
habitante *m.* inhabitant
habitar to inhabit, live in
hábito habit, cassock
hablador talkative
hablar to speak, talk
hacanea horse, mare
hacer to do, make; **hace** + *(amount of time)* = *(amount of time)* + ago; **hacerse** to become, get to be; **haz por** try
hacia toward, in the direction of, about; **hacia abajo** down(ward); **hacia adelante** forward; **hacia atrás** back(ward)
hacienda farm, property; interior
hacinamiento crowding, congestion
hacha axe
hachazo blow *or* stroke *(with an axe)*

halagar to flatter, please
halagüeño flattering
Halicarnaso Halicarnassus *(ancient Greek city in Asia Minor)*
hálito breath; gentle breeze
halo halo
hallar to find; **hallarse** to find oneself
hallazgo discovery
hambre *f.* hunger; **morir de hambre** to starve to death; **pasar hambre** to go hungry; **tener hambre** to be hungry
hambriento hungry, starving
haragán *m.* loafer, good-for-nothing
harapo rag, tatter; **hecho harapos** in rags
harina flour
hartarse (de) to be fed up (with)
harto very much; **harto de** fed up with
hasta until, up to, as far as, even
hastío disgust; weariness
hatillo small bundle
hato bundle
hay *see* **haber;** there is, there are
haz *m.* bunch, bundle; **haz por** try
haza field
hazaña deed, feat, exploit
he *see* **haber; he aquí** here is, here you have, here is where
hebilla buckle
hechicero bewitching; *m.* magician, sorcerer
hecho *(p.p. of* **hacer***)* done, made; inured, hardened; **buena la había hecho** a fine mess he got himself into; *m.* act, fact
hedor *m.* stench
helado frozen; *m.* ice cream
helar to freeze
helecho fern
heliotropo heliotrope, reddish purple
hembra female
henchir to fill
hendedura crack
heredad country estate
heredar to inherit
heredero heir

herencia inheritance
herida wound
herir (ie, i) to strike, wound
hermano brother; **hermana** sister
herméticamente hermetically, airtight
hermoso beautiful, handsome
hermosura beauty
herocidad heroism
herramienta tool
herrero blacksmith
herrumbrado rusty
hervir (ie, i) to boil
hervor *m.* boil, boiling; fervor
hesitar to hesitate
hexámetro hexameter *(a verse of six metrical feet)*
hidalgo nobleman
hiel *f.* gall, bitterness
hielo ice
hierático hieratical, sacerdotal
hierba grass
hierbajo weed
hierro iron, piece of iron hardware; *pl.* chains
hígado liver
hijo son; **hija** daughter; **hija de mi alma** my dear child
hilar to spin
hilera row, line
hilo thread; strand, string *(of pearls)*
hinchar swell
Hinton, James *(1822–1875) English physician and philosopher. Author of* Chapters in the Art of Thinking
hipar to hiccough
hipo hiccough
hiriente wounding, moving
historia history; story; **toda una historia** the long story
historiador *m.* historian
historiar to tell the story of, to tell the history of
hito: mirar de hito en hito to stare at
hocico snout, nose *(of an animal)*
hogaño nowadays
hogar *m.* home, hearth
hoja blade; leaf, sheath

hojarasca foliage; leaf work; fallen leaves
hojear to scan, leaf through
hola hello; ¡hola! say!, I say!
hollar to trample, tread
hombre *m.* man; **hombre de mérito** worthy man; **hombre hecho y derecho** full-grown man
hombrera shoulder padding
hombro shoulder; **encogerse de hombros** to shrug one's shoulders
hombrón *m.* big man
homecillo little man
homenaje *m.* homage
homúnculo little man
hondo deep; low; profound
hondura depth
honestidad chastity
hongo mushroom
honor honor; **en honor de ella** in her behalf, for her sake
honorario salary, fee
honra honor
honradez honesty, honor
honrado honest, honorable
honrarse (de) to be proud of
hora hour, time; **a altas horas de la noche** late at night; **a buena hora** opportunely; **a la hora de almorzar** *(or* **del almuerzo)** at lunchtime; **a toda(s) hora(s)** at all times, always; **dar la hora** to strike *(the hour)*
horario schedule
horca gallows
horcajada; a horcajadas astride, straddling
hormiga ant
hormigueo crawling sensation
hornillo portable stove
horno oven
horrorizado horrified
horroroso horrible, hideous
hortalizas vegetables
hortelano vegetable gardener
hortera *m.* drygoods clerk
hostia Host *(consecrated wafer used in Mass)*
hotelero *(adj.)* hotel

hoy today, now; **hoy en día** nowadays; **si pasa de hoy** if she gets through the day
hoyo dimple, hole
hoyuelo dimple
hoz *f.* (*pl.* **hoces**) sickle
hucha savings, toy bank
hueco hollow
huelga strike
huelo, huele, *etc. see* **oler**
huella trace, mark; footprint
huerta orchard, garden; irrigated region
huerto vegetable garden
huesa grave
hueso bone
huésped *m.* host; guest
huevo egg
huir to flee
humarada a cloud of smoke
humedad humidity, moisture; dampness
humedecer to moisten
húmedo moist, humid, damp
humilde humble
humillado humiliated
humo smoke
humor *m.* humor, mood
hundir(se) to sink, lower, plunge
húngaro Hungarian
hurgador inquisitive
hurgar to poke
hurtadillas: a hurtadillas on the sly
huya, huye, *etc. see* **huir**

I

ida departure; **ida y vuelta** round trip
idear to devise
idilio idyl
idioma *m.* language; **esgrimía un idioma de circunstancia** brandished a jargon befitting the occasion
idiotizarse to go crazy, lose one's head
ídisch *m.* Yiddish
idolatrado idolized
ídolo idol
iglesia church

ignorar to be ignorant of, not to know
ignoto unknown
igual equal, same; **al igual de** as, like
igualdad equality, sameness
ijar *m.* loin
iluminar to illuminate, light up
ilusión illusion, hope
ilusionado hopeful
ilustración illustration, magazine
ilustre prominent, illustrious
imagen *f.* image, picture
imaginar(se) to imagine
imán *m.* magnet
imantado magnetized
imberbe beardless
imborrable indelible, ineradicable
imitar to imitate
impacientar to make impatient
impalpable impalpable, not concrete
impar uneven
impávido calm; fearless
impedir (ie, i) to prevent, impede
impensado unexpected
Imperial, La *river and department of the Chilean province of Cautin*
imperio empire; control; sovereignity
impertinentes *m. pl.* lorgnette
ímpetu *m.* impetus
impiedad sin, sacrilege
imponer to impose
importar to be important, matter, make a difference
importe *m.* amount, price
importunar to bother, pester, importune
impostergable not postponable
imprecación imprecation, insult
impregnado full
imprescindible absolutely essential
impreso printed
impresionado impressed
impresionante impressive
imprevisible unforeseeable
imprevisto unforeseen, unexpected
imprimir to impart
improcedente unfit, not right

improvisar to improvise
improviso unexpected; **de improviso** unexpectedly
impudicia immodesty
impudor *m.* immodesty; shameless
impugnación opposition, challenge
impulsar to move, prompt, impel
impunemente with impunity
impurificar to make impure
imputar to impute
inadvertido inadvertent, unwitting
inalcanzablemente unreachably
inamible *(a coined word)* capable of scaring the wits out of a person
inamovible unchanging, undetachable
inanimado inanimate
inaplazable undeferrable
inaudito unheard of
incansable indefatigable, untiring
incapaz *(pl.* **incapaces)** incapable
incendio fire; *(fig.)* passion
incitar to incite
inclemencia inclemency, bad weather
inclinar(se) to incline, bend; **inclinarse a** to be inclined to
incluir to include
incluso including
incoherencia incoherence
incomodar to inconvenience; ¡incomódate! bestir yourself!, get busy!
incómodo uncomfortable
incomprensible incomprehensible
inconcluso incompleted, unfinished
inconexo disconnected
inconmensurable incomensurable, not measurable
inconsciencia insensibility; unconscious
inconsciente unconscious, unaware
inconsecuencia inconsistency
inconsútil seamless, unbroken
incontable countless
incontenible irrepressible
inconveniente inconvenient; *m.* obstacle; **no tener inconveniente** not to have any objection
incorporarse to rise, sit up, get up

incorrección impropriety, blunder
increíble incredible, unbelievable
incubar to incubate, nurture
incumplimiento nonfulfillment, breach
indeciso indecisive, undecided
indefectiblemente unfailingly
indefenso defenseless
indefinible undefinable
indemne unhurt
indescifrable indecipherable
indeterminado indefinite, indeterminate
indiana calico
indiano newly rich *(a Spaniard who returned from the New World with recently acquired wealth)*
indicar to indicate
indicio evidence, sign
indígena indigenous, native
indignar(se) to become indignant, irritated
indigno unworthy, low
indio Indian
individuo individual *(person)*
indócil unruly
índole *f.* kind, nature
indudable doubtless, certain
indumentaria clothing, attire
indumento clothing
inefable ineffable, unutterable
ineludible unavoidable
inepcia silliness
inequívoco unequivocal, unmistakable
inesperado unexpected, unforeseen
inestabilidad instability
inexorable inexorable, fixed
inexpresividad inexpressiveness
infame infamous; *m.* scoundrel
infamia infamy, base act
infausto unlucky
infeliz *(pl.* **infelices)** unhappy
inferir (ie,i) to infer
infierno hell
ínfimo insignificant, small
influir to influence
influjo influence
informe amorphous, shapeless; *m.* report

infortunio misfortune, mishap
infranqueado unopened,
  unawakened
infringir to infringe, violate
infructuoso fruitless
infundir to infuse, instill
ingeniero engineer
ingeniarse to find means, be
  resourceful
ingenio ability, talent
ingenioso ingenious
ingenuidad ingenuousness
ingenuo candid, unself-conscious
ingerir (ie,i) to take in, swallow
Inglaterra England
inglés English; *m.* Englishman
ingrato cruel; ungrateful
ingrávido empty, weightless; light
ingresar to enter
iniciar to initiate, begin
iniciador *m.* initiator
injuria offense, insult
injuriar to insult
inmóvil motionless
inmovilizarse to become motionless
inmundicia filth, indecency
inmutarse to become disturbed
inolvidable unforgettable
inoportuno intruder
inquebrantable unbreakable, firm
inquietante disturbing, disquieting
inquieto anxious, worried, restless
inquietud *f.* restlessness, anxiety,
  uneasiness
inquirir to inquire, ask
inquisidor inquiring, inquisitive
insalvable insurmountable
inscribirse to register, enroll
inseguro insecure
insensato foolish
insignia emblem
insinuar to insinuate
insistir (en) to insist (on)
insólito unusual
insomne sleepless
insomnio insomnia
insondable unfathomable
insoportable insupportable,
  unbearable
insospechado unsuspected

inspirar to inspire; to inhale
instalar to install; **instalarse** to
  become settled
instancia instance; entreaty
instante *m.* instant, moment
instantero second hand *(of a watch)*
instintivo instinctive
instinto instinct
instituto Spanish seondary school
insufrible unbearable
insulso heavy, meaningless
insultar to insult
intacto intact, whole, pure
integrar to integrate, make up
íntegro whole, entire
intemperancia intemperance
intemperie *f.* storm
intempestivo untimely, inopportune
intención intention, purpose
intencionado: mal intencionada ill-
  disposed
intensificar to intensify
intentar to try, attempt, try out
interceptar to intercept, cut out
interesante interesting
interesar to interest
interino temporary, provisional
interior inner, interior, inside; *m.*
  interior; mind, soul
interlocutor *m.* interlocutor,
  speaker
internarse to go *(into the interior)*;
  to penetrate
interno internal, inward
interpelado person being questioned
interpuesto interposing, placed
  between
interrogante questioning
interrogar to question, interrogate
interrogatorio questioning, cross-
  examination
interrumpir to interrupt
intervenir to intervene, take part
intimar to become close to; to
  intimate; to notify
intimidad intimacy, close friendship
íntimo intimate, intimate friend;
  ropa íntima underwear
intranquilo worried, uneasy
intransitable impassable

intrépido intrepid, fearless
intriga intrigue
intrigante *m. & f.* intriguer, schemer
intrigar to intrigue, plot
intrincado intricate, dense
introducirse to go into, gain access
introductor *m.* introducer
intruso intruder
intuir to guess, sense
inundar to inundate, flood
inusitado unusual
inútil useless
invadir to invade, overcome
inválido invalid, weak
invención invention, means
inventar to invent, make up
invernada wintertime
inverosímil improbable, unlikely, unbelievable
inverso opposite
invertido inverted, reversed
investigar to investigate, examine
invierno winter
inviolado inviolate
invitado guest
invocar to invoke
inyección injection
ir to go; **ir a dar (en)** to end up (in); **irse** to go away
ira ire, wrath
irradiar to radiate, irradiate
irradiación radiation
irrealidad unreality
irrealizable unattainable
irreencontrable (that) cannot be found again, lost forever
irresuelto unresolved
irretornable forever gone
irritar to irritate; **irritarse** to become angry
Isolda *heroine of Wagner's opera* Tristan und Isolde
istmo isthmus
izar to hoist, raise
izquierdo left; **a la izquierda** on *or* to the left

J

jabalí *m.* wild boar
jabón *m.* soap

jadeante panting
jadear to pant
Jahrbuch *(Ger.)* yearbook *(collection of scholarly articles)*
jalar to pull
jalones *m. pl.;* **a modo de jalones** at intervals
jamás never
jara rockrose; arrow
jardín *m.* garden
jardin des plantes *(Fr.) m.* botanical garden
jarro earthen jug
jaula cage
jayán *m.* robust, burly person
jazminero jasmine plant
jefe *m.* chief, boss, leader; **jefe del comedor** maître d'hôtel, headwaiter; **jefe de correos** postmaster
jerarquía hierarchy
jerárquico hierarchic
jerez *m.* sherry
jerga jargon
jilotear to ear, form ears *(of corn)*
jinetas: jinetas de cabo sergeant's shoulder knots *or* stripes
jinete *m.* horseman
jonio Ionian
jorná = **jornal** *m.* wage; salary
jornada working day
jornal *m.* wage; salary
joven *m. & f.* young man, young woman
joya jewel
juanete *m.* bunion
jubilado retired
júbilo joy, rejoicing
judaizante Judaizing, having Jewish sources
judío Jewish
juego game; set; **juego de comedor** dining room set *or* suite
jueves Thursday
juez *m.* judge; umpire
jugada play; trick
jugar (ue) to play
jugarreta dirty trick
jugo juice, essence
jugoso juicy

juguete *m.* toy, plaything
juguetón playful
juicio judgment
juiciosamente judiciously, skillfully
junco rush
Juno Juno *(goddess, wife of Jupiter)*
juntarse to unite
junto near; united; together; **junto a** next to, near
juntura juncture, seam, crack
juramento oath, curse
jurar to swear
justificar to justify
justo just, exact; **más de lo justo** more than they should be
juvenil juvenile, youthful
juventud *f.* youth; **en plena juventud** in the flower of youth
juzgado court, tribunal

K

kepis *m.* military cap

L

laberinto labyrinth, maze
labio lip; **no sabía despegar los labios** he was speechless
laboriosidad industriousness
laborioso industrious; painful; dull
labrar to cultivate, till
labriego peasant, farmer
lacio limp, loose
Lacroze *m. public transportation system in Buenos Aires*
lácteo milky
ladear to tilt
ladera hillside, slope
lado side; **al lado de** by the side of
ladrador barking
ladrar to bark
ladrido bark
ladrillo brick; tile
ladrón thievish; *m.* thief
lagartija lizard
lago lake
lágrima tear
laguna lagoon
lamer to lick
lámpara lamp; light

lana wool
lance *m.* incident; **lance de honor** affair of honor; duel
lanceolado lance-shaped
lancha launch
langosta locust
languidecer to languish
languidez *f.* languor
Lanús *city in Argentina*
lanza lance
lanzar to launch, hurl, throw; **lanzarse** to throw oneself; to begin; to dash, rush
lápida gravestone
lápiz *m.* pencil
lapso lapse, distance
laqué lacquered
largar to give, let go; **largarse** to get out, leave; to slip away
largo long; **largo a largo** one side to the other; **a lo largo** along; **pasar de largo** to pass by without stopping
larval larval
lascivia lasciviousness, lust
lástima pity
lastimado injured; pitiful
lateral side
latigazo whiplash
látigo whip
latiguillo small whip
latir to beat, throb
laúd *m.* lute
lavabo washstand
lavandera washerwoman
lavar to wash
lazo tie, knot
leal loyal, faithful
lealtad loyalty
lebrel *m.* whippet *(small swift hunting dog)*
lección lesson
lector *m.* reader *(person)*
lectura reading
leche *f.* milk
lechería dairy barn and snack shop
lecho bed
lechoso milky
leer to read
legar to bequeath

legua league *(land measure of about three miles)*
legumbre *f.* vegetable
lejanía distance; remoteness
lejano distant
lejía lye, bleach
lejos far, distant; **a lo lejos** in the distance; **desde lejos** from a distance
lelo stupefied
lengua language; tongue
lenguaje *m.* language
lenitivo softening, mitigating
lentejuela sequin, spangle
lentes *m. pl.* eyeglasses
lentitud *f.* slowness
lento slow
leña firewood, cut wood
leñador *m.* woodsman, woodcutter
leño log
león *m.* lion
leona lioness
letanía litany
letra letter, handwriting; *pl.* literature
letrero sign
levantar to raise, lift; **levantarse** to get up
leve light, slight
levita frock coat
levitón *m.* heavy coat
ley *f.* law
leyenda legend
liar to tie, bind up
libar to imbibe
libertino libertine, rake
librar to free
libre free
libreta notebook, memorandum book
libro book; **libro diario** daybook, journal; **libro de novedades** police logbook, police blotter
liceo high school, academy
lícito licit, correct
licor *m.* liquor, liquid
lidiar to fight
lienzo canvas
ligadura ligature, tie

ligero slight, light, fast; **de ligero** lightly, rashly
lijado sanded, worn
lila lilac
limeño from Lima
limitar to limit, bound
límite *m.* limit, end, boundary
limonero lemon tree
limosna alms; **pedir limosna** to beg
limosnero beggar
limpiar to clean
limpio clean, pure; **sacar en limpio** to figure out, clear up
lindar to border, adjoin
linde *m. & f.* edge, limit
lindo pretty, beautiful
línea line
linterna lantern
lío bundle; mess, difficulty; **meterse en líos** to get involved in difficulties
liquidar to liquidate, finish
lirio lily
liso smooth
listo ready; clever; **ser listo** to be clever
Liszt, Franz *(1811–1886) Hungarian Romantic composer*
liviandad superficiality; lightness
liviano light
lívido livid, black-and-blue, discolored
living *m.* living room
lo *(neut.)* **lo del Vasco** the Basque's shop; **¡lo que . . .!** how . . .!, how much . . . !**lo que es yo** as for me, as far as I'm concerned
lobera girl from town of Lobos
lobo wolf
lóbrego dark, gloomy
lobreguez *f.* darkness, gloominess
local local, *m.* place, premises
loco crazy, insane; *n.* madman (madwoman)
locuaz loquacious, talkative
locura madness, insanity
logogrifo logogriph, riddle
lograr to get, achieve, succeed in
loma low hill

lomo back *(of an animal)*
lona canvas, sailcloth, sail
londinense from London
Londres London
lonjazo lash of a strap
lorando = llorando weeping
losa slab, flagstone
losange *m.* lozenge *(diamond-shaped)*; pane
lote *m.* portion, group
loza crockery
lucecilla, lucecita small light
lucero star
luciente shining
luciérnaga glowworm, firefly
lucir to shine; to show, display
lucha struggle, fight, battle
luchar to fight, struggle
luego (de) then, after; **desde luego** of course; **luego que** as soon as
lugar *m.* place; room; **en lugar de** in place of
lúgubre lugubrious, dismal, gloomy
lujo luxury
lujoso luxurious
lumbre *f.* fire
lumbrera luminary, light
lumbroso luminous
luminoso luminous, bright
luna moon; **luna de miel** honeymoon
lunes Monday
lúpulo hops, hop vine
lustro lustrum, five-year period
lustroso lustrous, shiny
luto mourning
luz *f.* light
Luzbel Lucifer

Ll

llaga wound
llama flame
llamada call
llamamiento call, appeal
llamar to call; **llamarse** to be named, called
llamarada flash, flare-up
llamativo loud
llano treeless plain

llanura plain
llanto flood of tears, crying
llave *f.* key; **cerrar con llave** to lock; **echar llave** to lock
llegada arrival
llegar to arrive, to come to; **llegar a** + *inf.* to come to, get to, to succeed in
llenadero: tener llenadero to be filled
llenar to fill; **llenarse** to fill up
lleno full
llevadero tolerable, bearable
llevar to carry, take, wear, bear; to lead *(a life)*; **llevar a cuestas** to bear, to be; **llevarse por delante** to knock over
llorá *(Arg.)* **= llora**
llorar to cry, weep
llorés *(Arg.)* **= llores**
lloroso weeping
llover (ue) to rain
lluvia rain
lluvioso rainy

M

macachín *m.* an Argentine plant, like the oxalis, which bears a yellow flower and has an edible tuber
Macías legendary medieval Spanish lover and poet
macizo solid mass; clump
maculado stained, spotted
machi *(Arg.) m.* medicine man
macho male, mule
madera wood, piece of wood
maderero lumberman
madre *f.* mother
madreselva honeysuckle
madrugada daybreak
madrugar to get up early
madurez *f. (pl.* **madureces)** ripeness
maduro mature, middle-aged; ripe
maestría mastery
maestro, maestra teacher
magia magic
mágico magic, magical
magistrado magistrate, judge

magnífico magnificent
magno great; chief
magulladura bruise
Maimónides, Mosheh ben Maimón
  (1135–1204), medieval Sephardic
  philosopher and physician
maíz *m.* corn
majadero bore
majestad majesty
majestuoso majestic
mal badly, wrong; evilly
maldad wickedness
maldecir to curse, damn
maldición curse
maldito damn, damned, cursed
malecón *m.* seawall; waterfront
malestar *m.* indisposition
maleta valise, suitcase
maleza thicket, weeds
malhadado unfortunate
malhumor *m.* bad humor, bad
  temper
malhumorado cross, ill-humored
malicia malice
maliciar to spoil
maligno malign, evil
Malmö *port in Sweden*
malo bad, evil; out of order; **estar
  malo** to be sick
malogrado frustrated
malquerencia ill will
malsano unhealthy
malva mauve; *f.* mallow
malvivir to live badly
malvón *m.* a variety of geranium
malla mesh; knitted goods
mallorquín Majorcan
mamarracho botch, mess
mampara door
manada herd; group
manantial *m.* spring, source
manar to flow
manaza big hand
mancomunado common, mutual
mancha spot, stain
manchar to stain
manda gift, bequest
mandar to send; to order, command
mandato order, command
mandíbula jaw

mandil *m.* apron
mando command
manecita little hand
manejar to handle, manage
manejo conduct, technique
manera manner; **a manera de** like;
  de manera que so that; **de todas
  maneras** in any case
manga sleeve; **¡a buena hora,
  mangas verdes!** too late for
  that!
manía obsession, mania
maníaco maniac
maniático maniacal, crazy
manicomio insane asylum
manifestar (ie) to indicate
maniobra maneuver
manipular to manipulate
maniquí *m.* manikin, fashion plate
mano *f.* hand; **mano maestra** skilled
  hand; **abrir la mano** to be
  lenient; **echar mano a** to seize;
  echar mano de to resort to; **irse
  (venirse) a las manos** to come to
  blows
manojo handful
mansedumbre *f.* meekness
manso meek
manta blanket
mantener to maintain, keep, remain
manto mantle, cloak; gown
manzana apple; Adam's apple
manzano apple tree
maña skill; **darse maña** to manage
  ably
mañana morning; tomorrow;
  ¿dónde tan de mañana? where
  are you going so early in the
  morning?; **hacer la mañana** to
  have a drink, to spend the
  morning; **muy de mañana** very
  early in the morning; **el mañana**
  the future; **pasado mañana** day
  after tomorrow
máquina machine, locomotive
maquinal mechanical
maquinar to scheme, plot
maquinista *m. & f.* mechanic
mar *m. & f.* sea; **mar brava** *or* **mar
  contraído** rough sea; **la mar de**

a lot of, many; **meter mar
adentro** to go far out at sea
maraña tangle
maravilla wonder, marvel; **a
maravilla** wonderfully
maravilloso marvelous
marca mark
marcar to mark
marcial martial
marco frame, picture frame; door
frame; mark *(unit of money)*
**Marco Aurelio: Marcus Aurelius
*(121–180 A.D.), Roman emperor
and philosopher***
marcha march, progress; **en marcha**
in motion
marchar to come along, progress;
marcharse to go (away), proceed
marchito withered, faded
marear(se) to get dizzy, nauseated
mareo seasickness, nausea,
dizziness
marfil *m.* ivory
margarita daisy
margen *f.* border, bank
marido husband
marina navy
marinedina girl from Marineda
marinero sailor
marino naval officer; seaman; *adj.*
marine, pertaining to the sea
mariposa butterfly
marmaja marcasite
marmita pot, kettle
mármol *m.* marble
marqués *m.* marquis; **supo caer en
marqués** had wits enough to
become a marquis
marquesa marchioness
marron glacé *(Fr.) m.* glazed chestnut
Marsilla *Spanish romantic hero and
protagonist of* Los Amantes de
Teruel *by Juan Eugenio
Hartzenbusch (1806–80)*
martes Tuesday
martirio martyrdom, suffering
marzo March
mas but
más more, most; **más allá (de)**
beyond, farther; **más bien**

rather; **más de** more than; **a
más y mejor** strenuously; **no . . .
más que** only; **por más que**
however much, no matter how
much
masa mass; dough; pulp
mascar to chew
máscara mask
mascullado chewed
masticar to chew
mata shrub, bush; plant
matar to kill
mate dull, lusterless
materia matter
materializar to materialize
matinada morning; **recién abiertas
en flor las matinadas** the
mornings scarcely in full bloom
matinal matinal, morning
matrimonio couple, wedding;
matrimony
máxima maxim, rule
mayo May
mayor elder, eldest; greater,
greatest; larger, largest; bigger,
biggest; big
mayorcitas older girls
mayoría majority
mazorca ear of corn
Meca Mecca; **ir de Ceca en Meca** to
go from place to place, all over
mecánica mechanism
mecedora rocking chair
mecer to rock
medallita religious medal
mediación mediation
mediado half-gone
mediano average
mediante by means of
mediar to take place, intervene
medias stockings
médico doctor, physician; **médico
de confianza** personal physician
medida measure; moderation; **a
medida que** as while
medio half, middle; means; **a medio**
half; **de medio a medio**
completely; **en medio** in the
middle; **plaza de por medio**
halfway in the square; **quitar de**

en medio to do away with, take out of the way
mediodía *m.* noon
medir (i) to measure
meditabundo meditative
médula marrow
mejilla check
mejor better, best; **mejor dicho** rather; **a lo mejor** like as not
mejora improvement
mejorar to improve, get better
mejoría improvement
melena long lock of hair; mane
meloso sweet, gentle
membrete *m.* address; label
memorista *m. & f.* memorizer
mendigar to beg
mendigo beggar
menear to shake; to stir
menester: ser menester to be necessary
menguado timid, silly, cowardly; dim
menguar to diminish, dim
menor less; lesser; least; smaller, smallest; younger, youngest; except
menos less, least; fewer, fewest; **echar de menos** to miss; **al menos** at least; **cuando menos** at least; **no poder menos de** not to be able to help; **por lo menos** at least
menosprecio scorn
mensaje *m.* message
mensajero messenger
mensual monthly
mente *f.* mind
mentir (ie,i) to lie
mentira lie
mentón *m.* chin
menudo small; **a menudo** often
mercader *m.* merchant
mercancía merchandize
mercantil mercantile; mercenary
merecer to deserve, merit
meridional southern
merienda afternoon snack
merma reduction
mermar to diminish

mero mere
mes *m.* month
mesa table; desk; **mesa de operaciones** operating table
meseta plateau
mesón *m.* inn
mesura dignity, gravity
meta goal
metamorfosis metamorphosis
meter to put, put in; **meterse en** to go into
métrico metric, versified
metro meter
mezclar to mix
mezquino petty, small, wretched
mezquita mosque
miedo fear; **meter miedo** to frighten; **tener miedo** to be afraid
miel *f.* honey
miembro member
mientras while; **mientras que** while; **mientras tanto** meanwhile
mientre = mientras
mies *f.* grain; **mieses** grain fields
miga crumb, bit
migrar to drift
mil thousand
milagrero superstitious; *m.* faker
milagro miracle
milagroso miraculous
milanesa veal cutlet milanese style
milenario millenial, ancient
milicia *(art of)* warfare
militar military
milpa cornfield
millar *m.* thousand; great number
mimado spoiled, pampered
mimbres willow, osier
mimo pampering, indulgence
mina mine
minar to consume, undermine
mineralizar to mineralize; to strengthen
mínimo minimum
ministerio ministry, department; **ministerio de hacienda** Department of the Interior
minucioso minute, meticulous

minúsculo tiny, small
miosotis *m.* forget-me-not *(flower)*
miquis: tiquis miquis fussiness
mirá *(Arg.)* = **mira**
mirar to look at, watch; **mirar por** to look out for; look after; **mirar de través** to squint; to look out of the corner of one's eye
misa Mass
misal *m.* missal, Mass book
miseria misery; poverty
misericordia mercy, pity
misericordioso merciful
misionero missionary
mismo same, own; very; **ahora mismo** right now; **allí mismo** right now; **él mismo** he himself; **por lo mismo** for that very reason; **lo mismo da** it's all the same, it doesn't matter
mismísimo very same
Misti *volcano near Arequipa (Peru)*
mitad half
mitigar to appease, mitigate
mitología mythology
mitón *m.* lace glove *(which leaves the fingers bare)*
mocedad youth
mocetón *m.* husky youth
mocito youngster
moco de pavo crest of a turkey
moda fashion, style; **de moda** in fashion, fashionable
modales *f. pl.* manners
modestia modesty
modesto modest
módico reasonable
modificar to modify, change
modo mode, manner, way; **de modo de** like, in the manner of; **de modo que** so that; **de otro modo** otherwise, in another way; **de todos modos** at any rate
mofarse de to sneer at, scoff
moflete *m.* chubby cheek
mohino annoyed, peeved
mojar to wet; **mojarse** to get wet
Moldau *river in Czechoslovakia*
mole *f.* bulk
moler (ue) to grind; to ache

molestar(se) to bother, annoy
molestia bother, annoyance
molesto annoyed; annoying
molino mill, windmill
momentáneo momentary
momento moment, point *(of time);* **en todo momento** at all times
monada trinket
moneda coin
Monitor, El *name of a newspaper*
monja nun, sister; **monjas claras** Poor Clares *(religious order)*
monje *m.* monk
mono monkey; **estar de monos** to be mad at; *adj.* cute
monografía monograph
monosílabo monosyllable
monótono monotonous
monserga gibberish
montado mounted
montaña mountain
montar to mount, ride
monte *m.* woods, woodland; mountain; **Monte de Los Olivos** Mount Olive
montón *m.* pile, heap; great many
moño topknot *(of hair)*
morada dwelling
morado purple
morar to dwell
moral *f.* moral; morals; ethics, morality
mórbido soft, enticing
morbidez *f.* softness
mordida bite
moreno brown, dark, brunet; **morena** brunette; **y sobre ello, morena** and on top of everything, stubborness
moribundo dying
morir(se) (ue, u) to die
moro Moor
morriña homesickness, nostalgia
Morro, El *fortress in Havana harbor*
mortal mortal; fatal
mortecino dying away, pale
mortífero death-dealing
mortificar to mortify; to vex, bother
mosca fly
moscón *m.* bumblebee

mosquete *m.* musket
mosquita muerta hypocrite, one who feigns meekness
mostrador *m.* counter (*in a store*); showcase
mostrar (ue) to show; **mostrarse** to be, appear
mote *m.* nickname
motín *m.* mutiny, uprising
motivo, motive, reason; **con motivo de** because of
movedizo shifting, moving
mover(se) (ue) to move, stir
movible mobile, changeable, movable
Mozart, Wolfgang Amadeus (*1756–1791*) *Austrian composer*
mozo boy, youth
mucama maid
muchacha girl
muchacho boy, young man
muchedumbre *f.* crowd, gathering
mucho much, a lot, a great deal; **ni mucho menos** far from it, nor anything like it; *pl.* many
mudar to change
mudez *f.* silence
mudo silent, mute, dumb
muebles *m. pl.* furniture
mueca grimace
muela tooth; molar
muelle soft, luxurious; *m.* pier, wharf
muerte *f.* death; **doblar a muerte o a gloria** to toll for the dead or to ring joyously
muerto (*p.p. of* **morir**) dead; dull, boring
mugir to moo, low, bellow
mugriento dirty, filthy
mujer *f.* woman; wife
mujerío the women present, gathering of women
mujerona big woman
mulo mule
multa fine
multiplicar to multiply
mullido soft
mundanal worldly
mundano worldly, mundane

mundo world; **mundo elegante** high society; **andar por el mundo** to wander around; **correr mundo** to travel; **todo el mundo** everybody, the whole world
muñeca doll; wrist
muñeco doll, puppet
mura (amura) cross beam (*of a boat, situated near the prow*)
muralla wall
murallón *m.* thick wall
murillesco in the style of Murillo
Murillo, Bartolomé Esteban (*1617–1682*), *Spanish artist famous for his paintings of the Virgin*
murmullo murmur
murmuración gossip
murmurador *m.* gossip, backbiter
murmurar to murmur, whisper, rustle; to gossip
muro wall
músculo muscle
musculoso muscular
muselina muslin; **muselina clara** light summer dress
museo museum
musgo moss
música music
músico musician
musitar to mutter, whisper
mustio faded
mutilar to mutilate, torture
mutismo silence, muteness
mutualista health insurance plan (*Uruguay*)
mutuo mutual
muy very, too, most

N

nacarado pearllike
nacer to be born; to begin; to grow
nacimiento birth
nada nothing, nothingness; not anything, not at all; **nada de eso** none of that; **no . . . nada** not at all, nothing at all
nadar to swim
nadie nobody, no one, not anybody
nafta naphtha; kerosene
nalga buttock

naranja orange
nariz (*pl.* narices) *f.* nose; nostril
narrar to narrate, tell
natación swimming
naturaleza nature; temperament
naturalidad naturalness
navaja razor; knife
nave *f.* ship, nave, aisle
navegar to navigate
Navidad Christmas
Navío ship
neblina mist
nebulosa nebula *(celestial structure composed of matter in a gaseous state)*; nebulous
nebuloso vague, hazy, nebulous
necedad stupidity, nonsense
necesario necessary
necesidad necessity, need
necesitar to require, need, be in need of
necio stupid, foolish; *m.* fool
negar (ie) to deny, refuse; **negarse (a)** to refuse (to)
negativo negative; *f.* refusal, denial
negligente negligent, careless
negocio business, affair, deal; store *or* place of business; *pl.* business, commerce
negro black, dark; *m.* Negro
negrura darkness, blackness
neno *(Gal.)* baby, child
neniño *(Gal.)* little baby, child
nervios nerves
neurópata *m.* neuropath
nevar (ie) to snow
nervioso nervous
ni neither, nor; **ni ... ni** neither ... nor; **ni siquiera** not even
nido nest
niebla fog, mist, haze
nieto grandchild
nieve *f.* snow
nimio small
ninguno not, not any, neither
Ninón = Ninon de Lenclos *(1620–1705), French beauty and wit; heroine of Zola's* Contes à Ninon *(1864)*
niñera nursemaid

niñería childishness
niño child, boy; *f.* girl
niquel *m.* nickel
nitidez *f.* brightness, clearness
nítido clear, bright
nivel *m.* level
niveo snowy; pure white
no no, not
nobleza nobility, nobleness
noche *f.* night, evening; **noche a noche** night after night; **todas las noches** every night; **de noche** at night
nochebuena Christmas Eve
nogal *m.* walnut; walnut tree
nombrar to name; appoint
nombre *m.* name; **nombre de pila** first name, given name
noreste *m.* northeast
noria chain pump, water wheel
noroeste *m.* northwest
norte *m.* north
nortero north, northern
nota note; grade, mark; **de nota** well known
notabilidad notable person
notar to note, notice
noticia news, information, news item
notorio well known
novato beginner
novedad news; event
novelador *m.* storyteller
novia girlfriend; fiancée; bride; **echarse una novia** to have a girl friend, get engaged
noviazgo engagement, courtship
novio boyfriend; fiancé; bridegroom
nube *f.* cloud
nublar to cloud over
nuca nape of the neck
nudillos knuckles
nudo knot
nuevo new; **de nuevo** again; **nueva** news
nuez *f. (pl.* nueces) walnut
nulo null, void, nonexistent
número number
nunca never
nutrir to nourish
nutria nutria; otter

O

o or; **o . . . o** either . . . or
obedecer to obey
obispo bishop
oblea wafer
oblicuo oblique
obligación obligation; **verse en la obligación de** to be obliged to
obligar to obligate, force
óbolo contribution
obra work; **poner en obra** to put into effect, do
obrar to act
obrera factory worker
obscurecer to obscure, darken
obscuro dark, obscure
obsequiar to entertain, court
obsequioso obsequious, subservient
obstante: no obstante nevertheless
obstar to hinder, stand in the way
obstinar to be obstinate; **obstinarse en** to persist in
obtener to obtain, get
obvio obvious
ocasión occasion, opportunity; **presentarse rodada la ocasión** the occasion presented itself accidentally
ocasional occasional, casual
ocasionar to cause
ocaso sunset; taps *(mil.)*
occidental western
ocio leisure; idleness
octubre October
ocultar(se) to hide, conceal
ocultamente secretly
oculto hidden
ocupar to occupy; **ocuparse de** *or* **en** to pay attention to, bother, get busy with
ocurrir to occur, happen; **ocurrírsele** to occur *(to one)*, get an idea
ocurrencia bright idea, witticism, occurrence
ochavo small coin
odiar to hate
odio hatred
odioso odious, hateful

oeste *m.* west
ofender to offend; **ofenderse** to take offense
ofensa offense
oferta offer
ofertar to offer
oficial official; *m.* officer, official
oficiante *m.* officiant, officiator; high priest
oficina office; **oficina de correos** post office
oficio occupation, trade, craft
ofrecer to offer
ofrecimiento offering
ofrenda offering, gift
ofuscar to dazzle, confuse
oído *(p.p. of* **oír***)* hearing; ear; **al oído** confidentially; **decir al oído** to whisper; **prestad atentos el oído** pay close attention; **tocar de oído** to play by ear
oír to hear, listen
ojal *m.* buttonhole
ojalá I wish, would that. . .
ojeada glance; **dar (echar) una ojeada** to cast a glance
ojeras circles under the eyes
ojeriza ill will
ojiacanto: verde ojiacanto bright green
ojo eye; **a ojo** by sight, by guess; **ojos nublados** tear-filled eyes
ojota Indian sandal
ola wave
oleada wave, whiff
oleaje *m.* rush of waves, surge
óleo oil *(paint)*
oler (ue) to smell, sniff; **oler a** to smell of
olivo olive tree
olmeda elm grove
olmo elm
olor *m.* odor, smell
oloroso fragrant; odorous
olvidar to forget; **olvidarse de** to forget
olvido forgetfulness, oblivion
olla pot; stew; **olla de grillos** pandemonium, uproar
ombligo navel

ómnibus *m.* bus
onda wave
ondeado wavy
ondeante waving, undulating
ondulación curve
ondulado wavy, rolling
ondulante undulant
ondular to undulate, vibrate
onza ounce; coin
opacar to obscure, cloud
opaco opaque; cold; dim
opalo opal
operar to do, work; to operate
opinar to be of the opinion, judge
opinión opinion; **cambiar de
opinión** to change one's mind
oponer to put up, offer; **oponerse** to
oppose, resist, object
oporto port *(wine)*
oportunidad opportunity; **con la
debida oportunidad** in due time
oportuno opportune, appropriate
oposición opposition; competitive
examination
oprimir to oppress, press
oprobio opprobrium; disgrace
optar por to choose, select
opuesto *(p.p. of* **oponer***)* opposed;
opposite
oración prayer; sentence
orante praying
orar to pray
oratorio small chapel
orden *m.* order, sequence; *f.* order,
command; religious order,
military *or* chivalric order; **de
primer orden** the most
important
ordenanza ordinance, command
ordenar to order, command; to
arrange
ordeñar to milk
oreja ear
organillo hand organ, hurdy-gurdy
organizar to organize
orgía orgy
orgullo pride; **finca su orgullo** puts
his pride; **tener orgullo de** to
have pride in
orgulloso proud, haughty

oriente *m.* east
orificio hole
origen *m.* origin, source, native
country
orilla edge; shore, bank
orión felt hat *(Arg.)*
oriundo native, coming from
orla border, edge
ornato adornment, finery
oro gold
orondo pompous, big
osar to dare
osadía daring, boldness
oscilación oscillation; shaking
oscilante oscillating
oscilar to oscillate, waver, swing
back and forth
oscurecer to get dark; *m.* nightfall
oscuridad darkness
oscuro dark; obscure
óseo bony
Osorno *city in central Chile and
capital of the province of the
same name*
ostentar to show, show off, display
otate *m. cane plant (Mex.) used for
making furniture and fences*
otoño autumn
otorgar to grant, confer
otro other, another
oveja ewe
ovillo ball; **hacerse un ovillo** to curl
up
oyente listener

P

pabellón *m.* pavilion
pábulo encouragement; fuel; **dar
pábulo** to substantiate, add fuel
pacto pact, covenant, agreement
padecer to suffer, endure
padecimiento suffering
padre *m.* father; *pl.* parents
padrino godfather
paella *Valencian dish made with
rice and meat or seafood*
pagar to pay, pay for
página page
pago payment

país *m.* country
paisaje *m.* landscape
paisanaje *m.* common citizenship
paisano countryman
paja straw
pajar *m.* hayloft, haystack
pájaro bird
paje *m.* page *(boy)*
pajizo straw, straw-colored
pajonal *m.* stand of tall grass
palabra word; **cruzar palabras con** to exchange words with; **dirigir la palabra a** to address, speak to
palabreja odd word
palacio palace, mansion
paladar *m.* palate, taste
palanca stick, pole, crowbar
palangana washbasin
palco theater box
palidecer to turn pale
palidez *f.* paleness, pallor
pálido pale; **ponerse pálido** to turn pale
paliza beating
palma palm *(of the hand)*
palmada pat; slap
palmatoria candlestick
palmear to clap, pat
palmera palm tree
palmo de narices disappointment
palo stick; **palo mayor** mainmast; **andar a palos** to come to blows
paloma pigeon, dove
palpar to feel, touch
palpitante palpitating, throbbing
palpitar to palpitate, throb
pampa Pampas, extensive plains
pámpano tendril
pampeano of the Pampas
pamplina nonsense
pan *m.* bread; **pan de Dios** person as good as gold; **pan duro** hardhearted *(person)*; **con su pan se lo coma** that's his *or* her business
panacea panacea, cure-all
panadería bakery
panadero baker
pando curved, bulging

panecillo roll
panneau *(Fr.) m.* panel
pantalla shade, screen
pantalón *m. (pl.* **pantalones)** trousers, pants
pantano swamp, marsh
pantera panther
pañuelo handkerchief
papagayo parrot
papel *m.* paper; role; **papel comercial** business letter
paquete *m.* package; **bien paquete** handsome, good-looking
par *m.* pair; **a la par de** together with, alongside of; **de par en par** wide open
para to; for; toward; compared to; by *(time)*; **para que** in order that, so that; **¿para qué?** what for?, for what purpose?; **para sí** to oneself
parada stop; parade; **parada de taxi** cab stand
paradójicamente paradoxically
paragolpe *m.* bumper
paraguas *m.* umbrella
paraíso paradise; gallery, top balcony *(in a theater)*
paraje *m.* place, spot
parar(se) to stop
parasol *m.* parasol
parco meager, frugal
parecer to appear, seem, resemble; **parecerse a** to look like, resemble; **al parecer** apparently; **al parecer de** in the opinion of; *m.* opinion
parecido similar, like; *m.* resemblance, likeness
pared wall
paredón thick wall
pareja couple
parentela relations, relatives
parienta female relative
pariente *m. & f.* relative
parisino Parisian
parlador talkative
parlotear to chatter, prattle
Parménides *Greek philosopher (VI century B.C.)*

parodia parody
párpado eyelid
parra grapevine
párrafo paragraph
párroco parish priest
parroquiano client, customer; parishioner
parsimonioso parsimonious, frugal
parte *m.* report; *f.* part; **a todas partes** everywhere; **en ninguna parte** nowhere; **la mayor parte** the majority; **por otra parte** elsewhere
participar to communicate, inform, participate
partícipe *m. & f.* participant, sharer
particular particular, private
particularidad distinctiveness, individuality
partida departure; party, group; game; entry
partidario partisan, supporter
partidarismo favoritism, partisanship
partido cut, split; **partido en dos** cut in two; *m.* game, match; **sacar partido** to take advantage of; **tomar partido** to decide what to do
partir to leave; to divide, split
partitura musical score
parturienta woman in confinement
pasadizo passageway, corridor
pasado past
pasaje *m.* passage; ticket
pasajero fleeting, passing; *n.* passenger
pasar to pass; to go (by, through); to spend *(time)*; to happen; to come in; to transfer; **pasar de** to go beyond; **¿qué pasa?** what's wrong? what's going on?
paseandero walking, strolling
pasear(se) to walk, take a walk, stroll
paseo promenade, walk
pasillo aisle, hall
pasionaria passionflower
pasmado astounded
pasmoso astounding

paso step; way; passage; passing; **paso de lobo** stealthily; **abrirse paso** to get through; **ceder paso** to make way; **dar paso** to let pass, make way; **dar un paso** to take a step; **de paso** in passing; **estar de paso** to be passing through; **sacar del paso** to solve one's problem; **salir al paso** to come upon; **salir del paso** to get out of a situation; **un abrirse paso** an opening, a way through; **volver sobre sus pasos** to retrace his (or her) steps
pasta paste, dough; cake of soap
pastel *m.* pastry; mess, blunder
pasto pasture, meadow, grass
pastor *m.* shepherd
pastorear to pasture, feed, nourish
pata paw; leg; **patas de gallo** crow's feet, wrinkles
pataco silver coin; **buenos patacos de jorná** good daily wages
patán *m.* boor, churl; peasant
patear to kick
patente evident, clear; **poner patente** to make evident, clear
patilla sideburn
patinar to skate
patio patio, courtyard
patito duckling; yellow
patraña hoax, trick
patrón *m.* boss, owner; **patrona** landlady
pausa pause, delay
pausadamente slowly, deliberately
pavada inanity, foolishness
pavimento pavement, floor
pavo turkey
pavo real *m.* peacock
pavor *m.* fear, terror
pavoroso awful, frightful
paz *f.* peace; **dejar en paz** to leave alone
peatón *m.* pedestrian
pecado sin
pecador *m.* sinner
pecaminoso sinful
pecar to sin
pechera shirtfront

pecho chest, breast, bosom
pedalear to pedal
pedante pedantic
pedantón *m.* big pedant
pedazo piece; **hacer pedazos** to break into pieces
pedir (i) to ask for; to order *(merchandise)*; to request
pedrada stoning, hit *or* blow with a stone
pedregoso rocky
pedrería precious stones
pegar to stick, cling; to hit, beat; **pegar al** to stick to; **pegar un tiro** to shoot
peinado hairdo
peinar(se) to comb
peldaño step *(of stairs)*
pelear to fight
peliagudo delicate; ticklish; tricky
peligrar to endanger, be in danger
peligro danger
peligroso dangerous
pelo hair; **el pelo partido en dos bandas** her hair parted in the middle
pelota ball
pelo hair
peluquería barber shop
pellizcar to pinch
pena pain; sorrow, grief; **a duras penas** with great difficulty
penacho plume, crest
penado prisoner, convict
pender to hang
pendiente hanging, pending; sloping; **en pendiente** downhill, sloping; *f.* slope
penetrable penetrable, comprehensible
penetrante penetrating, clear-sighted
penetrar to penetrate, enter; to pervade
penitente *m. & f.* penitent
penoso painful, laborious
pensamiento thought
pensar (ie) to think, intend, plan; **pensar en** to think of; **pensarlo** to think about it, consider it

pensativo pensive, thoughtful
pensión boarding house
penumbra penumbra; semidarkness; shaded area
peña rock, boulder
peñasco spire of rock, pinnacle
peón *m.* laborer, farm worker
peor worse, worst
pequeñez *f.* pettiness, trifle
pequeño small, little, young; *n.* child
pequeñuelo child, infant
percalina percaline *(a fine cotton fabric)*
percatarse de to notice, be aware of; to suspect
percibir to perceive, discern; to collect
percha perch, clothes rack
perder (ie) to lose, ruin
pérdida loss
perdidamente hopelessly, madly
perdido sinner, profligate; *f.* lost soul
perdón *m.* pardon, forgiveness
perdonar to forgive, excuse, pardon
perdulario vagabond; rascal; rake
perdurable lasting, long-lasting
perdurar to last, last a long time
peregrinación peregrination, pilgrimage, wandering
peregrinar to wander, go on a pilgrimage
peregrino wandering; *m.* pilgrim
perentorio urgent, peremptory
pereza laziness, slowness
perezoso lazy, slow
perfidia perfidy, treachery
pérfido treacherous, perfidious
perfil *m.* profile
perfilar to profile, outline
perfumista *m. & f.* person who makes cosmetics
periódico newspaper
periodista *m. & f.* journalist
período period
peritonitis *f.* peritonitis *(inflamation of the lining of the stomach)*
perjudicar to harm, prejudice
perla pearl
perlino pearllike

permanecer to remain, stay
permitir to permit, allow
pero but, yet
perplejidad perplexity
perplejo perplexed, worried, anxious
perrería dirty trick, treachery
perrillo little dog; **perrillo de lanas** poodle
perro low, mean; *m.* dog
perseguidor *m.* pursuer
perseguir (i) to pursue, persecute, harass
persiana venetian blind, shutter
persistir to persist, persevere
persona person
personaje *m.* personage, person of importance; character
personal personal; *m.* personnel
personalidad personality; **con toda mi personalidad** with all my being
personita: personitas de fiesta pretentious boors
perspicaz *(pl.* **perspicaces)** perspicacious, clear-sighted, discerning
pertenecer to belong; to concern
perteneciente belonging
peruano Peruvian
pesadilla nightmare
pesado heavy
pesadumbre *f.* sorrow, weight
pésame *m.* condolence
pesar to weigh; *m.* sorrow, regret; **a pesar de** in spite of; **a pesar suyo** in spite of himself
pesca fishing
pescado fish
pescador *m.* fisherman
pescar to fish, catch
pescuezo neck
peseta *Spanish monetary unit*
peso weight, burden; *Spanish-American monetary unit*
pesquisa inquiry, investigation
pestaña eyelash
pestañear to blink
peste *f.* plague
pez *(pl.* **peces)** *m.* fish

piadoso pious, merciful
piafante pawing, stamping *(of a horse)*
pian, pianito slowly, softly
picadísimo very rough
picante hot, biting
picar to bite, nibble; to pierce
picardía mischief, knavery; **con picardía** mischievously
picaresco picaresque
pícaro rascally, crooked, scheming
picarona wench
pico pickax; small amount; **frisaba en los veinte y pico** was in her early twenties
pie *m.* foot; **ir a pie** to go on foot; **ponerse de** *(or* **en)** **pie** to be standing, to stand
piedad piety; pity, mercy
piedra stone, rock; **sueño de piedra** heavy slumber
piel *f.* skin; fur; leather
pierna leg
pieza room; piece, musical composition; **de una pieza** worthy, upright, solid
pila basin; holy water basin; pile; **pila de baño** bath compartment
píldora pill
pileta swimming pool; pool
pillar to catch
pincelada brush stroke
pinchar to prick, pierce
pino pointed, steep; *m.* pine tree
pintar to paint, picture; to begin to ripen
pintor *m.* painter
pintoresco picturesque
pintura painting, paint
pinzas forceps, tweezers
piña cluster
piñón *m.* pine kernel
pipa pipe
piquete *m.* squad *(detachment of soldiers)*
pisada footstep, tread
pisar to tread, step on
piso floor; flooring; pavement; level; stool; **piso giratorio** high revolving stool

pista trail, track
pito whistle
placa plaque; insignia
plácemes *m. pl.* congratulations, compliments
placentero pleasing
placer to please; *m.* pleasure
placero public
placidez *f.* placidity
plagar to plague, infest
plancha plate, sheet; gangplank; flatiron
planchada gangplank
planchar to iron; to be a wallflower
planear to plan, outline
planicie *f.* plain, level ground
plano plane, level; blueprint
planta plant; foot, sole of foot
plantación planting
plantar to plant; **plantarse** to stand
plañidero mournful; wailing
plastrón *m.* starched shirt front
plata silver; money
plataforma platform
plátano banana; banana tree
platear to coat with silver
plática talk, chat, conversation
platicar to chat, converse
plato plate, dish
Platón Plato *(427?–347 B.C.), Greek philosopher*
playa beach; **playa adentro** farther out on the beach
plaza plaza, town square
plazo time; period of time; deadline
plegar to fold; to wrinkle; to purse
plentitud *f.* fullness, plentitude
pleno full
pliego sheet of paper
pliegue *m.* fold; wrinkle
plomizo lead-colored
plomo lead; bullet
pluma pen; feather
plumaje *m.* plumage
población town, village
poblado crowded, inhabited
poblar (ue) to people, populate
pobre poor; **el pobre despojado** the poor little thing; *n.* poor person
pobreza poverty

poco little; **poco a poco** little by little; **poco simpático** unpleasant; **a poco** shortly after
poder to be able, can; **no poder más** not to be able to do more, be exhausted; **no poder menos de** not to be able to help; *m.* power
poderoso powerful
podredumbre *f.* decay; putrid matter
podrido rotten, decayed
poema *m.* poem
poesía poetry
poeta *m.* poet
policía *m.* policeman; *f.* police force
policial *(pertaining to the)* police
policromado many-colored
polícromo multicolored
política politics
político polite, tactful, courteous; *m.* politician
polvillo powder, fine dust
polvo powder; dust; **polvos de arroz** rice powder *(used as a cosmetic)*
pólvora gunpowder; powder
polvoriento dusty
pollo chicken; young man
pomo flacon
pompa splendor, ostentation, pomp
pomposo magnificent, pompous
pómulos cheekbones
poner to put, place; to get; **ponerse** to become, get *(furious, sick, etc.)*, put on *(clothing)*; **ponerse a** to begin, start to
populoso crowded, populous
por by, through; for; over; on account of, for the sake of; on; around; **por lo menos** at least; **por lo mismo** by the same token, by the very fact; **por lo tanto** therefore; **por si acaso** just in case; **por supuesto** of course
porción portion, number
pormenor *m.* detail
poro pore
¿por qué? why?
porqué *m.* why, reason, motive
porque because

portal *m.* entry, entrance way
portalón *m.* gate
portar to carry
portarse to behave
portazo bang *or* slam of door; **dar portazos** to slam the door
porte *m.* bearing, carriage; **su porte de ósea rectitud** his erect bearing
portería main gate, porter's office
portero porter; custodian
pórtico portico, threshold, entrance
portón *m.* front door
porvenir *m.* future
posada inn
posadero innkeeper
posarse to settle, alight
poseedor *m.* possessor
poseer to possess, own, hold
postdata postscript
postergar to postpone
posteridad posterity
posterior back; following, subsequent
postizo false
postre *m.* dessert; **hasta la postre** to the last
postrer, postrero last, last one
postura posture, position
potente potent, powerful
potrero pasture ground
pozo well, pit; **pozo de ciencia** fountain of knowledge
práctica practice, habit; exercise
practicante practicing, church-going
practicar to practice
práctico practical; **en lo práctico** in practice
prado meadow, pasture
Praga Prague *(capital of Czechoslovakia)*
preciarse to take pride
precio price
precioso precious, beautiful
precipitar to hasten; **precipitarse** to rush headlong, throw oneself
precisamente precisely, exactly, necessarily
preciso necessary
preconizar to praise, commend

precoz *(pl.* **precoces)** precocious
precursor precursory, preceding
predecir to predict, foretell
predicador *m.* preacher
predilecto favorite, preferred
prefecto prefect, chief
preferir (ie, i) to prefer
prefijado set, prearranged
pregunta question; **hacer una pregunta** to ask a question
preguntar to ask
preguntón nosy
prejuicio prejudice; **por prejuicio** through habit
prejuzgar to prejudge
premiar to reward
premio reward, prize
prenda garment; piece; treasured article; **prenda de vestir** article of clothing
prender to catch; to pin; to dress up; to light
prensa press; newspaper; **La Prensa** *leading newspaper of Buenos Aires*
preñez *f.* pregnancy, fullness
preocupar(se) to preoccupy, worry
preparar to prepare; **prepararse** to get ready
presa water dam; catch; **hacer presa** to seize, take hold
presagiar to foretell
prescindir to disregard
prescribir to specify, prescribe
presencia presence; **presencia de espíritu** presence of mind, poise
presenciar to witness, be present at
presentación introduction
presentante presenting; *n.* person who introduces
presentar to present, introduce; to show
presente present; **tener presente** to have in mind
presentir (ie, i) to have a presentiment of
presidiario prisoner
presidio prison, barracks
presidir to preside
presión pressure

presionar to press, put pressure on
preso prisoner, imprisoned; **tener preso** to imprison, hold back
prestanza elegance
prestar to lend; to give; **prestarse** to lend oneself
presteza quickness; **con presteza** quickly
prestigio prestige
presto quick, quickly
presumir to presume
presunción presumption, vanity
presunto conceited
pretender to pretend, try to (do); to aspire to; to court
pretendiente *m.* suitor
pretil *m.* stone or brick railing
prevenir to warn
prever to foresee
previo previous
previsión *(n.)* foresight; *(adj.)* far-seeing
primado primacy, first place
primavera spring
primaveral *(pertaining to)* spring, springlike
primer, primero first, first one; **de primera** first, first of all
primicia beginnings, first fruits
primitivo primitive, original
primo cousin
primogénito firstborn
primordial primordial, primal
primus *m.* gas burner
principal *m.* chief, ringleader
principala owner's wife
príncipe *m.* prince
principiar to begin, start
principio beginning, start; **al principio** at first; **en un principio** at the beginning
pringoso greasy
prisa hurry, haste; **correrle (tener) prisa** to be in a hurry; **de prisa** quickly
prisión prison, imprisonment; arrest
prisionero prisoner
pristino pristine, first
proa prow
probar (ue) to try, test; to taste

procedencia origin
procedente de coming from
proceder to act, behave; **proceder a** to proceed to; **proceder de** to come from
procedimiento procedure, process
prócer lofty, dignified
proceso process *(of time)*; trial, execution
procurar to try, strive; to get, obtain
prodigar to lavish; to squander
prodigio prodigy
profano profane, worldly; indecent
proferir (ie, i) to utter, express
profesar to profess
prófugo fugitive
profundidad depth
profundizar to explore
profundo profound, deep
progresión progression, advance
progresista progressive
progresos progress, development
prohibido prohibited, forbidden
prójimo neighbor; **las prójimas** the girls of the neighborhood
prolijo prolix, tedious
prolongación prolongation, extension
prolongar to prolong, extend, protract
prometer to promise, offer
prometida fiancée, betrothed
prontitud *f.* promptness, swiftness
pronto quick, speedy, prompt, soon, quickly; **al pronto** at first, right off; **de pronto** suddenly; **pronto a** about to, ready to; **por de pronto** for the present
pronunciar to pronounce, utter
propicio propitious, favorable; **propicios ante su corazón** greatly preferred by her
propiedad property; propriety, fitness
propietario owner, landowner, proprietor
propinado given
propio own, proper; same; self; very; **no era propio de** it was not befitting

proponer to propose, propound;
　proponerse to propose to, plan,
　intend
proporcionar to give, furnish
propósito purpose, intention; **a
　propósito** fit, on purpose
prorrumpir to burst
proseguir (i) to continue, go on,
　proceed
proteger to protect
protocolar formal
proveerse de to provide oneself with
proviniciano provincial
provisto *(p.p. of* **proveer***)* provided
provocar to provoke, cause, incite
provocativo provocative, provoking
próximamente approximately
proximidad proximity; **en
　proximidades de** bordering on
próximo near, close, next, nearby
proyectar to project, plan
proyecto plan, project
prudencia prudence, moderation
prudente prudent, cautious
prueba proof, test, trial; **hacer la
　prueba** to try; **poner** *or* **someter
　a prueba** to put to test
pubertad puberty
publicar to publish, reveal
puchero pouting
pudor *m.* modesty, shyness, chastity
pudrir to rot, putrefy
puebla town
pueblera small-town; *n.* small-town
　girl
pueblo town, people; common
　people
puebluco little town
puente *m.* bridge
pueril childish, puerile
puerta door; doorway; gate
puerto port; harbor; waterfront
pues well, then, since, because, for;
　pues bien well then, now then
puesta setting; **la puesta del sol** the
　sunset
puesto *(p.p. of* **poner***)* place, position,
　job; **puesto a** determined to;
　puesto que since, inasmuch as
pugna struggle, conflict

pulcritud *f.* neatness, tidiness
pulga flea
pulgada inch
pulido smooth; clean
pulir to make smooth; to clean.
　polish
pulmón *m.* lung
pulmonía pneumonia
pulsar to take the pulse of
pulsera bracelet
pulso pulse
pulular to swarm
punta point, tip; **de punta a punta**
　from end to end
puntada stitch
puntazo jab, stab
puntiagudo sharp-pointed
puntilla edging, lace edging; **de** *or*
　en puntillas on tiptoe
punto point, period, dot; **a punto de**
　on the point of; **al punto** at
　once; **de** *or* **a punto fijo** exactly,
　with certainty; **subir de punto**
　to increase, get worse; **poner la
　verdad en su punto** to establish
　the truth
punzar to prick, wound
puñado handful
puñetazo blow with the fist, punch
puño fist; **a puño cerrado** firm,
　firmly; **de más puños** stronger;
　de puño y letra in his (*or* her)
　own handwriting
púrpura purple
putrefacto rotten

Q

que that, which, who, whom; then;
　for; because; let; **el que** he who,
　the one who
¿qué? what?, which?; **¿a qué . . . ?**
　why . . . ?; **¡qué!** what!, what
　a . . . !, how . . . ! **¡qué de . . . !** how
　much . . . !, how many . . . !
quebrado broken, roughened;
　furrowed
quebrantar to break
quebranto: quebranto amoroso
　broken love affair

quebrar (ie) to break, weaken
quedamente quietly
quedar to remain, stay; to be left, be left over; **quedar bien** to look well, be appropriate; **quedar en** + *inf.* to agree to; **quedarse** to stay, remain, to be
quedo quietly
quehacer *m.* task, chore
queiroas *f. pl. wild heather that grows in the mountains of Galicia*
queja complaint
quejarse to complain
quejido moan
quemadura burning, burn
quemar to burn
quemarropa: a quemarropa point-blank
querencia: a la querencia at will
querer to wish, want, desire; to like, love; **querer decir** to mean; *m.* love, affection
querés *(Arg.)* = **quieres**
querido dear, beloved
quevedos *m. pl.* eyeglasses
¡quiá! oh, no!
quicio: sacar de quicio to drive one mad, exasperate
quid *m.* main point, gist, core
quiebra bankruptcy
quien who, whom, he who, the one who
¿quién? who?, whom?, whoever?
quieto quiet, still
quietud *f.* peace, quiet
quijada jaw
quilla keel *(of a ship)*
quimera chimera, dream
química chemistry
químico chemist
quincuagésimo fiftieth
quinta villa, country house
quitar to remove, take away; **quitarse** to take off
quitasol *m.* parasol
quizá, quizás perhaps, maybe

R

rabia anger, rage
rabiar to get mad, be furious

rabioso rabid, mad
rabo tail
racimo cluster, bunch
racha streak, interval; **a rachas** in gusts
radicar to be located
radio *m.* radius, spoke, stem; *m. & f.* radio
radioso radiant
rafaguear to streak
raído threadbare
raigambres *f. pl.* intertwined roots; characteristics
raíz *f. (pl.* **raices**) root
raleado thin, sparse
ralo thin
rama branch
ramaje *m.* foliage, branches
ramalazo lash, blow
ramera prostitute
ramo bouquet, cluster
ramplón vulgar, common
rana frog
rancio old
rango rank; line, row
rapacino *(Gal.)* little boy
rapaz *m.* young boy, lad
rapaza lass
rapidez *f.* rapidity, speed
rapsodia rhapsody; **Rapsodia húngara** Hungarian Rhapsody *(musical composition for the piano by Franz Lizst)*
raro rare, odd, unusual
rascacielos *m.* skyscraper
rascar to scratch
rasgadura tear, rip
rasgo trait, characteristic
raso satin
raspado scratched
rastreante crawling
rastro trace
rastrojo stubble
rato period of time, time, while; **a ratos** from time to time
raya line, stroke; **a rayas** striped
rayo ray, beam; lightning, flash
raza race, breed
razón *f.* reason, right; **razón social** firm *(trade)* name; **avenirse a**

razones to come to terms; **dar la razón a** to agree with; **tener razón** to be right
razonar to reason, reason out
reacio stubborn, obstinate
realizar to fulfill, carry out, accomplish, perform
realzado enhanced
reanimar to revive
reanudar to resume, renew
reaparecer to reappear
rebaja rebate, reduction
rebalsar to accumulate
rebanada slice, chip
rebaño flock, herd
rebasar to exceed, pass
rebelde *m. & f.* rebel
rebeldía rebellion
rebosante de overflowing, thick with
rebosar to overflow with, burst with
rebotar to bounce, strike
rebuscar to search, search carefully
rebusca pickings; profit
recamar to embroider, cover with
recapitular to recapitulate
recargar to load, stuff full
recatado circumspect, modest
recato circumspection, reserve, caution
recelar to fear, distrust
recelo fear, distrust
receptor receiving
receso: en receso set aside
recibir to receive, greet
recibo receipt
recién recently, just, just now
reciente recent
recio strong, robust; loudly
recipiente *m.* container
recitar to recite, tell
reclamar to claim, demand; to regain
recodo bend, turn
recoger to pick up, get, gather; **recogerse** to retire, go to bed; to take refuge
recogido taut, tight
recogimiento concentration
recomendar (ie) to recommend
reconciliador reconciling

recóndito recondite, hidden
reconocer to recognize
reconocible recognizable
reconocimiento recognition
reconquista recovering, reconquest
reconvención accusation, reproach
reconvenir to remonstrate with
recordar (ue) to remember, recall, remind
recorrer to go over, go through; to travel; to retrace
recorrido trip; rounds
recostar(se) (ue) to recline, lean, lean back
recova pack, group
recrudecer to get worse, flare up, break out again
recto straight
recuadrado divided into squares, squared off
recuadro square
recuerdo memory, remembrance
recuesto slope
recular to back up; to fall back
recuperar to recuperate, recover
recurrir to resort, have recourse
recurso resource
rechazar to refuse, reject
rechifla catcall, hissing
rechinante creaking
redactar to edit; to write
redactor *m.* editor
red *f.* net, snare; grating
redecir to repeat, say again
rededor *m.* surroundings; **en rededor** around
redención redemption
redimir to redeem; to rescue
redoblar to double
redondeado rounded off, finished
redondez *(pl.* **redondeces)** *f.* roundness
redondo round
reducción reduction; settlement *(of converted Indians)*
reducido reduced, diminished
reducirse a to be reduced to; to boil down to
reemplazado replaced, substituted
reemplazo replacement, substitution

referir (ie, i) to refer, tell, relate; **referirse a** to refer to

refitolera refectioner *(one in charge of the refectory or dining hall in a convent)*; **La Refitolera** *painting by Murillo*

reflejar to reflect

reflejo reflection, glare

reflexión reflection, thought

reflexionar to think, reflect

reformador *m.* reformer

reforzar (ue) to strengthen, reinforce

refractario refractory, obstinate, resistant

refrescar to refresh, freshen

refresco refreshment, cold drink

refrigerante cooling

refugiarse to take refuge

refugio refuge, shelter

refulgente shining

refulgir to shine

refunfuño grumbling; snort

regalar to give, present

regalo gift, present

regato stream, creek

regar (ie) to sprinkle, shower

regazo lap

regentear to boss, manage

regio royal, magnificent

registrar to register, list, record; to search

registro enrolling office, registry

regla rule, order; **en regla** in order

reglamentación rules, regulation

reglamento regulation; regulations, rules

regocijar to cheer, gladden; **regocijarse** to rejoice

regocijo joy, gladness, rejoicing

regresar to return, go back

regreso return

reguero furrow, rill; **un reguero de pólvora** a shower of gunpowder

regular to regulate, put in order; *adj.* normal, medium

regularizar to regularize, regulate

rehacer to do over; **rehacerse** to recover, rally

rehuir to flee, avoid, evade

rehusar to refuse, decline

reich *(Ger.)* state; **Tercer Reich** *German government during the Hitler era (Third Reich)*

reidor laughing

reina queen

reinado reign

reinar to reign, prevail

reino kingdom

reír(se) (i) to laugh; **reírse de** to laugh at

reiterado reiterated, repeated

reja grate, grating, grillwork

rejuvenecer to rejuvenate, become young

relación relation, relationship; narrative, report; **una relación de paso** a casual relationship; *pl.* acquaintances, connections, relations

relámpago lightning, flash of lightning

relatar to relate, narrate

relato story, report

relegar to relegate

relente *m.* night dew, dampness; **relentes de locura** maddening scents

religioso religious; *m.* monk *or* friar; *f.* nun

reloj *m.* clock, watch; **reloj de cucu** cuckoo clock; **reloj de pie** grandfather clock

relleno stuffed

remanente *m.* remainder, amount left over

remangar to turn up

remansarse to dam up, back up

rematador *m.* auctioneer

rematar to end, finish, terminate; to auction

remedar to imitate, mimic, mock

remedio remedy, medicine

remembranza remembrance

remero rower, oarsman

remitir to send

remo oar

remolcador *m.* tugboat

remolino swirl of hair; throng; eddy

remontar to rise up

remordimiento remorse

remover (ue) to stir; to remove
renacer to be born again; to revive
rencilla feud, quarrel
rencor *m.* rancor, animosity, grudge
rendido worn out, tired; overcome, defeated
rendija crack
rendir (i) to conquer; to render, yield; **rendirse** to become exhausted, surrender
renegrido blue-black
renglón *m.* line *(of writing)*
rengo lame; broken down
renombre *m.* renown
renovar (ue) to renew
renta income
rentillas small income
renuncia renunciation
renunciar to give up, renounce
reñir (i) to quarrel; to scold
reo criminal; culprit
reojo: de reojo out of the corner of the eye
repantigadamente sprawled out, stretched out comfortably
reparar en to notice, pay attention to
reparo objection; **poner reparo a** to raise an objection to; **sin reparo** without restraint
repartición distribution
repartidor *m.* sorter, distributor
repartir to distribute, divide; to part company, disband
reparto distribution, awarding
repasar to strop; to review, go over again; to mend *(clothing)*
repatriar to repatriate, send back home
repente: de repente suddenly
repentino sudden, unexpected
repercutir to resound, re-echo
repetir (i) to repeat
repletarse to be crammed full
repleto crowded, full
replicar to answer, reply
reponedor recuperative, restoring
reponer to answer, reply; to recover
reposar to repose, rest
reposo repose, rest

reprender to reprehend, scold
representante *m.* agent, representative
representar to represent, show; to appear
reprimenda reprimand
reprimir to repress, check
reprochar to reproach
reproche *m.* reproach
repudiar to repudiate
repugnar to cause disgust; to avoid
reputado reputable
requerido necessary
requerir (ie, i) to summon; to need, require
requerimiento request
requiebro flattery, compliment
requisito requirement, requisite
resaltar to hit, stand out; to be
resarcir(se) de to make up for
resbalar to slide, run down, go astray
rescatar to rescue, ransom, redeem
resentido offended, resentful
resentimiento resentment
reserva reserve, reticence
reservar to reserve, retain, conceal
resguardo protected
resignar to resign; **resignarse a** to resign oneself to
resistir to resist; to bear, bear up, endure; **resistirse a** to refuse to
resolución resolution, determination; **en resolución** in short, in a word
resolver(se) (u) to decide, resolve, solve
resonar (ue) to resound, resonate
resorte *m.* spring, motive
respaldo back *(of chair, sofa)*
respecto respect, reference; **respecto a** *or* **de** with regard *or* respect to
respetar to respect
respeto respect, consideration
respetuoso respectful
respirar to breathe, exhale
resplandecer to shine, glitter
resplandeciente brilliant, resplendent

resplandor *m.* brilliance, radiance, light; glare
responder to answer, respond, reply
respuesta answer, response
restante remaining; *m.* remainder
restar to take away
restaurar to restore
restituir to return, restore
resto rest, remainder, residue
restregar(se) to rub
resucitar to resuscitate, resurrect
resuelto determined, resolved
resulta result; **de resultas de** as a result of
resultado result
resultar to turn out, turn out to be; to prove to be; to result; to be
resumir to sum up, summarize
retablo altar piece
retacado stuffed
retardo delay
retazo piece, scrap, patch
retemblar to shake
retener to retain, keep (back); to detain
retentiva retentiveness, memory
retirar(se) to retire, withdraw, take away
Retiro = El Buen Retiro *famous park in Madrid*
retomar to go back over
retorcer(se) (ue) to twist
retórcias *f. pl.* sophistries, subtleties
retornar to return
retozar to frolic, gambol
retraído reserved, shy
retraimiento solitude, shyness
retrasarse to be late
retratar(se) to portray, be reflected
retrato picture, portrait; **retrato al óleo** portrait in oil
retreta retreat, tattoo
retroceder to back away, recede
reunión gathering, meeting
reunir to unite, gather, assemble
revelador revealing
revelar to reveal, show
reverberar to reverberate, reflect
reverdecer to turn green again, come to life again

reverencia to bow, nod
revés *m.* back; inside
revestido covered, adorned
revisación *(Arg.)* = **revisión** review, checkup
revisar to review, check
revista review, magazine; **pasar revista a** to go over, review
revivir to relive; to revive, come (bring) back to life
revolar (ue) to flutter
revolotear to flutter, fly around, hover
revolver (ue) to stir; to turn around, disarrange
revólver *m.* revolver, pistol
revuelto *(p.p. of* **revolver***)* disarranged, mussed, stirred up
rey *m.* king; **lo mismo me da rey que roque** it's all the same to me
rezar to pray
rezo prayer
riacho stream
ribazo mound, sloping bank, embankment
ribera shore, bank
ribeteado irritated; studded, edged
rico rich
ridiculez *f.* ridiculousness, absurdity
ridículo ridiculous; *m.* reticule *(woman's network bag)*
riego irrigation, irrigation water
riel *m.* rail
rienda rein; **dar rienda suelta** to give free rein
rigidez *f.* rigidity
rigodón *m.* quadrille, rigadoon *(dance)*
rigor *m.* rigor, severity, heat; **de rigor** necessary, obligatory, unfailing; **en rigor** in fact, strictly speaking
riguroso rigorous, exact
rima heap, pile
rincón *m.* corner, nook
riñón *m.* kidney
río river
riqueza wealth, riches
risa laugh, laughter

risotada boisterous laugh; **dar risotadas** to laugh boisterously
risueño smiling, agreeable
ritmo rhythm
rizar to curl, furrow
rizo curl
robar to steal, rob; to abduct
roble *m.* oak
robo theft
robustecer to strengthen
robusto robust, strong
roca rock, stone
rocío dew, spray
rodar to roll, roll about, roll down
rodear to surround, encircle
rodeo turn, detour
rodete *m.* knot *or* ring of hair
rodilla knee; **de rodillas** kneeling, on (one's) knees
roer to gnaw
rogar (ue) to beg, request, entreat
rojizo reddish
rojo red, red-haired
rollizo rounded, plump
rollo roll
romano Roman
romántico romantic
romanza romantic song
romero rosemary
romper(se) to break, break off; to tear; **romper a** to burst out, begin suddenly; **romper el hielo** to break the ice; **romper en** to exclaim; **romperse las muelas** to make a great effort; **romperse los codos** to study hard, cram
ronco hoarse
rondador *m.* suitor *(circling the house)*
rondar to hang around; to court
rondón: de rondón brashly
ropa clothing, clothes; **ropa blanca** linens; **ropa de deshecho** cast-off clothing; **ropa íntima** under-clothing
ropaje *m.* clothing
ropero armoire, wardrobe
ropita: ropitas de día feriado little holiday (*or* Sunday) best
roque *m.* rook *(chess; see* **rey)**

rosado pink
rosal *m.* rosebush
rosario rosary
rosca coil, twist
roseta red spot *(on cheek)*, flushed cheek; **tiene rosetas de fiebre** he has the flush of fever
rostro face
roto *(p.p. of* **romper)** broken, torn
rotular to address
rotundo round, sonorous
rotura breaking
rozar to graze, skim, brush
rubio blond, fair
rubor *m.* blushing; bashfulness
rubricar to seal; to sign with a flourish
rudo coarse, rough; rude
rueca distaff *(for spinning)*
rueda wheel; **hacer rueda** to flatter
ruego plea, entreaty
ruido noise
ruidoso noisy
ruiseñor *m.* nightingale
rumbo direction; **rumbo a** bound for, toward
rumiar to meditate, ruminate
rumor *m.* sound, murmur, rumor
rumorear to murmur
runrún *m.* murmur
ruta route; road, path
rutina routine, method

S

sábado Saturday; **Sábado de Gloria** Holy Saturday
sábana sheet
sabañón *m.* chilblain
saber to know, know how; to find out
sabiduría wisdom, knowledge, learning; **Sabiduría=Libro de la Sabiduría** Book of Solomon (*Old Testament*)
sabio learned, wise; *m.* scholar
sabor *m.* taste, flavor
saborear to savor, taste
sabroso flavorful, tasty, pleasant
sacar to take out, get, take
sacerdote *m.* priest

saciar to satiate, appease
saco suit coat; robe; sack
sacudida shake, jerk
sacudir to shake, shake off
sagrado sacred
sainete *m.* one-act play, farce
sala sitting room, living room, parlor; **sala de conciertos** concert hall; **sala de espera** waiting (reception) room; **sala de operaciones** operating room
salida exit; going out; day off
saliente salient, projecting
salina salt marsh
salir to go out, leave, depart; to come out; to appear; **salir con** to exclaim, come out with *(an unexpected remark)*; **salir(se) con la suya** to get one's way
salita small sitting room
salmodia psalmody, singsong
salón *m.* salon, living room; room; **salón de fiestas** ballroom
salpicar to splash, bespatter
salsa sauce
saltar to jump, jump over, leap; to come loose; to burst (out); **saltar a la vista** to be self-evident
saltarín dancing; restless
salto leap, jump; **dar saltos** to leap, jump up; **dar un salto** to leap, jump up
salud *f.* health
saludar to greet
saludo greeting
salvador saving
salvaje wild, savage
salvar(se) to save; to jump over
salvo except (for)
San *m.* saint; **San Martiño = San Martín** Saint Martin; **San Yago = Santiago** Saint James *(feast day, July 25th)*
sándalo sandalwood
sangrar to bleed
sangre *f.* blood
sangriento bloody
sanguinolento bloody
sano healthy, healthful; sane; strong; **cortar por lo sano** to

take quick action, remedy quickly
santamente completely, simply
santiaguino pertaining to Santiago
santo saint; holy
sapo toad
sarampión *m.* measles
sarga serge, twill
sarmiento vine shoot, runner
sarnoso mangy
sastre *m.* tailor
satinado satinlike, smooth
sátiro satyr
satisfacer to satisfy
satisfecho *(p.p. of* **satisfacer)** satisfied
saturar to saturate
sauce *m.* willow
sazón *f.* season; **a la sazón** at that time
Scarlatti, Domenico *(1683–1757) Italian composer*
secarse to dry, dry up
seco dry, plain; **en seco** suddenly
secreter *m. lady's portable chest with drawers that lock*
secuaz *(pl.* **secuaces)** *m.* follower
secuestrar to sequester, abduct
sed *f.* thirst; drought; **tener sed** to be thirsty
seda silk
sediento thirsty
sedoso silky
seducir to seduce; to captivate
seductor tempting, seductive, captivating
segado harvested; mowed down, cut
segador *m.* harvester
seguido followed, successive, in a row; **en seguida** at once, immediately
seguir (i) to follow, pursue; to continue, go on; **seguir adelante** to go ahead
según according to; following; as, depending on
segundo second; instant
seguro sure, certain
seguridad security, certainty

selva forest, woods, jungle; **en plena selva** in the heart of the jungle
selvático wild
sellar to seal
sello seal, stamp
semana week; **la semana que viene** next week
semanal weekly
semblante *m.* face; look, appearance
sembrar (ie) to sow, seed, scatter
semejante (a) like, similar (to); such a
semejanza resemblance
semiapagado half-extinguished
semidesnudo half-naked
semiinterrogación half-question
semioculto half-hidden
semipiterno eternal, everlasting
senado senate, senate hall
senador *m.* senator
senaduría senatorship
sencillez *f.* simplicity
sencillo simple, plain, unaffected
senda path
sendero path, footpath
sendos one each; respective; both
seno bosom, breast
sensible sensitive, noticeable
sentate *(Arg.)* = **siéntate** sit down
sentar (ie) to seat; **sentarse** to sit down
sentenciado prisoner
sentencioso sententious
sentido sense, feeling, meaning; **privado de sentido** unconscious; **sin sentido** unconscious
sentimental emotional; sentimental
sentimiento feeling
sentir (ie, i) to feel, perceive, hear, regret, feel sorry (about); **sentirse** to feel (*sick, happy, etc.*)
seña sign, mark; *pl.* address
señal *f.* sign, signal
señalar to point out, mark, stamp; to indicate
señor Mr., sir; lord
señora Mrs., lady; **Nuestra Señora** Our Lady *(the Virgin Mary)*
señorear to dominate
señorita Miss, young lady

señuelo sign, mark, stamp
separarse de to separate oneself from
sepulcro sepulchre
sequedad dryness, drought
sequía drought
ser to be; *m.* being; **resumió su ser** summed up the reason for his (*or* her) existence
seresfantasmas *m. pl.* phantoms
seriamente really, truly
serie *f.* series
seriedad seriousness
serio serious; reliable; correct *(socially, morally)*
serpear to wind, meander, curve
serpenteo winding; *m.* curve; **hacer serpenteos** to wind, twist
serranita country *or* mountain girl
serrano simple, peasant, highland
servicio service; **de servicio** on duty
servir (i) to serve; be of use; to do; **servir de** to serve as; **servirle de algo** to be of any (some) value; **servir para** to be used for, be good for; **servirse de** to make use of
servilleta napkin
seso brain, brains; **devanarse los sesos** to rack one's brains
Shaw, George Bernard *(1856–1950), Irish dramatist*
si if, whether, wonder if
sí yes; **sí que** of course, indeed
siembra sown field
siempre always; **de siempre** usual; **para siempre** forever
sien *f.* temple; forehead
sierra sierra, jagged mountain range
siervo slave, servant
siesta nap, sleep
sigiloso cautious, quiet
siglo century
signar to make the sign of the cross; to cross (oneself)
significación meaning
significado meaning
significar to signify, mean; to indicate
siguiente following, next

sika, sica o cica species of palm
sílaba syllable
silbar to whistle
silbido whistle
silencioso silent, quiet
silla chair
sillón *m.* armchair; **sillón de resortes** reclining chair with springs *(in dentist's office)*
Sills, Milton *Hollywood screen star of the 1920s*
silueta silhouette
silvestre wild
sima abyss, chasm
simetría symmetry
símil similar
simpatía liking, friendliness
simpático likeable, pleasant, congenial
simulacro vision; show
sin without; **sin embargo** however, nevertheless; **sin más** immediately
sincopal syncopal, fainting, swooning
síncope *m.* syncope *(loss of consciousness)*, swoon
siniestro left; sinister
sinnúmero countless
sino but, except, only
síntoma *m.* symptom
siñá *(Val.)* = **doña**
siquiera at least, even, although
sirena siren, mermaid
sirvienta servant girl
sitio place, spot; room
situado situated
so under
sobaco armpit
soberanamente supremely
soberbia pride, haughtiness, arrogance
soberbio superb, magnificent
sobrar to have left over, be more than enough
sobras leftovers, surplus
sobre on, upon, over, above; *m.* envelope
sobrecoger to surprise, catch

sobreexcitado overexcited
sobrehumano superhuman
sobremanera exceedingly, very much
sobrepasar to exceed, excel, surpass
sobreponerse to overcome
sobrepujar to excel, surpass, outdo
sobresaltar to frighten, startle, surprise
sobresalto fright; surprise; shock
sobretodo overcoat
sobrevenir to overtake, come over
sobrino nephew
sobrio grave, temperate
socarrón cunning, crafty
social social; **sociales** *m. pl.* social events
socorrer to help, aid
socorro help
soez *(pl.* **soeces)** base, vile, coarse
sofoco blush, embarrassment
soga rope
sol *m.* sun; *Peruvian monetary unit*
solapa lapel
solapado crafty, underhanded, sneaky
solar *m.* vacant lot
solariego ancestral
solas: a solas alone
soldado soldier
soledad isolation; solitude, loneliness; desolate and solitary place
soler (ue) to be accustomed to, be in the habit of
solicitar to solicit, ask for
solícito solicitious, attentive
solicitud *f.* solicitude, attention
solidaridad solidarity, harmony
sólido solid
solo *(adj.)* only, alone
sólo *(adv.)* only
soltar (ue) to untie, unfasten; to let loose; to let drop *(a remark)*
soltero single, unmarried; *m.* bachelor; *f.* unmarried girl, spinster
solterón *m.* old bachelor
solterona old maid

solucionar to solve, resolve
sollozar to sob, cry
sollozo sob
sombra shadow, shade
sombrero hat; **sombrero hongo de copa** derby *(hat)*
sombrío shaded; gloomy; taciturn
someter to subject; **someterse** to submit
somnoliento sleepy
sonaja jingle
sonámbulo sleepwalker
sonante sounding, sonorous
sonar (ue) to sound; to ring; **sonar a** to sound like; **sonarse** to blow one's nose
sondear to probe, sound
sonido sound
sonoro sonorous, resounding
sonreír(se) (i) to smile
sonrisa smile; **esbozó una sonrisa** smiled faintly
sonrojarse to blush
sonrosado rosy
sonsacar to draw out
sonsonete *m.* singsong
soñador dreamy; *m.* dreamer
soñar (ue) (con) to dream, daydream (about)
soñoliento sleepy
sopesar to estimate the weight of, fathom
soplar to blow
soplo gust, breath
sopor *m.* stupor, sleepiness, lethargy
soportar to support, bear, stand
sorbo sip
sordo deaf; silent; muffled
sorna cunning, dissimulation
sorprendente surprising
sorprender to surprise, catch
sorpresa surprise; **de sorpresa** by surprise; **por sorpresa** unexpectedly
sortilegio sorcery
sos *(Arg.)* = **eres**
sosegado calm, quiet
sosegar (ie) to calm, quiet

soslayar to evade; to place obliquely
soslayo oblique; **mirar de soslayo** to look out of the corner of one's eye
sospechar to suspect
sospechoso suspicious
sostén *m.* support
sostener to support, hold up; to maintain
sotana cassock
suave soft; smooth
subalterno subordinate; *m.* subaltern, subordinate
subasta auction; **en subasta** at auction
subido high
subir to go up; to rise; to get on *or* in; to raise
súbito sudden, unexpected; **de súbito** suddenly
sublevarse to revolt
subsistir to subsist, exist
subvención subsidy
subyugado subjugated
suceder to happen, follow
sucesión succession
suceso event, happening
sucio dirty
sucursal *f.* branch
sudar to sweat; **¡lo que sudaron!** how they worked!
sudor *m.* sweat
sudoroso sweaty
sueco Swedish
suegro father-in-law; **suegra** mother-in-law
sueldo salary, pay
suelo floor, ground
suelto loose, free; *m.* newspaper clipping
sueño dream; **en sueños** while dreaming; **si no hace demasiado sueño** if I'm not too sleepy; **tener sueño** to be sleepy
suerte *f.* luck, fortune, chance; **por suerte** luckily; **tener suerte** to be lucky
suficiencia sufficiency, self-satisfaction

suficiente enough
sufragio support, help
sufrimiento suffering
sufrir to suffer, undergo
sugerir (ie, i) to suggest
Suiza Switzerland
sujeción subordination, subjection
sujeta papeles paper clip
sujetarse to hold fast, grip
sujeto fastened; *m.* individual, person; type
Sullavan, Margaret *(1911–1960), Hollywood screen star*
suma sum, amount
sumamente highly, exceedingly
sumergir to submerge
sumido sunken, swallowed up
sumir to sink
suntuoso sumptuous, luxurious, rich
superchería fraud, deception, trick
superficie *f.* surface
superior superior, upper
suplente *m. & f.* substitute
súplica supplication, entreaty
suplicante supplicant, entreating
suplicar to implore, entreat
suplicio torture, suffering
suponer to suppose, assume
suprimir to suppress, eliminate, get rid of
supuesto *(p.p. of* **suponer***)* supposed, hypothetical, assumed; **por supuesto** of course
sur *m.* south
surah (surá) *m.* surah *(a rough silk fabric)*
surcar to cut through, go through, streak through
surco furrow, rut, wrinkle
surgir to come forth, appear, arise, spring up
surtidor *m.* source, fountain
suscitar to stir up
susodicho above-mentioned
suspender to hang, suspend, postpone
suspenso *(p.p. of* **suspender***)* held, suspended

suspicaz suspicious, distrustful
suspirar to sigh
suspiro sigh
sustituir *(variant of* **substituir***)* to substitute
susto scare, fright
susurrar to whisper, murmur
sutil subtle
sutileza subtlety

T

taberna tavern, inn
tabla board
tablero chessboard
tacañería stinginess
tacita little cup
tacto touch, tact
tahona bakery
tajada cut, slice
tajo blow *(with a cutting instrument)*, slash; **con sendos tajos** with crosscuts
tal such, such a, so; **tal como** just as; **tal cual** such as; **tal o cual** such-and-such; **tal vez** perhaps; **un tal** + *proper name* someone called . . ., a certain . . .
talón *m.* heel
tallado carved
talle *m.* outline, figure
taller *m.* workshop
tallo stalk, stem
tamaño size, dimension; **tamaño como** as big as
tambalear to stagger, totter, jiggle
también also, too, likewise
tamizado screened, filtered
tamo dust, chaff
tampoco neither, not either
tan so; **tan solo** merely, only
tantear to feel out, try out, test
tanteo trial and error, test
tanto so much; very great; **a tanto** so far, to such an extent; **en tanto que** meanwhile, while; **entre tanto** meanwhile; **por lo tanto** therefore; **un tanto** somewhat
tantôt: a tantôt *(Fr.)* so long

tapa lid, cover
tapar to cover
tapete *m.* rug, runner; **tapete verde** green felt desk pad
tapia wall
tapioca tapioca *(obtained from the edible root of a South American plant),* manioc
tapiz *(pl.* **tapices)** *m.* tapestry; carpet
tapón *m.* stopper, plug
taponcito little stopper, little plug
tapujo covering, concealment
taquilla box office
tara disadvantage; defect
tararear to hum
tardar to delay, be late; **tardar en** to be late in, delay in, be slow
tarde late; *f.* afternoon, evening; **de tarde en tarde** now and then; **hacer la tarde** to have a drink *(in Argentina, usually* **mate)***;* **hacerse tarde** to get late
tardío tardy, delayed
tarea job, task
tarifa fare
tarjeta card
tarro jar, jug
tarajoso stuttering
tartamudear to stutter
tartamudeo stuttering
tartana two-wheeled carriage
tartera baking pan
tarumba confused; **volverse tarumba** to drive (one) crazy
tataranieto great-great-grandchild
tatarasobrino great-great-nephew
tataratío great-great-uncle
taza cup
té *m.* tea
techado roofed
techo roof
techumbre *f.* roof
tedio tedium, boredom
teja roofing tile
tejabán *(Mex.)* tile roof *(roofed building)*
tejer to weave
tejido fabric; texture; tissue
tela fabric, cloth

telaraña spiderweb
telón *m.* curtain *(in theater)*
tema *m.* theme, subject
temblar (ie) to tremble, quiver
temblón *m.* shaking, quivering
temblor *m.* tremor, trembling
tembloroso tremulous, shaking
temer to fear
temeroso fearful, afraid
temible dreadful, fearful
temor *m.* fear, dread
témpano ice floe; small drum
tempestad storm
templar to temper; to warm; to soften
templo temple
temprano early
Temuco *capital of the province of Cautín in Southern Chile*
tenaz tenacious
tender (ie) to stretch out, extend; to tend, have a tendency; to recline; **tenderse** to lie full length, stretch out, extend
tenedor de libros *m.* bookkeeper
tener to have, hold, keep; **tener para sí** to think, have one's own opinion; **tener por** to consider as, take for; **tener que** to have to; **tener con qué** to have the wherewithal
teniente *m.* lieutenant
Tenorio = Don Juan Tenorio, *a rake, seducer of women*
tenso taut, tense
tentación temptation
tentado tempted
tentador tempting
tentar (ie) to touch, feel examine; to tempt
tentativa attempt
tenue tenuous, light, faint; fragile
teósofo theosophist *(one who seeks knowledge of God and the world by mystic insight and philosophical speculation)*
tercia one-third of a **vara,** the latter 2.8 feet
terciopelo velvet

terminante definitive, complete, conclusive

terminar to terminate, end, finish

término end; term; **dar término** to end; **llevar a término** to bring to an end; **tocar a su término** to come to an end

ternura tenderness, fondness

terral *m.* land breeze

terraplén embankment

terráqueo terraqueous *(consisting of land and water)*

terraza terrace, veranda

terremoto earthquake

terrenal earthly

terreno earthly, worldly; *m.* land, ground; soil; field; **terreno impracticable** rough terrain

terrón *m.* lump

terso smooth, polished

tesón *m.* tenacity, pluck

tesoro treasure

testarudez *f.* stubbornness, pigheadedness

testigo witness

tête-à-tête *(Fr.) m.* intimate conversation

tetilla nipple

tez *f.* complexion

tía aunt; old woman, biddy

tibio tepid, lukewarm, warm

tiburón *m.* shark

tiempo time, weather, season; period, epoch; **a tiempo** in time; **a un mismo tiempo** at the same time; **¿cuánto tiempo?** how long?; **de poco tiempo a esta parte** for a short time; **de tiempo en tiempo** from time to time; **en tiempo de España** during the Spanish rule; **hace tiempo** a long time ago; **mucho tiempo** a long time

tienda shop, store

tientas: a tientas groping

tierno tender, tearful

tierra land, country, earth, ground; **echar tierras sobre** to forget, hush up

tieso stiff, straight, tense

timbrado stamped

timbrazo loud ring *(of a bell)*

timbre *m.* bell; stamp

Times, el The Times *(London newspaper)*

timidez *f.* timidity

tímido timid

timón *m.* helm, rudder; steering wheel

tinaja large earthen jar

tiniebla darkness

tinta ink

tintineo clinking, jingling

tío uncle; old guy

tipo type; guy; kind

tiquis miquis *(or* **tiquismiquis)** *m.* insignificant details, trivalities

tirante pressing, tense

tirar to throw, cast, throw away, pull; **tirarse (a)** to give oneself over to, start

tiritante shivering, shaking

tiritar to shiver, shake

tiro shot; throw; **andar a tiros** to "shoot it out"; **de un tiro** all at once

tirón *m.* jerk, pull, tug; **de un tirón** all at once, without interruption

tirso thyrsus, staff *(decorated with grapes and grape vines)*

tísico consumptive, person with tuberculosis

tisis *f.* tiberculosis

titileo twinkling

titubeante stammering, wavering

titubear to hesitate, stammer; to stagger

titular to entitle, name; *m.* titular, regular official

título title; **sin título** without a degree

toalla towel

tobillo ankle

tocar to touch, feel; to play *(an instrument)*; to inherit; to reach; to ring; **tocarle a uno** to be one's turn, fall to one's lot; **tocarse** to put on, cover oneself

todavía still, yet, even; **todavía no** not yet

todo all, every, whole, everything, any; **ante todo** first of all; **del todo** entirely, completely; **sobre todo** especially, above all; **todo lo que** all that; **todos** all, everybody

toilette = juegos de toilette comb and brush set

tomar to take; to drink; to catch; **tomar sobre sí** to take upon oneself

tomo volume, tone

tongo derby

tono tone, color; **a tono con** in tune with, in harmony with; **dar el tono** to set the standard; **darse tono** to put on airs

tontería foolishness, nonsense

tontiloco idiot

tonto fool; **tonto de capirote** blockhead

topacio topaz

topar to find, run across, meet

toque *m.* ring *(of a bell)*

torbellino whirlwind; spray

torcaza wild pigeon

torcer (ue) to turn, twist, bend

torcido twisted, bent

tordo thrush

tormenta torment; storm

tornar to return; to change; to make; **tornar a** + *inf.* to . . . again; **tornarse** to become

torneado curved; well turned

torneo tournament, tourney, match

torno turn; **en torno de** *or* **a** around, about; **en torno suyo** around him

torpe slow, dull stupid

torpeza stupidity, dullness

torre *f.* tower

tórrido torrid

torsión torsion, twist

tortilla omelet

tos *f.* cough, coughing

tosco rough, coarse, crude

toser to cough

tosquedad clumsiness; crudity, coarseness

traba tie, bond

trabado joined, fastened together

trabajador hard-working

trabajar to work

trabajo work; labor; job

trabar to strike up, begin

trabazón *f.* chain, linking, bond

traducción translation

traducir to translate

traductor *m.* translator

traer to bring, carry, wear

tráfago drudgery, toil

tragar to swallow

trago swallow

traición treachery

traicionar to betray

traidor treacherous, traitorous

traíña deep-sea fishnet; **andar en la traíña** handle the sardine net

traje *m.* suit; dress; **traje de baño** bathing suit; **traje de novia** wedding dress; **traje marinero** sailor suit

trajeado dressed

trajín *m.* coming and going, bustle

trajinado well used, worn

trajinar to hustle

trama *m.* plot *(of a play)*; texture; network

tramar to contrive, plot, scheme

trámite *m.* transaction, step

tramo section, stretch

trampa trap, trick; **hacer trampas** to cheat

trance *m.* critical moment; predicament; **a todo trance** at any cost

tranquilizar(se) to calm down, quiet down, tranquilize

tranquilo calm, quiet, tranquil, confident, peaceful

transatlántico ocean liner, ship

transcender (ie) to come to be known; to border on

transcribir to transcribe

transcurrir to pass, elapse

transformar to transform; **transformarse** to become transformed

transitar to travel; **poco transitado** quiet, with little traffic

tránsito transit, traffic
translúcido translucent
transmigrar to transmigrate
tranvía *m.* streetcar
trapería rags, pile of rags
trapo rag, piece of cloth; **sean a todo trapo** be given widespread publicity
tras after, behind
trascendental far-reaching
trasero rear, rump
trasfundir to transmit; to transfuse
trashumante nomadic
trasladarse to move
traslado movement
traslúcido translucent
trasmutación metamorphosis, transmutation
traspasar to go beyond; to exceed
traspatio back courtyard
traspillado declining, deteriorating
trasponer to go through
trastornado upset, disturbed
trastornar to upset, disturb
trastorno upset, disturbance
tratar to treat, deal with; **tratar de** to try to; **tratarse de** to be a question of, deal with
trato treatment, manner, social behavior, friendship
través: a *or* **al través de** across, through; **colocada de través** unlucky, fateful
travesaño rung
travieso naughty, mischievous
trayecto journey, stretch, passage
trayectoria trajectory
traza appearance; trace, mark
trazado graph, design
trazar to plan, design
tregua truce, respite, letup; **sin tregua** without letup, without stopping
tren *m.* train; **tren directo** express train
trencilla braid
trenza braids, hair
trepar to climb
tribu *f.* tribe
tributar to render *(homage)*

trigal *m.* wheat field
trigo wheat
trinar to trill, warble
trino trill
tripulante *m.* crew member
tripular to man
Tristán Tristan *or* Tristram *(the protagonist of Wagner's opera* Tristan und Isolde*)*
triste sad
tristeza sadness; **dar tristeza** to sadden, make sad
tristón rather sad, melancholy
triturado crushed, mistreated
triza shred; **hacer harapos y trizas** to tear to pieces
trocar (ue) to change; **trocarse en** to change into
trocito little piece
trofeo trophy
trompa horn; **pasar de trompa** to get over sulking
tronco trunk
tronchado cut off
trono throne
tropa troop; herd
tropel *m.* crowd; **en tropel** in a mad rush
tropezar (ie) to trip, fall over; **tropezar con** to run into, encounter, come across
tropezón *m.* obstacle; **a tropezones** falteringly, by fits and starts
trote *m.* trot
trovador *m.* troubadour; poet
trozo piece
trueno thunder
trueque *m.* exchange; **a trueque de** in exchange for
truncado truncated, cut off
tubo tube, pipe
tuétano marrow; **hasta los tuétanos** through and through
tugurio hovel
tul *m.* tulle, veiling
tulipán *m.* tulip
tupido dense, thick
turbación disturbance, embarrassment
turbador disturbing

turbamulta rabble
turbar to disturb, upset
turbio muddy; dark, cloudy
turno turn, shift; **por turno** in turn
turolense from Teruel *(city in Spain)*
turquesa turquoise
tusado clipped
tutear to address familiarly *(with tú)*

U

u or
ubicación location
ubicar to locate; to reside, live
ubicuo ubiquitous, omnipresent
ubre *f.* breast
Ucayali *river in Peru;* wilds
ufano conceited, proud
ulterior ulterior, later
último last; latest; **por último** at last
ultimar to finish off
ultrajante outrageous, insulting
ultrajar to offend, insult; to outrage
ultraje *m.* outrage, insult
ultramarino overseas, abroad
ultraterrestre out-of-this-world
ultratumba beyond the grave
umbral *m.* threshold
un, uno, una, a, an; one; **unos, unas** some, a few; **unos a otros** one another
unánime unanimous
unción fervor
uncioso fervid, devout
undívago wavy
ungir to anoint
único only, sole, unique
unidad unity; **las unidades de tiempo, lugar y acción** the unities of time, place, and action *(dramatic precepts derived from Aristotle)*
uniforme uniform, even, steady
unión marriage, union; **unión conyugal** marriage
unir to unite, join
uña nail; **ser uña y carne con** to be hand in glove with

urbanidad politeness, courtesy
urbano urban, urbane
urbe *f.* large city
urdir to dress up, fabricate, make up
urraca magpie
US = useñoría: vuestra señoría your honor
usar to use, make, wear
usurpado usurped, stolen
uva grape

V

vaca cow
vacilante unsteady, hesitant
vacilar to vacillate, hesitate, stagger
vacío empty; *m.* emptiness, void
vacuna vaccination
vagabundear to wander
vagabundo vagabond, tramp
vagamente vaguely
vagar to roam, wander
vagido cry of a newborn child
vago vague
vagón *m.* railroad car; **vagón capilla ardiente** funeral *(railroad)* car; **vagón cementerio** burial car; **vagón comedor** dining car
vahido dizziness, faintness
vaho fume, breath, vapor
vaina pod
vainilla vanilla wafer
vaivén *m.* unsteadiness, swaying; coming and going
Valdivia *Chilean seaport and capital of province of same name*
valer to be worth; **valer la pena** to be worthwhile; **valerle (a uno)** to help *(someone)*; **más vale que** it is better to; *m.* worth, value
valentía courage
válido valid
valija suitcase, valise
valioso valuable
valor *m.* worth, valor, courage
vals *m.* waltz
válvula valve
valla hurdle
vanagloria vainglory, conceit

vanidoso vain
vano vain, futile
vapor *m.* ship, steamship; **a todo vapor** full steam ahead
vaporoso vaporous, diaphanous, billowy
vara measure of length *(2.8 feet)*
variado various, diverse
variar to vary, change
varilla stem, twig
varón *m.* man, male
varonil masculine, manly
vasco Basque
vasillo blood vessel
vaso glass; vase
vasto vast, large
vecindad proximity, neighborhood
vecindario neighborhood, community
vecino neighbor, neighboring, near
vedado forbidden; **el Vedado** *residential district of Havana*
vega plain
vegetal vegetal, plant-life
vejaminoso vexatious, annoying
vejete *m.* little old man
vejez *f.* old age
vela sail; candle
velada party, gathering
velado hidden, cloudy
velamen *m.* sails
velar to watch, watch over; to veil, conceal, guard; to look out
veleidad delight, pleasure, caprice
velo veil
veloz *(pl.* **veloces)** rapid, fast, swift
vellón *m.* fleece
vena vein
venadito small deer, fawn
vencejo band, string
vencer to conquer, overcome, vanquish, defeat; **vencerse** to control oneself
vendaje *m.* band, bandage
vendaval *m.* strong wind
vendedor *m.* vendor
vender to sell
vendimia vintage
vendimiador *m.* vintager, harvester
veneno poison
venenoso poisonous

venera medal, badge
vengador *m.* avenger
venganza vengeance, revenge
vengar(se) to avenge, take revenge
vení *(Arg.)* = **ven**
venir to come; **venir colgado** to be late
venta sale; **ponerse en venta** to put oneself up for sale
ventaja advantage
ventana window
ventanilla window in a vehicle; post-office window
ventura happiness, luck
venturoso happy, fortunate
ver to see; **no tener nada que ver con** to have nothing to do with; **ya ve usted** you see
vera edge, side
veraneo summer vacation
verano summer
veras truth; **de veras** truly, in truth **enamorarse tan de veras** to fall in love so deeply
verdad truth; **¿verdad?** isn't that so?; **a decir verdad** as a matter of fact; **a la verdad** as a matter of fact; **de verdad** truly; **en verdad** really; **poner la verdad en su punto** to establish (fix) the truth
verdaderamente really
verdadero true, real
verde green
verdinegro dark green
verdor *m.* verdure, greenness
verdugo executioner
verdura verdure, foliage; *pl.* vegetables, greens
vereda path, walk, sidewalk
vergonzoso shameful
vergüenza shame; **¿no le da vergüenza?** aren't you ashamed?; **tener vergüenza** to be ashamed
vericueto rough place; uneven ground
verídico truthful
verificar to verify; **verificarse** to take place

verja grate, grating; gate
veronal *m.* veronal *(barbiturate)*
veronés Veronese *(from Verona)*
verosímil probable; credible
verso verse, poetry
vértice *m.* core, vertex
vertiente *m. & f.* slope; stream
vertiginoso vertiginous, dizzy
vértigo vertigo, dizziness
vespertino vespertine, evening
veste *f.* article of clothing; dress
vestido dress; clothing; suit; **un vestido en receso** a discarded dress
vestidura clothing
vestigio vestige
vestir (i) to dress; **vestir de** to dress, clothe in; **vestirse** to get dressed
vetustez *f.* great age, antiquity; old-fashioned appearance
vez *(pl.* **veces)** *f.* time; turn; **a la vez** at the same time; **a su vez** in turn; **cada vez más** more and more; **de una vez** once and for all; **de vez en cuando** from time to time; **de vez en vez** from time to time; **en vez de** instead of; **otra vez** again; **pocas veces** few times; **rara vez** rarely, seldom; **tal vez** perhaps; **a veces** at times
vía way, road; **vía láctea** milky way
viajar to travel
viaje *m.* trip, journey
viajero traveler
vial *m.* row *or* avenue of trees
vianda food
víbora viper
viboreante winding
vibrar to shake, vibrate
vicio vice; defect
vicioso luxuriant, overgrown
vida life, living; **en su vida** never in his *(or* her) life
vidriera window, store window
vidrio glass, window pane
viejo old; *m.* old man; *f.* old woman
vientiño *(Gal.)* little wind, light wind
viento wind
vientre *m.* stomach

viernes Friday
viga beam, girder
vigilar to watch over, look out, watch
vil base, vile
vileza baseness, infamy
villano villain; darn thing
vínculo link, tie, bond
vino wine
viñedo vineyard
virgen *f.* virgin
Virgilio=Vergil: Publius Vergilius Maro *(70-19 B.C.), Roman poet*
virtud *f.* virtue
víscera organ *(of the body)*
visera visor
visillo window curtain, shade
visita visit; visitor; **visita de agradecimiento** duty call *or* visit
visitante *m. & f.* visitor
vislumbrar to glimpse, see imperfectly at a distance; to loom up
víspera eve, day before; **en vísperas de** on the eve of, just before
vista sight, vision, view; **a la vista** in front of one's eyes; **descifrar a primera vista** to sight-read *(music)*
vistazo glance, look; **echar un vistazo** to cast a glance
vitalicio lifelong
viuda widow
víveres *m. pl.* groceries
vivienda house, dwelling
vivir to live
vivo alive, living; intense, vivid; **tocar a vivo** to cut *or* wound to the quick
vocablo word, term
vocerío shouting
vociferar to shout
volante *m.* ruffle
volar (ue) to fly, fly away
volcar (ue) to dump; to pour (out)
voltear to turn, turn away, give up
volumen *m.* volume, bulk
voluntad will, determination, wish
voluta scroll

volvé *(Arg.)* = **vuelve**
volver (ue) to come back, return; to turn; **volver a** + *inf.* to . . . again; **volver en sí** to regain consciousness; **volverse** to turn back, turn toward, turn around, become; **volverse atrás** to back out
vos you *(sing.)*
voto vow
voz *(pl.* **voces)** *f.* voice; word; **a media voz** in a low voice; **a voces de mando** commanding voices; **con voz de fiesta** in a happy voice; **en lo velado de la voz** in the guarded tone of his *(or* her) voice; **en voz alta** aloud, in a loud voice
vuelo flight; **levantar el vuelo** to take off, take flight
vuelta turn, return; small change *(money)*; **dar una** *(or* **la) vuelta** to walk; **dar vuelta** to turn around; **dar vueltas** to circle; **darse una vuelta** to take a *(little)* trip *or* walk; **de vuelta** on returning; **tomar la vuelta** to go around, turn
vulgar common; unrefined; popular; vulgar
vulgaridad commonplace, banality
vulgarización popularization
vulgo·populace, common people

W

Wagner, Richard *(1813–1883),* German composer

Y

y and
ya already; now; finally; at once; **ya no** no longer; **ya que** since
yacer to lie, lie buried
Yago, San Saint James
yanqui Yankee

yema: yema del dedo fingertip
yergue *see* **erguir**
yermo deserted, uninhabited
yerto rigid, stiff
yeso plaster
yorando *(Arg.)* = **llorando** weeping

Z

zaga rear; **a la zaga** behind
zagala shepherdess
zaguán *m.* vestibule, entrance hall
zalamero flattering
zamarreada jolt; **una zamarreada a descompás** a bone-rattling jolt
zamarrear to shake, jolt
zambullir(se) to dive in, plunge in
zampar(se) to gobble down
zancadilla tripping; trick; **echar la zancadilla** to trip someone
zanja trench
zapatilla slipper
zapato shoe
zarabanda sarabande *(dance)*
zarandear to shake; **zarandear(se)** to wear oneself out
zarco light blue
zarpar to set sail, sail
zarrapastroso ragged person, poor person
zarza blackberry bush
zarzal *m.* underbrush, brambles
¡zas! bang!
Zéphiros = **Céfiro** West Wind
zempazuchil = **cenpasúchil** *(a variety of marigold used in Mexico to adorn graves)*
zoológico zoo
zopenco dolt
zoqueira *(Gal.)* dolt, clod
zorro fox
zozobra worry, anxiety
zumbante buzzing, humming
zumbar to buzz, hum
zumbido buzz, hum
zumbón joking, waggish

APUNTES

Crow, John
Armstrong.

El cuento

Crow, John
Armstrong.

El cuento

DATE	BORROWER'S NAME	